Peters — Heinrich von Kleist und der Gebrauch der Zeit

*mit herzlichem Dank
für Ihre Unterstützung

Sibylle Peters   7/2003*

EPISTEMATA

WÜRZBURGER WISSENSCHAFTLICHE SCHRIFTEN

Reihe Literaturwissenschaft

Band 445 — 2003

Sibylle Peters

Heinrich von Kleist und der Gebrauch der Zeit

Von der MachArt der Berliner Abendblätter

Königshausen & Neumann

Als Dissertation angenommen vom Fachbereich Sprachwissenschaften der Universität Hamburg aufgrund der Gutachten von Prof. Dr. Jörg Schönert und Prof. Dr. Gabriele Brandstetter. Hamburg, den 13.2.2002.

Bibliografische Information Der Deutschen Bibliothek

Die Deutsche Bibliothek verzeichnet diese Publikation in der Deutschen Nationalbibliografie; detaillierte bibliografische Daten sind im Internet über <http://dnb.ddb.de> abrufbar.

D 18

© Verlag Königshausen & Neumann GmbH, Würzburg 2003
Gedruckt auf säurefreiem, alterungsbeständigem Papier
Umschlag: Hummel / Lang, Würzburg
Bindung: Buchbinderei Diehl+Co.GmbH, Wiesbaden
Alle Rechte vorbehalten
Dieses Werk einschließlich aller seiner Teile ist urheberrechtlich geschützt.
Jede Verwertung außerhalb der engen Grenzen des Urheberrechtsgesetzes ist
ohne Zustimmung des Verlages unzulässig und strafbar. Das gilt insbesondere
für Vervielfältigungen, Übersetzungen, Mikroverfilmungen und die Einspeicherung
und Verarbeitung in elektronischen Systemen.
Printed in Germany
ISBN 3-8260-2483-4
www.koenigshausen-neumann.de
www.buchhandel.de

Inhalt

I. Die BERLINER ABENDBLÄTTER: Ein Experiment mit dem Gebrauch der Zeit — 8

- Das Geheimnis der Ankündigung — 8
- Projekt und Experiment — 13
- Die doppelte Buchführung — 20
- Nationalismus, Iffland-Fehde, Polizeinachrichten — 22

II. Literarizität und Zeit/ung — 30

- Die BERLINER ABENDBLÄTTER lesen — 30
- Literatur und Agentur — 32
- Zeit der Kunst — 40
- Der Gebrauch der Zeit — 43
- Das Rätsel der Herausgeberschaft – Kontingenz und Signifikanz der Leerstelle — 48
- Konstellationen des Zufalls: In-Formation — 52
- Drucksatz und Deadline – Materialität und Zeit des Sinns — 60

III. Texte brechen – von der Ästhetik des Erhabenen zur Medialität der Zeitung — 68

- Der vierzehnte Oktober — 68
- Abbruch — 72
- Undarstellbarkeit verdoppeln — 74
- „als ob Einem die Augenlieder weggeschnitten wären" – Medialität statt Wahrnehmung — 79
- Was ist „Redaction"? — 84
- Post Scriptum: — 88

IV. „(weil es kein Centrum der Nation giebt)" – ein Volksblatt — 90

- „Der Autor als Produzent" — 90
- Vom Symbol zum Indiz – den Mordbrennern auf der Spur — 92
- Zeichen der Zeit – Gemeinsinn und Kommunikation — 99
- Indizien des Erzählens — 105
- In der Fassung der ABENDBLÄTTER: „Das Bettelweib von Locarno" — 110
- Lob der Mittelmäßigkeit — 115
- Nachtrag zum Unwahrscheinlichen — 121

V. Von der allmählichen Verfertigung der Texte beim Publizieren oder: die fatalen Strategien der BERLINER ABENDBLÄTTER ... 126

Die Kunst der Simulatio ... 126
Macht/Spiel: „Über die allmählige Verfertigung der Gedanken beim Reden" ... 131
Restrategisierung des Ästhetischen ... 136
Die Zeit der Dissimulatio: Zerstreute Gerissenheit – gerissene Zerstreuung ... 140
Strategien des Performativen ... 145
Eine Klugheitslehre des Schriftlichen ... 149
Wort und Tat ... 154

VI. Zum Lesen verleiten – Kommunikation im Zeichen von Elektrizität ... 157

Von der Camouflage zum Gesetz des Widerspruchs ... 157
Feedback: Auf der Suche nach dem Massenmedium ... 167
Telegraph und Partisan – Medium und Botschaft ... 173

VII. „Über das Marionettentheater" der BERLINER ABENDBLÄTTER ... 180

„eine Puppe am Drahte des Schicksaals" ... 180
Theater/Fehde ... 182
Extravertierte Reflexivität ... 190
Ein schriftliches Marionettentheater ... 194
Die Grazie der medialen Vernunft ... 200
Mit der Triade experimentieren ... 205
Coda: Wer ist der Bär? ... 207

VIII. Die Verlegenheit der Magistraten und der mediale Gebrauch der Zeit ... 211

Literatur ... 220

„Denn nicht *wir* wissen, es ist allererst ein gewisser *Zustand* unsrer, welcher weiß."

Ich danke Matthias Anton, Dorothee Bittscheidt, Gabriele Brandstetter, Kai van Eikels, Gerhard Neumann, Mirko Nottscheid, Helge Peters, Martin Schäfer, Jörg Schönert, Elke Siegel, Andreas Stuhlmann und Ulrich Wergin.

I. Die BERLINER ABENDBLÄTTER:
Ein Experiment mit dem Gebrauch der Zeit

Das Geheimnis der Ankündigung
Unbeschadet einer irgend eleganteren Introduktion unterliegt der Anfang eines wissenschaftlichen Textes dem Primat der Ankündigung. Der Text beginnt und tritt gewissermaßen in sich ein, indem er sich vorhersagt. Mit solcher Voraussage seiner selbst wird er wissenschaftliche Abhandlung:

Die vorliegende Studie wird sich mit den BERLINER ABENDBLÄTTERN Heinrich von Kleists beschäftigen. Es gilt, die Texte, die in den Ausgaben dieser ersten Berliner Tageszeitung von 1810/11 versammelt sind, in ihrem Zusammenhang zu lesen, um so die Kontur eines der letzten großen Projekte Heinrich von Kleists zu ziehen. Damit soll nicht nur die seit der Neuausgabe der BERLINER ABENDBLÄTTER im Rahmen der *Brandenburger Kleist-Ausgabe* lautgewordene Forderung erfüllt werden, die kleinen Schriften Kleists, die Anekdoten und jene Texte, die Helmut Sembdner unter dem Stichwort ‚Kunst- und Weltbetrachtung' versammelt hatte, auf den Kontext ihrer Produktion und Publikation zu beziehen.[1,2] Vor allem richtet sich unser Interesse auf die MachArt der BERLINER ABENDBLÄTTER als Zeitung und ‚Volksblatt'. Betrachtet man die ABENDBLÄTTER, ohne dabei die Formen des modernen Journalismus als vertraute Vergleichsmuster bereits vorauszusetzen,[3] werden sie zu einer ganz eigentümlichen Stellungnahme Kleists im Kontext der ästhetisch-politischen Debatten und Konzepte seiner Zeit.

---

[1] *Brandenburger Kleist-Ausgabe*, hg. von Roland Reuß und Peter Staengle, Frankfurt a.M. 1997, Bd. II 7/8.
[2] Vgl. u.a. Wittkowski 1982, Dierig 1997, Reuß 1997. Oliver Jahraus hat in *Editio* 1999 eine „Rahmenskizze für eine weitergehende Untersuchung zur Intertextualität am Beispiel von Kleists *Berliner Abendblättern*" vorgelegt. Obwohl sich Jahraus dabei auf das u.a. durch Dierig benannte Desiderat bezieht, ist die Intertextualität, die Jahraus im Blick hat, nicht jene *zwischen* den in den BERLINER ABENDBLÄTTERN erschienenen Texten, sondern diejenige, die zwischen jeweils einem veröffentlichten Text und gegebenenfalls seiner Vorlage besteht. Jahraus schlägt diesbezüglich die Erstellung von Synopsen vor, die es erlauben würden, für die entsprechenden Texte eine ‚prozentuale' Autorschaft im Verhältnis von Vorlage und Variante zu ermitteln. Wir kommen auf das Problem der Autorschaft hinsichtlich der BERLINER ABENDBLÄTTER ausführlich zurück.
[3] Eine solche Voraussetzung macht Heinrich Aretz schon in der Anlage seiner Studie *Heinrich von Kleist als Journalist. Untersuchungen zum ‚Phöbus', zur ‚Germania', und den ‚Berliner Abendblättern'* (Aretz 1983). Auch Sembdners immer noch grundlegende Untersuchung *Die BERLINER ABENDBLÄTTER Heinrich von Kleists, ihre Quellen und ihre Redaktion* (Sembdner 1939), die man unweigerlich mitliest, sobald man sich mit den BERLINER ABENDBLÄTTERN beschäftigt, scheint in Kleist als Herausgeber, Redakteur und Autor immer wieder den modernen Publizisten als zentrale Figur einer kritischen Öffentlichkeit zu imaginieren, in deren ganzer Erscheinung man eher das Öffentlichkeitsmodell der Weimarer Republik zu erkennen meint.

Dies also ist hinsichtlich der vorliegenden Studie anzukündigen. Doch wie kündigen die BERLINER ABENDBLÄTTER ihrerseits sich an?

> Berliner Abendblätter.
> Unter diesem Titel wird sich mit dem 1. Oktbr. d. J. ein Blatt in Berlin zu etabliren suchen, welches das Publikum, in so fern dergleichen überhaupt ausführbar ist, auf eine vernünftige Art unterhält. Rücksichten, die zu weitläufig sind, auseinander zu legen, mißrathen uns eine Anzeige umständlicherer Art. Dem Schluß des Jahrgangs wird ein weitläuftiger Plan des Werks angehängt werden, wo man alsdann zugleich im Stande seyn wird, zu beurtheilen, in wie fern demselben ein Genüge geschehen ist. Berlin, den 25sten Septbr. 1810.
> Die Redaktion der Abendblätter.[4]

Diese von Kleist verfaßte Anzeige zeugt von einem Bewußtsein für die Problematik und das Wagnis der Ankündigung. Im Grunde handelt es sich gar nicht um eine bestimmte Ankündigung: Angekündigt wird vielmehr, daß etwas geschehen wird, von dem im Nachhinein zu erörtern ist, was es gewesen sein wird – von einer ausführlichen Darlegung wird abgesehen, und zwar aus Gründen, die ausführlich nicht dargestellt werden können.

Kann es überhaupt eine Anzeige „umständlicherer Art" geben? Ein Geheimnis wird als Geheimnis öffentlich gemacht und dient mithin als Anreiz und Anweisung gleichermaßen: Die Ankündigung der nachträglichen ‚Ankündigung' fordert dazu auf, die ABENDBLÄTTER auf einen geheimen Plan hin zu untersuchen, der hinter all dem stehen könnte, um dann am Ende des Jahrgangs den vermuteten Plan mit dem tatsächlichen Plan zu vergleichen.[5] Ja, Kleist scheint geradezu dazu anzuregen, die ABENDBLÄTTER mit einer Aufmerksamkeit für ihre MachArt zu lesen,[6] denn anstelle jener spezifischen Rahmung, die einem Geschehen durch die Darlegung eines Vorhabens widerfährt, erzeugt diese Anzeige die reine Erwartung eines Zusammenhangs.[7] Vor diesem Hintergrund greift jeder Versuch, das Geheimnis zu entschlüsseln, notwendig zu kurz. Die Ankündigung wird gewissermaßen auf ihren performativen Effekt reduziert – mit den Worten von Deleuze/Guattari: „Und das Geheimnis ist bei Kleist kein Inhalt mehr, der in einer Form der Innerlichkeit enthalten ist, sondern es wird im Gegenteil

---

[4] Diese erste Anzeige der BERLINER ABENDBLÄTTER findet sich in der *Vossischen Zeitung* vom 25.9.1810. Sembdner 1939, S. 5.
[5] So ist die Ankündigung bisher auch von der Forschung verstanden worden – Jochen Marquardt etwa will seine Untersuchung der ABENDBLÄTTER in diesem Zusammenhang auch als Rekonstruktion des den ABENDBLÄTTERN zugrundeliegenden Plans und der Probleme, die ihn scheitern ließen, verstanden wissen. Vgl. Marquardt 1986, S.7 ff.
[6] Wir verwenden den Begriff der Machart im Verweis auf Michel de Certeaus *Die Kunst des Handelns* und verwenden die Schreibweise ‚MachArt', um darauf hinzuweisen, daß sich die BERLINER ABENDBLÄTTER in vieler Hinsicht als Versuch lesen lassen, literarisches Arbeiten als Kunst des Handelns zu reartikulieren. Vgl. de Certeau 1988, S. 78 ff.
[7] Vgl. Dotzler 1998, S. 52, 60 f.

zur Form und ist mit der Form einer Äußerlichkeit gleichzusetzen, die immer außerhalb ihrer selbst ist. [...] Dieses Element der Äußerlichkeit, von dem alles beherrscht wird, was Kleist in der Literatur erfindet, was er als erster erfindet, gibt der Zeit einen neuen Rhythmus [...]."[8] Ein Rhythmus, der, so wäre hinzuzufügen, mit den ABENDBLÄTTERN zum Rhythmus der ‚Zeitung' wird.

Auf Seiten Kleists ist eine Skepsis hinsichtlich der mit Ankündigungen verbundenen Risiken im übrigen nur allzu begründet: Trotz aller Zurückhaltung enthält bereits diese Anzeige eine Voraussage, die sich nicht bewahrheitet – der Schluß des Jahrgangs und also der Moment der retrospektiven Veröffentlichung des Plans wird nie erreicht. Das Erscheinen der ABENDBLÄTTER wird nach zwei Quartalen wieder eingestellt. In den BERLINER ABENDBLÄTTERN finden sich drei weitere Ankündigungen, die die ABENDBLÄTTER selbst betreffen; und auch für diese gilt: Keines der darin erklärten Vorhaben wird durchgeführt, keine Voraussage bewahrheitet sich.

Die Selbstvoraussage dient der Produktion von Kohärenz. Das Primat der Ankündigung organisiert eine Feedbackschleife, mit deren Hilfe ein Text, ein Kon-Text sich an sich selbst orientiert; es handelt sich um eine einfache Art, mit sich selbst zusammenzuhängen. Dies wird nicht notwendig dadurch gestört, daß ein Versprechen einmal nicht eingelöst werden kann, eine Selbstvoraussage nicht eintrifft. Differenzen zwischen Voraussage und Geschehen, Plan und Umsetzung können sich in eine Ökonomie einschreiben, in der sich ein Zuwachs an Komplexität verzeichnen läßt, ohne daß die Geschlossenheit der Ökonomie verletzt würde. Doch gibt es hier offenbar eine kritische Schwelle: Was, wenn Ankündigungen niemals eingelöst werden? Was, wenn der Versuch, die Differenz zwischen Voraussage und Geschehnis, Plan und Umsetzung zu erklären und also zu überbrücken, wiederum die Form einer Voraussage annimmt, die nicht eintrifft?

Hinsichtlich der Ankündigung, wir würden die Texte der BERLINER ABENDBLÄTTER in ihrem Zusammenhang lesen können, ist dann zunächst zu konstatieren, daß dieser sich verweigert, sich entzieht. Statt eines Zusammenhangs innerhalb der BERLINER ABENDBLÄTTER, den wir einfach nachzuziehen hätten, ergibt sich zunächst ein Zusammenhang zwischen unserer Ankündigung und den Ankündigungen Kleists: Mit ihrer Nicht-Erfüllung ist zu rechnen. Wir befinden uns auf der Außenseite der

---

[8] Deleuze und Guattari 1992, S. 488. Vgl. auch den Anfang des Essays *Für eine Literatur des Krieges, Kleist* von Mathieu Carrière: „Der Aktionsplan ist geheim. ‚Tausend Jahre bevor ich verstanden werde!' Umso besser. Wir wollen erst gar nicht unbedingt verstehen, Geheimnisse verraten, Aktionspläne aufdecken; wir wollen uns von gewissen Indizien leiten und verführen lassen, miterleben, was seine Geheimnisse anrichten, sie für unsere Zwecke benutzen, ein paar Formeln fabrizieren, kleine kriegerische Gesten beschreiben, vielleicht eine Liste machen für alle, die Krieg führen: denn was wir sagen können ist, daß der Krieg erklärt wurde ... aber welche Art von Krieg und gegen wen?" Carrière 1981, S. 7, vgl. auch S. 28.

Kohärenz, dort, wo eine Kontur nur im Moment ihrer Auflösung zu sehen ist. Kohärenz findet sich in dem Maße, in dem die Arten ihres Entzugs wieder und wieder ein Muster ergeben. ‚Der Zusammenhang bleibt ein Verdacht' – auch diese vertraute Restriktion moderner Deutungsverfahren kehrt sich in ihr Performativ: Der Verdacht *ist* der Zusammenhang.

Betrachten wir die besagten Ankündigungen im einzelnen. Das der ersten Ausgabe beigegebene „Extrablatt" beginnt mit den Worten:

> Durch den Königl. Präsidenten der Polizei, Herrn Gruner, der jedes Unternehmen gemeinnütziger Art mit so vieler Güte und Bereitwilligkeit unterstützt, sind wir in den Stand gesetzt, in solchen Extrablättern, als hier das Erste erscheint, über Alles, was innerhalb der Stadt, und deren Gebiet, in polizeilicher Hinsicht, Merkwürdiges und Interessantes vorfällt, ungesäumten, ausführlichen und glaubwürdigen Bericht abzustatten: dergestalt, daß die Reihe dieser dem Hauptblatt beigefügten Blätter [...] eine fortlaufende Chronik, nicht nur der Stadt Berlin, sondern des gesammten Königreichs Preußen, bilden werden.
> (BA, Bl. 1)[9]

Tatsächlich erscheinen die Polizeiberichte aber schon im zweiten Blatt nicht mehr in einem Extrablatt, sondern als Teil des ‚Hauptblattes'. Das nächste „Extrablatt" ist erst dem siebten Blatt beigefügt, und in der folgenden Zeit erscheinen Extrablätter eher sporadisch. Man mag diese Differenz als erstes, unmittelbares Ergebnis des Experiments ‚Tageszeitung' werten, denn während die erste Ausgabe in ihrem Extrablatt die Polizeiberichte mehrerer Tage versammeln kann, stehen in den folgenden Tagen eben lediglich die Berichte jeweils eines Tages zur Verfügung, die allein kein Extrablatt füllen. Daß dies für die Redaktion als ‚Befund' zu gelten hat, drückt sich vielleicht in der seltsamen Ankündigung aus, mit der die in das Blatt integrierten Polizeiberichte vom 2. Oktober, dem zweiten Erscheinungstag, schließen. Kleist setzt hier hinzu: „(Die Fortsetzung folgt.)" (BA, Bl. 2). Selbstredend folgt die Fortsetzung, was jedoch nur meint, daß die Ausgabe vom 3. Oktober den Polizeibericht vom nächsten, d.h. von diesem Tag enthält. Das mag als ein Kommentar dazu gelesen werden, in welchem Maße sich Ankündigungen machen lassen, die tatsächlich eintreffen. Vor allem aber erzeugt dieses Detail den Eindruck eines Genre-Mixes zwischen Erzählung, Abhandlung, Fiktion und aktueller Berichterstattung. Die Fortsetzung folgt – und zwar auch in Form einer formalen Inversion: So tendiert Kleist andererseits dazu, der Erscheinungsfolge der einzelnen Abschnitte längerer Texte und Abhandlungen einen Anschein von ‚Aktualität' zu verleihen. Er behauptet zum

---

[9] Texte aus den BERLINER ABENDBLÄTTERN werden im fortlaufenden Text mit Angabe des Blattes beziehungsweise der Nummer nachgewiesen. Zitate aus anderen Schriften Kleists werden nach dem Siglenverzeichnis der Heinrich-von-Kleist-Gesellschaft nachgewiesen, d.h. die Sembdner-Ausgabe wird abgekürzt mit ‚SW', die Ausgabe des Deutschen Klassiker Verlages mit ‚DKV' und die Brandenburger-Kleistausgabe mit ‚BKA'. Für genaue Angaben zu den Ausgaben siehe im Literaturverzeichnis.

Beispiel, die Erscheinung des vierten Teils des „Allerneuesten Erziehungsplans", der aus eigener Feder stammt, aber als „Einsendung" ausgegeben wird, habe sich durch die Nachlässigkeit eines Boten verzögert (BA, Bl. 35).

Weit davon entfernt, sich zu jener „fortlaufende[n] Chronik nicht nur der Stadt Berlin, sondern des gesammten Königreichs Preußen" zusammenzusetzen, die die Erklärung zu den Polizeiberichten verspricht,[10] verweisen solche Merkwürdigkeiten eher auf ein Experimentieren mit der Chronologie der Tageszeitung. Dies bietet sich als Deutungshorizont auch für jene Ankündigung an, die sich auf die Programmatik des zweiten Quartals bezieht. Im 72. Blatt, also zum Ende des ersten Quartals, erscheint folgender Text:

> Ankündigung.
> Durch höhere Unterstützung werden die zur Erhebung und Belebung des Antheils an den vaterländischen Angelegenheiten unternommenen und mit dem Beifall des Publikums auf unerwartete Weise beehrten
> BERLINER ABENDBLÄTTER
> in zwei Punkten, vom 1sten Januar 1811 an, folgende wesentliche Ausdehnung erhalten: nämlich:
> 1) Werden dieselben in wöchentlichen Darstellungen, specielle Mittheilungen über alle, das Gemeinwohl und die öffentliche Sicherheit betreffende interessante Ereignisse, in dem ganzen Umfange der Monarchie, enthalten.
> 2) Wird das Bülletin der öffentlichen Blätter ausführlicher, als es bisher geschehen ist, einen Auszug der wichtigsten, neu angekommen, officiellen Nachrichten des Auslandes communiciren, und in so fern, da das Blatt täglich erscheint und der Abgang der Posten zu seiner täglichen Versendung benutzt werden kann, eine Art von Vorläufer der Zeitungen werden. [...] (BA, Bl. 72)

Aus diesen Zeilen spricht die Hoffnung, die ABENDBLÄTTER könnten weniger durch den Inhalt, die Berichterstattung, als vielmehr durch den Takt ihres Erscheinens und den daraus resultierenden Beschleunigungseffekt wirken. So soll das „Bülletin der öffentlichen Blätter" zu einem „Vorläufer der Zeitungen" werden.[11] Doch auch diese Ankündigung geht fehl: Die ABENDBLÄTTER bringen nun die Mitteilungen aus anderen Zeitungen später als diese selbst und erweisen durch den dadurch wohl mitverursachten Bankrott doch noch, was sie wohl im Positiven zu zeigen hofften; nämlich, wie wenig diese Meldungen in ihrer Verspätung noch wert sind und wie

---

[10] Vgl. zu dem durch diese Ankündigung möglicherweise ausgelösten Konflikt: Grathoff 1972, S. 89; Dotzler 1998, S. 51; Peters 2000, S. 154.
[11] Diese Formalisierung der Publikationsstrategie scheint in der Art der Zählung eine Entsprechung zu finden: Während das erste Quartal in Blättern gezählt wird, unterteilt sich das zweite in Nummern.

vollständig sie also durch ihre Zeitlichkeit, ihre Aktualität bestimmt werden.[12]

Zuweilen findet sich auch in dieser letzten Phase der ABENDBLÄTTER noch etwas, das wie ein Spiel mit der formalen Struktur anmutet; oder sind es, wie Helmut Sembdner vermutet, nur Mißgeschicke? „Kleist pflegt bei der Nachrichtenredaktion häufig ein Datum aus der Nachricht herauszuheben und als Überschrift zu setzen. Dabei begegnen ihm gelegentlich Mißgeschicke. So überschreibt Kleist No. 57,1 mit ‚Paris, den 7. Februar'. Die Nachricht stammte jedoch aus einem längeren Bericht in der Wiener Zeitung unter der Rubrik ‚Paris vom 10. Februar'. Da aber dort die Rede von einem [...] Staatsrat am 7. Februar ist und dann fortgefahren wird: ‚An eben diesem Tage...', läßt Kleist den Bericht am 7. Februar abgefaßt sein und beginnt ‚Am heutigen Tage...'. Dabei hatte er aber nicht bedacht, daß die folgende, mitabgedruckte Nachricht vom 8. Februar handelt und so gleichsam eine Prophezeiung wird!"[13] Begreift man die ABENDBLÄTTER versuchsweise als ein *chrono-logisches Experiment*, sieht man in ihrer MachArt ein *Experimentieren mit dem medialen Gebrauch der Zeit*, so sind auch und gerade solche vermeintlichen Fehler von Interesse.

Projekt und Experiment
Unterstützung findet diese Hypothese unter anderem darin, daß Kleist immer wieder aktuelle Berichte von Experimenten veröffentlicht und dabei auf die Rolle der Zeit im Experiment, auf die intrinsische Nähe von Ankün-

---

[12] In seiner wegbereitenden Studie zur Entwicklung des modernen Journalismus von 1928 schlägt Dieter Baumert eine dreiteilige Klassifikation vor: Der korrespondierende Journalismus wird dabei durch den schriftstellerischen und schließlich durch den redaktionellen Journalismus abgelöst. In diesem Rahmen wäre zu konstatieren, daß die ABENDBLÄTTER mit dem zweiten Quartal von einem schriftstellerischen in einen korrespondierenden Journalismus zurückfallen.
[13] Sembdner 1939, S. 342. Im zweiten Quartal, in No. 6 der ABENDBLÄTTER, findet sich ein Text, betitelt „Merkwürdige Prophezeiung". Hier ist die Rede von einer „sonderbar eingetroffenen Vorherverkündigung", die „mit zuviel historischen Angaben belegt" sei, „als daß sie nicht einiger Erwägung werth wäre". Einem zum Seedienst bestimmten jungen Mann wird von einem Jesuiten vorhergesagt, er werde Bischof werden. Und so kommt es auch. „Einiger Erwägung wert" ist dieses Geschehen wohl vor allem, weil es den Charakter einer ‚Self-fulfilling Prophecy' hat. Ebenso bemerkenswert ist in diesem Kontext eine Miszelle aus dem 15. Blatt: „Nach einem Briefe aus Fontainebleau in der Liste der Börsenhalle ist am 31. September die Schwangerschaft ihrer Majestät der Kaiserin dem diplomatischen Korps officiel angezeigt, auch der Reichserzkanzler nach Paris abgefertigt worden um dem Senate diese erfreuliche Mittheilung zu machen." Auffällig ist dabei das Datum – der September hat nur 30 Tage. So kommt der Ankündigung vom 31.9. ein fragwürdiger Status zu, was in Korrespondenz zu ihrem Inhalt steht, handelt es sich doch um die Ankündigung eines napoleonischen Kindes. Liest man das von Kleist zwei Jahre zuvor verfaßte und zu Lebzeiten unveröffentlichte *Lehrbuch der französischen Journalistik*, mag man an ein Mißgeschick nicht mehr glauben, denn hier empfiehlt Kleist den Journalisten, Daten zu fingieren.

digung und Experiment aufmerksam macht.[14] Nicht zufällig setzt Kleist hinsichtlich aktueller Berichterstattung in der zweiten Erscheinungswoche der BERLINER ABENDBLÄTTER neue Maßstäbe anläßlich eines Experiments, anläßlich nämlich der Luftschiffahrt des Herrn Claudius vom 15.10.1810. Sembdner kommentiert dies in seinem Buch zu den ABENDBLÄTTERN von 1939 ausführlich: „Der Begriff der Reportage als einer Berichterstattung aus dem Augenblick des unmittelbaren Erlebens heraus ist noch nicht alt, denn bei der Umständlichkeit der früheren Nachrichtenübermittlung hatte er keinen rechten Sinn. Wohl wünschte man auch früher eine möglichst eingehende Schilderung eines interessanten Vorfalls, ohne aber Wert darauf zu legen, daß diese Schilderung im Augenblick des Vorfalles selbst geschah. Die Möglichkeit einer Reportage in diesem Sinne ist eigentlich erst durch den Film und den Rundfunk gegeben. [...] Der erste Bericht über das Ereignis, das ‚Schreiben aus Berlin' in Bl. 13, erschien am Tage des Aufstiegs und wurde um 2 Uhr nachmittags abgeschlossen. Wenn man bedenkt, daß die ABENDBLÄTTER schon um 5 Uhr zur Ausgabe gelangten, so ist das eine kaum glaubliche Schnelligkeit der Berichterstattung."[15]

In dem besagten Text kündigt Kleist zunächst die Durchführung des Experiments an: Ein Herr Claudius habe vor, einen Ballon „vermittelst einer Maschine, unabhängig vom Wind, nach einer bestimmten Richtung hin[zu]bewegen". Diese Erfindung scheint Kleist nicht übermäßig innovativ, da die willkürliche Steuerung eines Ballons doch bereits möglich sei.[16] Dennoch sei der Herr Claudius samt seines Vorhabens nicht uninteressant, denn:

> Einen Gelehrten, mit dem er sich kürzlich in Gesellschaft befand, soll er gefragt haben: ob er ihm wohl sagen könne, in wieviel Zeit eine Wolke, die eben an dem Horizont heraufzog, im Zenith der Stadt sein würde? Auf die Antwort des Gelehrten, „daß seine Kenntnis so weit nicht reiche," soll er eine Uhr auf den Tisch gelegt haben, und die Wolke genau, in der von ihm bestimmten Zeit, im Zenith der Stadt gewesen sein. Auch soll derselbe, bei der letzten Luftfahrt des Prof. I im Voraus nach Werneuchen gefahren, und die Leute daselbst versammelt haben: indem er aus seiner Kenntnis der Atmosphäre mit Gewißheit folgerte, daß der Ballon diese Richtung nehmen, und der Prof. I in der Gegend dieser Stadt niederkommen müsse.

---

[14] Vgl. zur Systematik dieser Beziehung: Reichenbach 1938.
[15] Sembdner 1939, S. 135.
[16] Dieser Aussage wird in einem Artikel der *Spenerschen Zeitung* widersprochen. Kleist verteidigt seine Auffassung in einem „Aeronautik" betitelten Aufsatz, der in Blatt 25 und 26 erscheint. Kleists Auffassung ist faktisch falsch; sie geht davon aus, daß man durch Änderung der Flughöhe jede gerade gewünschte Windrichtung vorfinden könne. Daß diese Vorstellung für Kleist wichtig ist, mag unter anderem in ihrem Zusammenhang mit dem Bild des Ringers aus dem Text „Von der Überlegung" begründet sein, mit dem wir uns noch beschäftigen werden. Es geht um die strategische Möglichkeit, ein Ziel zu erreichen, indem man das, was ohnehin geschieht, für sich arbeiten läßt.

> Wie nun der Versuch, den er heute, gestützt auf diese Kenntnis, unternehmen will, ausfallen wird: das soll in Zeit von einer Stunde entschieden sein. Hr. Claudius will nicht nur bei seiner Abfahrt, den Ort, wo er niederkommen will, in gedruckten Zetteln bekannt machen: es heißt sogar, daß er schon Briefe an diesen Ort habe abgeben lassen, um daselbst seine Ankunft anzumelden. – Der Tag ist, in der That, gegen alle Erwartung, seiner Vorherbestimmung gemäß, ausnehmend schön.
> N.G.
>   2 Uhr Nachmittags
> Hr. Claudius hatte beim Eingang in den Schützenplatz Zettel austheilen lassen, auf welchen er, längs der Potsdammer Chaussee, nach dem Luckenwaldschen Kreis zu gehen, und in einer Stunde vier Meilen zurückzulegen versprach. Der Wind war aber gegen 12 Uhr so mächtig geworden, daß er noch um 2 Uhr mit der Füllung des Ballons nicht fertig war; und es verbreitete sich das Gerücht, daß er vor 4 Uhr nicht in die Luft gehen würde. (BA, Bl. 13)

Indem Kleist die redaktionelle Kombination von Aktualität und Experiment durch anekdotische Beigaben ergänzt, entsteht eine komplexe Miniatur zur Problematik der Plan-Verkündung und der Prognose, die an Abgründigkeit den bekannteren Kurztexten Kleists nicht nachsteht. Lesen wir nämlich genau, so zeigt sich, daß gar nicht gesagt wird, Herr Claudius habe eine Vermutung über den Zeitpunkt geäußert, an dem die Wolke den Zenith über der Stadt erreicht haben wird, die sich dann bewahrheitet hätte. Gesagt wird lediglich, daß er seine Uhr auf den Tisch gelegt habe. Insofern eine Uhr ganz offensichtlich zur Bestimmung der Zeit dient, wird er den Moment, in dem die Wolke den Zenith erreicht hat, genau bestimmt haben können. Das impliziert jedoch genau genommen nicht das Eintreffen einer Vorhersage. Im zweiten Fall verhält es sich umgekehrt: Zwar wird explizit mitgeteilt, daß Claudius das Ziel der Luftfahrt des Prof. I vorausgesagt habe. Es wird jedoch nicht gesagt, ob diese Vorhersage auch eingetroffen ist. Im Hintergrund suggeriert Kleist seinen LeserInnen das Bild der von Herrn Claudius versammelten Bevölkerung von Werneuchen, die vergebens auf den Ballon wartete.

Darauf, daß der Text einen solchen doppelten Boden hat, weist schließlich der seltsam widersprüchliche Schlußsatz hin, in dem das Wetter – bis heute sprichwörtlicher Gegenstand falscher Voraussagen – „in der That" und sowohl „gegen alle Erwartung" als auch „seiner Vorherbestimmung gemäß" ausnehmend schön sei. Ein Umstand, der sich zu allem Überfluß im „2 Uhr Nachmittags" betitelten Nachsatz in sein Gegenteil verkehrt. Spätestens im Zuge des hier beschriebenen Scheiterns wird denn auch fraglich, ob der vorangegangene Text eigentlich dazu dient, Claudius zu profilieren oder vielmehr ankündigt, Claudius werde sich aller Wahrscheinlichkeit nach ein weiteres Mal lächerlich machen. Die Qualität des Textes besteht jedoch gerade darin, daß er dies nicht entscheidet, sondern sich jeweils vom Ausgang des Experiments her, der für den Moment des Erscheinens der ABEND-BLÄTTER bereits als bekannt vorausgesetzt werden muß, anders lesen läßt. Angesichts der Berichterstattung vom Experiment geht hier das journalistische Experiment mit dem Gebrauch der Zeit auf: Was im veröffentlichten Text steht, entscheidet sich vom Moment der Publikation her.

Dennoch geht es Kleist, was Lächerlichkeit angeht, im großen und ganzen nicht besser als Herrn Claudius. Seine ebenfalls schwarz auf weiß ausgegebenen Ankündigungen sind nicht treffsicherer als die des Luftikus,[17] der im bürgerlichen Leben Tuchfabrikant ist, was der späteren Mitteilung, sein Versuch sei an Mängeln des Materials gescheitert, eine bittere Pointe gibt (BA, Extrablatt zu Bl. 14).[18] Ebenso wenig scheint Kleist, der Literat, in der Lage zu sein, eine Tageszeitung am Leben zu erhalten.[19]

Es ist ein unverzichtbarer Bestandteil des modernen Experiments, Ankündigungen zu machen, die sich nicht erfüllen. Experimente, in denen Diskrepanzen zwischen Vorhersage und Befund auftreten, sind vielleicht sogar die interessanteren – sie versprechen den größeren Erkenntnisgewinn. Doch ebenso gehört es zum modernen Experiment, daß der Versuchsleiter die Differenz zwischen Vorhersage und Befund schließlich erklärt, daß er eine Narration entwickelt, die die Plausibilität der Vorhersage mit der anders gearteten Plausibilität des Ergebnisses vermittelt. Nur durch eine solche Narration kann der Versuchsleiter sich als Souverän re-etablieren, kann sich das Fehlgehen der Vorhersage in Erkenntnis verwandeln.[20] Daß Kleist sich dieser Logik durchaus bewußt ist, zeigen die Sätze, mit denen die BERLINER ABENDBLÄTTER enden. In Nummer 76, der letzten Ausgabe des zweiten Quartals, findet sich folgende „Anzeige":

---

[17] So kündigt Kleist unter anderem auch im Zuge der mit der *Spenerschen Zeitung* geführten Debatte um die Möglichkeit oder Unmöglichkeit der Steuerung von Ballons an, er werde weitere „Facta [...] zur Erwiderung auf die gemachten Einwürfe" (BA, Bl. 26) beibringen, und beläßt es dann dabei.

[18] Kleist zeigt ein bemerkenswertes Interesse für Fälle, in denen ein Geschehen eine Selbstbezüglichkeit ausbildet, der zugleich ein katastrophischer Zug eignet. Besonders hervorzuheben ist in diesem Zusammenhang der Text „Charité-Vorfall" aus dem 12. Blatt: Bei einem Unfallopfer finden sich alle möglichen Verletzungen; der Mann gibt jedoch auf Nachfrage zu Protokoll, daß sie alle nicht vom aktuellen Unfall, sondern von zahlreichen anderen Kollisionen mit den Kutschen von Doktoren herrühren. „ – Bis sich endlich zeigte, daß ihm durch die letztere Überfahrt der linke Ohrknorpel ins Gehörorgan hineingefahren war." Womit allerdings auch fraglich wird, ob der Verletzte die zuvor an ihn gestellten Fragen überhaupt hat verstehen können: „Der Berichterstatter hat den Mann selbst über diesen Vorfall vernommen, und selbst die Todtkranken, die in dem Saale auf den Betten herumlagen, mußten, über die spaßhafte und indolente Weise, wie er dies vorbrachte, lachen." (BA, Bl. 12)

[19] Fast ist man versucht, die fehlgehende Ankündigung für eine Art Fluch der ABENDBLÄTTER zu halten, denn selbst der sonst so kontrollierte Adam Müller erliegt ihm, indem er seine Staatsanzeigen in Nr. 32 der ABENDBLÄTTER annonciert: Sie erscheinen erst erheblich später als in der Anzeige versprochen.

[20] Vgl. Gooding 1990, S.165 ff.

> Gründe, die hier nicht angegeben werden können, bestimmen mich, das Abendblatt mit dieser Nummer zu schließen. Dem Publiko wird eine vergleichende Uebersicht dessen, was diese Erscheinung leistete, mit dem, was sie sich befugt glaubte, zu versprechen sammt einer historischen Construktion der etwanigen Differenz, an einem anderen Orte vorgelegt werden.
> H. v. K. (BA, No. 76)

Doch die Ankündigung, die Differenz zwischen Ankündigung und Ergebnis öffentlich zu erklären, ist schließlich nur eine Ankündigung mehr, die nicht erfüllt wird.

Für jene Klasse von Menschen, in die Kleist angesichts solcher Manöver zu fallen droht, hatte das 17. und 18. Jahrhundert ein gebräuchliches Wort, das noch 1811 zum Titel eines Theaterstücks wird: „Die lächerlichen Projectanten" heißt das „Originallustspiel" von Josef Richter. Der Held dieses Stückes „projektiret sich noch entweder zum Kabinetsminister oder an den Galgen". „Projectanten" träumen von der Universalsprache, interessieren sich für Alchemie, suchen nach Möglichkeiten, das Meer in Süßwasser zu verwandeln und möchten Kanäle durch den Mittelpunkt der Erde legen. Die ABENDBLÄTTER neigen keineswegs dazu, derartige Vorhaben ohne weiteres dem Spott preiszugeben. Aus der Feder des Richterschen Helden könnte zum Beispiel der in den Nummern 35 bis 37 der ABENDBLÄTTER anonym veröffentlichte Text „Wissen, Schaffen, Zerstören, Erhalten" stammen, den man zunächst Kleist, dann Friedrich Gottlob Wetzel zugeschrieben hat.[21] Von der Alchemie ausgehend fordert der Text die zeitgenössische Naturwissenschaft heraus:

> Grabt doch einmahl mit allen euren Maschinen ein Loch durch die Erde bis zu den Gegenfüßlern, belauscht da die Natur in ihrer verborgensten Zeugungswerkstatt und dann sprecht weiter! [...] Zum Ausgraben des Loches würden wir bald auf Wasser stoßen. Das ist gewiß. Aber eben die Ueberwältigung des Wassers ist das Problem. Wenn es auch nie gelingen sollte, würde es vielleicht die Mechanik und Hydraulik mit den schätzbarsten Erfindungen bereichern. (BA, No. 35 und 36)

Der Zug zur Definalisierung, die kalkulierte Umwegigkeit einer ‚Projectemacherei', die sich immer schon darauf eingelassen hat, ein anderes Ergebnis

---

[21] In der Frage der Zuschreibung wird wiederum ein Druckfehler relevant: Die ersten beiden Teile des Textes wurden nämlich fälschlich unter dem Titel „Wissen, Schaffen, Zerstreuen, Erhalten" veröffentlicht. Sembdner nimmt dies – zu Recht – als ein Zeichen dafür, daß Kleist nicht der Autor sein kann, da er einen solchen Fehler im Satz vermutlich bereits nach dem ersten Auftauchen bemerkt und korrigiert hätte, vgl. Sembdner 1939, S. 53. Andererseits rückt diese falsche Überschrift den Text doch auch in eine größere Nähe zum Projekt der ABENDBLÄTTER insgesamt – „Wissen, Schaffen, Zerstreuen, Erhalten" käme dann als Motto einer experimentellen Variante vernünftiger Unterhaltung, „in so fern dergleichen überhaupt ausführbar ist", in Frage.

als das zunächst angestrebte zu erzielen, läßt fraglich werden, was Scheitern in diesem Zusammenhang eigentlich heißen kann und stiftet zugleich eine Verwandtschaft gerade zwischen dem ‚scheiternden' Projekt und dem modernen Experiment – eine Verwandtschaft, die wohl selten so zu ihrem Recht gekommen ist wie in Kleists BERLINER ABENDBLÄTTERN:[22]

> Die Sternschnuppen, sagt ihr, sind wässrige und feurige Dünste. Laßt doch einmal nur einen solchen Sternschnuppen herabfallen vom Firmament, mit allen eurem physicalischen und mechanischen Apparat, mit dem ihr die Erde aus den Angeln rücken würdet, wenn sich nur ein fester Stützpunkt fände: oder – sagt nur einmahl voraus, wann ein solcher Sternschnuppen, oder nur ein Tropfen Regen herabfallen wird!
> (BA, No. 35)

Charakteristisch für den Projektemacher ist die Vielzahl seiner Vorhaben, er betreibt niemals nur ein einzelnes Projekt bis zu dessen Realisation, weshalb ihm, wie im „Universal Lexikon Aller Wissenschafften und Künste" vermerkt wird,[23] auf keinen Fall Kredit gewährt werden sollte. Georg Stanitzek formuliert in einer Studie, die den Projektemacher zu rehabilitieren sucht: „Der Projektemacher verfolgt nicht ein Projekt, er ‚macht in Projekten'."[24]

Dies zumindest trifft auf Kleist sicher zu: Die BERLINER ABENDBLÄTTER sind bekanntlich nur eines unter zahlreichen gescheiterten Projekten – die Versuche, eine Existenz als Offizier oder Beamter aufzubauen, noch nicht einmal mitgerechnet. Da wäre zunächst die berühmte Würzburger Reise – man wird wohl nie ganz hinter ihr Geheimnis kommen. Wichtiger als der tatsächliche Grund der Reise ist aber vielleicht, daß sich anläßlich dieses Unterfangens ein Muster herstellt, das Kleist sein Leben lang wiederholt: In zahlreichen Briefen an seine Verlobte Wilhelmine von Zenge legt er bekanntlich mehr und mehr Gewicht auf das, was er gerade nicht sagen will, und baut so Erwartungen auf, die schließlich das Maß dessen, was überhaupt noch erfüllt werden könnte, bei weitem übersteigen. Dann das Projekt, mit derselben Verlobten als Bauer in der Schweiz zu leben. Forciert Kleist es nur deshalb immer weiter, weil er weiß, daß er Wilhelmine auf diese Weise in die Flucht schlagen wird, um im Moment ihrer Weigerung das Projekt seinerseits fallen zu lassen? Noch extravaganter der Versuch, in der napoleonischen Armee gegen England zu kämpfen, der mit der Inhaftierung wegen Spionage endet. Weniger ausgefallen, aber ebenso wenig erfolgreich: das Projekt, einen eigenen Buchhandel und Verlag zu betreiben. Dies ist bereits die Phase der Zeitungsprojekte, deren eines, der *Phöbus*, wiederum durch eine abenteuerliche Ankündigung in Schwierigkeiten gerät, nämlich der Anzeige wegen, daß Goethe, der davon nichts wußte, an dem Blatt mitwirken werde.

---

[22] Ähnliches findet sich vor allem bei Lichtenberg. Vgl. dazu Neumann 1976, S. 86 ff.
[23] 1741 von Johann Heinrich Zedler herausgegeben.
[24] Stanitzek 1987.

Projektemacherei nimmt für sich ganz allgemein ein Kontinuum von wissenschaftlichem Experiment, kriegerischem Abenteuer, künstlerischer Produktion, kaufmännischem Coup und politischer Utopie in Anspruch. Die funktionale Differenzierung der bürgerlichen Gesellschaft um 1800 läßt dieses Kontinuum hinter sich,[25] und es ist wohl nicht zuletzt dieser Umstand, der die Verhöhnung des Projektemachers in jener Zeit zum Allgemeinplatz werden läßt: Der Projektemacher wird zu einem „zweiten Don Quixote", wie schon Lessing bemerkt.[26] Dies ist eine im Hinblick auf den Projektemacher Kleist umso treffendere Beschreibung, wenn man Foucaults Deutung des *Don Quixote* hinzuzieht: Don Quixote wäre demnach eine Figur, deren Modernität darin besteht, ein gerade abgelöstes Zeitalter so zu verkörpern, daß das Neue einer kommenden Zeit sich an ihr kristallisieren könne.[27] In diesem Sinne wäre Einspruch gegen das Stigma der Lächerlichkeit im Falle des Projektemachers zu erheben, sobald die Projektemacherei zu einem Experiment mit dem Gebrauch der Zeit wird. Denn die Einsetzung der Zeit als Universalie gibt jener funktionalen Differenzierung statt, die das Kontinuum des Projektemachens zerbricht. Als universelle Strukturvorgabe ist es die Zeit, die eine solche Differenzierung allererst koordinierbar macht und flexibel verschaltet. Ein Experiment mit dem Gebrauch der Zeit ist angesichts dessen zugleich naheliegend und soeben außer Reichweite geraten. Wird es dennoch unternommen, muß es notwendigerweise mit der Prognose, mit der Ankündigung und nicht zuletzt auch mit der Verpflichtung zu jener Narration experimentieren, die die Differenzen zwischen Prognose und Ergebnis schließt. Ein Versuch zum Gebrauch der Zeit wäre mithin immer schon ein Experiment mit der Rahmung der experimentellen Konstellation selbst und hätte keine klaren Abgrenzungen mehr, kein Außerhalb, in das sich der Versuchsleiter zurückziehen könnte, um zu kommentieren.[28] Daraus folgt aber auch: Der ‚Leiter' eines solchen Versuchs kann nicht voll zurechnungsfähig sein – allerdings in einem rein formalen Sinn.[29]

---

[25] Entsprechende Bemühungen der Romantik könnten diesbezüglich bereits als (scheiternder) Wiederbelebungsversuch gedeutet werden. Nichtsdestoweniger haben die Romantiker Sympathie für den Projektemacher – so schreibt Friedrich Schlegel im *Athenäumsfragment* 22: „Der Sinn für Projekte, die man Fragmente aus der Zukunft nennen könnte, ist von dem Sinn für Fragmente aus der Vergangenheit nur durch die Richtung verschieden, die bei ihm progressiv, bei jenem aber regressiv ist." Schlegel 1967, S. 168 f.
[26] Siehe Stanitzek 1987, S. 137.
[27] Foucault [10]1991, S. 78 ff.
[28] In diesem Prinzip kann man mit Carrière den Übergang „von rationaler Zeit zu intensiver Zeit und vice versa" sehen (Carrière 1981, S. 72).
[29] Nicht zuletzt deshalb verlangen Experimente mit dem Gebrauch der Zeit ein intensives Engagement von allen Beteiligten – auch von den Leserinnen und Lesern. Bodo Rollka argumentiert in einer vergleichenden Studie zur Berliner Presse des 19. Jahrhunderts denn auch: „Das von Kleist angesprochene Publikum fand in den Abendblättern kaum kontinuierliche Lesehilfen, verlor bei der Vielzahl experimenteller Versuche zunehmend die Orientierung und wurde so dem Blatt zum größten Teil entfremdet." Rollka 1985, S. 79.

Die doppelte Buchführung
Dieser Komplikation entspricht die Zweischneidigkeit des historischen Befundes: Wir kennen nämlich sehr wohl zahlreiche Erklärungen für die Differenz zwischen Ankündigung und Ergebnis hinsichtlich der BERLINER ABENDBLÄTTER. Wir wissen von den Kleinkriegen, die Kleist mit den Berliner Behörden um Zensur und staatliche Unterstützung geführt hat. Und wir wissen davon durch Kleist und zwar vor allem aus den Briefen zur Bredouille der ABENDBLÄTTER, die er im Zuge einer wahrhaft Kohlhaasschen Eskalation an immer höhere Stellen geschrieben hat, schließlich an den König selbst.[30]

Man kann sich dabei des Eindrucks nicht erwehren, daß diese Briefmaschine (vermutlich in Kombination mit der Arbeit an den *Erzählungen*) Kleists Aufmerksamkeit mehr und mehr in Anspruch nimmt und von der täglichen Produktion der ABENDBLÄTTER abzieht. So endet das Experiment ‚BERLINER ABENDBLÄTTER' tatsächlich mit zahlreichen Berichten. Sie sind jedoch nicht als solche gekennzeichnet, autorisiert und publiziert. Sie sind vielmehr bereits Teil einer weiteren biographischen Verwicklung, die Kleist schließlich aus der Redaktion der ABENDBLÄTTER herauskatapultiert.

So öffentlich, wie in der abschließenden „Anzeige" versprochen, wird Kleists ‚Bericht' erst, als Kleist seinerseits Gegenstand der Forschung wird, genauer gesagt: in dem Moment, in dem die Kleist-Forschung Kleists Briefe veröffentlicht. Damit ist es die Literaturwissenschaft, die Kleists letzte Ankündigung aus den BERLINER ABENDBLÄTTERN wahr macht, indem sie erstens Kleists briefliche Berichte „an einem anderen Orte" „dem Publiko [...] vorlegt", und zweitens auf der Grundlage der Briefe und anderer Dokumente die Diskrepanz zwischen Ankündigung und Wirklichkeit der BERLINER ABENDBLÄTTER plausibilisiert. Reinhold Steig, Dirk Grathoff und Jochen Marquardt haben sich dieser Aufgabe – signifikanterweise aus geradezu entgegengesetzten politischen Motiven – intensiv gewidmet.[31]

Was dabei geschieht, ähnelt einem Tauschgeschäft der Souveränität: Kleist wird rehabilitiert, indem man deutlich macht, an welchen Hindernissen sein Vorhaben, das damit als prinzipiell möglich beglaubigt wird, gescheitert ist. Die Agentur der BERLINER ABENDBLÄTTER wird geordnet in Aktionen und Widerfahrnisse, Reaktionen und Unausweichlichkeiten, deren Subjekt, deren Täter und Opfer Kleist ist. Und umgekehrt: Indem es ihnen gelingt, Kleist solchermaßen zu beglaubigen und nachträglich vor der Lächerlichkeit des ‚Projektemachers' zu bewahren, beweisen sich die entsprechenden Autoren ihrerseits als Wissenschaftler. Die geglückte Beglaubigung,

---

[30] Es wäre in diesem Zusammenhang interessant, die Funktion, die der Prophezeiung in der Erzählung *Michael Kohlhaas* zukommt, in Betracht zu ziehen. Auch hier ist die Prophezeiung ja gewissermaßen auf ihr Performativ reduziert: Sie spielt eine handlungsentscheidende Rolle, ohne daß ihr Inhalt jemals bekannt wird. Vgl. Haase 1986, S. 145 ff.; Carrière 1981, S. 48 ff.
[31] Steig 1901, Grathoff 1972, Marquardt 1986.

so lautet die Regel kulturwissenschaftlicher Performanz, autorisiert zugleich ihren Enunziator.

Anders formuliert: Indem die bisherige Forschung zu den BERLINER ABENDBLÄTTERN weitgehend versucht hat, jene Ankündigung, mit der die ABENDBLÄTTER eingestellt werden, posthum zu erfüllen, wird Kleists Zurechnungsfähigkeit wiederhergestellt.[32] Nicht nur wird Kleist als historische Figur vor der Lächerlichkeit gerettet, die ihn in den Augen seiner Zeitgenossen bedrohte, vor allem werden die Texte und Geschehnisse in den und um die BERLINER ABENDBLÄTTER zugerechnet: auf Kleist, seine Motive und die Hindernisse, die sich seinem Vorhaben in den Weg stellen, schließlich: auf die Motive seiner Gegner. Diese Verfahrensweise in subjektkritischer Attitüde zu hinterfragen, hieße möglicherweise die Komplexität einer Regelung zu übersehen, die es zuweilen zwei Personen, dem verstorbenen Autor und dem posthumen Forscher beziehungsweise der Forscherin ermöglicht, einander eine Anerkennung zu verschaffen, die keine von ihnen zuvor genossen hat. Gelingt dies, so hat die Philologie zuweilen den Charakter eines Coups, wie er vielleicht sogar Kleist hätte gefallen können.

Dennoch: Vielleicht zeigt sich dieser Zusammenhang im Falle Kleists nicht zufällig in seiner – sagen wir – ‚Gerissenheit'.[33] Denn im Hinblick auf die BERLINER ABENDBLÄTTER läßt dieses Verfahren, das man mit einigem Recht ein ‚Verfahren der doppelten Buchführung' nennen könnte, strukturell eine wichtige Option außer Acht: die Option, daß die BERLINER ABENDBLÄTTER, indem sie unter anderem mit der Vorhersage experimentieren, überhaupt auch ein Experiment mit der Zurechenbarkeit selbst sein könnten,[34] und daß man ihnen also keinen Dienst erweist, wenn man diese weitestmöglich wiederherstellt.

---

[32] In seiner „Modellanalyse" zu *Das Erdbeben in Chili* zeichnet Friedrich A. Kittler im Unterschied dazu die Diskursanalyse als eine Methode aus, die die Informationsdefizite und Fehlanzeigen der Bedeutungsproduktion zunächst und vor allem als solche zu verzeichnen hätte, statt etwaige Leerstellen „im Interesse einer kontinuierlichen Autorbiographie" auszufüllen (Friedrich A. Kittler 1987, S. 26). Dem ist nur beizupflichten. Fragwürdig ist vor diesem Hintergrund jedoch, daß gerade unter Zuhilfenahme diskursanalytischer Mittel jene von Steig initiierte und von Carl Schmitt virtuos entwickelte Theoriebildung fortgeschrieben wird, die Kleists Schriften in jeder Einzelheit auf ihren strategischen Wert für das militärische Vorgehen der Befreiungskriege hin festzulegen versucht. Vgl. insbesondere auch Wolf Kittler 1987, S. 342 u.a., drastischer und durchgängig bei Haase 1986.
[33] Wir kommen auf den Begriff der ‚Gerissenheit' im Kapitel V zurück.
[34] Dies – das wäre bestenfalls auch ein Coup – kann übrigens insofern keine sogenannte ‚Überinterpretation' sein, als es schon aus intrinsischen Gründen eben nicht mehr unmittelbar Kleist zugerechnet werden kann und soll, diesen Versuch unternommen, dieses Experiment geleitet zu haben.

Nationalismus, Iffland-Fehde, Polizeinachrichten

Wo es darum geht, die Geschichte der ABENDBLÄTTER nach dem Muster von Plan beziehungsweise Programm, Umsetzung, Hindernis und Scheitern zu erzählen, gilt es Ziele und Motive zu benennen. Als die aussichtsreichsten Kandidaten für die Anliegen Kleists hinsichtlich der ABENDBLÄTTER mögen gelten:

1) ein gegen die französische Vorherrschaft gerichteter Nationalismus;[35]

2) die Fehde mit dem Intendanten des Berliner Theaters Iffland, anders formuliert: das Vorhaben, den Ruf Ifflands systematisch zu untergraben und damit unter anderem seine Ablehnung des *Käthchens* zu rächen;[36]

3) ein Interesse, das sich auf die Weiterentwicklung journalistischer Formen und mündiger Öffentlichkeiten richtete und einen wichtigen Ausdruck in der innovativen Polizei-Berichterstattung fand.[37]

Betrachten wir hinsichtlich dieser drei Punkte nur einmal die ersten Ausgaben, die noch weitgehend frei von bürokratischer oder finanzieller Bedrängnis waren,[38] so wird schnell deutlich, wie die Zurechenbarkeit, die mithilfe der Markierung zentraler Anliegen Kleists hergestellt werden soll, der genaueren Lektüre wieder entgleitet:

Als symptomatisch für die Anliegen 1) und 2) dürften zwei Gedichte gelten, die in Blatt 3 und 5 abgedruckt sind. Die auf der Front des fünften Blattes veröffentlichte „Ode auf den Wiedereinzug des Königs im Winter 1809" kommt dabei einem ersten Bekenntnis gleich, denn Kleist, dessen Mitwirkung an den ABENDBLÄTTERN zunächst nicht bekannt ist, unterschreibt das Gedicht mit seinen Initialen – „H.v.K.". Dies scheint den programmatischen Charakter des Textes zu unterstreichen, mit dem einem von Napoleon geschlagenen König Würde zurückerstattet und Huldigung zuteil werden soll:[39]

> [...]
> Blick auf, o Herr! Du kehrst als Sieger wieder,
> Wie hoch auch immer Cäsar triumphiert:
> Ihm ist die Schaar der Götter zugefallen,
> Jedoch den Menschen hast Du wohlgefallen.
> [...] (BA, Bl. 5)

---

[35] Steig 1901.
[36] So schon die Zeitgenossen: Vgl. Sembdner 1939, S. 9. Siehe außerdem den Brief von Fouqué an Varnhagen vom 11.10.1810, Staengle 1997, S. 371.
[37] Sembdner 1939, S. 8 f., außerdem hinsichtlich der leitenden Thesen: Aretz 1983, Marquardt 1986.
[38] Tatsächlich waren die ersten Ausgaben ein sensationeller Absatzerfolg: Vgl. Sembdner 1939, S. 6.
[39] Vgl. Gratthoff 1972, S. 93, der das Gedicht als Beispiel für eine „nicht gerade zimperliche Agitation zwecks Wiederaufnahme des Krieges" anführt.

Doch es ist nicht nur das schmerzlich vermißte lyrische Talent – Kleist reimt hier ohne weiteres -fallen auf -fallen –,[40] das diese vermeintlich eindeutige Stellungnahme ambivalent werden läßt. Zwei Tage zuvor nämlich, in der dritten Ausgabe, erschien das Gedicht „An unsern Iffland bei seiner Zurückkunft in Berlin". Dieses Spottgedicht bezieht sich darauf, daß Iffland trotz seiner Intendanz am Berliner Theater aufgrund seiner zahlreichen Gastspielaktivitäten häufig nicht vor Ort war. Kleists Verse unterstellen, in eine Huldigung gekleidet, daß Ifflands Tätigkeit als Berliner Intendant unter diesen Abwesenheiten leidet.

Die Parallelen zwischen beiden Gedichten sind nicht zu übersehen: Iffland wie dem König werden bei ihrer Rückkehr nach Berlin Lieder gesungen. Beide haben sich in der Fremde „treu bewährt", schließlich wird Iffland noch als „Fürst der geweihten Bretter" und „Zier des Vaterlands" bezeichnet. Diese Parallelen stiften nun erstens eine Verbindung zwischen dem König und dem Intendanten des Theaters und zweitens eine, wenn auch vage, Korrespondenz zwischen Kleists persönlicher Fehde und dem Krieg mit Napoleon – Verbindungen, die aus der Perspektive eines strammen Nationalismus kaum angemessen erscheinen können. Darüber hinaus wird der Eindruck der Unangemessenheit noch dadurch verstärkt, daß Kleist das gängige Verhältnis von Original und persiflierender Kopie vertauscht: Hätte er zunächst die „Ode an den König" veröffentlicht und einige Zeit später das Gedicht „An unsern Iffland", dann hätte man die Fallhöhe zwischen Original und Persiflage allein auf Iffland zugerechnet. In der tatsächlichen Reihenfolge – und man bedenke, daß nur zwei Tage zwischen beiden Texten liegen – entsteht dagegen eine irritierende Wechselwirkung zwischen den Texten: Das Gedicht „An unsern Iffland" ist mit „Von einem Vaterländischen Dichter" unterzeichnet. Mit Kleists Initialen unter dem tatsächlich ‚vaterländischen' Gedicht der übernächsten Ausgabe wird das damit aufgegebene Rätsel gelöst. Die Signaturen erscheinen seltsam vertauscht: Die privatpolitische Fehde wird dem vaterländischen Dichter zugeordnet, das vaterländische Gedicht dem Privatmann.

Die vermeintliche programmatische Signifikanz des ersten Erscheinens der Initialen „H.v.K." entgleitet und mit ihr die erste These der Zurechenbarkeit, nämlich: ‚Kleist ist ein vaterländischer Dichter beziehungsweise ein nationalistischer Schriftsteller', die im Bezug dieser beiden Gedichte

---

[40] Vgl. zum ‚Fall' bei Kleist de Man 1988, S. 232, und Neumann 1994.

aufeinander ebenso aufgerufen wie unterlaufen wird.[41] Und auch die zweite Annahme, daß Kleist die BERLINER ABENDBLÄTTER nutzen wollte, um das Ansehen Efflands zu untergraben, wird durch das Gedicht im dritten Blatt zwar einerseits gestützt, durch die nachträglich etablierte Parallele zum König dann aber doch seltsam verschoben – die Fehde wird zum Scheingefecht.[42]

Stellen wir nun die dritte These nur einmal auf der Grundlage der ersten Ausgaben auf die Probe: Das „Gebet des Zoroaster", mit dem die BERLINER ABENDBLÄTTER unter der Überschrift „Einleitung" eröffnet werden, suggeriert auf den ersten Blick tatsächlich ein klassisch-aufklärerisches Bemühen um eine kritische Öffentlichkeit. Entsprechend wurde es von Zeitgenossen als programmatische Verlautbarung gelesen.[43] Im Kontrast dazu steht jedoch zunächst schon die Textform, handelt es sich bei der angeblich von einem Reisenden gefundenen indischen Handschrift doch offensichtlich um eine ‚Fälschung', die sich mit dem Hinweis auf eine unaufklärbare orientalische Herkunft zu beglaubigen sucht. Vor allem aber verwickelt der Text selbst das Aufklärungsprogramm in eine einigermaßen katachretische Rhetorik: Die in Blindheit und Schlafsucht daniederliegende Menschheit soll mit Pfeilen geweckt werden. Dies ist nun nicht nur eine unübliche Weckmethode, die potentiell dazu führt, den zu Weckenden in einen sehr viel tieferen Schlaf zu versetzen; darüber hinaus ist der mit Pfeilen um sich schießende Diener Gottes offenbar Amor. Und dessen „liebreich[e]" Pfeile machen bekanntlich wiederum eher blind als sehend.[44]

Doch einsinnige Lektüren der BERLINER ABENDBLÄTTER scheitern nicht nur an der Doppelbödigkeit einzelner Texte, sie kommen auch im Netz intertextueller Verweise ins Straucheln: Dem „Gebet des Zoroaster" folgt in der ersten Ausgabe der BERLINER ABENDBLÄTTER ein von Kleist verfaßter

---

[41] Daß Ambivalenzen wie diese durchaus einen konkreten Widerhall hatten, läßt sich unter anderem der Korrespondenz zwischen Kleist und dem Freiherr von Ompteda entnehmen, der für die in den ABENDBLÄTTERN veröffentlichten „Fragmente aus den Papieren eines Zuschauers am Tage" verantwortlich zeichnet. Ersterer weist auf die „Ode auf den Wiedereinzug des Königs" hin, um die Verwandtschaft seiner Anliegen mit denjenigen Kleists zu unterstreichen, entzieht den ABENDBLÄTTERN jedoch einige Zeit später wieder seine Sympathie, weil er seine Texte in eine kompromittierende Nachbarschaft eingestellt findet. Vgl. Sembdner 1939, S. 35, Staengle 1997, S. 380 und 395. Haase argumentiert abweichend, die Gruppe der preußischen Patrioten um Kleist habe zum König ein ambivalentes Verhältnis gehabt (Vgl. Haase 1986, S.113).
[42] Wir kommen auf die sogenannte Iffland-Fehde in Kapitel VII ausführlich zurück.
[43] So etwa in der *Zeitung für die elegante Welt* vom 15.10.1811; vgl. Sembdner 1939, S. 8.
[44] Bezeichnend, daß Nietzsche die gleiche Bildlichkeit für eine gänzlich un-aufklärerische Betrachtung verwendet: „Die Natur schiesst den Philosophen wie einen Pfeil in die Menschen hinein, sie zielt nicht, aber sie hofft, dass der Pfeil irgendwo hängen bleiben wird. Dabei aber irrt sie sich unzählige Male und hat Verdruss. [...] Der Künstler und der Philosoph sind Beweise gegen die Zweckmäßigkeit der Natur in ihren Mitteln, [...]." Nietzsche, *Unzeitgemäße Betrachtungen*, III/§7.

Text mit dem Titel „Fragment eines Schreibens aus Paris". Der Text schildert unter anderem die Überbietungsstrategie von Werbeschildern in den Pariser Straßen:

> Der Caffetier zum Beispiel, der am Eingang einer Straße wohnt, affichirt vielleicht, auf einem bloßen schwarzen Brett, mit weißen Lettern: Caffe; einige Artikel führt er, auf einfache Weise, mit ihren Preisen an; er hat den Vortheil, er ist der Erste. Der Zweite, um ihm den Rang abzulaufen, fügt schon überall bei der Enumeration seiner Leckereien hinzu: du plus exquis; de la meilleure qualite; und le tout au plus modique prix; sein Brett ist bunt gefärbt, es sei nun gelb, roth oder blau, und er schiebt es, um die Aufmerksamkeit damit zu fangen, noch tiefer in die Straße hinein. (BA, Bl. 1)

Es folgt der dritte und der vierte Caffetier, schließlich der fünfte, der nicht mehr überbieten kann und daher in die Darstellungsweise des ersten zurückfällt, allerdings nun mit dem ausgestellten Gestus desjenigen, dessen Produktqualität eben keinerlei Werbung erfordert. Gerade in dieser Passage ähnelt das „Fragment eines Schreibens aus Paris" nun einem Abschnitt aus den 1810 erschienen „Erinnerungen aus Paris" von August von Kotzebue.[45] Auch Kotzebue schildert einen Spaziergang durch Paris und geht dabei auf die einander überbietenden Werbemaßnahmen von Straßenverkäufern ein. Allerdings handelt es sich bei Kotzebue nicht um Caffetiers, sondern – dies läßt im vorliegenden Zusammenhang aufmerken – um schaustellerische Apparate zur Vorhersage der Zukunft. Der erste Schausteller bietet ein Glücksrad an, der zweite eine einfache Apparatur, um die Zukunft vorherzusagen, der dritte eine kompliziertere und spektakulärere Apparatur. Dem entscheidenden fünften schließlich bleibt, um sich von seinen Vorgängern abzusetzen, bei Kotzebue nur noch ein Mittel – er erklärt sich als „von der Polizey privilegiert [...]; und so findet jeder für den gleichen hübschen Schwindel ein anderes attraktives Gewand [...]."[46]

Hatte man an diesem ersten Oktober die soeben erschienenen „Erinnerungen aus Paris" gerade gelesen, konnte man die Ähnlichkeit der Schilderung kaum übersehen. Um so merkwürdiger wird es dem Eingeweihten daher erschienen sein, daß Kleist die nächste Seite der neuen Publikation – das „Extrablatt" – mit den oben bereits zitierten Worten einleitet:

> Durch den Königl. Präsidenten der Polizei, Herrn Gruner, der jedes Unternehmen gemeinnütziger Art mit so vieler Güte und Bereitwilligkeit unterstützt, sind wir in den Stand gesetzt, in solchen Extrablättern, als hier das erste erscheint, über Alles, was innerhalb der Stadt, und deren Gebiet, in polizeilicher Hinsicht, Merkwürdiges und Interessan-

---

[45] Kotzebue 1810. Vgl. auch Moering 1972, S. 196.
[46] Kotzebue 1810, S. 67.

tes vorfällt, ungesäumten, ausführlichen und glaubwürdigen Bericht
abzustatten: [...] (Extrablatt zu BA, Bl. 1)

Im direktem Anschluß an den verborgenen Verweis auf Kotzebue erklärt
Kleist sein eigenes Unternehmen in werbender Weise für „von der Polizey
privilegiert". Soll man daraus also folgern, die Polizeiberichte seien ein
„Gewand" für einen „hübschen Schwindel"? Im vierten Blatt teilt die
Redaktion mit:

> Die Polizeilichen Notizen, welche in den ABENDBLÄTTERN erscheinen,
> haben nicht bloß den Zweck, das Publikum zu unterhalten, und den
> natürlichen Wunsch, von den Tagesbegebenheiten authentisch unter-
> richtet zu werden, zu befriedigen. Der Zweck ist zugleich, die oft ganz
> entstellten Erzählungen über an sich gegründete Thatsachen und Er-
> eignisse zu berichtigen [...]. (BA, Bl. 4)

Dieser Erklärung korrespondiert augenscheinlich die Einleitung des Textes
„Tagesbegebenheiten" aus demselben Blatt. Sie lautet:

> Wie grundlos oft das Publicum beunruhigt wird, beweist die, in der
> Stadt bereits bekannte Aussage eines kürzlich aufgefangenen Militair-
> Deserteurs: „er sei auf eine Bande Mordbrenner gestoßen, welche ihm
> Anerbietungen gemacht, sich in ihr aufnehmen zu lassen" u.s.w.
> Dieser Kerl hat, dem Vernehmen nach, nunmehr gestanden, daß dieser
> ganze Bericht eine Erfindung war, um sich dadurch Befreiung von der
> verwirkten Strafe zu verschaffen. (BA, Bl. 4)

Auf den ersten Blick handelt es sich hier genau um den in der redaktionellen
Mitteilung gemeinten Zweck: Die Geschichte vom Beinahe-Kidnapping des
Soldaten beunruhigt die Berliner; die vorliegende Nachricht stellt die Dinge
richtig und beruhigt die Gemüter. Doch gilt es zu bedenken, daß die ersten
Ausgaben der BERLINER ABENDBLÄTTER gerade aufgrund ihrer detaillierten
Berichterstattung über die „Mordbrennerbande" reißenden Absatz gefunden
hatten.[47] Noch im Blatt vom vorangegangenen Tag hatte Kleist von der Ankündigung der Mordbrennerbande berichtet, Berlin von acht Seiten aus
anzünden zu wollen (BA, Bl. 3); ein Bericht, der trotz des Zusatzes, die
Polizei hätte alle nötigen Vorsichtsmaßregeln getroffen, weniger dazu ange-
tan ist, Panik zu vermeiden, als vielmehr dazu, dieselbe zu schüren und so
den Absatz der Zeitung zu steigern. Daß der Deserteur also überhaupt über
die nötigen Kenntnisse verfügte, um seine Ausrede zu illustrieren, ist in
gewisser Hinsicht ein Verdienst der ABENDBLÄTTER selbst.[48] So verursacht

---

[47] Vgl. Schönert 2001.
[48] Betrachtet man den Polizeibericht, aus dem Kleist diese Meldung ableitet, wird darüber
hinaus vollends unklar, ob an der ersten Aussage des Deserteurs nicht vielleicht doch
etwas dran war und vielmehr sein Geständnis, er habe sich nur eine Milderung der Strafe
wegen Desertion erhofft, erfunden ist, um Schlimmeres zu vermeiden. Im Zuge der Neu-
Edition der Abendblätter im Rahmen der Brandenburger Kleist-Ausgabe sind in den
Brandenburger Kleist-Blättern sämtliche Polizeiberichte der fraglichen Zeit veröffentlicht

die „von der Polizey privilegierte" Apparatur zur Produktion von Zukunft, die die ABENDBLÄTTER sind, den Schwindel, den sie aufklärt – zumindest kann erst die versprochene Detailtreue und Ausführlichkeit der Berichterstattung der Geschichte des Deserteurs eine gewisse Glaubwürdigkeit verschaffen.

Besondere Beachtung verdient in diesem Zusammenhang auch die „Polizeiliche Tages-Mittheilung" aus dem achten Blatt. Sie beschreibt in lapidarem, beinahe amüsiertem Stil genau einen solchen durch Vermutung und Hörensagen entstandenen Panikzustand, wie er durch die Polizeiberichte eigentlich verhindert werden soll. Geschildert wird ein Gemetzel, das in Panik geratene Menschen unter den Nutztieren mehrerer Dörfer anrichteten, weil ein fremder Hund aufgetaucht war, der vielleicht bissig war, vielleicht auch nicht, vielleicht die Tollwut hatte, vielleicht auch nicht: dies läßt sich, wie die Mitteilung unterstreicht, nicht ermitteln, sondern lediglich auf folgenschwere Weise vermuten. In der Beschreibung des Gemetzels wird die Grenze des Lächerlichen überschritten, und damit hat sich Kleist wieder einmal verkalkuliert: Polizeichef Gruner droht die Zusammenarbeit abzubrechen. Man meint allerdings, die Versuchung, die dieser Bericht für Kleist dargestellt haben muß, nachvollziehen zu können:[49] Allzu ähnlich ist der Vorfall in seiner Struktur den Figuren der Eskalation, die sich in beinahe jeder literarischen Arbeit Kleists, von der *Familie Schroffenstein* bis zu *Das Erdbeben in Chili* finden lassen.[50] Gruner jedoch ist von solcher motivischen Faszination frei, und Kleist sieht sich daher zu einer redaktionellen Richtigstellung veranlaßt. Statt aber den Bericht, wie nahe gelegen hätte, als Falschmeldung auszugeben, wird das Spiel der Zurechnung nunmehr andersherum gespielt: Die redaktionelle Mitteilung behauptet, die Überschrift „Polizeiliche Tagesmitteilung" sei versehentlich vor diesen Text geraten, statt erst vor den nächsten (BA, Bl. 9). Die Redaktion eignet sich also kontrafaktisch – und dabei der intrinsischen Verwandtschaft zwischen diesem Polizeibericht und den literarischen Eskalationen Kleists durchaus entsprechend – die Verantwortung für diesen Text gerade an, statt zu dementieren.

Waren die Polizeiberichte anfangs der Trumpf der BERLINER ABENDBLÄTTER, werden sie nach diesem Vorfall von der polizeilichen Behörde stark vorzensiert, wie sich im Vergleich mit den vollständigen

---

worden – im folgenden wird darauf verwiesen unter: Barnert 1997a; hier: Barnert 1997a, S. 63.

[49] Für den Polizeibericht zum tollen Hund siehe Barnert 1997a, S. 70.

[50] Jean Baudrillard untersucht diese Figur der Eskalation (ohne auf Kleist Bezug zu nehmen) unter dem Titel der „Hypertelie" als „fatale Strategie": „Das Eigenartigste daran ist jedoch, daß die Experten berechnet haben, daß ein in Voraussicht eines Erdbebens verordneter Ausnahmezustand eine solche Panik hervorriefe, daß dessen Wirkungen entsetzlicher wären als die der Katastrophe selber." Baudrillard 1985, S. 25.

Polizeiberichten nachvollziehen läßt. Schon im 27. Blatt sieht der Polizeibericht wie folgt aus:

> Einem hiesigen Einwohner sind von einem verschlossenen Boden mehrere Kleidungsstücke gestohlen.
> In einer Tabagie sind 20 Lehrbursche verhaftet.
> In Heinersdorf sind drei Personen als Herumtreiber arretirt.
> Auf dem neuen Markte ist eine durch Abnutzung zu klein gewordene halbe Metze zerschlagen. (BA, Bl. 27)

Es dauert nicht lange, bis diese Art der Berichterstattung den Spott und die Persiflage der Konkurrenz auf sich zieht:

> Eine alte Frau zerbrach gestern ein Brillenglas bei Besichtigung ihres schadhaften Unterrocks.
> Freitags früh riß einem rechtlichen, ehrbaren Manne auf der kurzen Brücke der Hosenträger.
> Am verwichenen Donnerstag sind durch Nachlässigkeit zweier Dienstmädchen die Erbsen angebrannt und kaum zu genießen gewesen. [...][51]

Sicher kannte Kleist diese Verunglimpfungen. Dennoch behielt er die Form unverändert und dauerhaft bei. Hoffte er durch diese Berichterstattung den nunmehr zum Gegner gewordenen Gruner gewissermaßen mit dessen eigenen Mitteln bloßzustellen, indem er dessen Arbeit als lächerlich erscheinen ließ? Und was hätte dies schließlich noch mit dem Bemühen um mündige Öffentlichkeiten zu tun?

Insgesamt, dies sollte deutlich werden, sind die Manöver der ABENDBLÄTTER zu unökonomisch, zu umwegig, zu eigenartig, als daß ihnen der Versuch gerecht werden könnte, den einen hinter den ABENDBLÄTTERN stehenden Plan zu dechiffrieren und die Hindernisse und Widrigkeiten zu beschreiben, an denen seine Umsetzung scheiterte. Die Sensibilität, die ein solcher Versuch den beschriebenen Ambivalenzen entgegenbringen kann, wird durch die Logik des Vorhabens selbst zu sehr begrenzt. Statt dessen nach der MachArt der BERLINER ABENDBLÄTTER zu fragen, verschiebt das zugrundeliegende Handlungsmodell von Plan und Umsetzung dagegen in Richtung auf eine offene experimentelle Konstellation.

Weiterhin gilt: Die vorliegende Studie wird sich mit den BERLINER ABENDBLÄTTERN Heinrich von Kleists beschäftigen. Es gilt, die Texte, die in den Ausgaben dieser ersten Berliner Tageszeitung versammelt sind, in ihrem Zusammenhang zu lesen, um so die Kontur eines der letzten großen Projekte Heinrich von Kleists zu ziehen. Doch statt davon auszugehen, man könne die BERLINER ABENDBLÄTTER als publizistisches Instrument im Dienste einer bestimmten Programmatik lesen, richtet sich das Interesse der vorliegende Studie auf die ABENDBLÄTTER als ein Projekt, das sich vielen

---

[51] Vgl. Sembdner 1939, S. 21 f.

Anliegen zur Verfügung stellen wollte und doch jede einzelne Zweck-Mittel-Relation, in die es sich eingebunden fand, von innen heraus verkehrt, hypertelisch überschritten oder umwegig ausgehöhlt hat.

Gerade in dieser Ambivalenz gilt es, die BERLINER ABENDBLÄTTER als Probe auf eine am historischen Horizont allererst aufgehende Eigenlogik des Medialen ernst zu nehmen, eine Eigenlogik, die den Gebrauch der Zeit allem anderen Gebrauch vorzieht.

II. Literarizität und Zeit/ung

Die BERLINER ABENDBLÄTTER lesen

Soweit man von einem verbreiteten Interesse an den BERLINER ABENDBLÄTTERN sprechen kann, ist dies an den Namen Heinrich von Kleists gebunden, genauer: an den Autornamen. Wenn wir auch den ‚Projektemacher' Kleist schätzengelernt haben, so hätte dieser wohl kaum einen Platz im kulturellen Gedächtnis, wären Kleists Dramen und Erzählungen nicht Teil des literarischen Kanons. Dies hervorzuheben heißt gerade nicht, in die Höherbewertung des Künstlers, des literarischen Autors über den Zeitungsschreiber einzustimmen, sondern geschieht um der Vorsicht willen: Das Vorhaben, die BERLINER ABENDBLÄTTER heute noch einmal zu lesen, mag sich vordergründig auf den Zeitungsmacher und den Redakteur Kleist konzentrieren und impliziert doch zwangsläufig den diskursiven Zusammenhang von Autor und Werk – und zwar schon deshalb, weil bereits die vollständige Überlieferung der BERLINER ABENDBLÄTTER nur durch eine Diskursformation gewährleistet wurde, die bestimmte Texte mit einer überzeitlichen Geltung versieht und damit auch gewisse mit einem ‚Werk' in Verbindung stehende Spuren für wert befindet, archiviert zu werden.[52]

Bis heute standen die ABENDBLÄTTER eher am Rande der literarischen Überlieferung. Zum einen wurden sie als eine Art Behältnis betrachtet, in dem sich neben zahlreichen kaum bedeutsamen Texten einige Perlen Kleistscher Literatur finden;[53] zum anderen sprach man ihnen dokumentarischen Wert im Hinblick auf die Biographie des Autors zu; in jüngerer Zeit wurden sie außerdem zum Gegenstand historischer Analysen zur Entwicklung des modernen Journalismus.[54] Erst im Zusammenhang mit der Neu-Edition der ABENDBLÄTTER in der *Brandenburger Kleist-Ausgabe* gibt es in jüngerer Zeit Bestrebungen, sie vom Rand der Überlieferung in ihr Zentrum zu rücken und als Ganzes in den Kreis der Werke Kleists aufzunehmen.[55]

Die BERLINER ABENDBLÄTTER als Werk? Dagegen spricht zunächst, daß sie zahlreiche Texte von anderen Autoren enthalten. Bei genauerer Betrachtung zeigt sich allerdings, daß Kleists redaktionelle Bearbeitungen zuweilen so weit gingen, daß sie einem Wechsel der Autorschaft nahekommen – ein

---

[52] Im Falle der ABENDBLÄTTER ist diese Archivierung vor allem durch die Brüder Grimm besorgt worden – auf ihrem Abonnement basieren die späteren Faksimiledrucke.
[53] So urteilte schon Wilhelm Grimm in einem Brief an Paul Wiegand: „In Berlin erscheint ietzt von Kleist, der sonst den Phöbus herausgab, ein Abendblatt [...]. [E]s enthält eine Menge ganz köstlicher Anekdoten. Es erscheinen alle Woche sechs Oktavblätter, ganz bescheiden gedruckt, und soll eigentlich eine ideale Wurstzeitung sein." (Zit. n.: Staengle 1997, S. 379) Ähnlich äußert sich Clemens Brentano: „[...] es steht viel Langeweile und Müllersches vornehmes Wesen, und manche gute Anekdote darin." (Ebd. S. 376). Vgl. für eine ähnliche Einschätzung auch noch Sembdner ²1984.
[54] Vgl. Rollka 1985.
[55] Reuß 1997b, S. 9.

prominentes Beispiel dafür sind die „Empfindungen vor Friedrichs Seelandschaft". Umgekehrt lassen sich allerdings, wie schon Sembdner gezeigt hat, für zahlreiche in den ABENDBLÄTTERN veröffentlichte Anekdoten sehr ähnliche Vorlagen in anderen Publikationen finden,[56] was die Forschung heute jedoch kaum mehr dazu veranlaßt, Kleists Autorschaft hinsichtlich dieser Texte in Frage zu stellen.

Die Herausgeber der *Brandenburger Kleist-Ausgabe* haben aus dieser Gemengelage folgenden Schluß gezogen: „Die einfache Alternative: der Text ist vom Autor Kleist oder er ist es nicht, taugt daher für eine nähere Beschäftigung mit Kleists Zeitung, geschweige denn für die Edition der ‚Berliner Abendblätter', nicht. Und das Tagwerk von Kleists Händen, Produkt von auktorialer Intuition und Redaktion, Originalität und Rezeptivität zugleich, die ‚Berliner Abendblätter', ist eines, ein Werk."[57]

Sicherlich ist dieses Diktum auch im Zusammenhang mit der Praxis der Edition zu sehen: Erst die ABENDBLÄTTER insgesamt auf Kleist zuzurechnen, erlaubt ja ihre Veröffentlichung im Rahmen einer Kleist-Ausgabe.[58] Insofern diese weiterhin der traditionellen Formation von Autor und Werk verpflichtet ist, liegt es nahe, Kleists Tätigkeit in der Produktion der ABENDBLÄTTER dem Modell des künstlerischen Schaffensprozesses anzunähern; das Zitat faßt dies in der klassischen Formel von Originalität und Rezeptivität: Der Künstler hält eine kreative Balance zwischen Gestalten und Geschehenlassen. Dies wäre entsprechend dann auch für den Zeitungsmacher geltend zu machen.

Allererst gestellt, nicht schon beantwortet, ist damit allerdings die Frage nach der Literarizität der ABENDBLÄTTER:[59] Wie sollen oder können die BERLINER ABENDBLÄTTER heute gelesen werden? Ein großer Teil der in den ABENDBLÄTTERN veröffentlichten Texte hat nach gängigen Maßstäben und auf den ersten Blick nicht den Charakter von Literatur im engeren Sinne. Zwar mag man grundsätzlich geneigt sein, sich diesbezüglich großzügig zu zeigen, und es erscheinen ja zum Beispiel auch Briefe und Aufsätze als legitimer Teil einer Werkausgabe. Doch droht eine solche diskursive Bereinigung des überlieferten Befundes das mit den ABENDBLÄTTERN verbundene Konfliktpotential zu verschenken.[60] Aufgelöst würde dann jene Spannung,

---

[56] Sembdner 1939, S. 83 ff.

[57] Reuß 1997b, S. 9.

[58] Ohnehin ist zu konstatieren, daß intensive Auseinandersetzungen mit den BERLINER ABENDBLÄTTERN oft vor dem Hintergrund editorischer Überlegungen stattgefunden haben; dies gilt für Steig 1901, Sembdner 1939 und ²1984, Reuß/Staengle 1997, aber auch für Kanzog 1970 und Jahraus 1999. Dabei ist die jeweilige Perspektive auf die in den ABENDBLÄTTERN versammelten Beiträge zwangsläufig darauf abgestimmt, wie editorisch mit ihnen verfahren werden soll.

[59] Zum Begriff der ‚Literarizität' siehe Todorov 1973, S. 108 f.

[60] Dieser prinzipielle Einwand richtet sich nicht gegen die im Rahmen der *BKA* geleistete editorische Arbeit im einzelnen. So macht es zum Beispiel die den *Brandenburger Kleist-*

in der dieses letzte große Projekt Kleists gerade auch zum ästhetischen Diskurs seiner Zeit stand, zu einem Diskurs, auf den die Formation von Autor und Werk ebenso zurückgeht wie das entsprechende Modell des künstlerischen Schaffensprozesses. Diese Spannung auszuloten, ist eines der Vorhaben der vorliegenden Studie.

Literatur und Agentur
Die Etablierung der Kunst als eigenständiger gesellschaftlicher Bereich, der grundsätzlich von Religion, Politik, Wissenschaft und allen konkreten praktischen Belangen gelöst, ganz eigenen Produktions- und Rezeptionsverfahren unterliegt – Verfahren, die zugleich nicht mehr in Form von Regelpoetiken festzuschreiben sind, – war wesentliches Anliegen der Ästhetiken des 18. Jahrhunderts. Entsprechend war man bemüht, zwischen Kunst und Technik, Ästhetik und Rhetorik klar zu differenzieren.[61] Der Erfolg dieses Unternehmens war bekanntlich durchschlagend und setzt sich im Sinne eines Primats künstlerischer Autonomie in den Methoden der Kunst- und also auch der Literaturbetrachtung bis heute fort.

Wenn einem Text oder Textzusammenhang ‚Literarizität' bescheinigt wird, ist vor diesem Hintergrund meist gemeint, daß der entsprechende Text einen einzelnen, konkreten Gebrauch, der von ihm gemacht worden ist oder den man von ihm machen könnte, nicht nur transzendiert, sondern *a priori* in diese Transzendenz eingeschrieben ist, womit er in gewisser Weise seinen Zweck in sich findet. Wie kontinuierlich die Betrachtung von Literatur – trotz aller Emphase des Bruches – diesbezüglich innerhalb der um 1800 gesetzten Parameter operiert, wird etwa in Karlheinz Stierles Definition des Werks von 1997 deutlich: „Das Werk ist ein Ort, wo der Leistungsüberschuß menschlicher Vermögen, freigesetzt aus den unmittelbaren Notwendigkeiten der Handlungswelt, sich objektiviert."[62] So ähnlich könnte dieser Satz sich schon bei Kant finden.[63]

Von besonderer Bedeutung ist dabei, daß das Kappen der Bindungen an eine Situation des Gebrauchs das Verhältnis von Kontingenz und Signifikanz innerhalb des Textes oder Textkomplexes zu verändern scheint. Als Teil einer bestimmten Situation kommt einzelnen Aussagen eines Textes besondere Relevanz zu, andere Elemente können dagegen als kontingent

---

Blättern zur Neu-Edition der ABENDBLÄTTER beigegebene CD-ROM erfreulich einfach, einen in den ABENDBLÄTTERN veröffentlichten Text mit seiner Vorlage zu vergleichen.
[61] Hinsichtlich der Literaturbetrachtung findet sich eine präzise Darstellung dieser Entwicklung anhand der historischen Quellen bei Weimar 1989.
[62] Stierle 1997, S. 17.
[63] Ebenso der anschließende Satz – Stierle fährt fort: „Nur in der Reflexivität des Kunstwerks versammelt sich das Äquivalent menschlicher Vermögen selbst gleichsam als ihr objektives Korrelat, während die Welt den menschlichen Vermögen immer erst kommensurabel gemacht werden muß und auch im Handeln und in den vom Menschen für praktische Zwecke hergestellten Gegenständen die menschlichen Vermögen sich immer nur partial verausgaben." Ebd., S. 18.

erscheinen. Indem diese Bindung und die mit ihr einhergehende Selektivität ebenso wie die regelpoetische Präformation wegfällt, koinzidieren im literarischen Text dagegen Kontingenz und Signifikanz:[64] Im unterstellten Wegfall externer Zwänge kann kein Element des Textes von vornherein als notwendig gelten. Gerade dies läßt aber prinzipiell jedes Element des Textes in seinem Gesetzt-Sein potentiell signifikant werden.[65] Aus konkreten Zusammenhängen gelöst, ist diese gleitende Signifikanz dann vor allem im Verweis des Textes auf sich selbst zu spezifizieren und zu beglaubigen – etwa im Bezug auf Wiederholungen, Entsprechungen oder andere strukturelle Muster in der Relation von Darstellung und Dargestelltem. Die Möglichkeit einer vollständigen Signifikation des Kontingenten entspricht damit der Selbstreferentialität als dem wesentlichen Merkmal des literarischen Textes oder, traditionell formuliert, der Immanenz des Werks.[66]

Ein solches Verständnis von Literatur richtet sich prinzipiell gegen eine Interpretationsweise, die literarische Texte erklärt, indem sie ihren Sinn im Hinblick auf biographische, politische und historische Konstellationen ermittelt, in denen die Person des Autors Position bezieht. Dennoch wurde die Zurechnung von ‚Literarizität' auf die Instanz des Autors keineswegs ausgesetzt, eher schon wurde der Autor nunmehr tatsächlich als ‚Diskurs-Instanz' eingesetzt.[67] Todorov bemerkt: „Doch gerade wenn man den Begriff der Immanenz einführt, stößt man sehr schnell an eine Grenze, welche die Prinzipien der Beschreibung selbst in Frage stellt. Ein Werk [...] an sich und für sich zu beschreiben, ohne es einen Augenblick zu verlassen, ohne es anderswohin zu projizieren als auf sich selbst, ist in gewissem Sinn

---

[64] Daß Literatur als Probe auf den Umgang mit Kontingenz, auf die Beziehung zwischen Signifikanz und Kontingenz hin betrachtet wird, geht bis auf die frühneuzeitlichen Allegorese und Kombinatorik zurück, wird als Tendenz jedoch bis in die Moderne immer stärker – wie Valéry sagt: „L'art est non-hasard – par définition." Vgl. dazu Lachmann 1998, S. 403 ff.

[65] Roland Reuß hat dies immer wieder als wesentliches Prinzip seiner Editionsarbeit hervorgehoben, vor allem dort, wo es darum geht, eine vermeintlich fehlerhafte Unregelmäßigkeit durch eine ihr zuzuschreibende Signifikanz hinsichtlich der textuellen Selbstreferenz vor der Emendation zu bewahren. Vgl. Reuß 1995 und 1997a.

[66] „Der Bereich des Fiktionalen steht unter dem Vorzeichen der Kontingenz, denn die literarische Erfindung ist völlig in das Belieben des Dichters gestellt. Sie ist deshalb auch unverbindlich. Aber gerade deshalb eignet sie sich vorzüglich dazu, Kontingenz zu diskutieren, indem man diese narrativ zur Reflexion bringt. [...] Im Bereich der erzählerischen Fiktion, wiewohl er an sich kontingent ist, gibt es selbst keine echte Kontingenz. Der Dichter kann zwar mit Zufällen arbeiten, aber diese Zufälle sind als fiktionale geplant. Vom dichterischen Entwurf aus gesehen sind also ‚Zufälle' der Struktur unterstellt; sie sind im Blick auf sie sinnvoll gesetzt. Gerade deshalb aber kann diese Zufälligkeit herausgehoben und zum Thema gemacht werden", formuliert Walter Haug (Haug 1998, S. 164) schon im Hinblick auf die ersten fiktionalen Romane überhaupt. Man muß jedoch davon ausgehen, daß dieser Aspekt des Literarischen sich noch sehr viel stärker in einer Epoche entwickelt, die Regelpoetiken verabschiedet.

[67] Dazu unumgänglich: Michel Foucaults „Was ist ein Autor?", Foucault 1999.

unmöglich."⁶⁸ Als Instanz des literaturwissenschaftlichen Diskurses betrachtet, dient der ‚Autor' diesem methodischen Problem als Lösung, indem die Immanenz des Werks in der Beschreibung auf den Autor und seine Kreativität projiziert und solchermaßen verdoppelt wird. Im Schaffensprozeß scheinen wie im Werk Signifikanz und Kontingenz zu koinzidieren, und dies wäre die eigentliche Pointe einer Balance von Originalität und Rezeptivität, Gestalten und Geschehenlassen. Der ‚Autor' wird zu einem zweiten Gefäß des Werks,⁶⁹ innerhalb dessen es geöffnet werden kann, ohne den Charakter der Immanenz einzubüßen.

Die einleitenden Lektüren haben bereits gezeigt: Liest man die BERLINER ABENDBLÄTTER genau, findet auch hier eine Signifikation des vermeintlich Kontingenten statt, die weit über die Grenzen der im engeren Sinne literarischen Beiträge ausgreift und potentiell jedes Element des textlichen Zusammenhangs erfassen kann. Die Verweise der Texte auf sich selbst und aufeinander vervielfältigen sich, erscheinen als Verkettungen von Dissimulationen und bilden sehr rasch ein Netz, dessen Komplexität den Bezüglichkeiten innerhalb der im engeren Sinne literarischen Werke Kleists nicht nachsteht. Diese Art von Komplexitätsbildung harmoniert nicht unbedingt mit den Prinzipien eines aufgeklärten Journalismus im Dienste der öffentlichen Meinungsbildung. Weder zielt sie auf Transparenz, noch auf Eindeutigkeit, noch auf Unvoreingenommenheit oder Objektivität und ebenso wenig auf eine klare Trennung zwischen Information und Fiktion. Den besagten Beziehungsreichtum daher als ‚literarischen' zu begreifen, ihn in einer der Figuration der Autorschaft zumindest analogen Weise auf Kleist zuzurechnen und die BERLINER ABENDBLÄTTER damit als Kleists Werk zu lesen, ist daher diskursreflexiv naheliegend. Dagegen spricht jedoch die geläufige Auffassung, daß gerade Tageszeitungen Texte enthalten, die nicht jenseits handlungsrelevanter Zusammenhänge angesiedelt sind und sein sollen, die also keineswegs die Bindungen an eine bestimmte Situation des Gebrauchs gekappt haben.

Gegen den so begründeten Ausschluß von sogenannten ‚Gebrauchstexten' aus der Literatur wendet sich die Untersuchung *Politics and Poetics of Journalistic Narrative* von Phyllis Frus, die für uns schon des Untertitels „The Timely and the Timeless" wegen von Interesse ist. Frus geht von folgendem kämpferischen Votum aus: „Because nonfiction (especially journalism) does not come prewrapped in an aesthetic package, with universal relevance implied, as does any novel, its ties to its particular context are not easily loosened, and generalization about universal human nature are not readily abstracted from the particulars. A new conception of literariness would view these ties as valuable, instead of something to transcend; the reader would

---

[68] Todorov 1973, S. 106.
[69] Daß ein solches Verständnis von Autorschaft in der Goethezeit entsteht, weist Heinrich Bosse vor dem Hintergrund der ökonomischen und rechtlichen Entwicklung des Werkbegriffs nach. Bosse 1981, hier S. 42 f.

regard the text's referents as inseparable from its formal means and would make this dynamic relationship central to a reading."[70]

Der hier geforderten Konzeption von Literarizität entsprechend wird in der Lektüre der ABENDBLÄTTER sehr schnell deutlich, daß Vieldeutigkeit und Übercodierungen ebenso wie Selbstbezüglichkeit keineswegs auf den fiktionalen, den literarischen Text im engeren Sinne beschränkt sind. Und dies zeigt sich um so schneller, je intensiver man bemüht ist, die mit den ABENDBLÄTTERN verbundenen politischen, sozialen und kulturellen Agenturen zu rekonstruieren. Dann nämlich erweist sich, daß eine diesseits der Texte stehende ‚Wirklichkeit' gegenüber der Vielfalt der inner- und intertextuellen Bezüge zwangsläufig unterbestimmt bleiben muß. Sie ist daher weit davon entfernt, die Literarizität einzuschränken; eher schon greift umgekehrt jene auf diese aus und verleiht den Geschehnissen im Umfeld der ABENDBLÄTTER einen theatralen Zug.[71]

Nun wäre dem entgegenzuhalten, daß das Netz der inner- und intertextuellen Selbstkommentierungen hier deshalb so deutlich zutage tritt, weil die aktuellen Bezüge, in denen die in den ABENDBLÄTTERN erschienenen Texte standen und die gegebenenfalls bestimmte Aussagen als besonders relevant, andere als Beiwesen erscheinen lassen, uns entrückt sind. Dann wäre es der historische Abstand von aktuellen Bezügen und konkreten Handlungszusammenhängen, der das literarische Verweisspiel der ABENDBLÄTTER gestattet; die ‚Literarizität' der ABENDBLÄTTER wäre als eine historische Verzerrung der Perspektive zu verstehen. Gegen diese Annahme spricht, daß nachweislich auch den Zeitgenossen in unterschiedlichem Maße unklar war, in welchen aktuellen Bezügen die in den ABENDBLÄTTERN veröffentlichten Texte standen, welche Strategien sich mit ihnen verbanden und welche konkreten Informationen oder Gegebenheiten ihnen zugrunde lagen.

Dies ist auch den Bedingungen geschuldet, unter denen Journalismus um 1810 zu operieren hatte. Zum einen gab es die Zensur, um derentwillen vieles – im Falle der BERLINER ABENDBLÄTTER im Grunde jede politische Aussage – bestenfalls indirekt vermerkt werden konnte. Wichtig ist aber auch die häufig unterschätzte Tatsache, daß Information um 1810 überhaupt ein für heutige Verhältnisse unvorstellbar knappes Gut war, von irgend beglaubigter Information ganz zu schweigen.[72] Schließlich waren in der Folge dieser beiden Probleme auch journalistische Techniken, gegebene Informationen so darzubieten, daß sie im Zusammenhang verständlich und damit allererst relevant werden, noch wenig formalisiert.[73] Es blieb weiterhin offen, was Karl Philipp Moritz 1784 in die Frage faßte: „Was heißt es nun, wenn man sagt: Frankreich hat dieses oder jenes beschlossen, usf. [...] Giebt mir

---

[70] Frus 1994, S. 4.
[71] Zur Theatralität der ABENDBLÄTTER vgl. auch Peters 1999.
[72] Requate 1995, S. 121 ff.
[73] Ebd.

dies nun wohl mehr Stoff zum Nachdenken, als wenn es heißt, in Paris ist ein starker Hagel gefallen, oder in Metz hat ein Gewitter eingeschlagen?"[74]

In diesem Punkt treffen sich Literarizität und MachArt der BERLINER ABENDBLÄTTER, denn Literarizität, also die inner- und intertextuelle Übercodierung der ABENDBLÄTTER qua Signifikation des Kontingenten, erscheint vor diesem Hintergrund als eine Strategie, aus wenigem möglichst viel zu machen: Wo intertextuelle Kommentierungen und subtile Selbstverweise auszumachen sind, wird eine Aufmerksamkeit geweckt, die hinter gegebenen Informationen grundsätzlich weitere vermutet und Zusammenhänge rekonstruiert oder auch fabuliert, die zwar zweifelhaft bleiben, sich aber in anderer Weise ohnehin nicht herstellen lassen – nicht zuletzt, weil sie auch dem Zeitungsschreiber oft nicht im einzelnen bekannt sind.

Anders formuliert: Durch einen Mangel an öffentlichem Informationsfluß, durch die Beschränkungen der Zensur und auch durch die noch ausstehende Formalisierung des journalistischen Diskurses entstehen unzählige ‚Lücken'. Diese werden in den ABENDBLÄTTERN nicht, wie im heutigen Journalismus, durch eine prästabilisierende Aufteilung von Ressorts oder eine qua Expertise beglaubigte Darstellung von Zusammenhängen weitestmöglich verringert oder unkenntlich gemacht. Sie bleiben aber auch nicht, wie in anderen Zeitungen des frühen 19. Jahrhunderts, einfach als solche bestehen, wodurch sich der Eindruck radikaler Inkohärenz und damit letztlich der Irrelevanz ergäbe. Statt dessen wird im Umgang mit ihnen eine literarische Technik in Anschlag gebracht: Wenn Texte ganz unterschiedlichen Inhalts, ja, ganz unterschiedlicher Genres aufeinander verweisen – und sei es nur in Details –, so wird die Lücke zwischen ihnen, jener zunächst stumpfe Zwischenraum, der im Drucksatz der Zeitung weiß bleibt, als eine Leerstelle in Szene gesetzt, die im Zuge des Lesens spekulierend ausgefüllt werden kann. Sie wirkt als Aufforderung, ihr das zu entnehmen, was nicht geschrieben steht, und so können gerade Leerstellen zu Orten potentieller Sinnstiftung, oder besser: zu Elementen einer möglichen Verkettung über den Bruch hinweg werden, im Zuge derer In-Formation sich ereignet. Wenn in der Produktion der ABENDBLÄTTER literarische Techniken also angewandt werden, um Leerstellen als Elemente von Bedeutungsproduktion in Szene zu setzen, dann ist die entsprechende ‚Literarizität' der ABENDBLÄTTER einer in der Theorie der Literaturbetrachtung erst in jüngerer Zeit vorgenommenen Umwertung nahe, im Zuge derer man von der Vorstellung einer mit der Immanenz des Werks verbundenen Sinnfülle abrückt, um statt dessen zu untersuchen, wie literarische Texte gerade über die Organisation von Leerstellen Sinnstiftung immer von Neuem sich ereignen lassen.[75]

Doch obwohl die Technik in diesem Sinne eine literarische genannt werden kann, ist die ‚Sinnstiftung', um die es hier geht, doch von anderer Art,

---

[74] Moritz 1981, S. 174.
[75] Vgl. Eco 1990 und Dotzler 1999.

denn sie zielt eben nicht, wie Frus formuliert, auf „generalizations about universal human nature", wie von Karl Philip Moritz für die „vollkommene Zeitung" durchaus noch gefordert war. Die Spekulationen, zu der die Leerstellen in und zwischen den Texten der ABENDBLÄTTER einladen, zielen vielmehr grundsätzlich auf die Handlungen, die Manöver, die mit dem Erscheinen eines bestimmten Textes oder Textteils verbunden sein mochten. Es ist also nicht nur die Entgegensetzung von konkreter Referenz und Immanenz, die von der Literarizität der ABENDBLÄTTER unterlaufen wird, sondern auch die Entgegensetzung von Literatur und Handlung beziehungsweise Sprechakt. Dies ist im Rahmen eines vom ästhetischen Diskurs um 1800 geprägten Literaturverständnisses allerdings kaum zu beschreiben, da hier nicht von ungefähr ein Konzept zugrunde liegt, das Sprache insgesamt nicht als Handlung, sondern als Repräsentation der äußeren und inneren Welten problematisiert, auf die sie referiert und die sie damit zugleich mitkonstituiert.[76]

Die epochale Hegemonie dieses Paradigmas zeigt sich nicht zuletzt darin, daß auch Zeitungen ganz überwiegend im Hinblick auf ihre deskriptive Funktion hin betrachtet werden, also daraufhin, in welcher Auswahl und vor welchem im- oder expliziten ideologischen Hintergrund sie gesellschaftliche Wirklichkeit wiedergeben und im Zuge solcher vermeintlich unbeteiligter Wiedergabe mitgestalten. Daß Zeitungen ihrerseits dieser Sichtweise immer wieder zugearbeitet haben, darf man nicht zuletzt als Folge jener problematischen Konstellation verstehen, in der bürgerliche Öffentlichkeit sich formiert hat – eine Konstellation, in der die Organe solcher Öffentlichkeit darauf verpflichtet wurden, eben nicht in erster Linie politisch zu agieren, sondern vielmehr ‚nur' etwas zu vermitteln.[77]

Die ABENDBLÄTTER verweigern diese Art der Zurückhaltung, und zwar nicht zuletzt, indem sie an die Tradition der Dissimulatio, der privatpolitischen Klugheitslehren anschließen. Wir werden dieser Verbindung im zweiten Teil dieser Studie ausführlich nachgehen, doch zeigt sie sich formal schon daran, daß mit den ABENDBLÄTTERN gängigerweise zunächst die prominente Iffland-Fehde verbunden wird. Denn welcher Art ist diese Verbindung? Auf referentieller Ebene ist diese Fehde nicht zu finden: Es

---

[76] Der Zusammenhang wird theoriegeschichtlich erst mit dem Durchbruch des New Criticism hergestellt, der mit der Wiederbelebung des Begriffs der ‚Werkimmanenz' einen methodischen Anschluß an die Ästhetiken von 1800 ermöglicht hat. Auch hier wird grundsätzlich angenommen, daß der literarische Text seine Bindungen an die aktuelle Situation eines spezifischen Gebrauchs kappt, um an ihre Stelle einen Verweis auf seine Form zu setzen. Grundlegend dafür ist Frye 1957. Literarizität bestimmt sich in dieser Tradition aus einer Differenz zum normalen Sprechakt. Der literarische Text hat demnach nicht (oder nicht in erster Linie) den Charakter einer Äußerung, seine Aussagen referieren nicht auf konkrete Handlungszusammenhänge; vgl. Pratt 1977, S. 99. Er konstituiert sich vielmehr über die Imitation von Sprechakten, über Quasi-Sprechakte, die zugleich zwangsläufig fiktional sind, ja, als solche Fiktionalität eigentlich generieren.
[77] Habermas 1990.

steht kein Wort über diese Fehde in den ABENDBLÄTTERN und so kann man sich nach flüchtiger Lektüre durchaus fragen, von welcher Fehde hier eigentlich die Rede sei. Kleists Texte zum Theater beschreiben diese Fehde nicht, sie geben sie nicht wieder, vielmehr sind sie diese Fehde. Aber sind sie wirklich diese Fehde? Tendiert nicht eine Fehde, die aus Theaterkritiken besteht, zwangsläufig dazu, eine Theaterfehde zu sein und mithin eine Spiegelfechterei?

Um mit dieser Frage differenziert umzugehen, wäre auf Judith Butlers Untersuchung „Excitable Speech. A Politics of the Performative" zu rekurrieren.[78] Gerade im Hinblick auf Fragen der Zensur weist Butler hier darauf hin, daß, wenn man Sprechen als Handeln versteht, immer auf die Rhetorik der Formulierung zu achten sei: Sprechen läßt sich *als* Handeln verstehen, doch weist schon das figurale ‚als' auf den hier immer schon eingeschriebenen, irreduziblen Deutungsspielraum hin. Liest man einen Text im Hinblick auf das mit ihm verbundenen Handlungsmoment, so trägt man eine Differenz in ihn ein: Die Fehde selbst fehlt in den Texten, die die Fehde sind. Die Texte über das Berliner Theater sind die Fehde nur, insofern man ihre Aussagen auf das hin liest, was im Sinne von ‚Agency' – im folgenden übersetzt als ‚Agentur' – nicht in ihnen erscheint, insofern man sie also lesend als ‚Akte' in Szene setzt. Diese Art der Deutung ist es, zu der die Leerstellen der ABENDBLÄTTER einladen, zu der sie die Bühnen sind. Und so tragen die Texte umgekehrt auch eine Differenz in die vermeintlich mit ihnen verbundene Tat ein: Die Fehde mit dem Berliner Theater hört unter Umständen auf, *diese* Fehde zu sein, wird zur Theaterfehde.

Die ABENDBLÄTTER spekulieren nicht nur im Zusammenhang mit der Theaterkritik sondern durchgehend auf dieses Spiel zwischen Aussage und Agentur und überantworten damit immer wieder der Lektüre die Entscheidung in welchen Handlungszusammenhang sie die Texte und mithin sich selbst einliest. Die ABENDBLÄTTER lassen den Aspekt des Performativen erscheinen, indem sie qua intertextuellem Verweis Leerstellen inszenieren, die dieser Spekulation als Spielraum dienen. Die Performanz eines Textes, die mit ihm verbundene Agentur, wird mit der und als Leerstelle unablässig in Erinnerung gerufen. Dies ist es, was die Differenz von Faktizität und Fiktionalität in den ABENDBLÄTTERN verschleift:[79] An die Stelle literarischer Fiktion tritt eine ‚Theatralität des Literalen', der nicht mehr gerecht zu werden ist, indem man das ‚wirkliche' Drama rekonstruiert, das möglichst allen in den BERLINER ABENDBLÄTTERN veröffentlichten Beiträgen ihren dramaturgischen Platz anweist. Entscheidend ist vielmehr, daß ihre Konstellationen das, was nicht in ihnen erscheint, als Möglichkeit solcher Dramen mit in Szene setzen – Dramen zudem, in denen potentiell jeder Leser und jede Leserin einen Part übernimmt.

---

[78] Butler 1997.
[79] Marquardt spricht treffend von einer „funktionalen Verschmelzung von Faktizität und Fiktionalität", Marquardt 1986, S. 28.

Tatsächlich ereignet sich in den ABENDBLÄTTERN Literarizität oft dort, wo ein konkreter Zusammenhang und also auch eine spezifische Handlungsrelevanz nicht unmittelbar evident ist. Dies ist im Falle der ABENDBLÄTTER jedoch nicht der Autonomie der Kunst oder der Sphäre des Ästhetischen geschuldet. Statt ausgeblendet zu werden, bleibt Handlungsrelevanz in den ABENDBLÄTTERN immer im positiven Sinne fraglich, und gerade die literarische Technik der inner- und intertextuellen Verweise hält diese Frage offen. Die Literarizität der ABENDBLÄTTER zielt nicht qua Suspension aller konkreten Interessen und Agenturen auf das Zutage-Treten einer allgemeinen Bezüglichkeit des Sinns, in der die Erfahrung des Ganzen zu machen wäre; sie entsteht in der relativen Abständigkeit von einer konkreten Agentur, die gerade damit aber weiterhin in Frage steht. Wo sich in der Lektüre der ABENDBLÄTTER Literarizität ereignet, muß das ‚literarische Ereignis' daher immer auch als Marke (Grenze und Markierung) einer in ihm verschwundenen Agentur gelesen werden, die als solche nicht bestimmbar ist, wohl aber gerade in ihrem Verschwinden einer weiteren stattgeben kann. In diesem Sinne unterhält die Literarizität der ABENDBLÄTTER zu den ästhetischen Bestimmungen ihrer Zeit eine paradoxe Beziehung. Sie erscheint wie eine Inversion der kantischen Definition, nach der das Schöne nur die Form des Zweckmäßigen hat, ohne doch einem bestimmten Zweck zu unterliegen. Aus der mit der Autonomisierung der Kunst nahegelegten Alternative zwischen Gebrauchstext und literarischem Text entwickeln die ABENDBLÄTTER eine neue Form, Texte erscheinen zu lassen – als Gebrauchstexte nämlich, die nichtsdestoweniger nicht auf einen bestimmten Gebrauch hin berechnet sind, sondern der Ermittlung eines möglichen Gebrauchs Spielraum lassen.[80] Hier ist das Wort von der MachArt der ABENDBLÄTTER an seinem Platz, denn in ihnen wird Literarizität und mithin die Abständigkeit von einer konkreten Agentur wiederum in eine publizistische Strategie gewendet. Sie scheinen das nur noch der Form nach Zweckmäßige selbst ein weiteres Mal zu zweckentfremden, um eine Zeitung zu produzieren, die sich einer Vielzahl singulärer und kollektiver, nicht vorausberechenbarer Agenturen zur Verfügung stellt. Literarizität wird traditionell einem Textkonvolut bescheinigt, das einen konkreten Handlungszusammenhang von vornherein transzendiert und so anstelle der externen Referenz auf sich selbst verweist. In dem Versuch, Literatur als Freiraum gegenüber den „unmittelbaren Notwendigkeiten der Handlungswelt" zu behaupten, unterbricht und verdeckt das entsprechende Postulat ästhetischer Autonomie jedoch gerade das performative Spiel im Speech/Act, das die Unmittelbarkeit und Zwangsläufigkeit des einen Handlungszusammenhangs ja ohnehin durchkreuzt.

---

[80] Das im einleitenden Kapitel diskutierte „Schreiben aus Berlin", das von der Luftschiffahrt des Herrn Claudius berichtet, ist ein gutes Beispiel dafür. Wir hatten gezeigt, daß es sich vom Ausgang des Experiments her jeweils anders lesen läßt.

Für die ABENDBLÄTTER in Anspruch zu nehmen, daß sie dieses performative Spiel kultivieren und forcieren, heißt vor diesem Hintergrund, sie in Opposition zu einer bestimmten Form ästhetischer Distinktion zu sehen, die im Versuch, Kunst als Freiraum zu gewinnen und zu bewahren, bis zum heutigen Tag nicht aufhört, das Lied von der Einsinnigkeit, der Zwanghaftigkeit und der Zweckgebundenheit der nicht-künstlerischen Praktiken des Alltags zu singen. Daß sich schöne Kunst im Sinne einer Komplexitätssteigerung über diese Praktiken erhebt – gerade diese Vorstellung strafen Kleists ABENDBLÄTTER Lügen. In keiner anderen Hinsicht erscheint es so legitim wie in dieser, ihnen den so heiß begehrten Titel des Volksblatts zu verleihen.

Zeit der Kunst
Das besagte performative Spiel für die ABENDBLÄTTER in Anspruch nehmen, heißt auf formaler Ebene aber auch, zur Kenntnis zu nehmen, daß sie nicht ‚sprechen': In jüngerer Zeit wird zu Recht betont, daß Schriftliches eben schon aufgrund seiner anderen Medialität in Differenz zum Sprechakt gerät.[81] Die Überführung von Sprache in Schrift bildet gerade den Sprechakt, der sich mit einer mündlichen Aussage verbindet, nicht ohne weiteres mit ab. Was Texte und die mit ihnen verbundenen Agenturen von Sprechakten im engeren Sinne unterscheidet, ist vor allem die anders geartete Zeitlichkeit der entsprechenden Kommunikation. Schon die zeitliche Differenz, die zwischen Schreiben und Lesen entsteht, läßt die Texte von dem abrücken, was als „unmittelbarer Handlungszusammenhang" gedacht wird und solchermaßen auf Anwesenheit und Einheit von Tat und Täter abstellt.[82] Entsprechend wäre die Frage zu stellen, ob literarische Fiktion sich nicht überhaupt als ein spezifischer Effekt der medialen Übersetzung zwischen Sprache und Schrift verstehen ließe, die, wo sie als ‚Literalität/Literarizität' erscheint, spielerisch mit der Notwendigkeit umgeht, die Begleitumstände der Rede als solche in die Schrift hinein zu inszenieren. Vor diesem Hintergrund könnte man die Hypothese bilden, daß das Attribut des Überzeitlichen, das der schönen Literatur immer wieder zugeordnet wird, nichts anderes als die Hypostase dieser anderen Zeitlichkeit schriftlicher Kommunikation sei. Eine Hypostase, die entsteht, wo man das Spezifische der medialen Differenz im Sinne eines Gebrauchs der Zeit nicht zur Kenntnis nimmt.[83] Wie stehen die ABENDBLÄTTER als Zeitung, wie steht der Gebrauch, den sie von der Zeit machen, zur Rolle der Zeit in der ästhetischen Reflexion um 1800?

---

[81] Vgl. dazu Stetter 1999, S. 282 ff.
[82] Zu der These, daß dies von einer Theorie der Schrift her gedacht dann auch schon für den Sprechakt selbst geltend zu machen wäre – etwa im Sinne einer prinzipiellen Iterativität des Sprechakts – vgl. Derrida 1988 und Culler 1975.
[83] Zur Beziehung von Performativität und Medialität vgl. Krämer 1998a.

Schiller formuliert in den Briefen „Über die ästhetische Erziehung des Menschen":

> Gleich frei von der eitlen Geschäftigkeit, die in den flüchtigen Augenblick gern ihre Spur drücken möchte, [...] überlasse [der Künstler] dem Verstande, der hier einheimisch ist, die Sphäre des Wirklichen; er aber strebe, aus dem Bunde des Möglichen mit dem Notwendigen das Ideal zu erzeugen. Dieses präge er aus in Täuschung und Wahrheit, präge es in die Spiele seiner Einbildungskraft und in den Ernst seiner Taten, präge es aus in allen sinnlichen und geistigen Formen und werfe es schweigend in die unendliche Zeit.[84]

Wie sich hier zeigt, verbindet sich mit der Lösung der Kunst aus der alltäglichen „Geschäftigkeit" herkömmlich auch ein bestimmtes Verhältnis von Kunst und Zeit. Auch dies findet sich in modifizierter Form noch heute: „Die Werke sind sterblich, aber sie widersetzen sich kraft der in sie investierten ästhetischen Rationalität ihrer geschichtlichen Bedingtheit und verlangen nach Dauer. [...] [K]raft seiner eigenen immanenten Verweisungsdichte [ist das Werk] als Werk der Geschichte enthoben, die gleichwohl zweifach in sie eingeht."[85]

Das vielleicht schwerwiegendste Argument gegen eine Betrachtung der BERLINER ABENDBLÄTTER als Werk besteht in diesem Zusammenhang darin, daß das literarische Werk in abendländischer Tradition immer schon für die Ewigkeit und meist auch dafür geschrieben wird, dem Schreibenden in der Gestalt des Autors ein irdisches Nachleben über den Tod hinaus zu bescheren.[86] Dies gilt für die BERLINER ABENDBLÄTTER keineswegs: Obwohl sie Text sind, sind sie doch auch ephemer, sie sind Zeitung und damit nach herkömmlicher Auffassung keineswegs von überzeitlicher Bedeutung. Angesichts ihrer Überlieferung im Kontext des Kleistschen Werkzusammenhangs ist man versucht, diese Tatsache zu vernachlässigen. Damit wäre jedoch die Möglichkeit außer Acht gelassen, gerade auch diese zeitliche Verfaßtheit der Zeitung im Verhältnis zum ästhetischen Diskurs von 1800 zu bestimmen. Ein solcher Vergleich erscheint aussichtsreich, wenn man bedenkt, daß die Ästhetiken des 18. Jahrhunderts auch einem neuen Denken der Zeit den Weg bereitet haben: Die ästhetische Erfahrung als Erfahrung der Zeit ist zentrales Thema von Schillers Ästhetik und vieler an ihre Problemstellung anschließender ästhetischer Reflexionen in der Frühromantik.[87]

Grundsätzlich steht dieses neue Denken der Zeit im Zusammenhang mit einer allgemeinen Neubewertung von Zeit in der nicht zufällig so benannten ‚Neuzeit': War hinsichtlich der Unterscheidung von Ewigkeit und Stabilität auf der einen und Zeitlichkeit und Vergänglichkeit auf der anderen

---

[84] Schiller 1992b, S. 585.
[85] Stierle 1997, S. 20.
[86] Vgl. dazu grundsätzlich Assmann 2000.
[87] Vgl. Frank 1972 und 1989.

Seite der erste Part zuvor deutlich höher bewertet worden, erkennt die
‚Neuzeit' gerade in der Vergänglichkeit „Chancen der Erhaltung und Steigerung".[88] Sobald der Mensch nicht mehr nur als das unvollkommene Wesen
im Unterschied zu Gott, sondern zugleich als das Wesen gilt, das dazu
bestimmt ist, sich zu vervollkommnen, wenn nicht zu vergöttlichen, wird
Zeit als Möglichkeit der Veränderung positiv bewertet.

Vor diesem Hintergrund stellt sich um 1800 insbesondere die Frage, wie
Bestimmung und Veränderung zusammenzudenken wären. Schließlich
kann Orientierung in der Veränderung nicht mehr mithilfe eines, wie man
um 1800 formuliert hätte, ‚positiven' Programms oder im Festhalten an einer
‚positiven' Ordnung gewonnen werden. Deren Stabilitätsversprechen haben
im 18. Jahrhundert endgültig ihr Verfallsdatum überschritten: Gerade Programme und Institutionen mit Anspruch auf immerwährenden Bestand
werden zum Stabilitätsrisiko, denn sie können nicht auf den steten Wandel
der Dinge reagieren und entfesseln in ihrem um so dramatischeren Sturz
Gewalt und Chaos. Entsprechend dringlich wird der Ruf nach einer
Organisationsform, die von vornherein darauf abgestellt wäre, sich mit der
Zeit zu verändern und auf diese Weise Bruch und Kontinuität zu vermitteln.
Gesucht ist eine Form der Steuerung, die die Zeit aus ihrer Ordnungsvorstellung nicht ausblenden muß, sondern statt dessen ihrerseits die Zeit zur
Steuerung nutzen kann.

Michel Foucault spricht hinsichtlich dieser Neuentdeckung der Zeit von
einem „radikale[n] Ereignis, das sich an der ganzen sichtbaren Oberfläche
des Wissens verteilt".[89] Was es bedeutet hat, festzustellen, daß es unmöglich
ist, die gesuchte Form einer zeitlichen Steuerung in der bis dahin vor allem
auf eine räumliche Mathesis orientierten, also taxonomischen Episteme zu
denken, ist für uns vielleicht nur noch in der Umkehrung zu erahnen – in
der, wie Wolf Lepenies formuliert, „eigentümlichen Schwierigkeit, die Chronologie dieses veränderten Zeitbewußtseins zu erstellen".[90]

Im Kontext deutscher Philosophiegeschichte macht dieses „radikale
Ereignis" die unendliche Teilbarkeit des Schrittes von Kant zu Hegel aus.
Kant, der selbst noch versucht, seine Philosophie in tabellarischer Übersicht
zu präsentieren, ist nichtsdestoweniger derjenige, der die taxonomischen
Episteme als endliche überführt und mit einer Grenze konfrontiert, die zu
überschreiten das Denken seiner eigenen Zeitlichkeit überantwortet.[91] Der
Schwerpunkt der kantischen Philosophie liegt im Sinne ihres ‚kriticistischen'
Anspruchs darin, zunächst die Kontur des Problems nachzuzeichnen und
präzise Anweisung zu seiner Beachtung zu geben. Im Zuge dessen wird die
Geltung bestimmter Gesetzmäßigkeiten auf bestimmte Bereiche einge-

---

[88] Vgl. Luhmann 1980, S. 263.
[89] Foucault [10]1991, S. 269.
[90] Lepenies 1976, S. 7.
[91] Vgl. auch Peters 2003. Konstatiert wird dies zeitgenössisch erst von Hegel: Hegel [5]1996, S. 44, 46, 49 f.

schränkt und erstmals die Nicht-Ableitbarkeit einer allumfassenden Systematik postuliert. Wie darüber hinaus nun Orientierung jenseits positiver Strukturen gewonnen werden könnte oder zumindest denkbar wäre, ist in gewisser Hinsicht die Frage, die Kant sich in der dritten, der *Kritik der Urteilskraft* stellt.[92] Er beantwortet sie bekanntlich mit einer neuen Konzeption des Ästhetischen: Demnach macht das Subjekt im Spiel des Schönen die Erfahrung, daß harmonisches Zusammenwirken (in diesem Fall ein Zusammenwirken der Vermögen des Gemüts) jenseits begrifflicher Bestimmung, jenseits positiver Gesetze und jenseits vorbestimmter Zwecke und Interessen möglich ist.[93] Allerdings ist diese Erfahrbarkeit daran geknüpft, daß in der Sphäre des Ästhetischen alle Belange, die allzu dringlich auf die Anwendung bestimmter Regeln angewiesen zu sein scheinen, ausgesetzt sind.[94] Die ästhetische Erfahrung ist, obwohl mit dem allgemeinsten Anspruch ausgestattet, doch Sonderfall – sie geschieht nur im Zuge der Absonderung und gibt daher nicht mehr (und nicht weniger) als Anlaß zur Hoffnung.

Der Gebrauch der Zeit

Die Leistung der ästhetischen Schriften Schillers besteht vor diesem Hintergrund darin, die Überlegungen Kants konsequent auf die darin implizite Zeitproblematik zurückzuführen. Es ist in der Tat Schiller, der im Ästhetischen eine genuin zeitliche Form der Steuerung erkennt und Kants Theoreme auf die Topologie von Zufall und Ereignis anwendet. Seine Anthropologie stellt ein In-der-Zeit-Sein als Faktizität eines Fortschreitens oder Fortreißens, das natürlichen und triebhaften Kausalitäten unterliegt und so mit dem Zwang der Physis identifiziert wird, einer Zeitlosigkeit der Form gegenüber, die als solche tot und unbedingt das Moralische vorstellt. Moralisches Programm und Physis, Zeitlosigkeit und Innerzeitlichkeit, sind wie zwei in sich notwendige Gesetzmäßigkeiten, deren Zusammenstimmen von keiner dritten Instanz garantiert werden kann. Indem sie einander verfehlen, produzieren sie Katastrophen. Das Spiel des Schönen ist nun auch bei Schiller nicht als fehlende Instanz der Vermittlung zu denken. Es ist statt dessen als ein Modus des Mit-der-Zeit-Seins zu verstehen: Die Differenz von Innerzeitlichkeit und Zeitlosigkeit tritt an die Stelle der alten Unterscheidung zwischen Zeitlichkeit und Ewigkeit, so daß die Zeit selbst zur Einheit dieser Differenz erklärt werden kann und solchermaßen als Medium des

---

[92] Kant, *Kritik der Urteilskraft*, Einleitung IX, B LIV ff.
[93] Vgl. dazu die Bestimmung der Momente des Geschmacksurteils: Schön ist, was ohne Begriff allgemein gefällt. Schön ist, was nur die Form der Zweckmäßigkeit für das Subjekt hat, ohne doch einem Zweck zu dienen. Schön ist, was interesseloses Wohlgefallen hervorruft. Siehe Kant, *Kritik der Urteilskraft*, „Analytik der Urteilskraft".
[94] Vgl. die einschränkende Bestimmung der schönen Kunst – Kant, *Kritik der Urteilskraft*, § 44, B 177 ff.

Ewigen erscheint – die „unendliche Zeit".[95] Das Spiel des Schönen ist also keine prästabilisierte Ordnung, in der, wie Kleist formuliert, „physische und moralische Welt" immer schon miteinander harmonieren würden. Es ist vielmehr die Erfahrung, daß gerade der Zufall im Zusammenwirken von moralischer und physischer Welt, von Innerzeitlichkeit und Zeitlosigkeit einer dann allein mit der Zeit erfahrbaren prozessualen Harmonie stattgeben kann, die Schiller als Aufhebung der Zeit in der Zeit beschreibt.[96] Die ästhetische Erfahrung erscheint dabei als Training für ein Mit-der-Zeit-sein, dessen Sensibilität darauf gerichtet ist, Zufall und Notwendigkeit aufeinander zu beziehen. Gelingt dies, entsteht ein genuin zeitlicher Organismus, den Schiller die „lebende Gestalt" nennt, wobei „lebende Gestalt" sowohl der Mensch als auch das Kunstwerk sein kann, wenn wir ihn beziehungsweise es „als schön beurteilen".[97]

Eine Sensibilität für das Zusammenspiel von Zufall und Notwendigkeit bildet sich jedoch – darin stimmt Schiller mit Kant überein – nur dann aus, wenn die Zwänge der natürlichen oder moralischen Gesetze (Interessen, Zwecke und Begriffe) ausgesetzt sind, also nur in der Autonomie einer Sphäre des Schönen. Nur in diesem Rahmen, so die ästhetische Theorie von 1800, ist man gehalten, das unerwartete Ereignis, den Sonderfall, den Bruch einer Regel, das kontingente Detail nicht möglichst zu vermeiden, zu ahnden, zu vernachlässigen oder zu übersehen, sondern vielmehr daraufhin zu betrachten, ob darin eine neue Regel sich ankündigt oder ein neuer Zusammenhang gestiftet wird. In diesem Sinne korrespondiert die Vermittlung von Zufall und Notwendigkeit in der allein mit der Zeit gegebenen sinnvollen Bezüglichkeit der lebenden Gestalt keineswegs zufällig jenem Koinzidieren von Signifikanz und Kontingenz in der Immanenz des Kunstwerks, von der oben bereits die Rede war.

Wenn Zeit als Konnex von Veränderlichkeit und Veränderbarkeit positiv bewertet wird, läßt sich das auch als Affirmation von Kontingenz beschreiben, ist doch kontingent grundsätzlich das, was auch anders sein kann – und zwar anders in einer radikalen Weise, die über ein vorgegebenes Set von Alternativen weit hinausgeht.[98] Die Suche nach einer genuin zeitlichen Form der Steuerung läßt sich damit auch als der Versuch deuten, Steuerungsformen zu finden, die mit Kontingenz kalkulieren können. Im Postulat ihrer Autonomie von Gebrauchszusammenhängen und Regelpoetiken gelöst, wird die Kunst in diesem Zusammenhang zu einem Versuchsfeld, in dem sich Strukturbildung in Kontingenz erproben läßt. In diesem Sinne wird das Kunstwerk um 1800 zu einem ‚Bild' der Zeit und übernimmt damit tendenziell die Funktion, die in der frühen Neuzeit das Spiel hatte,

---

[95] Vgl. dazu Schillers *Über die ästhetische Erziehung des Menschen*, 11.-14. Brief (Schiller 1992b, S. 592-609).
[96] Schiller 1992b, S. 607.
[97] Schiller 1992b, S. 610.
[98] Vgl. Makropoulos 1998, S. 24.

insofern dessen Regeln dem Zufall Raum lassen und es ermöglichen, diesen als Chance wahrzunehmen. Die Fähigkeit, mit der Zeit zu operieren, das Vermögen, auf einen Zusammenhang zu spekulieren, der sich nur mit der Zeit ergibt und daher keinem gegebenen Regelzusammenhang, so richtig er auch scheinen mag, entspricht, keinem vorbestimmten Interesse sich beugen kann, nennt Schiller daher mit einiger Konsequenz den Spieltrieb.[99] Dieser ist, gemäß dem Theorem von der Unvollkommenheit und der Vervollkommnung des Menschen, jedoch nur als Anlage vorhanden und muß zunächst trainiert werden. Hier setzen die Programme der ästhetischen Erziehung und der Bildung ein: Sie sollen einerseits zu einer mit der Zeit operierenden Sensibilität erziehen und sind dabei andererseits – betrachtet man sie als Diskurs und Institution – ihrerseits schon eine Antwort auf die Frage nach einer genuin zeitlichen Form der Steuerung.[100]

In dieser Doppelung wird die Möglichkeit einer zeitlichen Form der Steuerung um 1800 nachhaltig an die Bestimmungen des ästhetischen Diskurses gebunden. Daß das Ästhetische der Modus ist, in dem eine zeitliche Form der Steuerung erstmals möglich wird, legt den Schluß nahe, das Ästhetische – genauer: die auf die autonome Sphäre der Kunst gestützte ästhetische Erziehung – sei der Weg zu einer genuin zeitlichen Organisationsform, zu einer Steuerung, die auf die und mit der Zeit rechnet und so Orientierung in der Veränderung gewährleistet.

Dieser Schluß ist jedoch keineswegs zwingend. Gegen das Programm der ästhetischen Erziehung und der Bildung wäre einzuwenden, daß es durchaus umgekehrt sein könnte: Statt das qua autonomer Sphäre der Kunst installierte Aussetzen der determinativen Wirkungen von Interessen, Zwecken, Begriffsapparaten, etc. prinzipiell als Voraussetzung dafür zu begreifen, daß eine zeitliche Form der Steuerung sich entfalten kann und erfahrbar wird, könnte die Unterbrechung all dieser Relationen von Zweck und Mittel, Regel und Anwendung, Plan und Umsetzung gerade das

---

[99] Schiller 1992b, S. 608.
[100] Novalis und auch Hegel ist selbstredend nicht entgangen, daß die pädagogische Wende in Schillers Konzeption hinsichtlich eines Denkens der Zeit letztlich inkonsequent ist. Was mit der Zeit geschieht, mag als das erscheinen, was noch zu erreichen ist, und wird darin doch wieder zu einem Punkt, den es in Anlehnung an räumliche Verhältnisse zu erreichen gilt. Tatsächlich geschieht das, was mit der Zeit geschieht, jederzeit. „Wie es seyn soll und wird, so ists", schreibt Novalis (Novalis ³1981, S. 564). Als Entwicklung, als Werdendes erscheint die Medialität der Zeit also einem Denken, dem selbst noch die Erkenntnis bevorsteht, wie unhintergehbar es seinerseits der Zeitlichkeit überantwortet ist. Doch durchbricht diese Erkenntnis auch bei Novalis oder Hegel nicht die Logik des Bildungsdiskurses, solange sie an die Stelle dessen tritt, wohin die Educandi ihr nun kreisläufiger Weg allererst führen muß. Indem Kunst als Bild der Zeit, Zeit aber als Medium der Ewigkeit angeschrieben wird, wird zeitliche Steuerung zu ihrer eigenen Voraussetzung. So imitiert der Bildungsdiskurs und mit ihm der Bildungsstaat nach den Maßgaben des Ästhetischen eine genuin zeitliche Organisationsform in den Figuren des Strebens nach Vollendung und des immerwährenden Aufschubs.

Merkmal der genuin zeitlichen Form der Steuerung selbst sein. Statt also das Ästhetische wesenhaft als den *Weg zu* einer zeitlichen Form der Steuerung zu begreifen, wäre es als *Effekt* einer solchen Steuerung zu sehen, in die man schlechthin noch nicht anders als durch das strikte Aussetzen aller anderen Formen von Kontrolle hineinzufinden wußte.[101] Das Dilemma des ästhetischen Diskurses bestünde dann in folgendem: Einerseits entwickelt dieser Diskurs zwar eine genuin zeitliche Sensibilität. Da er sich aber zugleich lediglich als Vorbereitung für eine zeitliche Form der Steuerung versteht, die erst später auf alle gesellschaftlichen Bereiche auszudehnen wäre, stört er andererseits gerade deren Verbreitung. Er muß sich nämlich im Sinne seiner Exklusivität unablässig gegen eine Welt der Interessen, Zwecke, Gesetze und Begriffe abgrenzen, die er solchermaßen zwangsläufig unterkomplex konzipiert.

Schon mit dem Text „Über die allmähliche Verfertigung der Gedanken beim Reden" hatte Kleist sich die Frage gestellt: Warum soll das, was in der Kunst mit der Zeit geschieht, nicht auch in anderen Zusammenhängen funktionieren? Dies ist inmitten der ‚Kunstperiode' tatsächlich eine entscheidende Frage. Läßt sich außerhalb der Bestimmungen und der Grenzen einer autonomen Sphäre des Ästhetischen eine genuin zeitliche Steuerung operationalisieren? Und wie wäre in diese zeitliche Form der Steuerung hineinzufinden, ohne zuvor alle anderen Formen der Kontrolle explizit auszuschalten?

Indem Kunst von allen Zwecken, Interessen und regelhaften Zusammenhängen freigestellt wird, wird sie zu einem Spielraum, in dem der Umgang mit Kontingenz sich erproben läßt. Diese Kontingenz ist jedoch eine künstliche, insofern sich qua Versuchsaufbau immer schon die Aufmerksamkeit auf sie richtet, weshalb Kontingenz in der Kunst grundsätzlich mit Signifikanz koinzidiert. Die ästhetische Theorie um 1800 interpretiert diesen Versuch nun dahingehend, daß Kontingenz und Signifikanz mit der Zeit zueinander finden, insofern Kunst und Natur sich im Zuge der Entwicklung ästhetischer Sensibilität aufeinander abbilden lassen. Das durch dieses vermeintliche Ergebnis verdeckte und vielleicht entscheidende Moment liegt jedoch schon im durchschlagenden Erfolg des Versuchsaufbaus selbst: Es ist – dies zeigt die Kunst als Bild der Zeit – möglich, Kontingenz künstlich zu erzeugen, oder umgekehrt und genauer formuliert: Kontingenz ist eben nicht ursprüngliches Chaos, sondern selbst immer schon ‚künstlich'. Was Kontingenz ist, hängt von bestimmten Einstellungen ab, die in der Lage sind, Kontingenz als solche erfahrbar zu machen, Einstellungen also, die Kontingenz als solche aufzeichnen, ohne sie im Zuge dieser Aufzeichnung bereits vollständig zu eliminieren, so daß zwischen Signifikanz und Kontingenz ein Spiel bleibt.

---

[101] Möglicherweise ist es auch ein Effekt, den zu ertragen man zunächst nur unter den Restriktionen des Ästhetischen bereit war.

Es geht hier um Einstellungen, die sich auf einer vorher so nicht greifbaren Ebene der Intervention ansiedeln, auf der Ebene des Medialen nämlich, die wir für die vorliegende Studie zugleich von dieser Funktion her verstanden sehen wollen: Medialität ist Be-Dingung von Kontingenz,[102] oder anders formuliert: ist die jeweils spezifische Weise, in der eine bestimmte Kommunikationsform von der Zeit Gebrauch macht und damit Kontingenz und Signifikanz korreliert. Was heißt hier *von der Zeit Gebrauch machen*? Ein solcher Gebrauch erschöpft sich nicht darin, eine bestimmte Quantität von Zeit auf einen bestimmten Zweck zu verwenden, sondern zielt vielmehr darauf, daß Handlungen sich nicht nur in der Zeit vollziehen, sondern als Handlungen selbst in vielfältiger Weise Zeitlichkeit generieren.[103] Mit dem Wort ‚Agentur' ist ein solches, Zeit generierendes Handeln bezeichnet. Wie sich die ABENDBLÄTTER im einzelnen in die Generation von Zeit einschalten, wird im folgenden zu zeigen sei. Klar ist jedoch, daß Interventionen im Medialen, mediale Agenturen also, die Bedingungen der Aufzeichnung von Kontingenz verändern und damit notwendigerweise auch ändern, was Ereignis ist und was nicht, ohne spezifische Ereignisse damit bereits selber herzustellen oder gar zu kontrollieren.

Als Medium in einem solchen Sinn kann nun ebenso das künstlerische Genie erscheinen, „durch das die Natur der Kunst die Regel gibt",[104] wie die Tageszeitung. Allerdings ist die Art, wie Kontingenz hier jeweils registriert und verarbeitet wird, durchaus unterschiedlich: Das künstlerische Genie, dessen Schaffensprozeß zunächst deshalb kontingent ist, weil er per definitionem in sein Belieben gestellt ist, wird im Wegfallen der Regelpoetiken zu einem ‚Medium' von Kontingenz als Signifikanz. Es scheint die (menschliche) Natur zu sein, die durch das Genie wirkt, und zwar in einer Weise, die sich nicht regelhaft ableiten läßt. So wird sinnvolle Kohärenz zu einer Frage der Zeit – einer Zeit, die zugleich in spezifischer Weise bestimmt wird: *mit der Zeit* offenbart sich die Natur.

Im Hinblick auf ihren Umgang mit Kontingenz sind die ABENDBLÄTTER dagegen eher Kunstformen verwandt, die sich erst im 20. Jahrhundert als solche etabliert haben, mit aleatorischen Verfahren, die sich einer genuin medial und also nicht mehr subjektiv gesteuerten Zufallsproduktion überantworten; man denke an die Versuche, den Zufall als ungebundenen

---

[102] Vgl. dazu Wellbery 1998, S. 447: „Geht man davon aus, daß die Thematisierung eines Ereignisses *als* kontingentes Geschehen auf einem komplexen Vorgang der Selektion beruht, dann liegt es nahe, nach den medialen Bedingungen dieser Selektion zu fragen. Der historische Wandel des Kontingenzbegriffs – die Sinnverschiebungen, die zu seiner modernen Konjunktur geführt haben – ist mit anderen Worten eine Funktion der Apparaturen, die in verschiedenen historisch-kulturellen Situationen sowohl die Wahrnehmung und Registrierung als auch die Produktion von Kontingenz ermöglichen."
[103] Butler 1993, S. 244.
[104] Kant, *Kritik der Urteilskraft*, § 46, B 182.

Produzenten einzusetzen, wie wir sie aus dem Dadaismus kennen.[105] Dieser Verwandtschaft wäre im einzelnen nachzugehen, doch gilt es darüber nicht zu vergessen, daß es um 1810 um etwas anderes geht – nicht um die Weiterentwicklung ästhetischer Konzepte, sondern darum, dem ästhetischen Diskurs sein Monopol auf den Gebrauch der Zeit gerade streitig zu machen.

Die ABENDBLÄTTER machen Gebrauch von der Zeit und sind so dem Kunstwerk verwandt. Dieser Verwandtschaft Rechnung zu tragen, indem man die ABENDBLÄTTER schlicht als Kunstwerk begreift, hieße jedoch zu übersehen, daß ihre Pointe gerade darin besteht, das, was in der Kunst mit der Zeit geschieht, nun außerhalb der Sphäre des Ästhetischen geschehen zu lassen. Im Sinne einer aus der „allmählichen Verfertigung der Gedanken beim Reden" entwickelten Verfahrensweise machen die ABENDBLÄTTER von der Zeit Gebrauch. Sie sind in einer apostrophierten Weise ‚Zeitung': Nicht nur folgt die Produktion und Rezeption der Tageszeitung einer strikten zeitlichen Logik, vielmehr generieren die ABENDBLÄTTER als eine der ersten deutschen Tageszeitungen selbst eine spezifische Zeitlichkeit, im Zuge derer sie nicht nur ihren Selbst- und Fremdbezug organisieren, sondern auch eine Balance zwischen Kontingenz und Signifikanz halten, die um 1800 poetologisch und journalistisch singulär ist.

Das Rätsel der Herausgeberschaft – Kontingenz und Signifikanz der Leerstelle
Man kann – dies wäre ein Fazit aus den vorangegangenen Überlegungen – die ABENDBLÄTTER *wie ein Kunstwerk* lesen, allerdings nur bis zu jenem Punkt, an dem der ästhetische Diskurs, das heißt die Allianz von Kunst und Wissenschaft, hinsichtlich des Kunstwerks ein Privileg in Sachen der Deutung beansprucht, (nicht im Sinne einer bestimmten Deutung, wohl aber insofern, als die ästhetische Deutung die dem Kunstwerk angemessene Form der Rezeption zu sein scheint).[106] Indem die literaturwissenschaftliche Analyse den Interessen ihres Diskurses folgend aus den Texten und ihrer Konstellation schließt, was *so* nicht geschrieben steht, macht auch sie lediglich von den ABENDBLÄTTERN Gebrauch. Dennoch reagiert eine solche Lektüre in spezifischer Weise auf die MachArt der ABENDBLÄTTER, die ästhetische Konzepte für etwas anderes als Kunst verwenden und darin weiterentwickeln. Die Thesen der vorangegangenen zwei Abschnitte im Zuge einer literaturwissenschaftlichen Analyse im einzelnen nachweisen zu wollen, läuft vor diesem Hintergrund allerdings Gefahr, die Bedingtheit des eigenen Vorgehens zu verkennen: Jeder Unterschied zum Werk, den die literaturwissenschaftliche Lektüre auffindet, schreibt sich in die immerwährende Krise des modernen Werks wieder ein. Wenn unsere Beobachtungen daher nun zur Lektüre der ABENDBLÄTTER zurückkehren, so in dem

---

[105] Vgl. Lachmann 1998, S. 404-407.
[106] „Das Werk als höchste, sich selbst reflektierende Form ästhetischer Rationalität ist auf werkerfassendes Verstehen, das heißt Interpretation angelegt." Stierle 1997, S. 18.

Versuch, *sich zeigen* zu lassen, was nicht zu zeigen ist: den literaturwissenschaftlichen Gebrauch der ABENDBLÄTTER als einen Gebrauch unter vielen – oder, um mit Barthes zu sprechen: den Mehrwert an Sinn oder zumindest den Überschuß an Bedeutungen, den die Lektüre erbringt, als eine weitere Gelegenheit für die Lust am Text.

In den Ausgaben 10 und 11 der ABENDBLÄTTER finden sich zwei Rätsel. Das erste Rätsel „auf ein Bild der Ausstellung dieses Jahres" zielt nicht nur auf ein Kunstwerk – „In meinem Herzen ernste Andacht quillt / Für alles Schöne, was unwandelbar" –, sondern ebenso auf dessen Maler Ludewig: „Der Künstler starb, er werde nicht beschwätzt / Zum Reich der Wahrheit hat ihn Lieb versetzt." (BA, Bl. 10). Das zweite Rätsel geht „Auf einen Denuncianten" und wird in der folgenden Ausgabe aufgelöst: „Freund, missest Du des Räthsels Spur? – Durchblättere den Jason nur." (BA, Bl. 12) Es handelt sich um Graf Bentzel Sternau, den Herausgeber der Zeitschrift *Jason*.

Auf einen Künstler und einen Publizisten gemünzt verweisen beide zugleich auch auf das eigentliche Rätsel, das die BERLINER ABENDBLÄTTER in den so erfolgreichen ersten drei Wochen ihres Erscheinens aufgeben: das Rätsel ihrer Herausgeberschaft und Programmatik.[107] Geben die genannten „Räthsel" in ihrer Auflösung Hinweise darauf, wie auch dieses andere Rätsel zu lösen wäre? Missest Du des Rätsels Spur – durchblättere die Zeitung nur? Für beide Rätsel gilt, daß ein Hinweis auf ihre Lösung – vorausgesetzt, man ist mit den Affinitäten und Feindschaften der damaligen Berliner ‚Szene' vertraut – schon in den Initialen zu finden ist, mit denen sie unterzeichnet sind: Unter der Auflösung des Jason-Rätsels stehen die Buchstaben „Fr. Sch." für Friedrich Schulz; das zweite Rätsel ist mit dem schönen Kürzel „L.A.v.A" für Ludwig Achim von Arnim signiert, was nicht nur vielsagend ist, weil es den Anfangsbuchstaben des Namens entspricht, sondern auch gewisse romantische Implikationen im Hinblick auf die geistige Produktion des Unterzeichnenden einschließt: Der leidenschaftliche Ausbruch wird interpunktiert, stockt in der Form und verwandelt sich in ewiges Gestein. Die anonymen Signaturen Kleists sind von solcher Symbolik völlig frei; sie scheinen sich geradezu demonstrativ solchen Deutungen zu verweigern, denn Namen oder Worte lassen sich ihnen nicht assoziieren. Erst in der Zusammenschau mehrerer Ausgaben wird „des Räthsels Spur" deutlicher. Die Reihe der anonymen Signaturen der ersten drei Wochen lautet: x rz xy ++ z mz rmz Vx Vx xyz x y. Wenig gebräuchliche Buchstaben wiederholen sich in immer neuer Kombination. Angespielt wird hier offenbar nicht auf einen semantischen, sondern eher auf einen algebraischen Code.[108] Zu deuten wären die anonymen Signaturen daher nur im Umweg über jene Eigenschaften, die der Algebra seit Leibniz zukommen – zum Beispiel folgendermaßen: Die zentralen Elemente der Gleichung sind ihre

---

[107] Vgl. Sembdner 1939, S. 10.
[108] Vgl. Theisen 1996, S. 132 f.

Unbekannten; die Gleichung ordnet ihren Leerstellen Buchstaben zu und erlaubt so, das Unbekannte als Unbekanntes doch bestimmten Verfahren zu unterwerfen, um ihm so schließlich aus dem Zusammenhang heraus einen bestimmten oder auch relativen Wert zuzuordnen. Auch die ABENDBLÄTTER, so hatten wir argumentiert, induzieren Signifikation gerade mit Hilfe von Leerstellen, über die hinweg Verkettungen sich ereignen. Die Anonymität des Herausgebers ist die erste und in vielem entscheidende Leerstelle, denn im Hinblick auf sie gilt es von Anfang an, die Zusammenstellungen der BERLINER ABENDBLÄTTER in eine Relation einzulesen, aus der auf diese Identität zu schließen wäre. Von der Leerstelle der Herausgeberschaft her werden die Leerstellen zwischen den so unterschiedlichen Texten, aus denen die ABENDBLÄTTER sich zusammensetzen, gewissermaßen magnetisiert. Verweisnetze treten innerhalb des textlichen Komplexes der ABENDBLÄTTER gerade in der Abständigkeit von der konkreten Agentur zutage: Was hier bezweckt ist, welche Partei ergriffen, welches Programm verfolgt wird, muß unklar bleiben, solange man den eigentlichen Agenten nicht kennt, und so versucht man, in der Relationierung der Texte beide ‚Unbekannten' in Beziehung zueinander zu setzen, um ihren ‚Wert' bestimmen zu können.[109]

Die Enthüllung Kleists als Redakteur und Herausgeber geht in kleinen Schritten voran: Auf der ersten Seite des fünften Blattes veröffentlicht Kleist die bereits erwähnte „Ode auf den Wiedereinzug des Königs" und unterzeichnet sie mit seinen tatsächlichen Initialen: „H.v.K.". Dies mußte Kennern der literarischen Szene seine Beteiligung an den ABENDBLÄTTERN bekannt machen. Etwas Merkwürdiges haftet dem Erscheinen der Signatur jedoch nicht nur im Zusammenhang mit dem zwei Ausgaben zuvor nach dem gleichen Muster verfaßten Spottgedicht an, von dem in der Einleitung die Rede war. Auch der Text, der der Ode folgt, trägt seinen Titel „Literarische Merkwürdigkeiten" zu Recht. Hier ist die Rede von Madame de Staëls in Kürze erwartetem Buch „Lettres sur l'Allemagne", von dem es heißt:

> [...] wir werden behandelt werden, wie es einem jungen, gesunden, mitunter etwas schwärmerischen, oder störrigen, oder stummen, oder ungeschickten Liebhaber gebührt, den eine solche Dame in die Welt einzuführen würdigt; kurz, wie der Bär im Park der Madame Stael.
> (BA, Bl. 5)

Nicht nur, daß der hier geschilderte junge Mann in seinen Qualitäten an Kleist erinnert. Der erwähnte Bär verweist so direkt auf ein Szenario aus der *Hermannsschlacht*, daß die literarische Analyse angesichts des Auftauchens seiner Initialen unter der vorangegangenen Ode diesen Text zweifellos Kleist zugeschrieben hätte. Doch den Experten wird hier ein Bär

---

[109] Dies gilt keineswegs erst für eine Lektüre der ABENDBLÄTTER im Kontext der Forschung, sondern prägt gerade die zeitgenössische Rezeption – vgl. dazu Sembdners Abschnitt zum „Widerhall der Abendblätter" (Sembdner 1939, S.7 ff.). Wir kommen auf ein Beispiel für eine solche Lektüre noch zurück.

aufgebunden, denn die „Literarischen Merkwürdigkeiten" tragen die Initialen Adam Müllers.

Erst im 19. Blatt, am ersten Tag der vierten Woche, erscheint die Erklärung, in der Kleist sich explizit zur Herausgeberschaft bekennt:

> Mancherlei Rücksichten bestimmen mich, mit diesem Blatt [...] aus der Masse anonymer Institute herauszutreten. Demnach bleibt der Zweck desselben zwar, in der ersten Instanz, Unterhaltung aller Stände des Volks; in der zweiten aber ist er, nach allen erdenklichen Richtungen, Beförderung der Nationalsache überhaupt: und mit meinem verbindlichen Dank an den unbekannten Herrn Mitarbeiter, der, in dem nächstfolgenden Aufsatz, zuerst ein gründliches Gespräch darüber einging, unterschreibe ich mich,
> Der Herausgeber der Abendblätter
> Heinrich von Kleist (BA, Bl. 19)

Auch das Ausschreiben des Namens beendet das Rätselraten nicht. Die Verlautbarung ersetzt vielmehr ein Geheimnis durch zwei andere: Um welche Rücksichten mag es sich handeln? Und findet sich in dem nun folgenden Text eines anderen Autors, dessen Identität wiederum rätselhaft bleibt, womöglich eine Antwort? Kleist gibt sich als Herausgeber zu erkennen, nur um bezüglich seiner Programmatik auf einen anderen zu weisen, der wiederum unbekannt bleibt. Indem die „Erklärung" das Rätsel löst, erklärt sie zugleich, ihr eigentliches Geheimnis offenbare sich erst im nachstehenden Beitrag – ein Beitrag zudem, der in dieser Ausgabe nicht vollständig abgedruckt ist, sondern sich über die nächsten drei Blätter hinzieht. Die erste Leerstelle wird erst geschlossen, das Rätsel der Herausgeberschaft wird erst gelöst, nachdem ein bestimmter Modus der Lektüre sich etablieren konnte und die Magnetisierung der intertextuellen Leerstellen so weit fortgeschritten ist, daß das Verweisnetz zwischen den Beiträgen sich selbst tragen kann. So verlagern sich die Bemühungen, den Herausgeber selbst zu erraten, in den Versuch, die in den ABENDBLÄTTERN erscheinenden Texte zueinander in Relation zu setzen, um womöglich in dieser Weise ihre Programmatik zu entschlüsseln.

Plan und Umsetzung, Mittel und Zweck, Regel und Anwendung – diese im Kunstwerk suspendierten Relationen der Kontrolle werden hier keineswegs für irrelevant erklärt; es wird im Gegenteil durchaus suggeriert, den ABENDBLÄTTERN liege ein Plan zugrunde und sie hätten ein bestimmtes Ziel, das sie unter Anwendung bestimmter Mittel und Regeln zu erreichen suchten. Allerdings bleibt die Publikation des Plans, des Ziels, der Mittel und Regeln immer lückenhaft und wird vor allem wieder und wieder vertagt. Es ist diese Verzeitlichung, die die Lektüre nichtsdestoweniger in einen quasi-ästhetischen Modus eintreten läßt: Wo die rahmenden Parameter fehlen, mit Hilfe derer man die Publikation an ihren Ansprüchen, Vorhaben und Methoden messen könnte, ist man darauf verwiesen, diese Parameter aus dem zu erraten, was man täglich in die Hand bekommt. Im Zuge dessen wird man aufmerksam für Details, für subtile Bezüge zwischen den einzelnen Beiträgen, für einzelne Formulierungen, die sich wiederholen, für deren Stil – denn alles kann von Bedeutung sein, wenn man die Parameter, durch die zu entscheiden wäre, was von Bedeutung ist und was nicht, allererst zu erraten versucht. Auch dies ließe sich noch einmal auf die Reihe der anonymen Signaturen Kleists beziehen: Ihr algebraischer Eindruck besteht darin, daß man meint, eine Reihe vor sich zu haben, die durch einen Algorithmus generiert wird, der sich bei nur wenig mehr Information vielleicht rekonstruieren ließe. Beinahe meint man in der Lage zu sein, die Reihe sinnvoll fortzusetzen – aber eben nur beinahe, immer scheint noch ein wenig Information zu fehlen. Der Algorithmus und der Plan, der hinter den ABENDBLÄTTERN zu stehen scheint, sind beide gleichermaßen unauffindbar und doch zum Greifen nahe. Damit halten sich beide immer genau auf der Grenze zur Kontingenz: Kontingenz ist mathematisch als eine Zahlenreihe – eine Reihe von Ausgaben? – definiert, die nicht auf einen Algorithmus reduzierbar ist, der kürzer ist als sie selbst. Damit ist es aber immer auch möglich, die Frage, ob sich nicht doch einer finden ließe, bis zur letzten Zahl, bis zur letzten Nummer offen zu halten.

Konstellationen des Zufalls: In-Formation

Folgen wir also dem Netz der Verweise, einsetzend mit der Erklärung aus dem 19. Blatt. Bei dem Text, auf den die „Erklärung" verweist, handelt es sich um eine Laudatio auf den verstorbenen Wirtschaftswissenschaftler Christian Jakob Kraus, der im 11. Blatt der BERLINER ABENDBLÄTTER von Adam Müller wegen seiner Haltung bezüglich der preußischen Landreformen, die die Privilegien der ostpreußischen Junker empfindlich einschränkten, scharf angegriffen worden war.[110] Im vorliegenden Text wird der Verstorbene nun gerade dieser Haltung wegen gewürdigt. In diesem Gegenüberstellen konfliktiver Einschätzungen hat man eine Anwendung der von Adam Müller selbst formulierten „Lehre vom Gegensatze" gesehen.[111] Dieser Lehre zufolge führt die Konfrontation gegensätzlicher Meinungen zu einer aktiven Auseinandersetzung der Leser mit den behandelten Gegenständen, da es ihnen selbst überlassen bleibt, zwischen den gezielt polarisierten Positionen zu vermitteln.[112]

Daß Kleist die Programmatik seiner Herausgeberschaft mit dieser Würdigung in Verbindung bringt, kann einen strategischen Grund darin haben, daß die Regierung sich über die kritischen Töne zur Landreform nachhaltig verärgert zeigte, zumal sie von einer Zeitung angeschlagen wurden, die keine politische Lizenz besaß. In diesem Sinne wäre die Formulierung „nach allen erdenklichen Richtungen Beförderung der Nationalsache überhaupt" als Versuch zu deuten, die ABENDBLÄTTER als ein offenes Diskussionsforum

---

[110] Vgl. Kittsteiner 2001.
[111] Vgl. Müller 1967.
[112] Vgl. Marquardt 1986, S. 20.

zu präsentieren, das nicht mit einer bestimmten politischen Meinung zu assoziieren ist. Zu bedenken ist allerdings, daß weder der eine noch der andere Zusammenhang für das alle Stände umfassende Publikum offen zutage lag. In welcher Hinsicht der nachfolgende Artikel der publizistischen Programmatik des Herausgebers entspricht, bleibt offen. In Erwartung programmatischer Inhalte kommt daher jeder seiner Formulierungen potentiell eine besondere Bedeutung zu, mit der dann jeweils wiederum Verweise auf andere Texte korrespondieren. Dies gilt zum Beispiel auch für die Aussage, die Landverteilung an die Bauern habe „in der That [zu] Scenen [Anlaß gegeben], erhaben wie der Bund der 3 Schweizer, und werth von demselben Pinsel verewigt zu werden". Der Pinsel, von dem hier die Rede ist, ist derjenige des Malers Friedrich Büry, dessen Gemälde von den „Drei Schweizer[n]" zur gleichen Zeit auf der Berliner Kunstausstellung präsentiert wurde. Es fand allgemeinen Beifall – unter anderem auch den Ludwig Beckedorffs, dessen ausführliche Besprechung der Kunstausstellung ebenfalls in den ABENDBLÄTTERN veröffentlicht worden war (das Erscheinen des letzten Teils lag gerade zwei Tage zurück).[113] Durch zahlreiche Unterteilungen und eine längere Unterbrechung wird die Publikation dieser Besprechung so in die Länge gezogen, daß die Erörterungen Beckedorffs die ABENDBLÄTTER vom sechsten bis zum 17. Blatt begleiten. Die Serie zur Kunstausstellung füllt damit das Intervall zwischen dem ersten Auftauchen der Signatur Kleists (BA, Bl. 5) und der offiziellen Erklärung (BA, Bl. 19) beinahe vollständig aus. Interessant wird dies, sobald man sich das eigentliche Thema der Beckedorffschen Besprechung vergegenwärtigt: Es geht nämlich um eine Theorie des Porträts, um die Darstellung des menschlichen Individuums und um die Beziehung zwischen Mensch und Kunstwerk. Während sich also allmählich die Beziehung artikuliert, in der die BERLINER ABENDBLÄTTER zu Heinrich von Kleist stehen könnten, während sich die Frage zuspitzt, ob es der bis dato als Dramatiker und Erzähler bekannte Mann ist, der sich mit dieser Zeitung auf neue Weise ins Licht der Öffentlichkeit stellt, geht es in den verschiedenen Abschnitten der Beckedorffschen Besprechung um Effekte des Wiedererkennens und der Ähnlichkeit, auch um theatrale Verkleidungen und um Ziererei, besonders aber um die Vermittlung von Augenblick und Ewigkeit, von zufälligem Beiwesen und notwendiger Bezüglichkeit.

Es wäre also denkbar, daß Kleist die Besprechung der Kunstausstellung über so lange Zeit streckt, weil damit jene Signifikation des Kontingenten, die die ABENDBLÄTTER im Hinblick auf das Rätsel der Herausgeberschaft ergreift, von Tag zu Tag der entsprechenden ästhetischen Programmatik konfrontiert wird. Dies hätte den Charakter eines Experiments: Wie wird sich das eine zum anderen verhalten? Zu Beginn des siebten Blattes heißt es:

---

[113] In einem zeitgenössischen Brief wird dieser Artikel als besonders lesenswert hervorgehoben – siehe Staengle 1997, S. 371. Ludolph Beckedorff ist der Erzieher des Prinzen von Hessen und ein Freund Adam Müllers. Vgl. dazu Sembdner 1939, S. 32.

> Das Porträt soll überhaupt den Menschen darstellen, wo möglich, im vollständigsten und gedrängtesten Augenblicke seines Lebens; dergestalt, daß nicht bloß der äußere Schein und Schatten seiner Züge ähnlich abgeschrieben, sondern sein ganzes Inneres gleichsam eröffnet und die dauernde Grundrichtung seines Wesens vernehmlich offenbart werde. Ein Gesicht, welches von keinem Gedanken belebt wird, auf welchem sich kein Charakter ausdrückt, macht schon im Leben einen unangenehmen Eindruck; aber auf der Leinwand eine solche Unbedeutenheit [...] für alle Ewigkeit festgehalten zu sehen, ist wahrhaft widerlich. Wenn wir uns das Porträt eines Verwandten, eines Freundes, kurz eines werthen Gegenstandes wünschen, so möchten wir in diesem Bilde gewissermaßen ihn selbst besitzen, wie er leibte und lebte. [...]. Wenn man ihn statt dessen uns nun zeigte in einer ihm ganz fremden Tracht, wunderbar geschminkt und mit einem unverkennbar angenommenen, ihm selbst nicht angehörenden Ausdrucke [...]; würden wir nicht glauben, er sei gemacht worden im Augenblick, da er auf eine Bühne habe treten wollen? würden wir nicht eine Mißempfindung haben, daß unser Verwandter oder Freund hier sich selbst so entwendet erscheine? (BA, Bl. 7)

Weder der kontingente, alltäglich-profane Augenschein, in dem „sich kein Charakter ausdrückt", ist im Porträt wohlgelitten, noch die reine Herrschaft der Form, die dann allzu leicht als leblose Staffage erscheint. Statt dessen soll ein bedeutsamer Augenblick als Ausdruck des persönlichen Charakters verewigt werden. Gewünscht ist ganz im Sinne Schillers, daß sich das In-der-Zeit-Sein des Lebens mit der Zeitlosigkeit der Form verbinde. Es geht hier, da es sich um Porträtmalerei handelt, in einem sehr konkreten Sinn um jene „lebende Gestalt", die Schiller als „Einheit der Realität mit der Form, der Zufälligkeit mit der Notwendigkeit, des Leidens mit der Freiheit" definiert hat.[114] Diese ästhetische Programmatik verbindet sich bei Beckedorff mit dem um 1810 erwartbaren Patriotismus und einem Bildungsprogramm, das sich auf die Konstruktion deutscher Kulturgeschichte kapriziert. Bewahrt sei die ‚lebende Gestalt' vor allem in den Werken der „altdeutschen Meister":

> Aus welchem anderen Grunde werden wir von den Porträten altdeutscher Meister so unwiderstehlich angezogen, als weil wir dort menschliche Gesichter erblicken, die sich gleich uns kund geben, mit denen die Bekanntschaft so leicht gemacht ist, die wir schon gekannt zu haben glauben? Diese Männer, die so rüstig und derb, oder so treu und ehrlich, oder so froh und wohlgemuth, oder so fromm und gottesfürchtig, aussehen, [...]. (BA, Bl. 7)

Zwischen der Veröffentlichung des ersten und des zweiten Teils der Beckedorffschen Besprechung findet sich ein mittlerweile berühmter, an dieser Stelle jedoch nicht unterzeichneter Text, in dem Kleist seinerseits einen ‚rüstigen und derben' Deutschen, genauer gesagt: einen preußischen Reiter

---

[114] Schiller 1992b, S. 610.

‚porträtiert' – die „Anekdote aus dem letzten preußischen Kriege". Ihre außergewöhnliche erzählerische Technik verhält sich zu den von Beckedorff artikulierten Forderungen an die Kunst wie eine Illustration, die das entsprechende ästhetische Urteil nichtsdestoweniger unterläuft: Indem Kleist Erzählzeit und erzählte Zeit synchronisiert, gibt er mit der Anekdote einen ewigen Augenblick wieder, vollständig und gedrängt. Auch ist es ein wohl entscheidender Augenblick deutscher Geschichte, in der die ‚rüstige und derbe' Natur des preußischen Reiters als „dauernde Grundrichtung seines Wesens vernehmlich" wird. Doch obwohl sich die Anekdote mit Beckedorffschen Vokabeln belegen läßt, verfehlt eine solche Beschreibung den entscheidenden Clou des Textes, denn Kleists Anekdote schildert gerade keinen besonderen, sondern einen überaus profanen Augenblick. Es wird nicht etwa ein Reiter in der Schlacht dargestellt, sondern einer, der bei einem dörflichen Gastwirt Schnaps trinkt. Dabei besteht der Reiter nachhaltig auf der Alltäglichkeit der Situation, und gerade das macht die Signifikanz des Augenblicks aus: Die Franzosen haben das Dorf umstellt und kommen näher – trotzdem fordert der Reiter eine ‚normale' Bewirtung. Statt also von vornherein auf den bedeutsamen Augenblick abzuheben, schildert die Anekdote ein alltägliches Geschehen, das erst durch die Umstände signifikant wird.

Das plötzliche Umschlagen des alltäglichen Details oder auch des drastisch Profanen ins Bedeutsame ist vielen der Anekdoten eigen, die Kleist in den BERLINER ABENDBLÄTTERN veröffentlicht. Vielleicht ist dies aber auch eine Eigenschaft des Anekdotischen selbst: Schon Aristoteles erzählt im Zuge seiner Definition des Zufalls Anekdoten, zum Beispiel von einem, der auf dem Markt einen anderen trifft, der ihm Geld schuldet. Die Anekdote scheint für die Erörterung des Zufälligen prädestiniert, sie scheint grundsätzlich von dem zu erzählen, was selbst keinen Grund hat, weil es aus dem gelegentlichen Sich-Kreuzen zweier Kausalketten entsteht.[115] Es ist dieses Kennzeichen, das in den ABENBDLÄTTERN von den Anekdoten im engeren Sinne auf andere Texte wie Polizeinachrichten oder Tagesbegebenheiten ausgreift, dazu anregend, auch in diese Verkettung von Profanität und Kontingenz Signifikanz wie einen Blitz einschlagen zu lassen,[116] anstatt nach dem in sich bereits Bedeutsamen Ausschau zu halten.[117]

Einerseits ist Beckedorffs Einlassung zur Bedeutsamkeit des Augenblicks geeignet, diese Form der Bedeutungsproduktion kontrastiv als solche erscheinen zu lassen. Andererseits wird im Zuge dieser Signifikation des Kontingenten die Beckedorffsche Programmatik selbst affiziert und konstellativ kommentiert. In der Fortsetzung der Besprechung am folgenden Tage ist zu lesen:

---

[115] Vgl. Bubner 1998.
[116] Vgl. Schuller 2001.
[117] Vgl. auch Wirth 1992, S. 11. Wirth beschreibt das Prinzip der Anekdote bei Kleist als Austreibung des Trivialen durch das Triviale.

> Das Porträt soll aber, nach dem, was vorhin im Allgemeinen gesagt worden ist, keineswegs irgend einen willkührlichen, möglichen Moment des Lebens herausheben und festhalten dürfen, sondern vielmehr das ganze vollständige Leben selbst im bedeutenden Auszuge darstellen wollen; und es wird daher in demselben durchaus keine Zufälligkeit des Beywesens gestattet, sondern überall eine nothwendige Bezüglichkeit und Bedeutung auf das bestimmteste verlangt. Wozu also, könnte man bei diesem Bilde fragen, der vom Winde bewegte Mantel? Wozu im Hintergrunde der unnatürlich geschwärzte und bewölkte Himmel? Soll denn derselbe Zufall, dem unsere Zeit so leichtsinniger Weise im Leben die Gewalt eingeräumt hat, auch im Reiche der Kunst frei schalten und walten dürfen? (BA, Bl. 8)

Die Antwort soll offenkundig ‚Nein' lauten und wohl außerdem darauf hinauslaufen, daß es die sinnvollen Bezüglichkeiten in der Kunst aufrecht zu erhalten und zu pflegen gelte, damit diese schließlich qua Bildung von der Kunst auf das Leben übergreifen, um auch hier die ‚Gewalt des Zufalls' zurückzudrängen.

Zugleich zeigt sich in der Einordnung der Besprechung in den Kontext der ABENDBLÄTTER jedoch, daß der ästhetische Diskurs im Sinne Beckedorffs den Zusammenstellungen der ABENDBLÄTTER unterlegen ist, was die Einordnung „zufälligen Beywesens" in die „notwendige Bezüglichkeit" angeht. In der Nachfolge der Schillerschen Ästhetik hebt auch Beckedorff auf eine Vermittlung zwischen dem zufälligen Augenblick und der notwendig bezüglichen Form ab, die als solche allererst sinnstiftend wäre. Die Differenz zwischen Kunst und Leben, auf der sein ästhetisches Urteil beruht, impliziert dennoch die Annahme, es ließen sich grundsätzlich bedeutende von unbedeutenden Umständen unterscheiden. Diese Unterscheidung läßt sich jedoch wiederum nur im Bezug auf vorausgesetzte symbolische Codes treffen, was das zeitliche Moment der Bedeutungsproduktion wieder negiert. Dagegen läßt sich im textlichen Zusammenhang der ABENDBLÄTTER, wenn man denn will, so gut wie jedes scheinbar „zufällige Beywesen" in eine „notwendige Bezüglichkeit" einlesen, die allerdings – da der Zusammenhang ein genuin zeitlicher bleibt – nicht letztgültig als solche zu beglaubigen ist. So auch im Falle des hier beschriebenen Zusammenhangs zwischen Beckedorffs Text „Kunst-Ausstellung" und der „Anekdote aus dem letzten preußischen Kriege". Denn zwar kann man davon ausgehen, daß Kleist der Text Beckedorffs vom Beginn seiner Veröffentlichung an bereits vollständig vorlag, doch läßt sich die These, die im sechsten Blatt erschienene Anekdote solle Beckedorffs programmatische Äußerungen zum

Augenblick in der Kunst konterkarieren,[118] vorerst nicht weiter belegen. Immerhin deutet sich hier ein Verfahren der Konstellierung, der redaktionellen Montage an, das sich im folgenden verdichten wird. Doch wo immer sich solche Bezüge herstellen, etablieren sie sich gerade im Modus ihrer Fraglichkeit: Mit der Beziehung zwischen der Anekdote und der kunstkritischen Erörterung verhält es sich wie mit der Szene vom schnapstrinkenden Reiter selbst. Ihre Signifikanz besteht in einem ereignishaften Zusammentreffen, das die Frage nach dem Zusammenhang zwar stellt, aber nicht beantwortet. Ist es also ein profaner Zufall oder eine signifikante Konstellation, daß Kleist Beckedorffs Programm der symbolischen Vermittlung im Porträt eine profanisierte und darin transgressive ‚Illustration' desselben vorausschickt – eine ‚Illustration', die das Urteilsvermögen, das sich an das Programm ästhetischer Vermittlung knüpft, aussetzt? Wer könnte darüber noch urteilen. Die Bestätigung der Signifikanz aus dem Zusammenhang und des Zusammenhangs aus der Signifikanz bleibt aus. Signifikanz bleibt Ereignis, statt in Sinnfülle aufzugehen, ist nichts als die Marke einer in ihr verschwindenden redaktionellen Agentur.

Als hätte er es herausgefordert, wird Beckedorffs Beitrag schon am nächsten Tag in einer Weise von der ‚Gewalt des Zufalls' eingeholt, die („in so fern dergleichen überhaupt ausführbar ist") demonstriert, daß sich die Gewalt des Zufalls vom Moment der Signifikation, der Sinnstiftung schlechthin nicht unterscheiden läßt. Gestützt auf seine Argumentation aus dem siebten Blatt, unternimmt es Beckedorff nun, den Porträtmaler Schadow und verschiedene seiner Kollegen einer allzu zufälligen Behandlung des „Beywesens" zu überführen. Überdies sieht er sich mit Hinweis auf dieses Urteil dazu legitimiert, zahlreiche weitere Künstler und Werke, darunter „auch die des Herrn Gerhard von Kügelgen", „dreist [zu] übergehen." Am Ende dieses Satzes findet sich ein Sternchen, das auf folgende Fußnote verweist:

> Anmerk. des Herausgeb. Des Raums wegen. Wir werden im Feld der historischen Mahlerei auf ihn zurückkommen.   H.v.K. (BA, Bl. 9)

Kleist dementiert also den von Beckedorff vermittelten Eindruck, die entsprechenden Künstler würden ihrer zufälligen Behandlung des Beiwesens wegen übergangen. Die Auslassung geschehe allein „des Raums wegen" und sei also selber gewissermaßen zufällig – aus Gründen des ‚Beiwesens' nötig.

---

[118] Es besteht übrigens ein ganz ähnliches Verhältnis zwischen der „Anekdote aus dem letzten Kriege" aus dem 18. Blatt und dem ihr vorangehenden Text von Friedrich Gottlob Wetzel „Ueber Darstellbarkeit auf der Bühne". Auch hier geht es darum, „das Theater [...] aus dem prosaischen Netz zu befreien und in sein poetisches Element zurückzuführen." (BA, Bl. 18) Ich habe diese Beziehung zwischen Anekdote und vorangehendem Text an anderer Stelle ausführlich diskutiert – vgl. Peters 1999, S. 84 ff.

Nun ist es pointiert genug, zu suggerieren, die Nichtbeachtung von Künstlern, denen ein zu zufälliger Umgang mit dem Beiwesen vorgeworfen wird, sei ihrerseits durch äußeres Beiwesen verursacht. Bedeutsam wird diese von der Forschung bisher übersehene Anmerkung aber vor allem, weil sie hier, zehn Ausgaben vor der zitierten Verlautbarung, einem vorgezogenen Bekenntnis nahekommt. Schließlich ist sie als Anmerkung des Herausgebers gekennzeichnet und mit den Initialen Kleists versehen, und das, obwohl eine „Anmerkung der Redaktion", wie sie sich unsigniert immer wieder in den ABENDBLÄTTERN findet, unter Umständen den gleichen Zweck hätte erfüllen können. Warum also diese Bekanntmachung am Rande?

Vielleicht ist sie als Hinweis darauf zu lesen, daß es Kleist besonders wichtig war, den besagten Künstler vor der Selbstgewißheit der Beckedorffschen Ästhetik zu schützen, ihn unter den Schutz seines Namens zu stellen.[119] Biographisch wäre ein solches Engagement sicher plausibel, ist doch auch Kleists eigene Kunst vielfach als der sinnvollen Bezüglichkeit fernstehend verurteilt worden. Dennoch hätte eine solche Intervention zweifellos einen direkteren Weg nehmen können. Das besondere Merkmal der Anmerkung besteht jedoch gerade darin, daß ihr beiläufiger Inhalt von ihrem performativen Charakter als Bekenntnis durchkreuzt wird: Die eigentliche Bedeutung der Anmerkung zur Bedeutungslosigkeit einer Auslassung läßt sich selbst aus. So weist sie umgekehrt darauf hin, wie gerade das vermeintlich Beiläufige, das zufällige Beiwesen, die Leerstelle in der Bezüglichkeit des Sinns Signifikanz produziert, und konfrontiert die Beckedorffsche Kunstkritik mit der Pointe, daß die Plazierung dieses Teilbekenntnisses gerade deshalb eine tiefere Bedeutung hat, *weil* es sich um eine ganz profane, beiläufige Anmerkung handelt.

Für all jene, die mit den Initialen H.v.K. etwas anzufangen wissen, artikuliert sich im Lesen dieser Anmerkung die Beziehung zwischen Kleist und den BERLINER ABENDBLÄTTERN. Doch ist dies damit auch jener Augenblick, in dem sich „die daurende Grundrichtung des Wesens" des Herausgebers „vernehmlich offenbart"? Verbunden werden die Initialen Kleists mit dem Hinweis auf den knappen Raum. Statt als souveräner Gestalter oder Vertreter eines Programms tritt der Herausgeber hier in erster Linie als derjenige in Erscheinung, der mit den Vorgaben des Zeitungsformats umzugehen hat. Auf den ersten Blick scheint der Hinweis auf den knappen Raum also der Vorstellung zuwiderzulaufen, die Zusammenstellungen der ABENDBLÄTTER seien auf die Entstehung eines Verweisnetzes hin kalkuliert. Was hier zusammentrifft, wird – so scheint es – in seinem

---

[119] Tatsächlich wird ein Madonnen-Bildnis des Malers Kügelgen in einem im 37. Blatt erschienenen Artikel „Uebersicht der Kunstausstellung" besprochen und gelobt. Der von Achim von Arnim verfaßte Text nimmt auch auf Kleists „Brief eines Malers an seinen Sohn" Bezug, der ebenfalls vom Malen der Madonna handelt und seinerseits im 19. Blatt, dem Blatt der „Erklärung", veröffentlicht worden ist. Ob Kleists „Brief" allerdings auf Kügelgen Bezug nimmt, ist nicht zu sagen.

Zusammentreffen nicht von inhaltlichen oder gar künstlerischen Kalkülen, sondern zunächst einmal durch die Zwänge des Formats bestimmt. Im Sinne ihrer performativen Pointe demonstriert die Anmerkung umgekehrt aber auch: So fraglich wie die Bedeutsamkeit ist auch die Bedeutungslosigkeit. Gerade ein zufälliges Zusammentreffen inmitten der Inkohärenz kann der Signifikation stattgeben und läßt Verkettungen von Verweisen sich ereignen. Indem sie einen kunstkritischen Text wie den Beckedorffs in ein ungewohnt profanes Umfeld stellen, lösen die ABENDBLÄTTER die ästhetische Vermittlung von Zufall und Notwendigkeit aus ihrer ästhetischen Rahmung und finden darin zu einer neuen Handhabung der Zeitung. Sie wenden das Manko des Journalismus' ihrer Zeit – die oft nichtssagende Zusammenstellung inkohärenter und somit irrelevanter Daten – zu ihrem Vorteil und lassen literarische Techniken wirksam werden, um gerade aus der Inkohärenz, der Leerstelle heraus Verkettungen zwischen Texten unterschiedlichster Genres und Rubriken sich ereignen zu lassen.[120]

Um besagter, aus der Inkohärenz entstehender Irrelevanz vorzubeugen, hatte noch das von Karl Philipp Moritz formulierte *Ideal einer vollkommenen Zeitung* Nachrichten vor allem als Material konzipiert, aus dem der Leser moralische, überzeitliche Wahrheiten abzuleiten hätte.[121] Ganz wie die Porträtmalerei sollte also auch die vollkommene Zeitung sich nicht damit zufriedengeben, „irgend einen willkührlichen, möglichen Moment des Lebens heraus[zu]heben und fest[zu]halten [...], sondern [sollte] vielmehr das ganze vollständige Leben selbst im bedeutenden Auszuge darstellen."[122]

Die BERLINER ABENDBLÄTTER entgehen dieser Alternative zwischen der Irrelevanz des Details, des einzelnen Datums und seiner Aufhebung in die überzeitliche Wahrheit. Sie halten die Balance zwischen „zufälligem Beywesen" und „notwendiger Bezüglichkeit", statt sie in Richtung der letzteren aufzuheben, und dies gelingt ihnen, indem sie die Bezüglichkeit der Allmählichkeit der Zeitung überantworten. Von Tag zu Tag, von Ausgabe zu Ausgabe, von Text zu Text verschiebt sich das Verweisnetz, wird dichter oder verblaßt, doch niemals schließt es sich zu einem Gesamtzusammenhang. Statt also vor allem den Zusammenhang aus dem Detail zu gewinnen und zu bestätigen, kommt das Verweisnetz, das um jedes neue Detail herum entsteht, dem Detail selbst zugute. Die einzelne Nachricht, die Anmerkung kann als ‚In-Formation' wirken, weil es immer das hinzukommende Detail

---

[120] Dies ist der Auffassung von Aretz entgegenzuhalten, für den die BERLINER ABENDBLÄTTER, bezogen auf die Entwicklungsgeschichte des modernen Journalismus, ein frühes Entwicklungsstadium markieren, in dem der Wert objektiver Berichterstattung und arbiträrer Information noch nicht voll erkannt worden sei; vgl. Aretz 1983.
[121] Vgl. Moritz 1981, S. 169 ff.
[122] Jochen Marquardt beansprucht im Gegensatz zu unserer These gerade diese Formulierung Beckedorffs als modellhaft auch für die ABENDBLÄTTER und kommt entsprechend zu dem Schluß: „In diesem Verständnis sind Kleists BA unbedingt als genuin künstlerische Publizistik zu betrachten." Marquardt 1986, S. 25 f.

ist, das eine Formation aufs Neue sich ereignen läßt, eine Formation, die als Form jedoch niemals zu sich kommt. Von jedem Datum aus läßt sich ein Verweisnetz errechnen, das das neu Hinzugekommene in einen Zusammenhang stellt. Dennoch – und dies ist eine Unterscheidung, die erst der Gebrauch der Zeit möglich macht – heißt das eben nicht, daß alle Daten in ein und demselben Sinnzusammenhang stünden.

Drucksatz und Deadline – Materialität und Zeit des Sinns
Den angeblich so knappen Raum, auf den sich die Anmerkung des Herausgebers im neunten Blatt bezieht, nimmt Kleist interessanterweise für einen seiner eigenen Texte in Anspruch: Zwischen Beckedorffs Kunstkritik und der unten auf der Seite hinzugefügten Anmerkung findet sich die Anekdote „Muthwille des Himmels", in der es wiederum um die Signifikanz des Zufälligen geht. Betrachtet man das Layout des neunten Blattes insgesamt, ist übrigens nicht einzusehen, daß gerade hier eine besondere Platznot geherrscht haben soll. So ist nicht auszuschließen, daß die besagte Anmerkung im Weg über das Formale eine Klammer zwischen der Besprechung Beckedorffs und der nachfolgenden Anekdote schaffen sollte.[123]

Die Hauptperson der in der Anekdote geschilderten Begebenheit, der General Dieringshofen, ist auf den Tod erkrankt. Da er mit Beckedorff die Abneigung teilt, „in einer ihm ganz fremden Tracht, wunderbar geschminkt und mit einem unverkennbar angenommenen, ihm selbst nicht angehörenden Ausdruck" in die Ewigkeit einzugehen (BA, Bl. 7),

> befahl [er] bestimmt, daß niemand, ohne Ausnahme, seinen Leib berühren solle, daß er ganz und gar in dem Zustand, in welchem er sterben würde, mit Nachtmütze, Hosen und Schlafrock, wie er sie trage, in den Sarg gelegt und begraben sein wolle; [...]. (BA, Bl. 9)

Er bittet einen Feldprediger und Freund des Hauses, darüber zu wachen. Dieser

> verpflichtete sich, um jedem Zufall vorzubeugen, bis zu seiner Bestattung, von dem Augenblick an, da er verschieden sein würde, nicht von seiner Seite zu weichen. (BA, Bl. 9)

Einmal mehr erweist sich die für Kleist so typische zeitliche Verkehrung der Satzteile als präzise: Der Prediger denkt von den Weisungen hinsichtlich der Bestattung auf den Moment des Todes zu und formuliert sein Versprechen

---

[123] Hätte man eine um ein Weniges kleinere Schrift gewählt, hätte die Anekdote ohne weiteres insgesamt auf der folgenden Seite Platz finden können, deren unterer Rand im jetzigen Layout leer bleibt. Beckedorffs Text hätte dann eine knappe halbe Seite mehr in Anspruch nehmen können. Mithin ist es als Entscheidung zu werten, daß die Anekdote zwischen Beckedorffs Text und der Anmerkung beginnt.

gewissermaßen retrospektiv.[124] Folglich scheitert der Versuch, dem Zufall vorzubeugen, am Ereignischarakter des natürlichen Todes.[125] Der Feldprediger wird vom Ende des Generals verspätet unterrichtet und findet die Leiche bei seinem Eintreffen bereits halb rasiert vor:

> Was sollte der Feldprediger unter so wunderlichen Umständen machen? Er schalt den Kammerdiener aus, daß er ihn nicht früher herbei gerufen hatte; schickte den Barbier, der den Herrn bei der Nase gefaßt hielt, hinweg, und ließ ihn, weil doch nichts anderes übrig blieb, eingeseift und mit halbem Bart, wie er ihn vorfand, in den Sarg legen und begraben. (BA, Bl. 9)

Vermutlich entspricht dies nicht dem Willen des Generals. Dennoch hinterläßt sein letzter Wunsch eine gewisse Spur im Aussehen seines Leichnams, und man kann sich sogar fragen, ob der durch Wille und Zufall gleichermaßen hervorgerufene Zustand, in dem der General, der „streng" und „rechtschaffen", „aber dabei von manchen Eigenthümlichkeiten und Wunderlichkeiten" war, unter die Erde kommt, nicht eigentlich ganz gut zum Naturell des Verblichenen paßt. Auf den ersten Blick wäre die Anekdote vom halbrasierten General als ins Komische gewendete Variante einer Vermittlung zwischen dem Willen des Generals und dem Zufall zu lesen, dem vollständig vorzubeugen angesichts der Endlichkeit menschlichen Lebens, angesichts des Verstreichens der Zeit eben nicht möglich ist.

Schon diese erste Deutung wäre – die besondere Plazierung der Anekdote legt das nahe – auf die Produktion der ABENDBLÄTTER zurückzubeziehen: Auch die ABENDBLÄTTER haben mit dem Gesetz der Nachricht zu kämpfen, das General und Feldprediger zunächst außer acht lassen: Gegenüber dem Ereignis ist man immer schon ins Hintertreffen geraten. Angesichts des knappen Raumes der einzelnen Ausgabe und des Umstandes, daß die ABENDBLÄTTER als Tageszeitung auf unerwartbare Geschehnisse zu reagieren haben, findet sich der Redakteur daher oft genug in der Rolle des Feldpredigers.[126] Er hat es immer schon mit einer Gemengelage aus

---

[124] Zu bedenken wäre auch, daß schon die Formulierung des Generals einen unauflöslichen Widerspruch enthält: Unmöglich, den Leichnam in den Sarg zu legen, ohne ihn zu berühren.
[125] Vom radikalen Ereignischarakter des Todes berichtet auch der Text „Physiologie. (Ueber die Empfindung nach dem Tode.)", erschienen im 45. Blatt. Geschildert wird ein Experiment, das feststellen will, ob der Kopf der Guillotinierten nach der Abtrennung vom Körper noch zur Wahrnehmung fähig sei. Dies ist zwar nicht nachzuweisen, aber, wie der Bericht nahelegt, auch nicht gänzlich zu widerlegen, denn immer vergeht eine gewisse Zeit zwischen dem Abschlagen des Kopfes und einer weiteren Stimulanz. Außerdem muß fraglich bleiben, was als Beweis für das Vorhandensein von Wahrnehmung gelten soll – das Erröten der Wangen, das Zur-Seite-Gleiten der Augen?
[126] Auch das Projekt der Zeitschrift *Germania* mag davon zeugen, daß für Kleist eine gewisse Beziehung zwischen dem Journalisten und dem Feldprediger bestanden hat.

Planung und Widerfahrnis zu tun und muß das eine mit dem anderen zu einem Erscheinungsbild verbinden.

Es ist eine verbreitete Hoffnung, im Tod als jenem Ereignis, das alle partikularen Interessen und Zwecke des Lebens aussetzt, den Willen des Verstorbenen mit den Zufällen seiner Biographie schließlich versöhnt zu sehen.[127] Der Tod als Auftakt zu einer Sinnstiftung, die die Kontingenzen des gelebten Lebens in einen kohärenten Gesamtzusammenhang stellt, ist ein häufiges Motiv, das sich auch in den ABENDBLÄTTERN findet. Als Beispiel mag das Sonett dienen, das Achim von Arnim seinem in Nummer 22 erschienenen Nachruf auf den verstorbenen Sprachforscher Karl Ludwig Fernow nachstellt:

> Ich seh den Zufall jetzt mit Männern spielen
> Wie Meereswellen mit dem leeren Nachen,
> Da muß ich wohl des ersten Strebens lachen,
> Der Arbeith Gluth will sich in Ruhe kühlen.
> [...]
> Da fühle ich die Kraft im eignen Willen:
> Der Zufall stürmet uns umsonst vom Hafen,
> Der Steuermann belauert ihn im Stillen.
>
> Er fesselt ihn, wenn müde Seelen schlafen,
> Der Zufall muß ihm jeden Wunsch erfüllen,
> Den Zufall macht ein froher Muth zum Sklaven. (BA, No. 22)

Statt des „ersten Strebens" bedarf es zur Versöhnung von Wille und Zufall eines geduldigen Steuermanns, der sich mit der Zeit verbündet und den Zufall solange belauert, bis dieser der Kohärenzbildung stattgibt. Daß dies gelingt, läßt sich jedoch immer nur vom Ende aller Zeit, vom Tod her und also im Rückblick bestätigen. Allerdings hat die Hoffnung, mit der Zeit würden Formwille und unerwartetes Geschehen einander auf die eine oder andere Weise entsprechen, Aussicht darauf, sich im Zuge der mit ihr verbundenen Flexibilisierung und Sinnerwartung in Form einer Self-fulfilling Prophecy zu realisieren. Nichtsdestoweniger bleibt die Vermittlung von Wille und Zufall, die Signifikation des Kontingenten, in diesem Konzept eine Frage des Glaubens.

Schon der Titel „Muthwille des Himmels" nimmt dieses Motiv auf, und doch bleibt, gerade wenn man die Anekdote vor dem Hintergrund des besagten Konzeptes liest, einiges in drastischer Weise ungereimt: Statt mit der „lebenden Gestalt" als der gelungenen Vermittlung von Zufall und Notwendigkeit haben wir es hier mit dem merkwürdigen Erscheinungsbild einer Leiche zu tun!

Angezeigt wird in dieser Ersetzung eine Verschiebung vom Signifikat des Todes, dem Sinn des Lebens, zum Signifikanten, nämlich der Leiche. So

---

[127] „Allein der Tod erlaubt es dem Menschen, die Moleküle seiner Biographie zu einer Einheit zu schmieden." Ariès 1980, S. 778.

erinnert der Text zwar an jene Ökonomie, in der der Tod einerseits als Zäsur des Sinns und andererseits als sinnstiftendes Ereignis schlechthin firmiert, doch geht es gerade vor diesem Hintergrund um eine andere Beziehung von Signifikanz und Kontingenz, nämlich um ein Verfahren ihrer Verzeichnung: Im Erscheinungsbild der Leiche schreibt der letzte Wille des Verstorbenen sich in der Spur des ihm zuwiderlaufenden Procedere ein. Die Leiche wird zu einer Spur, in der das eine, der letzte Wille, nur mehr durch das andere, nämlich durch das ihn durchkreuzende Widerfahrnis, lesbar ist.

Wille und Zufall in *einer* Spur sich einschreiben zu lassen, entspricht, dies gilt es zu beachten, noch nicht ihrer Vermittlung, sondern gibt mit der Möglichkeit des Zusammenlesens dem Spiel zwischen Kontingenz und Signifikanz allererst statt, ohne die Signifikanz des Kontingenten bereits zur Sinnfülle zu stilisieren. So erlaubt die Verlagerung vom Signifikat auf den Signifikanten, Kontingenz *als Kontingenz* signifikant werden zu lassen. Im Zuge der Einschreibung überschreitet Kontingenz die Schwelle des Verfügbaren, ohne daß bereits über Sinn oder Un-Sinn entschieden worden wäre.

Dies hat schwerwiegende Folgen für den Charakter der Signifikation, denn wo auf der Basis solcher Aufzeichnung über Sinn verfügt wird, geschieht dies nicht mehr, ohne zugleich die Kontingenz dieser Sinnproduktion als solche zutage zu fördern – der Mutwille des Himmels ist der Mutwille des Interpreten.

Von einem entsprechenden ‚Zusammenlesen' der ‚Inschrift' erzählt auch die Anekdote „Der Griffel Gottes", erschienen im fünften Blatt. Ein weiteres Mal geht es um ein Geschehen, das nach dem Ableben der Hauptperson stattfindet, der „Gräfinn von P....", die „ein sehr bösartiges Leben führte":

> Diese Dame, als sie starb, vermachte einem Kloster, das ihr die Absolution erteilt hatte, ihr Vermögen; wofür ihr das Kloster, auf dem Gottesacker, einen kostbaren, aus Erz gegossenen, Leichenstein setzen ließ, auf welchem dieses Umstandes, mit vielem Gepränge, Erwähnung geschehen war. Tags darauf schlug der Blitz, das Erz schmelzend, über den Leichenstein ein, und ließ nichts, als eine Anzahl von Buchstaben stehen, die zusammen gelesen, also lauteten: s i e   i s t   g e r i c h t e t ! – Der Vorfall (die Schriftgelehrten mögen ihn erklären) ist gegründet; der Leichenstein existirt noch, und es leben Männer in dieser Stadt, die ihn samt der besagten Inschrift gesehen. (BA, Bl. 5)

Der „Leichenstein" der Gräfin tritt an die Stelle der Leiche des Generals. In der Inschrift auf dem Stein haben das Vorhaben der Gräfin, sich trotz ihres Lebenswandels Andenken und Nachleben zu sichern, und das Ereignis des Blitzschlags eine gemeinsame Spur hinterlassen. Die Kombination von Plan und Ereignis veranlaßt dazu, eine kontingente Anzahl von Buchstaben zum Urteilsspruch zusammenzulesen. Nicht erst der beglaubigende Nachsatz scheint dabei der Überschrift ein Fragezeichen anzuheften: Handelt es sich hier um göttliche Intervention, oder nicht vielleicht doch nur um die Eigenlogik der Einschreibung? Die Inschrift als Spur des Ereignisses macht das Ereignis für die Signifikation verfügbar. Diese Verfügbarkeit als solche irritiert jedoch zugleich die Gewißheit des Sinns. Statt einer Vermittlung zum Sinn kommt mit der Signifikation des Kontingenten auch das Kontingente der Signifikation zum Vorschein: Bekanntlich können Buchstaben, in deren Zusammenstellung Planung und Zufall ihre Spur hinterlassen haben, immer auf eine Weise zusammengelesen werden, die Sinnvolles verspricht – zumal, wenn Schriftgelehrte sich daran versuchen.

Dies gilt nicht zuletzt auch für jene Ausgabe der ABENDBLÄTTER, in der „Der Griffel Gottes" erscheint: Neben der Anekdote enthält sie die „Ode auf den Wiedereinzug des Königs im Winter 1809" und die „Literarischen Merkwürdigkeiten". Liest ein Schriftgelehrter die Buchstaben, mit denen diese Beiträge unterzeichnet sind – H.v.K und A.M. – zusammen, so ergibt sich das Herausgeberteam des *Phöbus*. Ist das Rätsel der Herausgeberschaft damit gelöst? Das *Archiv für Literatur, Kunst und Politik* gibt in einem Artikel vom 28.10.1810 folgendes zu bedenken:

> So strenge Critiker aber werden sich doch schwerlich solche Nachlässigkeiten zu schulden kommen lassen, wie z.B. in einer der darin erzählten Anekdoten, unter der Überschrift: der Geissel [!] Gottes, worin erzählt wird, daß ein Kloster in Polen, einer Gräfin, die solchem ihr Vermögen vermacht, einen aus Erz gegossenen Leichenstein habe setzen lassen. Dies ist doch offenbar ein lederner Schleifstein.[128]

Indem der Artikel auf die Merkwürdigkeit eines erzenen Leichensteins hinweist, macht er auf die Verbindung zwischen der Anekdote und dem hier vorliegenden Verfahren bei der Ermittlung der Herausgeber aufmerksam:[129] Aus Erz gegossen zu sein, hat der „Leichenstein" offensichtlich mit dem Drucksatz gemeinsam, und so wird mit der Anekdote von der Gräfin von P.... (der Graphin?[130]) eben auch verhandelt, ob und wie die Buchstaben der ABENDBLÄTTER zusammenzulesen sind – und zwar über die Leerstellen zwischen den Beiträgen hinweg und angesichts einer Gemengelage aus Planung und aktuellem Geschehen. „[S]ie ist gerichtet!" wäre also weniger ein Gottesurteil als vielmehr ein Druck-Satz. In der Druckersprache meint „Leiche" eine Auslassung, einen Flüchtigkeitsfehler des Setzers, eine leere Stelle im Zusammenhang des Textes als Schrift.[131] Die „Leiche" unterbricht die Signifikation und ist doch auch der Ort, in dem diese Unterbrechung als solche sich einschreibt und so erneut der Signifikation stattgibt – einer Signifikation über die Leerstelle hinweg, einer Signifikation mithin, der ein Moment von Kontingenz implementiert ist. Hier schließt die

---

[128] Zit. n. Sembdner 1939, S. 10.
[129] Vgl. Dierig 1997, S. 11.
[130] Diese Lesart stammt m.W.n. von Marianne Schuller.
[131] Vgl. Theisen 1996, S. 150.

Anekdote „Muthwille des Himmels" an den „Griffel Gottes" an,[132] und so stellt sich die Frage, was in der Anekdote um die Leiche des Generals den Verfahren der Kleistschen Tageszeitung entspricht. Welche Technik bringt hier Kontingenz und Signifikanz in Beziehung? Wie gelingt es dem Feldprediger, den sein Beruf dazu prädestiniert, buchstäblich allem und insbesondere auch Leichen einen höheren Sinn abzuringen, im Erscheinungsbild des Toten den Willen des Verstorbenen doch noch sich abzeichnen zu lassen, und sei es auch nur inmitten der Spur dessen, was ihn vereitelt hat?

Ganz wie das Programm einer Vermittlung von Zufall und Wille seit Schiller es vorsieht, spielt auch bei dieser Signifikation des Kontingenten die Zeit eine Rolle. Doch während die ‚lebende Gestalt' auf die Zeit als einen Prozeß vertraut, der Zufall und Wille einander schließlich wird entsprechen lassen, wird angesichts der Leiche (und also hinsichtlich des Signifikanten) in spezifisch anderer Weise von der Zeit Gebrauch gemacht. Nicht der Prozeß als solcher bringt eine Einschreibung zustande, in der Planung und Ereignis zusammen-lesbar werden, sondern im Gegenteil die Unterbrechung: Der Feldprediger unternimmt nichts, um seinerseits ins Geschehen einzugreifen. Er unterbricht lediglich das Procedere, und allein dieser Abbruch ist es, der ein Verwischen der Spuren verhindert und so das Geschehen im Aussehen des Leichnams sich abzeichnen läßt. Im rigorosen Unterbrechen des Geschehens wird eine Zäsur gesetzt und damit wiederholt, was sich als Zäsur des Todes der Kontrolle entzogen hatte.

Es mag oder mag auch nicht sein, daß man zufälligen, ungeplanten, katastrophischen oder auch ganz unbedeutenden Ereignissen mit der Zeit einen Sinn zuweisen kann. Kontingenz jedoch zunächst als solche signifikant werden zu lassen, ist wesentlich davon abhängig, ob es gelingt, das, was dabei als kontingentes Geschehen firmiert, an bestimmter Stelle sich einschreiben zu lassen. Und ‚bestimmt' ist – da es sich um Ereignisse handelt – nicht nur räumlich, sondern vor allem zeitlich zu verstehen. Bei dem Gebrauch der Zeit, von dem die Rede ist, handelt es sich daher um nichts anderes als die *Deadline*. Was der täglichen Produktion der ABENDBLÄTTER ‚widerfährt', was sie zur Zeitung macht, ist der Redaktionsschluß – englisch ‚Deadline'. Erst die Deadline macht die Zeitung als Druckwerk zu einer Matrix, in der ein Gemenge aus Kontingenz und geplanter Form sich einschreibt, so daß das eine durch das andere lesbar wird. Kontingenz als solche erscheinen zu lassen, erweist sich als Voraussetzung und zugleich als Einsatz einer Signifikation des Zufalls. Dabei korrespondiert die zeitliche Grenze dem zwangsläufig begrenzten Raum der einzelnen Ausgabe, der die Bezüglichkeiten über die Leerstellen hinweg ebenso sehr ins Licht rückt wie

---

[132] Auch wäre in diesen Zusammenhang von Blitzschlag, Leiche und Einschreibung die im zweiten Blatt unter der Rubrik „Tagesbegebenheiten" veröffentlichte, in anekdotischer Form abgefaßte Nachricht vom Tod des Arbeitsmannes Brietz einzulesen. Vgl. für eine entsprechende Lektüre Moser 1993, S. 151, und Schuller 2001.

zweifelhaft bleiben läßt. So ist die Anekdote vom halbrasierten General zwischen dem kunstkritischen Loblied auf die sinnvolle Bezüglichkeit und der Anmerkung zu den durch die Knappheit des Raumes bedingten Auslassungen nicht nur treffend plaziert – alle Zusammenstellungen der ABENDBLÄTTER haben in diesem Sinne als halbrasierte tote Generäle zu gelten. Und auch die leeren Flächen zwischen den Texten sind „Leichen" – Leerstellen, in denen Kontingenz als solche sich einschreibt und der Signifaktion dessen, was nicht geschrieben steht, stattgibt.

Mit Schiller vermittelt die Zeit Zufall und Notwendigkeit. Mit Kleist zeigt sich dagegen: Das Kontingente als solches wird signifikant, wenn das Medium, in das es sich einschreibt, zeitlich bestimmt ist. Das Medium als Konnex von Materie und Zeit läßt Kontingenz als solche signifikant erscheinen. Die prozessuale Vermittlung von Zufall und Notwendigkeit entspricht einem *Glauben an* die Zeit. Das Verfahren, Kontingenz sich einschreiben zu lassen, ist dagegen ein *Gebrauch der* Zeit. Vom Glauben an die Zeit zum Gebrauch überzugehen heißt mithin zu erkennen, daß das Ereignis, der Zufall nicht mit *der* Zeit von selbst signifikant wird, sondern erst mit *jener* Zeit, die den Takt seiner Einschreibung vorgibt. Solange der Glaube an die Zeit zwar einen Modus des Mit-der-Zeit-Seins kennt, nicht aber eine zeitliche Form der Steuerung, ist dieser Takt der von Leben und Tod. Wo der Glaube an die Zeit einem Gebrauch der Zeit weicht, wird er zur Deadline. Während dem Glauben an die Zeit, dem ästhetischen Modus des Mit-der-Zeit-Seins ein Äquilibrium von Originalität und Rezeptivität entspricht, besteht der Gebrauch der Zeit qua ‚Zeitung' in der Isolation einer Steuerungsebene, die nur die Zeit – nur die rigorose Unterbrechung und ihre Wiederholung – betrifft.[133] In diesem Sinne operationalisieren die BERLINER ABENDBLÄTTER als ‚Zeitung' das Verfahren des Feldpredigers: Statt darauf zu vertrauen, in einem von Originalität und Rezeptivität geprägten Prozeß werde mit der Zeit eine Vermittlung von Zufall und Form sich ergeben, macht die Zeitung eine ihrerseits kontingente Verbindung von geplantem und kontingentem Geschehen qua Unterbrechung lesbar. Es geht also nicht darum, das Ereignis im sinnvollen Zusammenhang aufzuheben, sondern darum, den Modus seiner Einschreibung qua zeitlicher Steuerung zu formalisieren, um so eine lesbare Spur zu erzeugen.

Im Umgang mit der ständig drohenden Deadline signifikante Bezüglichkeiten auf sehr begrenztem Raum aus mehr oder weniger zufälligem Material entstehen zu lassen oder auch zu verfehlen, indem man ständig an einer selbst gesteckten Grenze der Kontrolle agiert, ist mithin kein Ärgernis der Tageszeitungsproduktion, sondern ihr Kalkül. Hier ist der Grund dafür zu suchen, daß die ABENDBLÄTTER täglich erscheinen, obwohl und gerade weil das damit verbundene Format einem großen Teil der veröffentlichten

---

[133] „Entgegen einer geläufigen Meinung leistet also temporale Modalisierung nicht eine Verflüssigung, sondern gerade eine Fixierung von Ereignisstrukturen." Luhmann 1980, S. 243.

Beiträge nicht angemessen ist. Der Verleger der ABENDBLÄTTER Hitzig schreibt diesbezüglich an de la Motte Fouqué: „Mit dem Raum u. dessen Beschränkung haben Sie vollkommen Recht. Ein wahres Prokrustes-Bette; aber es ist der Wille des Herausgebers und nicht der Meine."[134] Und es folgt die nun schon vertraute Geheimnis-Formel, die erneut zur entschlüsselnden Lektüre aufzufordern scheint: „Es ließe sich hierüber viel sagen, was schriftlich nicht geschehen kann."[135]

---

[134] Staengle 1997, S. 373.
[135] Ebd.

III. Texte brechen – von der Ästhetik des Erhabenen zur Medialität der Zeitung

Der vierzehnte Oktober

Drei weitere in den ABENDBLÄTTERN erschienene Anekdoten – die „Anekdote aus dem letzten Kriege" (BA, Bl. 18), die „Bach-Anekdote" (BA, Bl. 21) und die „Kapuziner-Anekdote" (BA, Bl. 53) – verhandeln die Thematik des Todes in einer dem Ernst der Sache scheinbar so wenig entsprechenden Weise, daß sich die ‚gute Gesellschaft' zu brieflicher Beschwerde veranlaßt sah.[136] Immer geht es dabei um die näheren Umstände von Tod und Bestattung und um das Bedeutsamwerden kontingenter Details angesichts der ‚Deadline'. Die letzte der drei, die sogenannte „Kapuziner-Anekdote", erzählt einen in anderer Besetzung noch heute kursierenden Witz:

> Ein Kapuziner begleitete einen Schwaben bei sehr regnigtem Wetter zum Galgen. Der Verurtheilte klagte unterwegs mehrmal zu Gott, daß er, bei so schlechtem und unfreundlichem Wetter, einen so sauren Gang thun müsse. Der Kapuziner wollte ihn christlich trösten und sagte: du Lump, was klagst du viel, du brauchst doch bloß hinzugehen, ich aber muß, bei diesem Wetter wieder zurück, denselben Weg. – Wer es empfunden hat, wie öde Einem, auch selbst an einem schönen Tage, der Rückweg vom Richtplatz wird, der wird den Ausspruch des Kapuziners nicht so dumm finden. (BA, Bl. 53)

Helmut Sembdner, der in einem Volkskalender aus dem Jahre 1822 eine Fassung dieser Anekdote gefunden hat, in der nicht von einem Kapuziner die Rede ist, vermutet, Kleist habe diese Figur in Anlehnung an den Text „Empfindungen vor Friedrichs Seelandschaft" eingeführt, der von Clemens Brentano in Zusammenarbeit mit Achim von Arnim geschrieben wurde und in einer von Kleist veränderten Fassung im 12. Blatt der ABENDBLÄTTER erschien.

Caspar David Friedrichs Bild *Mönch am Meer*, „Friedrichs Seelandschaft" also, zeigt die Gestalt eines Kapuzinermönches am Strand vor einem dunklen Meer unter bewölktem Himmel. Zeitgenossen beschreiben das Bild nicht zuletzt deshalb als bedrückend, weil es so wenig gegenständliche Orientierung gibt, daß die perspektivische Darstellung der Landschaft und die im Titel des Bildes angezeigte Situation dem Blick abhanden zu kommen droht.[137] Folgt man Sembdners Vermutung, wäre die „Kapuziner-Anekdote" vielleicht als eine Art Vorgeschichte zu lesen, so daß das Bild als Darstellung der Situation nach der Hinrichtung erscheint – Wetterlage und Ödnis scheinen dem zu entsprechen. Schon unter den Zeitgenossen wird

---

[136] Vgl. den Brief des Prinzen von Lichnowsky, siehe Staengle 1997, S. 374.
[137] So äußert sich zum Beispiel Marie Helene von Kügelgen in einem Brief vom 22.9.1809. Vgl. Greiner 2000, S. 26.

diskutiert, ob Friedrichs Bilder als Wegweiser in eine neue, weniger repräsentative Malerei ihren Sinn möglicherweise eher im Kontext ihrer Rezeption, also außerhalb ihrer selbst und jenseits der Darstellung finden. Insofern sie gewissermaßen die Geschichte zum Bild erzählt, erscheint die „Kapuziner-Anekdote" als ein skurriler Beitrag zu dieser Debatte.

Für Sembdners Vermutung spricht auch eine kürzlich im Rahmen der Neu-Edition der ABENDBLÄTTER wiederentdeckte und veröffentlichte Quelle. Es handelt sich um eine Versdichtung Clemens Brentanos, beginnend mit der Zeile „Es war mir gestern trüb der Tag". Nicht nur entspricht die Stimmung des lyrischen Ichs, eines Sergeanten, der „Kapuziner-Anekdote"; der Sergeant träumt auch wirklich davon, einen dem Tod Geweihten – die allegorische Gestalt des geschlagenen Preußen – durch die Stadt zu begleiten. Zunächst jedoch erzählt der Text die Geschichte eines Tages, der ganz alltäglich mit der Ankunft des Barbiers beginnt:

> Und als mein alt Barbier hertrat,
> Ein weißes Barttuch mir umthat
> Sah ich ihn also finster an
> daß er zu zittern began,
> Und als er mich nun Eingeseift,
> Und bange nach dem Messer greift,
> Und als er auf dem Streichstriem stramm
> Hinfitschelt, da schwillt mir der Kamm
> Und als er mit dem Messer blos
> Nun geht auf meine Kehle los
> da wird mirs kalt und wird mirs warm
> Ich pack, und werf, daß Gott erbarm
> Den Mann, als führt er Mord im Sinn,
> Leibhaftig auf die Erde hin,
> Er Sprach, hätt ich seit zwanzig Jahren
> Nicht viel an Ihrem Bart erfahren,
> Wärs nicht mein Andere Natur,
> Die alte Narbe die Ehrenspur
> Auf ihre Wange zu polieren
> Und mir dabei das Herz zu rühren,
> Mein Herr Sergeant könnt ich es lassen.
> Alltag sie bei der Nas zu fassen,
> Wahrhaftig auf der Polizey
> Macht ich sogleich ein Klaggeschrei
> Halb eingeseift, der ganzen Stadt
> Stellt ich Sie vor im Abendblatt.
> [...]
> Also giengs mir den ganzen Tag
> Ich war recht aller Leute Plag
> Ich glaubt Wer ging am Haus vorbei
> Daß er auch ein Mordbrenner sei,
> Mein eigne Handschu leert ich aus
> Als falle Werg und Schwefel raus.

> [...]
> Und als das Abendblat ankam
> Ichs zornig von dem Burschen nahm
> Und laß, und nannt die Kunstkritik
> Darin ein neidisch Zorngeflick
> Die tapfern Reuteraneckdoten
> laß ich mit tausend Schockschwernothen
> Die Noten von der Polizei
> Laß ich wie eine Litaney
> Und sagte endlich Amen, Amen
> Warfs an die Erd ins Teufels Nahmen
>
> ———
>
> Da sprang mein Pudel mir entgegen
> Der unterm Bette scheu gelegen
> Und wollt das Blatt mir aportiren,
> Doch ich thät die Geduld verlieren
> Und trat das treue alte Thier
> Fußstoßend ungerecht von mir.
> Doch macht ihn dies nicht irre sehr
> Er schleppt den Stock und Hut mir her,
> Er präsentirt mir das Gewehr,
> Er stellt sich tod, er tanzt da her
> Und da er sieht, daß mich nichts rühr
> Legt traurig er sich an die Thür.
> Nun klang mirs bitter erst ins Ohr,
> Mein Dompfaff sang ein Lied mir vor,
> Den Marsch vom Alten Dessauer
> [...][138]

Schon vor der beschriebenen Anlieferung des „Abendblatts" wird hier auf mindestens fünf in den ABENDBLÄTTERN erschienene Texte angespielt: Offensichtlich ist der Bezug zur Anekdote „Muthwille des Himmels", wobei zugleich mit dem „Streichstriem" auf die Rezension der Anekdote „Der Griffel Gottes" und ihren „ledernen Schleifstein" verwiesen zu sein scheint. Den Halbeingeseiften als Verbrecher der ganzen Stadt zu präsentieren, erinnert außerdem an die „Gerüchte" aus dem sechsten Blatt, in denen davon die Rede ist, den Mordbrenner Schwarz „öffentlich für Geld sehen zu lassen." Die am Haus vorbeistreichenden „Mordbrenner" lassen an das „Stadtgerücht" aus dem achten Blatt denken, in dem vermutet wird, die Mordbrennerin Louise halte sich unerkannt in Berlin auf. Der erwähnte Handschuh schließlich verweist auf den im ersten Extrablatt veröffentlichten „Polizei-Rapport vom 2. Oktober". So ärgerlich wie die auf die ABENDBLÄTTER verweisenden Ereignisse des Tages ist auch die Lektüre des

---

[138] Zit. n. Barnert 1997b, S. 360 f. Hier findet sich eine genaue Umschrift des überlieferten Manuskripts. Dieser ist auch zu entnehmen, was Brentano gestrichen hat, so unter anderem die Zeile „[Die tapfern Reuteraneckdoten, / laß ich mit tausend Schockschwernothen /] Nannt ich nen Spott mit edlen Toden.".

nun eintreffenden Blattes. Dennoch ist offenbar nicht so einfach damit fertig zu werden, denn verächtlich zu Boden geworfen, wird es von einem literarisch prominenten Pudel apportiert. Des Pudels Kern scheint in diesem Fall eben diese Ambivalenz zwischen profanem Ärgernis und hoher Literatur zu sein: Im literarischen Niemandsland zwischen Fausts Studierzimmer und der „Polizeilichen Tagesmitteilung" vom tollen Hund (BA, Bl. 8) bemüht sich das Tier zu unterhalten. Schließlich meint der Sergeant, im Gesang des Dompfaffs einen Marsch zu hören und verläßt das Haus. Assoziiert werden könnte hier die im 17. Blatt erschienene Anekdote vom „Branntweinsäufer", der in den Klang der Berliner Glocken hineinhört, was ihm gelegen kommt. Ob Branntwein dabei im Spiel ist, daß der Sergeant bald darauf unter freiem Himmel einschläft, wird nicht geschildert, dafür umso ausführlicher der allegorische Traum – die Begegnung des Sergeanten mit einem todgeweihten Jüngling, dem ein Adler auf dem verwundeten Haupt sitzt. Erst am Ende des Gedichts enthüllt die Gestalt, übrigens wiederum auf die Intervention des Pudels hin, ihre Identität:

> Drauf sagt er hast du nicht gewußt,
> daß ich, o hörs mit ruhgem Sinn,
> Der Vierzehnte Oktober bin.
> [...]
> Und von dem Herzen fiel mir runter
> Ein schwerer Stein, ich ward ganz munter
> Ich sah wohl ein, der böse Tag
> So schwehr mir in den Gliedern lag.[139]

Der 14. Oktober, dessen allegorische Gestalt der sterbende Jüngling vorstellt, ist der Jahrestag der Schlacht bei Jena 1806, in der Napoleon das preußische Heer vernichtend schlug und mit der Niederlage Preußens besiegelt war. Im Jahre 1810 ist der 14. Oktober jedoch zugleich der Tag, an dem Brentano vermutlich die Ausgabe der BERLINER ABENDBLÄTTER vom Abend des 13.10. erhalten und gelesen hat. Der 14.10.1810 war ein Sonntag, wenn an diesem Tag also die ABENDBLÄTTER angeliefert wurden, wie im Gedicht beschrieben, dann ist es die Ausgabe vom 13.10.[140] In dieser Ausgabe, dem 12. Blatt, erscheint der Text „Empfindungen vor Friedrichs Seelandschaft". Um diesen handelt es sich folglich, wenn es in Brentanos Gedicht heißt: „Und laß und nannt die Kunstkritik / Darin ein neidisch Zorngeflick" – eine Kunstkritik,

---

[139] Zit. n. Barnert 1997b, S. 367.
[140] Im Hinblick darauf, daß der 14. Oktober im Jahre 1810 auf einen Sonntag fiel, wäre auch der am darauffolgenden Samstag erschienene Text „Warum werden die Abendblätter nicht auch Sonntags ausgegeben?", verfaßt von Friedrich de la Motte Fouqué, zu lesen. Hier wird darauf hingewiesen, daß der Sonntag der Tag der religiösen Einkehr sei, schließend mit dem Satz: „Daß aber in einer Christenstadt ein Christenmensch so was fragen kann, da muß ich mich sehr darüber verwundern und auch sehr betrüben, mein Sohn!" (BA, Bl. 18) Diese Emphase hat wohl auch mit dem besonderen Charakter des vorausgegangenen Sonntags zu tun.

die immerhin mit Brentanos eigenen Initialen signiert ist. Wie kommt es zu dieser Formulierung?

Erschienen im 12. Blatt, fällt die Veröffentlichung des Textes in jenen Zeitraum, für den Kleist den Abdruck des Beckedorffschen Artikels zur Kunstausstellung unterbricht. Beginnend mit der „Anmerkung des Herausgebers" und der Anekdote „Muthwille des Himmels" (BA, Bl. 9), finden sich in diesem Intervall neben den „Empfindungen" (BA, Bl. 12) auch die Berichterstattung zum Luftfahrtexperiment des Herrn Claudius (BA, Bl. 13 und Extrablatt zu Bl. 14), der Text „Nützliche Erfindungen. (Entwurf einer Bombenpost)" (BA, Bl. 11 und Bl. 14) und die Erzählung „Das Bettelweib von Locarno" (BA, Bl. 10) – allesamt Texte, die in ganz unterschiedlicher Weise und gerade in der Heterogenität ihrer Zusammenstellung das Spektrum der BERLINER ABENDBLÄTTER entfalten, ein Spektrum, das den ästhetischen Diskurs im Sinne Beckedorffs mithin schon hinsichtlich der Publikationsfolge unterbricht.

Abbruch
Gerahmt durch den unterbrochenen Artikel zur Kunstausstellung, behandelt der Text „Empfindungen vor Friedrichs Seelandschaft" nun seinerseits einen Zusammenhang von Rahmung und Abbruch in der Kunst.

Liest man den Text vor der Folie von Kants Ästhetik, wie in jüngerer Zeit mehrfach geschehen,[141] geht es dabei um die Wirkung dessen, was das Fassungsvermögen der subjektiven Wahrnehmung übersteigt und so das Gefühl des Erhabenen erzeugt. In Frage steht zugleich, ob diese Wirkung auch in der Kunstbetrachtung möglich sei. Liest man die „Empfindungen vor Friedrichs Seelandschaft" im Kontext der ABENDBLÄTTER, gilt es darüber hinaus zu bedenken, daß der ursprünglich von Brentano verfaßte Text in Blatt 12 deutlich gekürzt erscheint. Offenbar überschritt der Beitrag seinerseits das Fassungsvermögen der ABENDBLÄTTER, und so wäre der „Abbruch", den der Text als Merkmal des Erhabenen verhandelt, auch auf jene Art von Unterbrechung zu beziehen, mit der es Kleist in der Redaktion des Textes zu tun hat.[142] Tatsächlich verwendet Kleist das Wort „brechen" vier Tage später, um damit seine redaktionelle Tätigkeit zu kennzeichnen. In einer „Anzeige", erschienen im 16. Blatt, bittet die „Redaction" die Mitarbeiter,

---

[141] Vor allem Zeeb 1994 sowie Greiner 1994 und 2000. Ferner: Begemann 1990. Weitere Interpretationen des Textes liefern Moser 1993, in stärker kunstgeschichtlichem Kontext (‚Panorama') Müller 1995, schließlich Theisen 1996. Eine Lektüre, die den Text konsequent auf den Kontext seiner Publikation, die BERLINER ABENDBLÄTTER, bezieht, ist meines Wissens bisher nicht geleistet worden.
[142] Im Hinblick nicht auf redaktionelle, aber doch auf editorische Verfahren zieht Theisen Ähnliches in Betracht. Vgl. Theisen 1996, S. 139.

> die uns mit ihren Beiträgen beehren, ganz ergebenst [...], auf die
> Oekonomie dieses Blattes Rücksicht zu nehmen und uns gefälligst die
> Verlegenheit zu ersparen, die Aufsätze brechen zu müssen. (BA, Bl. 16)

Schon Sembdner konnte im Zuge eines Vergleichs der Kleistschen mit der in Brentanos „Gesammelten Schriften" erschienenen Fassung der „Empfindungen" zeigen, daß Kleist den Text nicht nur um seinen zweiten, in Form von Dialogen abgefaßten Teil gekürzt, sondern auch deutlich verändert hat.[143] Offenbar war Brentano über diese Änderungen – „das neidisch Zorngeflick" – verärgert; in einem noch am 14.10. aufgesetzten Brief an Achim von Arnim bittet Kleist: „Machen Sie doch den Brentano wieder gut, liebster Arnim, [...]."[144] Vor diesem Hintergrund erscheint die wenige Tage später publizierte „Anzeige" wie ein entschuldigender Hinweis auf die Sachzwänge, denen die Redaktion bei der Bearbeitung der Beiträge unterliegt. Dennoch kommt Kleist schließlich offenbar nicht um eine öffentliche Richtigstellung herum:

> Erklärung. Der Aufsatz Hrn L.A.v.A und C.B. über Hrn. Friedrichs
> Seelandschaft (S.12te Blatt) war ursprünglich dramatisch abgefaßt; der
> Raum dieser Blätter erforderte aber eine Abkürzung, zu welcher
> Freiheit ich von Hrn A.v.A freundschaftlich berechtigt war. Gleichwohl hat dieser Aufsatz dadurch, daß er nunmehr ein bestimmtes
> Urtheil ausspricht, seinen Charakter dergestalt verändert, daß ich, zur
> Steuer der Wahrheit, falls sich dessen jemand noch erinnern sollte,
> erklären muß: nur der Buchstabe desselben gehört den genannten
> beiden Hrn.; der Geist aber, und die Verantwortlichkeit dafür, so wie
> er jetzt abgefaßt ist, mir. H.v.K. (BA, Bl. 19)

Das Geschehen um den Text „Empfindungen vor Friedrichs Seelandschaft" verbindet sich nicht nur in Brentanos „Es war mir gestern trüb der Tag" in besonderer Weise mit den ABENDBLÄTTERN insgesamt. Auch diese durch den Konflikt erst erzwungene „Erklärung" ist in einer Weise formuliert und positioniert, die darauf hinweist, daß Kleist gerade im Umgang mit diesem Text seine redaktionelle Tätigkeit für die ABENDBLÄTTER intensiv reflektiert hat. Die „Erklärung" steht in einem Spiegelverhältnis zu jener „Erklärung", mit der Kleist sich zur Herausgeberschaft bekennt – diese findet sich zu Beginn, jene am Ende des 19. Blattes. Die 19. Ausgabe titelt und schließt also mit „Erklärungen", die gerade in dieser Doppelung das Verhältnis zwischen Kleist und den ABENDBLÄTTERN weniger aufklären als vielmehr in seiner Komplexität entfalten: Statt Kleist unumwunden als Zuschreibungsinstanz für die ABENDBLÄTTER einzusetzen, verweist die erste „Erklärung" hinsichtlich der mit Kleists Herausgeberschaft verbundenen Programmatik auf den Text eines anderen, wohingegen Kleist in der zweiten Verlautbarung umgekehrt die Verantwortung für einen Text übernimmt, der zunächst von

---

[143] Sembdner 1939, S. 180 ff.
[144] Vgl. Staengle 1997, S. 372 f.

einem anderen unterzeichnet worden war. Über das Argument des Raumes schlägt die zweite Erklärung außerdem den Bogen zur „Anmerkung des Herausgebers" aus dem neunten Blatt und die damit verbundene Thematik der Unterbrechung zurück.

Bisher sind die von Kleist an Brentanos Vorlage vorgenommenen Änderungen als Hinweis auf Kleists abweichendes Urteil über Friedrichs Gemälde und auf seine abweichende theoretische Haltung zum Erhabenen gelesen worden.[145] Angesichts der geringen Zahl von Texten, in denen sich Kleist theoretisch auf den ästhetischen Diskurs seiner Zeit bezieht, war man um die hier sich abzeichnende Differenz froh.[146] Betrachtet man „Empfindungen vor Friedrichs Seelandschaft" dagegen konsequent im Kontext der BERLINER ABENDBLÄTTER – und dies scheint gerade bei einem Text, der nur im Sinne einer redaktionellen Bearbeitung Kleist zuzuschreiben ist, unabdingbar –, ist ein vom ursprünglichen Text abweichendes Urteil eigentlich noch kein hinreichender Grund für die Änderungen. Die Konstellationen der ABENDBLÄTTER machen deutlich, daß Kleist im allgemeinen wenig Schwierigkeiten damit hatte, Texte zu veröffentlichen, die in deutlichem Gegensatz zu seinen eigenen Schriften stehen. Er tendierte im Zweifelsfall dazu, sie qua Konstellation oder durch einen zweiten Text zu kommentieren. Etwas anderes muß also zu einer so entschiedenen redaktionellen Bearbeitung gereizt haben.

Möglicherweise ist Kleists Redaktion eher aus der Korrespondenz zwischen dem Inhalt des Textes und dem redaktionellen Vorgehen selbst zu verstehen: Wie wird der ‚Abbruch', den der Text thematisiert, in der redaktionellen Agentur des ‚Brechens' im einzelnen aufgenommen und dabei zugleich thematisch verschoben? Wie bringt diese performative Verschiebung die Ästhetik des Erhabenen mit der medialen Agentur in Beziehung? Und: Was läßt sich daraus umgekehrt im Hinblick auf Kleists Redaktion der ABENDBLÄTTER schließen?

Undarstellbarkeit verdoppeln

Zur Beantwortung dieser Fragen gilt es zunächst zu rekapitulieren, wie sich der Text „Empfindungen vor Friedrichs Seelandschaft" in die zeitgenössische Theorie des Erhabenen einliest:

In Betrachtung des Bildes „Mönch am Meer" betrachtet man einen Kapuzinermönch beim Betrachten des Meeres. Angesichts der Leere des Bildes und des Mangels an perspektivischer und gegenständlicher Orientierung verwandelt sich allein durch die Figur des Kapuzinermönchs eine

---

[145] Hinsichtlich der im engeren Sinne kunstkritischen Aspekte siehe Müller 1995. Hinsichtlich der Ästhetik des Erhabenen siehe Theisen 1996, Greiner 1994, Zeeb 1994. Begemann glaubt, den Fassungen unterschiedliche Subjektkonzeptionen nachweisen zu können.
[146] Greiner 2000 macht den Text in diesem Sinne sogar zu einer Grundlage seiner an Kant orientierten Lektüre der Dramen und Erzählungen.

düstere Anordnung von Farbschichten überhaupt in die Darstellung einer Landschaft; erst durch das Nachvollziehen seiner Perspektive ist die Perspektivität des Bildes auch für den Betrachter erkennbar. Indem es solchermaßen die Perspektive des Betrachters und die Perspektive des Mönchs in Beziehung setzt, artikuliert sich im Bild das Problem einer Beobachtung, die auf ihre eigene Bedingtheit reflektiert.[147] Dies ist zugleich eine zentrale Figur des Erhabenen im Sinne Kants: Das Gefühl des Erhabenen wird ausgelöst, wenn das Subjekt daran scheitert, etwas gegenständlich zu erfassen. In der Erfahrung dieses Scheiterns wird es zunächst schmerzhaft auf die Begrenztheit und Bedingtheit jenes Vermögens aufmerksam, daß dem Subjekt die Welt überhaupt zur Erscheinung bringt. Dies ist jedoch zugleich eine, wenn auch negativ induzierte, Möglichkeit, die eigene Wahrnehmung überhaupt als solche wahrzunehmen.

Im systematischen Zusammenhang der *Kritik der Urteilskraft* ist das Erhabene grundsätzlich ein reflektierendes Urteil, das wie das Schöne, allerdings weniger erfolgreich, einen Brückenschlag zwischen moralischer und physischer Welt, zwischen Handeln und Denken in Aussicht stellt.[148] Daß dies zwei „Welten" mit jeweils eigenen Gesetzmäßigkeiten beziehungsweise Regularien sind, die sich nicht ohne weiteres in ein und dasselbe System integrieren lassen und doch ständig ineinander übergehen, macht hier die beginnende Verzeitlichung der Episteme aus, von der bereits die Rede war: Im Übergang von der Anwendung der Naturgesetze zu den Regularien des menschlichen Handelns, vom Sinnlichen zum Intelligiblen muß mit Kant unablässig ein Standpunktwechsel vollzogen werden. Reflektierende und mithin ästhetische Urteile lassen sich gewissermaßen als Präfigurationen für solche Standpunktwechsel verstehen – von der Physis zur Idee und umgekehrt. So wird das Subjekt im Gefühl des Erhabenen sinnlich in einer Weise affiziert, die eine Wende ins Ideelle nach sich zieht. Zwei Undarstellbarkeiten ganz unterschiedlicher Art treten dabei zueinander in Beziehung: Die eine betrifft das Verhältnis zwischen der Idee und der Vorstellung – die Idee der menschlichen Freiheit ist eine notwendige, regulative Idee und kann doch nicht vorgestellt werden, weil die Vorstellung als solche unter Anwendung von Naturgesetzen wie dem der Kausalität zustande kommt, die der Idee der Freiheit zuwiderlaufen.[149] Die andere Undarstellbarkeit betrifft das Verhältnis zwischen der Welt, so wie sie dem Subjekt qua Vorstellung zur Erscheinung kommt, und dem Ding an sich, zu dem der Verstand niemals unmittelbar Zugang hat. Scheitert man nun daran, etwas gegenständlich zur Erscheinung zu bringen, wird diese zweite Darstellungsdifferenz durch einen Bruch im gegenständlichen Erscheinen indiziert; was zunächst unangenehm ist, dann aber einen Rückschluß auf die

---

[147] Vgl. Theisen 1996, S. 136 f.
[148] Kant, *Kritik der Urteilskraft*, „Einleitung" B LIII, LIV und „Analytik des Erhabenen" B 74.
[149] Kant, *Kritik der reinen Vernunft*, B 560-563.

Undarstellbarkeit der Idee nach sich zieht, die man nun nicht mehr als problematisch empfindet, denn angesichts der sinnlichen Erfahrung der Undarstellbarkeit spricht es nicht mehr gegen die Möglichkeit der Freiheit, daß man sie nicht vorstellen kann.[150] So korrespondiert die Undarstellbarkeit der Idee im Erhabenen der sinnlichen Variante der Undarstellbarkeit, die auf diese Weise zu einer Quasi-Darstellung der Idee avanciert.[151]

Ein spezifisches Problem des Erhabenen besteht in diesem Zusammenhang darin, daß es keinem Gegenstand attribuiert werden kann: Das Gefühl des Erhabenen entsteht ja gerade im Scheitern des Versuchs, etwas zur Erscheinung zu bringen, und meint daher im Grunde immer nur die Erhabenheit der undarstellbaren Idee. Der erhabene Gegenstand ist also eine *contradictio in adiecto*.[152] Kant unterstreicht diesen Punkt anhand des folgenden Beispiels:

> So kann der weite, durch Stürme empörte Ozean nicht erhaben genannt werden. Sein Anblick ist gräßlich; und man muß das Gemüt schon mit mancherlei Ideen angefüllt haben, wenn es durch eine solche Anschauung zu einem Gefühl gestimmt werden soll, welches selbst erhaben ist, indem das Gemüt die Sinnlichkeit zu verlassen und sich mit Ideen, die höhere Zweckmäßigkeit enthalten, zu beschäftigen angereizt wird.[153]

In diesem Sinne markiert das Erhabene ein ‚Deadend' der ästhetischen Theorie, einen Bereich zumindest, der sich nicht ohne weiteres auf die Produktion und Rezeption von Kunst übertragen läßt: In gewisser Hinsicht kann es das Erhabene in der Kunst nicht geben, und zwar einmal, insofern es *per definitionem* undarstellbar ist, also seine Erhabenheit verliert, sobald es zum Beispiel malerisch erfaßt wird. Zum anderen gilt für das Kunstwerk insgesamt dasselbe wie für den Ozean: es ist niemals das Objekt der Beobachtung, das ‚erhaben' genannt werden kann.

Caspar David Friedrichs Bild von der Betrachtung des Ozeans steht offenbar im Zentrum dieser Problematik, und so stellt der Text „Empfindungen vor Friedrichs Seelandschaft" im wesentlichen die Frage, ob die Empfindungen vor dem Bild dem Erhabenen entsprechen oder nicht.[154] Daß hinter dieser Frage mehr steckt als ein philosophisches Gedankenspiel, läßt sich zeigen, wenn man das diskursive Geschick des Schönen in der Nachfolge Kants mit dem des Erhabenen vergleicht:

Auch das Schöne wird in der *Kritik der Urteilskraft* nicht in erster Linie im Hinblick auf den schönen Gegenstand diskutiert. Der schöne Gegenstand ist etwas, das sich nicht unter einen Begriff (Gesetze des Verstandes –

---

[150] Ebd., B 563-566.
[151] Kant, *Kritik der Urteilskraft*, B 77.
[152] Ebd.
[153] Ebd.
[154] Dies in aller Deutlichkeit herausgearbeitet zu haben, ist das Verdienst Bernhard Greiners. Vgl. Greiner 1994 und 2000.

Naturgesetze) oder eine Regel (praktische Vernunft – moralische Regeln) bringen läßt. In Betrachtung des schönen Gegenstands kann also kein bestimmtes Regelsystem die Oberhand über das andere gewinnen, und so wird im Subjekt ein gleichberechtigtes Zusammenspiel der Vermögen ausgelöst, für das der schöne Gegenstand dann ebenfalls im Sinne einer Quasi-Darstellung steht. Damit kommt das Schöne als Attribut dem Gegenstand zwar nicht unmittelbar, aber doch immerhin der Form nach zu.[155] Die in der Nachfolge Kants unternommenen Versuche, die in seiner Ästhetik möglicherweise angelegte Vermittlung zwischen physischer und moralischer Welt zu vollenden und damit – im Kontext unserer Thematik formuliert – eine genuin zeitliche Form der Steuerung zu finden, setzen in dieser Verfaßtheit des Schönen an: Da sich in der Erfahrung des Schönen das Gefühl für ein Zusammenspiel dessen trainieren läßt, was nicht von vornherein in ein und dieselbe Ordnung gebracht werden kann, gilt es Gegenstände zu schaffen, die dies induzieren.[156] Dies sind Kunstwerke, die für die Vernunft zweckmäßig erscheinen, gerade weil sie keinerlei externem Zwang, sei er nun begrifflich, moralisch oder physisch, zu unterliegen und nur durch sich selbst bestimmt zu sein scheinen.

Im Unterschied dazu erscheint das Erhabene streng besehen als Sackgasse: Da die Erfahrung des Erhabenen nicht an einem Gegenstand gemacht wird, sondern eigentlich nur an der Grenze der subjektiven Wahrnehmung, die bei Kant als unveränderlich konzipiert ist, bleibt das Erhabene im Unterschied zum Schönen zunächst ohne kulturelle Anwendung, und auch um 1810 ist noch fraglich, welche Vermittlungstechnik, welche Steuerungsform dem Erhabenen entsprechen könnte.

Die Differenz zwischen der Fassung Brentanos und derjenigen, die Kleist in den ABENDBLÄTTERN publiziert, ist gerade im Hinblick auf diese Problematik signifikant. In beiden, in den ersten Passagen beinahe übereinstimmenden Fassungen geht es in einem ersten Schritt um die Erfahrung des Erhabenen in der Betrachtung des Ozeans. Dabei wird die Beziehung zwischen zwei Darstellungsverhältnissen, einem sinnlichen und einem ideellen, auf ein Verhältnis zwischen dem „Anspruch, den das Herz macht", und dem „Abbruch", „den Einem die Natur thut" verkürzt, wobei diese „Natur" allerdings gleichermaßen als Natur im Sinne des Ozeans und als Natur des subjektiven Darstellungsvermögens zu verstehen wäre. Beide Fassungen konstatieren nun:

> Dies aber ist vor dem Bilde unmöglich, und das, was ich in dem Bilde selbst finden sollte, fand ich erst zwischen mir und dem Bilde, nehmlich einen Anspruch, den mein Herz an das Bild machte, und einen Abbruch, den mir das Bild that; und so ward ich selbst der Kapuziner,

---

[155] Kant, *KdU*, B 35.
[156] Vgl. z.B. Schiller: *Kallias oder über die Schönheit*, „Jena, den 18. Febr. 93" (Schiller 1992b, S. 286 ff.).

das Bild ward die Düne, das aber, wo hinaus ich mit Sehnsucht blicken sollte, die See, fehlte ganz. (BA, Bl. 12)[157]

Wie im Schönen, das ja zunächst auch als Naturschönes apostrophiert war, soll sich die Erfahrung des Erhabenen, die an der Natur gemacht werden kann, in der Beziehung zwischen dem Kunstwerk und dem Betrachter wiederholen. Nahegelegt wird dies zusätzlich dadurch, daß der Aufbau des Bildes *Mönch am Meer* die Betrachterposition vor dem Bild und die Betrachterposition im Bild so deutlich zueinander in Beziehung setzt. Doch statt die Erfahrung des Erhabenen zu induzieren, wird in der Überlagerung der Perspektiven die Unmöglichkeit eines künstlich produzierten Erhabenen zunächst nur um so deutlicher: Das Bild kann nicht für das Meer als für das Erhabene stehen, denn die reflexive Wende nach innen, die dem Erhabenen wesentlich ist, wird gerade durch die Erfahrung der Undarstellbarkeit ausgelöst, nicht aber durch eine bestimmte bildnerische Fassung. Angesichts des Bildes – „die See fehlte ganz" – bleibt nur ein fernes Echo, eine Undarstellbarkeit der Undarstellbarkeit. Nichtsdestoweniger bezeichnet Brentano den so beschriebenen Effekt als „wunderbar" und leitet damit zum zweiten, dialogisch verfaßten Teil seines Textes über.[158]

Liest man Brentanos Besprechung der ‚Seelandschaft ohne See' im Kontext seiner anderen ästhetischen Schriften, erscheint sie als Beispiel einer der romantischen Ästhetik inhärenten Ambivalenz. Alles, „was zwischen unserem Auge und einem entfernten zu Sehenden als Mittler steht, uns den entfernten Gegenstand nähert, ihm aber zugleich etwas von dem seinigen mitgibt, ist romantisch", schreibt Brentano an anderer Stelle.[159] Dieses Prinzip des Mittlers gilt nun nach Kant bereits für das subjektive Darstellungsvermögen selbst, das das Ding an sich als Erscheinung zugleich sichtbar und unsichtbar macht. Romantisch ist es, wenn dieser immer schon vermittelte Weltbezug des Subjekts nun seinerseits in einem äußerlichen Mittler, in einem Medium verdoppelt wird. Das Medium, das solchermaßen immer schon nach dem Modell des subjektiven Darstellungsvermögens gedacht und inszeniert ist, führt dem Subjekt die Problematik seiner Wahrnehmung noch einmal vor Augen. Zwar präsentiert der Mittler das Entfernte als das Nahe, entrückt es jedoch zugleich und läßt es prinzipiell nur im Entzug seiner Realität erscheinen – in diesem Zusammenhang wäre auch die optische Konnotation des Wortes ‚Brechen' mitzulesen.[160] Die See fehlt ganz, denn was solchermaßen bildlich vor Augen steht, ist nur mehr allegorisches Zeichen seiner Verlorenheit. Allerdings steht im Zuge solcher Verdopplung nun nicht mehr nur der Gegenstand (nicht) vor Augen: Das Selbst- und Weltverhältnis des Subjekts figuriert im Medium insgesamt als

---

[157] Vgl. Barnert 1997b, S. 357.
[158] Vgl. ebd.
[159] In seinem Roman *Godwi*. Vgl. Brentano 1995, S. 289.
[160] Vgl. dazu Arbeitsgruppe München 2001.

Zeichen seiner Verlorenheit.¹⁶¹ Wenn sich „Friedrichs Seelandschaft" dem romantischen Blick in dieser Weise zu lesen gibt, wäre im Hinblick auf das Erhabene zu formulieren: Zwar kann ein spezifisches Scheitern des subjektiven Darstellungsvermögens in der Kunst veräußerlicht werden, indem ein Mittler als Darstellung der Wahrnehmung fungiert. Doch wird im Zuge solcher Verdopplung kein Gefühl induziert, das dem Subjekt sein Selbst- und Weltverhältnis präsentisch erfahrbar machte; dieses zeigt sich als immer noch einmal gebrochen und kommt nun als Ganzes in dem Maße abhanden, indem es sich re-präsentiert.¹⁶²

Daß angesichts dessen auch die reflexive Wende nach innen, die das Erhabene nach Kant induziert, nurmehr ein Echo, ein Zitat ihrer selbst sein kann, wird in den Dialogen deutlich, die Brentano den Beschauerinnen und Beschauern des Bildes im folgenden ablauscht: Sie zeugen von heilloser Verwirrung, von der Sinnentleerung eines ästhetischen Diskurses, dem seine Begrifflichkeit zur Floskel wird.¹⁶³ So stellt Brentanos Fassung des Textes den Sinn ästhetischer Reflexion als Selbsterfahrung zwar in Frage, setzt den ästhetischen Diskurs aber dennoch fort.

„als ob Einem die Augenlieder weggeschnitten wären" – Medialität statt Wahrnehmung

Dies ist der Punkt, in dem die Fassung der ABENDBLÄTTER abweicht: Auf die Übertragung der Verhältnisse vom Erhabenen als Naturerfahrung zum Erhabenen in der Kunst folgt hier eine Passage, in der Kleist bestimmte Motive aus Brentanos Dialogen in kommentierender Weise aufnimmt, um dann in einer Wendung, die mit der Fassung Brentanos gar nichts mehr zu tun hat, auf die Relation von Bild und Betrachter zurückzukommen:

> [...] da es, in seiner Einförmigkeit und Uferlosigkeit, nichts als den Rahm, zum Vordergrund hat, so ist es, wenn man es betrachtet, als ob Einem die Augenlieder weggeschnitten wären. (BA, Bl. 12)

Diese ebenso skandalöse wie rätselhafte Formulierung ist wohl eine der kompliziertesten und interessantesten Figuren Kleists.¹⁶⁴ Drastisch macht sie

---

¹⁶¹ Vgl. ebd., S. 44 f.
¹⁶² Ein solches Verständnis steht im Kontext der frühromantischen Einebnung der Differenz zwischen Schönem und Erhabenem in eine Dialektik von Endlichkeit und Unendlichkeit: Das Erhabene wird dabei gewissermaßen als Negativität im Schönen konzipiert. Vgl. Mathy 1989.
¹⁶³ Für eine genauere Analyse der Brentanoschen Dialoge vgl. Theisen 1996, S. 141 f.
¹⁶⁴ Im Hinblick auf intertextuelle Verbindungen wäre zu vermuten, daß Kleist zu dieser Formulierung durch Brentanos Erwähnung von Youngs *Nachtgedanken* angeregt wurde. In den *Nachtgedanken* heißt es gleich zu Beginn unter der Überschrift „Klagen. Erste Nacht. Von Leben, Tod und Unsterblichkeit": „Der müden Natur süße Erquickung, balsamischer Schlaf! Ach! er besucht, gleich der Welt, nur diejenigen gern, denen das Glück zulächelt; die Elenden verläßt er; fliegt auf seinen wachen Fittigen schnell vom Jammer hinweg, – senkt sich auf Augenlider herab, die keine Thräne befleckt." Young 1780, S. 1.

deutlich, daß die Wende nach innen, die das Subjekt in der Erfahrung des Abbruchs, also der Begrenztheit der Wahrnehmung vollziehen soll, angesichts des Bildes entfällt:[165] Inmitten der reflexiven Bewegung verliert diese plötzlich alle Konsistenz. Ohne Lider können die Augen nicht mehr geschlossen werden. Weggeschnitten wird somit der Übergang vom Sinnlichen ins Ideelle, der im ‚Augenblick' der Undarstellbarkeit stattfinden soll. An die Stelle dieses Übergangs tritt mit Kleists Formulierung eine andere Korrespondenz, nämlich die zwischen der materiellen Begrenztheit oder Bedingtheit der subjektiven Wahrnehmung und der medialen Bedingtheit des Bildes, eine Korrespondenz, die schon als solche die Differenzierung zwischen Sinnlichem und Intelligiblem unterläuft. Die Überleitung vom Sinnlichen ins Idelle indiziert ihr Scheitern in einem ‚Als-ob'-Fehlen des materiellen Substrats der Wahrnehmung.[166]

Dies macht einen entscheidenden Unterschied gegenüber der romantischen Figur der aufschiebenden Verdopplung: Die Romantik denkt Medialität zunächst nach dem Modell der Wahrnehmung, denn nur in diesem Sinne kann der „Mittler" als Bild des subjektiven Darstellungsvermögens fungieren, als Darstellung des Moments der Verfehlung in der Beziehung von Darstellendem und Dargestelltem. Bei Kleist wird umgekehrt die mediale Bedingtheit des Bildes zum Vorbild einer drastischen Transgression des Aisthetischen selbst. Statt die Wahrnehmung im ästhetischen Objekt zu verdoppeln, macht das Erscheinen des Rahmens der ästhetischen Reflexion ein Ende – weggeschnitten ist das ästhetische Reflektieren im ‚Augenblick' der Undarstellbarkeit. Wahrnehmung wird durch Medialität abgelöst.

Einerseits scheint Kleist also mit Kant und gegen die romantische Tendenz, die Differenz zwischen Schönem und Erhabenem einzuebnen, auf der Unmöglichkeit des erhabenen Kunstwerks zu bestehen. Andererseits aber folgt er dem Versuch, das Erhabene in die Kunst zu transferieren, in ein Scheitern, das über die Grenzen des ästhetischen Diskurses hinauswirkt: Die ästhetische Theorie in der Nachfolge Kants findet die subjektiven Bedingungen des Erscheinens in der Form der künstlerischen Darstellung verdoppelt. Kleists Formulierung scheint dies noch in der Schreibweise „-lieder" mit aufzunehmen und doch entspricht das Zutage-Treten des Medialen hier gerade der Perforation dieser Be-dingungen.[167] Statt Medialität als Darstellung der

---

[165] Vgl. Moser 1993, S. 145. „Das Lid ist sozusagen der ‚Rahm' der inneren Gemälde, welche die Einbildungskraft zu malen vermag und welche des romantischen Dichters Wort, jenes ätherische Medium, hinübersetzt ans andere Ufer, nach außen transportiert. Das Augenlid ist, pointiert formuliert, das romantische Organ par excellence."
[166] Greiner sieht darin eine sogenannte „Futteral-Relation": Statt vom Signifikanten (sinnlich) zum Signifikat (ideell) geht die Bewegung vom Signifikanten zum materiellen Substrat des Signifikanten über. Greiner weist die Futteral-Relation auch in zahlreichen anderen Texten Kleists nach. Greiner 1994, S. 117 f.
[167] Auch in Kleists Dramatik verbindet sich das Zutagetreten medialer Rahmungen mit einer Transgression des Darstellungsparadigmas zugunsten theatraler Performanz. Gabriele Brandstetter beschreibt, wie Kleist das Moment der Verfehlung in der

Wahrnehmung in Szene zu setzen, wird mit dem Zutage-Treten von Medialität als solcher eine Agentur hinsichtlich der Be-dingungen des Erscheinens denkbar – das Wegschneiden der Augenlider –, das im Hinblick auf die Wahrnehmung im Sinne des Wortes entsetzlich ist.[168] Doch entsetzlich ist dies eben nur, solange jede Agentur im Medialen auf menschliche Wahrnehmung zurückgerechnet werden müßte. Ent-setzt wird mithin vor allem der Rahmen eines Diskurses, der als aisthetischer auf der Zurückrechnung von Medialität auf Wahrnehmung besteht.

Das Zutagetreten der medialen Bedingtheit des Bildes geht in der aisthetischen Entsprechung nicht mehr auf. Im Überschuß des katachretischen Übertrags wird damit nicht mehr auf das menschliche Subjekt, sondern auf jene Medialität verwiesen, die das Erscheinen der entsprechenden Formulierung bedingt – die der Zeitung. Tatsächlich entspricht die Formulierung von den weggeschnittenen Augenlidern am Textkörper dem redaktionellen Wegschneiden des ästhetischen Diskurses: Kleists redaktionelle Bearbeitung setzt wortwörtlich im „Abbruch" an. Dem ersten Auftauchen dieses Wortes setzt Kleist das apostrophierende „um mich so auszudrücken" hinzu; den zweiten „Abbruch", nämlich im Zusammenhang nicht mehr mit der Natur, sondern mit dem Bild, hat Kleist überhaupt zu verantworten (Brentano spricht hier lediglich von einem „Anspruch", der nicht erfüllt wird). Im Anschluß an diesen zweiten „Abbruch" bricht Kleist die Wiedergabe des Brentanoschen Textes dann tatsächlich ab. Die Formulierung von den weggeschnittenen Augenlidern steht im Vergleich der Fassungen genau anstelle von Brentanos Dialogen.[169]

Der erste Abbruch, von dem im Text die Rede ist, betrifft die Erfahrung der Grenze der Wahrnehmung angesichts des Erhabenen in der Natur. Der zweite Abbruch, ist der, den das Bild dem Erhabenen tut. Indem Kleist in diesem Zusammenhang das Wort „Abbruch" wiederholt, hebt seine Fassung deutlicher die Parallelität beider Abbrüche hervor, gerade ohne sie damit schon aufeinander abzubilden. In Brentanos Fassung bleibt offen, ob dieses zweite Scheitern, das Scheitern der Kunst an der Darstellung des

---

Darstellung immer wieder als Sprechakt in Szene setzt – Undarstellbarkeit läßt auf der Bühne „die Materialität des Körperlichen in der Evokation der Sprache" erscheinen. Vgl. Brandstetter 1996, ferner 1999.

[168] Gerade im Hinblick auf dieses Entsetzen wäre Kleists Fassung des Textes innerhalb einer Geschichte der Ästhetik als vielleicht einzige Stimme aus der Epoche der Romantik für ein Verständnis des Erhabenen zu reklamieren, wie es Jean-Francois Lyotard in den 1980er Jahren als Prinzip der modernen, avantgardistischen Kunst behauptet hat. Lyotard bezieht sich dabei explizit auf Kant zurück und betrachtet die romantische Einordnung des Erhabenen in das Schöne als Mißverständnis (Vgl. zu letzterem: Lyotard 1989, S. 322, und insgesamt: Lyotard 1984 und 1994b). Eine Lektüre der „Empfindungen" im Hinblick auf diesen speziellen theoretischen Kontext steht meines Wissens nach aus. Für unseren Zusammenhang ist dies weniger von Interesse, da es in und mit den ABENDBLÄTTERN nicht in erster Linie um Überschreitungen innerhalb des Ästhetischen geht.

[169] Vgl. BA, Bl. 12 und Barnert 1997b, S. 357.

Erhabenen, als aufschiebende Verdopplung des ersten, des Scheiterns der Wahrnehmung am Erhabenen in der Natur gedacht werden soll. In Kleists Fassung dagegen verweist der zweite Abbruch, der des Bildes, genau dort, wo er den ersten, den der Aisthesis, verfehlt, auf einen dritten, der nicht dargestellt, sondern lediglich im ‚Brechen' des Textes vollzogen wird. Wo es mißlingt, die Relation Wahrnehmung/Idee/Subjekt in der Relation Bild/Erhabenes/Betrachter zu wiederholen, tritt letztere in eine zweite, nicht mehr ästhetische, sondern genuin mediale Korrespondenz ein: Das Verhältnis zwischen dem Betrachter, dem Erhabenem und dem Bild wiederholt sich in dem Verhältnis zwischen Brentanos Vorlage, ihrer Redaktion und dem Erscheinen in den BERLINER ABENDBLÄTTERN.

Läßt sich diese Korrespondenz in eine Theorie des Erhabenen einlesen? Da die Erfahrung des Erhabenen an der Grenze der subjektiven Wahrnehmung gemacht und auf die Natur lediglich zurückprojiziert wird, bringt der Versuch, die Erfahrung des Erhabenen in der Kunst zu wiederholen, die mediale Bedingtheit des Kunstwerks zur Erscheinung. Wiederholt wird in der Kunst also nicht wie beim Schönen die Form, sondern die Verfahrenstechnik des Erhabenen – statt der Bedingtheit der Wahrnehmung erscheint die Bedingtheit des Medialen. Dies ist problematisch vor allem deshalb, weil das Kunstwerk zeitgenössischer Ästhetik zufolge vollkommen durch sich selbst bestimmt sein muß, um als Versinnlichung der Freiheit erscheinen zu können, und mithin gerade nicht das zur Erscheinung bringen darf, was es bedingt.

Präzise mit diesem Argument wurde Friedrichs Bildern seinerzeit zuweilen der Status des autonomen Kunstwerks abgesprochen – so geschehen im Kontext einer Debatte, die sich an Friedrichs *Tetschener Altarbild* von 1808, ebenfalls eine Landschaftsmalerei,[170] entzündet hatte und die auch im *Phöbus* Resonanz fand:[171] Der preußische Kammerherr Basilius von Ramdohr hatte argumentiert, Altarbilder hätten grundsätzlich als allegorische Darstellungen im klassischen Sinne lesbar zu sein. Gemeint ist damit eine Darstellung, deren bildliche Konfiguration sich auf signifikante Bezüglichkeiten in der Anordnung ihrer Gegenstände hin deuten läßt. Dagegen müsse die „Deutung der Landschaft [...] immer außer dem Gemälde aufgesucht werden, in der Bestimmung des Orts, wo sie aufgestellt werden soll, oder in ihrem Rahmen".[172] Statt zum deutenden Eintauchen in die

---

[170] Dargestellt ist ein auf einem Felsgipfel zwischen Tannen stehendes Kreuz in der Abendsonne. Hier besteht ein Zusammenhang zu der Erzählung *Die Heilige Cäcilie oder die Gewalt der Musik*: In der in den *Erzählungen* erschienenen Fassung steht ein Kreuz aus Birkenreisern in einem Hügel aus Wachs auf dem Tisch, an dem die Brüder das *Gloria in excelsis* absingen. In der Fassung der ABENDBLÄTTER kommt dieses Kreuz jedoch nicht vor. Vgl. Puschmann 1988, S. 90 ff.
[171] Ferdinand Hartmanns Beitrag zu dieser Debatte findet sich im *Phöbus*, November- und Dezember-Heft 1808 (ausgeliefert Februar 1809).
[172] Zit. n. Zeeb 1994, S. 328.

Immanenz des autonomen Werks einzuladen, fordere Friedrichs Bild lediglich zu der Frage heraus: „Wie kommst du hier in diesen Rahmen, in diese Kapelle, auf diesen Altar?"[173] Für Ramdohr stand dabei außer Frage, daß der Rahmen nicht zum Kunstwerk gehört. Auch seine Widersacher widersprachen ihm in diesem Punkt nicht. Statt dessen sprachen sich diejenigen, die Friedrichs Altarbild gegen Ramdohr verteidigten, für einen erweiterten Begriff des Allegorischen aus, demzufolge nun auch und gerade die Landschaftsdarstellung immanent zu allegorischer Deutung einlädt.[174]

In diesem Zusammenhang wird interessant, daß Kleist in seiner „Erklärung" zu Autorschaft und Redaktion des Textes „Empfindungen vor Friedrichs Seelandschaft" darauf verweist, er müsse die Verantwortung für den Text übernehmen, weil dieser ein bestimmtes Urteil ausspreche; ein Urteil, das also Streitpunkt zwischen Kleist und Brentano gewesen zu sein scheint, dessen wechselnde Stoßrichtung im Vergleich der beiden Fassungen jedoch gar nicht so leicht zu ermitteln ist. Hatte Steig angenommen, Kleist wolle Friedrich verteidigen,[175] kommt Sembdner zu einem gegenteiligen Ergebnis.[176] Tatsächlich läßt sich dies nicht klären, solange man ein einfaches Für und Wider im Sinne der um das *Tetschener Altarbild* geführten Debatte erwartet, in der der im *Phöbus* erschienene Artikel zu den verteidigenden zählte. Da Kleist formuliert, das Bild habe „in seiner Einförmigkeit und Uferlosigkeit nichts als den Rahm zum Vordergrunde", scheint es auf den ersten Blick, als ergreife er für Ramdohr Partei. Andererseits spricht er von dem „wunderbare[n] Gemählde". Kann man also vermuten, daß Kleist das Bild aus eben den Gründen schätzt, aus denen Ramdohr Friedrichs Malerei verworfen hatte?

Statt das Zutagetreten medialer Bedingtheit in den ästhetischen Diskurs zurückzuführen, in dem man ein Kunstwerk, das auf seine Medialität verweist, als Allegorie eines verlorenen, unerreichbar aufgeschobenen Selbst- und Weltverhältnisses des Subjekts versteht, liegt es zunächst nahe, das Zutagetreten des Medialen als spezifisches Ergebnis des Versuchs anzuerkennen, das Erhabene in die Kunst zu transferieren. Das hieße zugleich, gerade das Scheitern dieses Versuchs zu würdigen, und zwar insofern, als sich in ihm eine Passage vom ästhetischen in ein mediales Paradigma öffnet – ein Paradigma, in dem die in polemischer Absicht gestellte Frage „Wie kommst du hierher in diesen Rahmen, in diese Kapelle, auf diesen Altar?" tatsächlich von entscheidender Bedeutung wäre.

---

[173] Ebd.
[174] In seiner Analyse der „Empfindungen" faßt Ekkehard Zeeb zusammen: „Man könnte anhand der zahlreichen Repliken zeigen, wie die Allegorie dabei allmählich zu einer (schon der Natur selbst immanenten) Figur der unbestimmten, aufgeschobenen Bedeutung wurde, die gerade in dieser Unbestimmtheit das Unendliche festhalten konnte." Zeeb 1994, S. 328.
[175] Steig 1901, S. 267.
[176] Sembdner 1939, S. 184.

Sowohl Aisthesis im Sinne von Wahrnehmung als auch Medialität bezeichnen Sets von Bedingungen des Erscheinens. Im Falle der Wahrnehmung ist dieses Set im Sinne des subjektiven Darstellungsvermögens zunächst einmal als menschlich und damit zugleich als natürlich gegeben konzipiert. Sich auf dieses Set zu beziehen heißt, sich seiner bewußt zu werden und womöglich das, was in ihm nicht erscheinen kann, mittelbar anzuzeigen. Medialität dagegen umfaßt immer schon eine Vielzahl von Sets; hier sind die Bedingungen des Erscheinens veränderlich. Wo die Grenze der Darstellbarkeit am Medium erfahrbar wird, verweist ein Medium mithin nicht nur auf sich selbst als Begrenztes, sondern zugleich immer schon auf ein anderes. Im Zuge dieses Verweises zeigt das eine Medium den blinden Fleck des anderen an, und so insistiert an der Grenze der Darstellung ein performatives Moment: Im Verweis des Mediums auf sich als auf ein anderes tritt die Veränderlichkeit der Bedingungen des Erscheinens als solche zutage.[177]

Dies macht das Skandalon der Formulierung „als ob Einem die Augenlieder weggeschnitten wären" aus. Statt Medialität als Figur der Wahrnehmung in Szene zu setzen, ent-setzt die Formulierung den Rahmen der Aisthesis. An der Grenze der Darstellung findet nicht die Vermittlung von Sinnlichem und Intelligiblem im Undarstellbaren, sondern der Verweis des einen auf das andere Medium statt: ‚Wie kommst Du hierher in diesen Rahmen?' ist angesichts des Textes „Empfindungen vor Friedrichs Seelandschaft" jene Frage, die von der Undarstellbarkeit des Erhabenen in der Kunst zur Performanz der Zeitung überleitet.

Was ist „Redaction"?
Kleists Redaktion des Textes nimmt verfahrenstechnisch auf, was im Text verhandelt wird. Damit vollzieht sie jene Wende vom Aisthetischen ins Mediale, die das Scheitern des Versuchs, das Erhabene in die Kunst zu transferieren, interessant macht. Man könnte sagen, Kleist demonstriert diese Wende, weil sie als Wechsel von der Repräsentation in die Performanz selbst nicht mehr darzustellen, sondern nur noch performativ anzuzeigen ist.

Doch was sagt dieser Zusammenhang nun umgekehrt über Kleists Redaktion der ABENDBLÄTTER – was sagt die Korrespondenz zwischen den Relationen Bild/Betrachter/Erhabenes und Zeitung/Redaction/Text im

---

[177] Einer Theorie der wechselseitigen Reflexion der Künste anhängend, hat Gernot Müller die These aufgestellt, der „ ‚Abendblätter'-Komplex stell[e] die persönliche, wenn auch fragmentarische Kunsttheorie des Dichters dar, in der die ursprüngliche, in vielem zeitgebundene Kunstbegeisterung zu sich selbst" fände. Ließe sich hier noch in Gegensätzen formulieren, das Gegenteil wäre der Fall: In der Konfrontation der Kunstformen unterbricht Kleist die ästhetische Reflexion im Materiellen der verschiedenen Medien und überschreitet so mit den BERLINER ABENDBLÄTTERN das ästhetische Paradigma hin auf ein in konkrete Agentur gewendetes Bewußtsein von Medialität. (Vgl. Müller 1995, S.198 f.)

Hinblick auf die letztere aus? Und gegebenenfalls: Wieso lädt gerade Brentanos Text über Friedrichs Bild zu einer Auseinandersetzung mit dem redaktionellen Verfahren ein?

Transferiert man das Erhabene in die Kunst, ist es nicht mehr das Erhabene im Sinne einer Quasi-Darstellung der Idee, sondern etwas ganz anderes. Das Problem des Erhabenen in der Kunst macht somit in drastischer Weise erfahrbar, daß Medien keine Behältnisse sind, die einen Inhalt einfach übermitteln. Mehr noch, der Versuch, das erhabene Kunstwerk zu schaffen, läßt Medien als Präformation dessen, was in ihnen erscheint, erscheinen.[178] Entsprechend sind auch die ABENDBLÄTTER nicht einfach ein Behältnis für Texte, die in anderen Zusammenhängen entstanden sind und nun in diesem neuen Behältnis lediglich in bestimmter Weise angeordnet werden. Wenn ein Text in den BERLINER ABENDBLÄTTERN erscheint, so ist er schon deshalb ein anderer geworden, weil sein Erscheinen räumlich, zeitlich, material anders bedingt ist. Diese Bedingungen ‚rahmen' den Text, lesen sich in den Text ein und lassen ihn als einen anderen erscheinen. Dies geschieht ganz unabhängig davon, ob der Wortlaut des Drucks dem der Vorlage entspricht oder auch nicht. Das Brechen der Texte geschieht, wie der Abbruch, den das Bild tut, schon indem die Texte die mediale Differenz passieren. Alle konkreten Änderungen am Wortlaut der Vorlage sitzen diesem Anders-Erscheinen immer schon auf. Die Texte zu brechen heißt einerseits, sie gewissermaßen im Perspektiv der ABENDBLÄTTER erscheinen zu lassen, und andererseits, sie diesem Rahmen im einzelnen anzumessen. Das Anders-Erscheinen-Lassen ist mithin als solches bereits ein wesentliches Moment dessen, was *Redaction* ausmacht.

Solange Medialität nach dem Modell von Wahrnehmung und also im Paradigma der Darstellung gedacht wird, ist schwer auszumachen, wie dieser Aspekt der Redaktion, die Agentur des Anders-Erscheinen-Lassens als solche zu begreifen wäre. Es ginge zu weit, die Vorlage als Dargestelltes, die Druckfassung als Darstellendes zu denken, als wäre die Druckfassung ein Bild der Vorlage. Andererseits geht das Anders-Erscheinen-Lassen eben auch nicht in dieser oder jener konkreten Änderung, dieser oder jener neuen Konstellierung auf.

Das Scheitern des Versuchs, das Erhabene in die Kunst zu transferieren, ist in diesem Zusammenhang interessant, weil sich das Erhabene im Abbruch, den das Bild tut, in gewisser Hinsicht als leer erweist, so daß an seiner Statt das Anders-Erscheinen-Lassen qua Rahmung zum Vorschein kommt. In diesem Sinne wäre das Erhabene nichts als eine Matrix, auf der die mediale Bedingung seines Erscheinens sich einschreibt; die Erfahrung des Erhabenen wäre das Ereignis, das Passieren medialer Differenz. Kleists Fassung hebt gerade diesen Aspekt an Friedrichs Gemälde hervor, und so

---

[178] Ein theoretischer Gemeinplatz ist die Präformation des ‚Inhalts' durch das Medium seit McLuhan 1968.

läßt sich seine redaktionelle Bearbeitung als der Versuch verstehen, im konkreten Brechen des Textes jenes Brechen erscheinen zu lassen, das mit dem Passieren medialer Differenz einhergeht.

Kleist beendet seine Fassung mit Überlegungen dazu, wohin die „neue Bahn", die Friedrich solchermaßen „im Felde seiner Kunst *gebrochen*" habe,[179] nun führen könnte:

> [...] ich bin überzeugt, daß sich, mit seinem Geiste, eine Quadratmeile märkischen Sandes darstellen ließe, mit einem Berberitzenstrauch, worauf sich eine Krähe einsam lustert, und daß dies Bild eine wahrhaft Ossiansche oder Kosegartensche Wirkung thun müßte. Ja, wenn man diese Landschaft mit ihrer eignen Kreide und mit ihrem eigenen Wasser mahlte; so, glaube ich, man könnte die Füchse und Wölfe damit zum Heulen bringen: das Stärkste, was man, ohne allen Zweifel, zum Lobe für diese Art von Landschaftsmalerei beibringen kann. (BA, Bl. 12)

Liest man vor dem Hintergrund dieses merkwürdigen Vorschlags noch einmal Kleists „Erklärung" aus dem 19. Blatt, so fällt hier eine parallele Formulierung auf: „[D]er Buchstabe" des Artikels „gehört den genannten beiden Hrn.; der Geist aber, und die Verantwortlichkeit dafür, so wie er jetzt abgefaßt ist, mir." Kleist, so suggeriert dieser Satz im Rekurs auf seine Fassung, hat Brentanos Text mit dessen eigener Kreide und dessen eigenem Wasser noch einmal geschrieben.[180]

Die Vorlagen, die die Redaktion umschreibt, bestehen ebenso aus Buchstaben wie die in den ABENDBLÄTTERN veröffentlichten Beiträge. Wäre diese seltsame Malerei also auch eine Beschreibung dessen, was *Redaction* ausmacht? Kennzeichen dieser Malerei wäre es, die Differenz zwischen Darstellendem und Dargestelltem hinter der Performanz des Malens zurücktreten zu lassen. Das Material des Darstellens ist das materielle Substrat des Dargestellten, und so geht die Differenz der Darstellung in die Performanz des Malens ein und erst aus ihr wieder hervor – ‚Re-(d)-Action'. In der Tat wäre eine solche Malerei in erster Linie nicht ein Abbilden, sondern ein Anders-Erscheinen-Lassen der Landschaft im Passieren einer medialen Differenz.

Wenn Kleist also ein Prinzip seiner Redaktion beschreibt, indem er der von Friedrich gebrochenen Bahn folgt, ist es um so bemerkenswerter, daß das damit verbundene ästhetische Urteil ambivalent bleibt. Kleist scheint durchaus Rahmdors Zweifel, ob es sich hier eigentlich um ein genuin künstlerisches Tun handelt, zu teilen. Dies zeigt sich nicht nur im einschränkenden „gleichwohl", das den Absatz einleitet, sondern vor allem auch in

---

[179] BA, Bl. 12 – Kurs. v. Verf.
[180] Vgl. zu einem theoretischen Gebrauch des Wortes ‚redigieren' Lyotard 1988: Hier wird ‚Reécrire' mit ‚Redigieren' übersetzt. Gemeint ist ein Verfahren, das etwas ohne gezielte Distanznahme als etwas anderes erscheinen läßt.

den Referenzen:[181] Kosegartens ‚Künstlertum' beschränkt sich auf einen Wechsel des Veranstaltungsorts – er hielt Gottesdienste im Freien ab; Ossian dagegen steht für das Schreiben im Namen eines anderen – die ossiansche „Wirkung" ist die Wirkung einer Dichtung, die von ihrem vermeintlichen Übersetzer verfaßt wurde.[182]

Daß vor einer nach diesem Muster verfahrenden *Redaction* der Diskurs des künstlerischen Originals versagt, bezeugt ein Brief von Wilhelm Grimm an Clemens Brentano, geschrieben am 6.11.1810:

> Daß in der Beurtheilung der Seelandschaft etwas von Ihnen sei, hat ich schon früher gedacht, als ich zu der sich plusternden Krähe im Sand kam, welches Bild schwerlich ein anderer in der Welt gehabt hätte. Wie erklär ich mir Kleists seltsame Erklärung darnach über den Aufsatz?[183]

Da irrt sich Grimm, Mitbegründer jener Wissenschaft, die sich fortan bekanntlich nicht zuletzt damit beschäftigt, historische ‚Originaltexte' mit Hilfe stilistischer Analysen zu konstituieren; und so lautet die Antwort auf seine Frage: mit den Prämissen des hier wirksamen Textverständnisses gar nicht. Grimms Einordnung des Details, des ‚zufälligen Beiwesens' in die notwendige Bezüglichkeit von Autor und Werk geht fehl, und so läßt sich hier abschließend (und nur versuchsweise) ein Bogen zur Problematik der Beckedorffschen Kunstkritik zurückschlagen, in deren Unterbrechung der Text zur Seelandschaft situiert ist.

Vielleicht ist das zufällige Beiwesen, das kontingente Detail, das mit Beckedorff zur Diskussion steht, nur auf den ersten Blick ein ganz anderes Thema als das Problem des Erhabenen. In seinem Buch „Die Wahrheit in der Malerei" stellt Jacques Derrida die Frage, warum mit dem Erhabenen – seiner Nicht-Gegenständlichkeit zum Trotz – immer das unvorstellbar Große assoziiert ist und nicht auch das absolut Kleine, das, was sich in Richtung des Kleinen der Darstellung entzieht.[184] Als ein solches nicht zwangsläufig ‚großes' Erhabenes schlägt Derrida das ‚Detail' vor und zwar mit einer einleuchtenden etymologischen Begründung, denn Taille heißt bekanntlich Größe im Sinne von Zuschnitt, also im Sinne dessen, was einer bestimmten Größe gemäß zugeschnitten werden kann. Und das De-tail wäre dann das, was, obwohl vom Zuschnitt nicht zu trennen, sich doch dessen Gemäßheit, dessen Maß entzieht, ein Zug zum Maßlosen im Schnitt selbst – jedoch eher in Richtung auf ein „zu klein" als auf ein „zu groß". Vor diesem Hintergrund wäre das Wort ‚detaillieren' geeignet, um jenen ständigen zeitlichen Schnitt, jene Technik der Deadline zu bezeichnen, mit der es gelingt Kontingenz sich einschreiben zu lassen. Ein ‚Detaillieren' in diesem

---

[181] Vgl. auch Greiner 2000, S. 33 f.
[182] Fuld 2000, S. 240 f.
[183] Zit. n. Staengle 1997, S. 377.
[184] Derrida 1985, S. 147.

Sinne macht ‚Zeitung' aus und geht dem redaktionellen Zuschneiden immer schon voraus.

Post Scriptum:
Es mag paradox anmuten und liegt doch nahe, von dieser Bearbeitung der Vorlage eines anderen, vom diesem Erscheinen(-Lassen) der „Redaction" her auch eine Bemerkung zu Kleists ‚eigenen' Texten für die ABENDBLÄTTER zu machen. Man kann spekulieren, der Umstand, daß es im Versuchsaufbau der ABENDBLÄTTER eine „Redaction" gibt, die alle Vorlagen-Texte immer noch einmal ‚anders erscheinen läßt', habe Folgen auch für Kleists eigenes Schreiben gehabt. Vor allem jene Texte, die unter dem Stichwort „Kunst- und Weltbetrachtung" in sein literarisches Werk eingegangen sind, sind unter diesem Gesichtspunkt nicht nur als Produkte *für die* ABENDBLÄTTER, sondern als Produkte *der* ABENDBLÄTTER zu untersuchen.

Nehmen wir einmal an, auch die fingierten Zuschriften und anekdotischen Abhandlungen Kleists hätten einen Redaktionsgang ähnlich dem durchlaufen, von dem der Text „Empfindungen vor Friedrichs Seelandschaft" zeugt. Dann wäre es denkbar, daß eine Redaktion, die sich als Instanz zwischen Produktion und Rezeption schiebt, ein anderes, vielleicht ein direkteres, ein unbefangeneres Schreiben ermöglicht, denn im auktorialen Sinne produziert wird ja ohnehin immer nur eine Vorlage.

Der letzte Satz der „Empfindungen vor Friedrichs Seelandschaft" lautet:

> Doch meine eigenen Empfindungen, über dies wunderbare Gemählde, sind zu verworren; daher habe ich mir, ehe ich sie ganz auszusprechen wage, vorgenommen, mich durch die Aeußerungen derer, die paarweise, von Morgen bis Abend, daran vorübergehen, zu belehren. (BA, Bl. 12)

Dies geht einerseits auf eine Formulierung aus Brentanos Vorlage zurück,[185] erinnert aber andererseits auch an die „verworrene Vorstellung", die sich im Zuge der „allmählichen Verfertigung der Gedanken beim Reden" zu „voller Deutlichkeit ausprägt".[186] Entsprechend schwankt die Zurechnung dieses ‚Ichs' zwischen der Signatur „CB" und Kleists Übernahme der Verantwortung hin und her, wobei sie schließlich zur Unzurechenbarkeit des fiktionalen Erzähler-Ichs tendiert. Mag sein, daß Kleist das gefallen hat. Zumindest ist auffallend, daß er nirgendwo sonst (außer in seiner privaten Korrespondenz) so oft ‚Ich' schreibt, wie in der kleinen Literatur, die er für die ABENDBLÄTTER produziert – angefangen mit dem „Schreiben eines Berliner Einwohners an den Herausgeber der Abendblätter" aus dem 14. Blatt.[187]

---

[185] „Dieser wunderbaren Empfindung nun zu begegnen lauschte ich auf die Äußerungen der verschiedenen Beschauer um mich her, und theile sie als zu diesem Gemählde gehörig mit." Vgl. Barnert 1997b, S. 357.
[186] Kleist, DKV, Bd. III, S. 535.
[187] Wir kommen im folgenden auf die entsprechenden Texte zurück.

Möglich wird dies im Vertrauen auf eine Redaktion, die im Konstruieren der Textrahmen dieses ‚Ich' immer als Figur auf einer Szene erscheinen läßt: als Absender einer Zuschrift, als Teilnehmer eines Gespräches, als Erfinder eines Konzepts. So gibt die Differenzierung zwischen Produktion und Redaktion unter Umständen einem Schreiben statt, das sich weniger stark vorzensiert. Auch Hirngespinste, Briefe, kleinste Bruchstücke des Erzählens, Projektskizzen, Notizen können vorgelegt werden, wenn die Redaktion die Aufgabe übernimmt, einen Rahmen zu finden, der all das immer noch einmal als etwas anderes erscheinen läßt. Die spezifische Signatur der kleinen Literatur Kleists wäre dann eine geteilte, sie wäre das Produkt einer Arbeitsteilung, das Ergebnis eines Versuchsaufbaus, der es Kleist, dem Autor, erlaubt, Zuschriften an Kleist, den Redakteur, zu senden.

IV. „(weil es kein Centrum der Nation giebt)" – ein Volksblatt

„Der Autor als Produzent"
In der Beschäftigung mit den BERLINER ABENDBLÄTTERN noch einmal Walter Benjamins „Der Autor als Produzent" zu lesen, ist frappierend. Mit erstaunlicher Genauigkeit scheint der Herausgeber und Redakteur der ABENDBLÄTTER die Forderungen zu erfüllen, die Benjamin in dem 124 Jahre später geschriebenen Vortrag aufstellt.[188] Benjamin geht von der Frage aus, welche Rolle der Schriftsteller im Gemeinwesen übernehmen solle. Er schlägt vor, die Frage, wie sich ein literarisches Werk zu den Produktiv-Verhältnissen seiner Epoche verhält (also welches politische Programm sich in ihm ausspricht), durch die Frage zu ersetzen, wie es *in* diesen Produktiv-Verhältnissen steht. Gefragt ist damit nicht mehr nach politisch korrekten Darstellungen gesellschaftlicher Zusammenhänge, sondern nach der Beschäftigung mit den ökonomischen und technischen Strukturen kultureller Produktion. Statt um künstlerischen Ausdruck in der Relation von Form und Inhalt geht es Benjamin darum, den kulturellen Produktionsapparat nicht zu beliefern, ohne ihn zugleich zu verändern. Aufzulösen sei der falsche Gegensatz zwischen der Autonomie der Kunst und ihrer politisch-propagandistischen Indienstnahme, indem Kunst sich als subversive Medientechnik zu begreifen lernt. Eine solche Kunst interveniert in der „Ordnung des Diskurses", indem sie dessen Unterscheidungen – etwa die zwischen den Kunstgattungen, zwischen Hoch- und Massenkultur, zwischen Bildung und Unterhaltung etc. – im Zuge ihrer Produktion unterläuft.[189]

Vielleicht setzt sich Kleist, der verarmte Adelige, in einer Weise zur bürgerlichen Welt und ihrer neuen Öffentlichkeit ins Verhältnis, die Benjamins Bezug zum Proletariat ähnelt. Vielleicht verbindet die beiden eine bestimmte Art, technisch zu denken; vielleicht konfrontieren Kleist und Benjamin ihre Arbeit gleichermaßen mit dem politischen Handlungsdruck ihrer Zeit, ohne sich dabei mit einer einfachen Formel zufriedenzugeben. Auffällig ist in jedem Fall, daß die Beispiele, die Benjamin für eine Kunst anführt, die sich als subversive Medientechnik begreift, allesamt in der einen oder anderen Weise auf das Projekt ‚BERLINER ABENDBLÄTTER' zu beziehen sind.

Dieser Bezug liegt auf der Hand, wo Benjamin vom „operierenden Schriftsteller" fordert, „bis auf die Presse zurück[zu]greifen". Gerade in der weiterhin wirkmächtigen Unterscheidung zwischen Journalismus und Dichtung beziehungsweise Kunst manifestiert sich für Benjamin der falsche Anspruch der bürgerlichen Literatur auf eine nur der ideellen Gemeinschaft verpflichtete Position außerhalb der gesellschaftlichen Produktiv-

---

[188] Die Beziehung zwischen den BERLINER ABENDBLÄTTERN und Benjamins Text hat Bernhard Dotzler im Titel seines Aufsatzes „ ‚Federkrieg'. Kleist und die Autorschaft des Produzenten" hergestellt. Vgl. Dotzler 1998.
[189] Benjamin 1991, S. 683-702.

Verhältnisse. Dem entspricht auch noch 1934 die Auffassung, Dichtung und Zeitung stünden zueinander wie notwendig-sinnvolle Bezüglichkeit und Kontingenz. Benjamin zitiert dazu einen „linksstehende[n] Autor", der „Inhalt" der Zeitung sei „Stoff, der jeder anderen Organisationsform sich versagt als der, die ihm die Ungeduld der Leser aufzwingt. [...] So fallen Wissenschaft und Belletristik, Kritik und Produktion, Bildung und Politik beziehungslos und ungeordnet auseinander."[190] Für Benjamin enthält dieser „Untergang des Schrifttums in der bürgerlichen Presse [...] die Formel zu seiner Wiederherstellung" unter anderen gesellschaftlichen Bedingungen. Statt ‚Beziehungslosigkeit' und ‚Unordnung' zu fürchten und zu meiden, wäre gerade mit diesem Stigma der Zeitung schriftstellerisch umzugehen. Darüber hinaus fordert Benjamin dazu auf, sich nicht mehr innerhalb der vorgegebenen Grenzen einer Kunstgattung zu bewegen, denn eine solche Beschränkung als gegeben zu akzeptieren, bringe notwendig eine falsche Konzentration auf das Verhältnis von Dargestelltem und Darstellendem, Inhalt und Form mit sich. Erst im Verweis der einen Kunstform auf die andere wäre das Dispositiv des künstlerischen Ausdrucks durch eine Intervention im Medialen abzulösen – so gelte es, die „Schranke zwischen Bild und Schrift" zu „überwinden".[191] Benjamin fordert, Schriftsteller hätten sich ans Photographieren zu machen, als ob es Schreiben wäre.

Erfüllt Kleist diese Forderung, wenn er seine redaktionelle Tätigkeit im Motiv einer ‚Malerei' reflektiert, die schon ihrerseits die Differenz von Dargestelltem und Darstellendem unterläuft?[192] Evident wird dieser zunächst ein wenig konstruiert erscheinende Zusammenhang, wenn Benjamin im Kontext einer im Medialen intervenierenden Kunst auf DADA zu sprechen kommt:

> Man stellte Stilleben aus Billets, Garnrollen, Zigarettenstummeln zusammen, die mit malerischen Elementen verbunden waren. Man tat das Ganze in einen Rahmen. Und damit zeigte man dem Publikum: Seht, Euer Bilderrahmen sprengt die Zeit; das winzigste authentische Bruchstück des täglichen Lebens sagt mehr als die Malerei. So wie der blutige Fingerabdruck eines Mörders auf einer Buchseite mehr sagt als der Text.[193]

In dieser (vor allem auf Kurt Schwitters' Installationen zielenden) Umschreibung scheint sich jene Idee, eine Landschaft mit ihrer eigenen Kreide zu zeichnen, endgültig mit den ABENDBLÄTTERN zu kreuzen;[194] denn was wären die in diesem Zusammenhang anderes als ein Rahmen, in dem Billets, Garnrollen und Zigarettenstummel mit malerischen Elementen verbunden

---

[190] Benjamin 1991, S. 688.
[191] Ebd.
[192] Vgl. den vorangegangenen Abschnitt.
[193] Benjamin 1991, S. 692.
[194] Trifft sie sich dabei nicht gewissermaßen „im Durchgang durch das Unendliche" mit Brentanos „Es war mir gestern trüb der Tag..."?

werden, um so immer wieder die Frage zu stellen: Inwiefern sagen Bruchstücke des täglichen Lebens mehr – inwiefern ‚sagen' sie etwas anderes, ‚sagen' sie anders als die Dichtung?

Vom Symbol zum Indiz – den Mordbrennern auf der Spur
Im Versuch, diese Frage zu beantworten, geht es im folgenden um eine Art der Signifikation, die sich von den aus der Kunst vertrauten und um 1800 geradezu alternativlosen symbolischen Signifikationsverfahren in so krasser Weise unterscheidet, wie der Fingerabdruck eines Mörders auf einer Buchseite sich vom dort gedruckten Text abhebt. Und schon Benjamins Formulierung vom Sprengen der Zeit legt nahe, daß es wiederum ein anderer Gebrauch der Zeit sein könnte, der diesen Kontrast ausmacht.

Sowohl der Text als auch die Spur des Mörders lassen sich lesen – ersterer im Sinne der Entschlüsselung eines konventionellen Zeichencodes, letztere im Sinne des Indizes. Um 1800 kennt man eigentlich nur eine Möglichkeit, diese Les-Arten trotz ihrer Verschiedenheit miteinander in Verbindung zu bringen, nämlich im Kontinuum der literarischen Erzählung: Indem Erzählungen Handlungszusammenhänge schildern, berichten sie immer wieder von Indizien – man denke etwa an den Tintenklecks, den Charlotte in Goethes „Wahlverwandtschaften" auf dem Brief hinterläßt, mit dem Eduard den Hauptmann einlädt.[195] Dennoch besteht das klassische Kennzeichen des Literarischen dabei gerade darin, den pragmatischen Verweiszusammenhang des Indizes auf eine symbolische Bedeutung hin zu transzendieren, die als solche wiederum aus der immanenten Selbstreferenz des literarischen Werks zu erschließen ist.[196] Das Kennzeichen literarischer Bedeutungsproduktion besteht zu Zeiten Goethes geradezu darin, idealiter alle möglichen Indizienverweise dem symbolischen Verweiszusammenhang ein- und unterzuordnen.[197] Und das heißt umgekehrt: Indizienverweisen kommt in Texten nur in dem Maße Bedeutung zu, in dem sie sich symbolisch deuten lassen.

So ist der entstehende Kontrast dem Auftauchen des Fingerabdrucks eines Mörders auf einer Buchseite nicht unähnlich, wenn die BERLINER ABENDBLÄTTER ästhetische Abhandlungen und literarische Texte mit ‚nackten' Polizeiberichten konfrontieren. Statt das Indiz im Symbol aufzuheben, präsentieren die ABENDBLÄTTER (mehr als hundert Jahre vor DADA)[198] bereits Montagen von Indizien und Symbolen, die ihre irritierende Wirkung auf das gebildete Publikum nicht verfehlen. Wilhelm Grimm schreibt an Clemens Brentano – übrigens in eben jenem Brief, in dem er sein

---

[195] Goethe 1948 ff., Bd. VI, S. 257.
[196] Vgl. dazu Kurz 1982, S. 72 ff.
[197] Dies ändert sich zumindest genrespezifisch mit der allmählichen Entwicklung der Kriminalliteratur. Vgl. dazu Schönert 1991.
[198] Jörg Schönert hat in vergleichbarer Weise auf eine Verwandtschaft der „Polizeiberichte" mit expressionistischer Literatur hingewiesen (Vgl. Schönert 2001, S. 26).

Unverständnis gegenüber der Redaktion der „Empfindungen vor Friedrichs Seelandschaft" zum Ausdruck bringt:

> Nur die Polizeianzeigen nehmen sich hier oft lächerlich aus: es ist als ob jemand, der uns raisonabel unterhalten [will], auf einmal mit seltsamer Vertraulichkeit seine Taschen herauszög, die Brodkrumen herauswischte und die Löcher zeigte, die geflickt, und die Flecken, die müßten herausgewaschen werden.[199]

1810 ist offenbar noch nicht ganz klar, wie Polizeiberichte und Tagesmitteilungen inmitten einer noch im Rahmen des Programms von *prodesse et delectare* rezipierbaren Mischung von Kunstkritik und Anekdote zu lesen wären, so daß ihnen zumindest potentiell Bedeutung zuzuweisen wäre.

Die Erklärungen der Redaktion, die die Polizeiberichte als aufklärende Maßnahme hinsichtlich der lokalen Gerüchteküche verstanden sehen wollen, helfen da zunächst wenig. Schon im Hinblick auf Kleists Literaturen liegt es fern, ihm den Glauben an die Aufklärbarkeit von Gerüchten abzunehmen, und entsprechend mangelhaft löst seine Polizeiberichterstattung dieses Versprechen ein.[200] Die Anmerkung zum „Polizei-Rapport" aus dem vierten Blatt gibt einen Hinweis, der weiterführt. Hier heißt es: Die „Polizeilichen Notizen" hätten „nicht bloß den Zweck, das Publikum zu unterhalten, und den natürlichen Wunsch, von den Tagesbegebenheiten authentisch unterrichtet zu werden zu befriedigen." Vor allem soll

> jeder redliche Einwohner darin eine Aufforderung finden, seine Wachsamkeit auf die Menschen und Ereignisse um ihn her zu verdoppeln, und alles was zur Ergreifung des Verbrechers führen könnte, dem nächsten Polizei-Officianten auf das schleunigste anzuzeigen [...]. (BA, Bl. 4)

Die „Polizeilichen Notizen" sollen, soviel wird hier gesagt, nicht mit der Erwartung gelesen werden, bereits vollständige Darstellungen von gegebenenfalls unterhaltsamen beziehungsweise unterrichtenden Geschehnissen zu sein. Vielmehr soll die Lektüre darauf gefaßt sein, die Notizen ihrerseits als Indizien zu lesen, als Zeichen, die dazu auffordern, sie zu Zeichen aus ganz anderen Kontexten in Beziehung zu setzen. Dies kehrt den symbolischen Zusammenhang von Text und Indiz zugunsten des letzteren um: Der Indizienverweis in einem an die Öffentlichkeit adressierten Text ist nicht mehr als Signal für eine zu rekonstruierende symbolische Bedeutung zu lesen; die hier angestrebte Verbindung zwischen dem Lesen des Textes und dem Lesen der Spur besteht vielmehr darin, die entsprechenden Texte insgesamt als Indizien aufzufassen. Hinter dem konkreten Ansinnen, die Einwohner Berlins zu Helfern der polizeilichen Ordnungsmacht zu machen, verbirgt sich dann die Aufforderung, die in den ABENDBLÄTTERN gegebenen

---

[199] Staengle 1997, S. 376.
[200] Vgl. die Ausführungen zu den Polizeiberichten im ersten Kapitel.

Informationen mit anderen Beobachtungen zu verknüpfen, so daß ein in der Zeitung gelesenes Detail gegebenenfalls in einem ganz anderen Kontext bedeutungsvoll werden kann.

Ein Beispiel für eine solche Verknüpfung im Zeichen des Indizes, die denn auch tatsächlich zur Ergreifung des besagten Verbrechers führt, schildert Kleist in dem Text „Etwas über den Delinquenten Schwarz und die Mordbrenner-Bande", erschienen im Extrablatt zum siebten Blatt:

> Die Verhaftung des in den Zeitungen vom 6. d.M. signalisirten Delinquenten Schwarz (derselbe ungenannte Vagabonde, von dem im 1sten Stück dieser Blätter die Rede war) ist einem sehr unbedeutend scheinenden Zufall zu verdanken.
> Nachdem er sich bei dem Brande in Schönberg die Taschen mit gestohlnem Gute gefüllt hatte, ging er sorglos, eine gestohlne Pfeife in der Hand haltend, durch das Potsdamsche Thor in die Stadt hinein. Zufällig war ein Soldat auf der Wache, welcher bei dem Krüger La Val in Steglitz gearbeitet hatte, und die Pfeife als ein Eigenthum des La Val erkannte.
> Dieser Umstand gab Veranlassung, den Schwarz anzuhalten, näher zu examiniren, und nach Schönberg zum Verhör zurückzuführen, wo sich denn mehrere dem La Val und dem Schulzen Wilmann in Schönberg gehörige, Sachen bei ihm fanden. (BA, Extrablatt zu Bl. 7)

Ein Mann mit einer Pfeife in der Hand passiert die Wache. Ein Soldat, der zuvor beim Krüger La Val arbeitete, hat Dienst. Weder sind diese Sachverhalte selbst schon berichtenswert, noch hat die Pfeife als solche eine Bedeutung. Wichtig wird sie, weil sich in ihr zwei zunächst voneinander unabhängige Handlungsstränge verbinden. Als Indiz entspricht sie damit dem Zugang zu einer fremden Zeitreihe, an die sich anschließen läßt – in diesem Fall zur Geschichte eines Verbrechens, zu der sich qua Verhaftung und Verhör eine Verbindung herstellen läßt.[201]

Indem die Polizeinachrichten Teil der Zeitung werden und als solche nicht nur der Unterhaltung und Unterrichtung dienen, sondern die Leserinnen und Leser ihrerseits zum Spurenlesen verleiten sollen, ist das Prinzip der Pfeife nun auf die Zeitungsmeldung zu übertragen: Auch die Zeitungsmeldung wäre im Zeichen des Indizes zu lesen – abseits der Erwartung also, daß sie bereits in sich eine sinnvolle und relevante Einheit bilden müsse. Auch ganz bruchstückhafte Information ist potentiell signifikant, sobald man sie in der umgekehrten Erwartung zur Kenntnis nimmt, sie möglicherweise mit Bruchstücken aus ganz anderen Kontexten zusammensetzen zu können. Im Zeichen des Indizes zu lesen, heißt damit auch, in allem auf eine womöglich nur noch nicht evidente Bedeutung gefaßt zu sein. „Während der Spurenleser das Kontingente zum Zeichen macht, schließt der das perfekte Verbrechen Organisierende alles, was Zeichen werden kann, aus,

---

[201] Auffällig ist erneut Kleists anekdotische Schilderung des Geschehens – sie findet im tatsächlichen Polizeibericht kein Vorbild (Vgl. Barnert 1997a, S. 59).

indem er alle wahrscheinlichen Hindernisse einplant. Das dennoch (notwendig eintretende Unwahrscheinliche [ist] für den Täter Kontingenz, für den Detektiv Chiffre [...]", formuliert Renate Lachmann.[202] Genau auf diesen Zusammenhang scheint der Bericht „Über den Delinquenten Schwarz und die Mordbrenner-Bande" im weiteren zu zielen:

> Bei diesem ersten Verhöre in Schönberg standen, wie sich nachher ergeben hat, mehrere seiner Spießgesellen vor dem Fenster, und gaben ihm Winke und verabredete Zeichen, wie er sich zu benehmen habe. Dieses Verhör wurde während des ersten Tumults gehalten, wie der Brand noch nicht einmal völlig gelöscht war, und niemand konnte damals schon ahnden, mit welchem gefährlichen Verbrecher man zu thun habe. [...]
> Dem Schwarz selbst war besonders die Rolle zugetheilt, sich einige Tage vorher in dem zum Abbrennen bestimmten Hause einzuquartieren und die Gelegenheit zu erforschen. Dann gab er seinen Helfershelfern die nöthigen Nachrichten, verabredete Zeit und Ort, setzte die Bewohner, sobald der Brand sich zeigte, durch lautes Geschrei in Verwirrung, und benutzte diese, unter dem Vorwande, hülfreiche Hand zu leisten, um Alles ihm Anständige über die Seite zu schaffen. Diese Rolle hat er in Steglitz und in Schönberg mit Erfolg gespielt.
> Daß diese Bande auch die gewaltsamsten Mittel nicht scheut, um ihre Zwecke zu erreichen, haben die unglücklichen Erfahrungen der letzten Zeit gelehrt. Aber es stehen ihr auch alle Arten des raffinirtesten Betruges zu Gebote, und das macht sie um so gefährlicher. Schon aus den Steckbriefen ergibt sich, daß jedes Mitglied unter mannichfachen Gestalten und Verkleidungen auftritt, mehrere Nahmen führt, und jede Rolle, welche die Umstände fordern, zu spielen vorbereitet ist. Auch auf Verfälschungen von Pässen, Documenten und Handschriften sind sie eingerichtet, [...]. (BA, Extrablatt zu Bl. 7)

Bei aller Betonung ihrer Gefährlichkeit spricht doch auch einige Bewunderung für die Organisation und die Kompetenzen der Mordbrenner aus diesem Text.[203] Angesichts der Tatsache, daß Schwarz nicht nur als Kopf der Bande, sondern zugleich als ihr ‚Nachrichtenmann' beschrieben wird, gilt es zu bedenken: Es waren nicht zuletzt die aktuellen Nachrichten über das Treiben der Mordbrennerbande, die den ABENDBLÄTTERN in den ersten Wochen reißenden Absatz bescherten – so reißend, daß bei ihrer Ausgabe die Aufstellung von Wachen nötig wurde. Vielleicht wäre also auch für Kleist geltend zu machen, was über den Delinquenten Schwarz mitgeteilt wird: Daß er nämlich die Bewohner Berlins, „sobald der Brand sich zeigte, durch lautes Geschrei in Verwirrung" setzt und die allgemeine Aufregung benutzt,

---

[202] Lachmann 1998, S. 410.
[203] Auch im zugrundeliegenden Polizeibericht ist von gefälschten Dokumenten und falschen Namen die Rede. Dennoch wird nicht der Eindruck erzeugt, es handele sich bei der Mordbrennerbande um eine geradezu allgegenwärtige und zugleich auf alle Eventualitäten vorbereitete Organisation (Vgl. Barnert 1997a, S. 60 f.).

um „unter dem Vorwande, hülfreiche Hand zu leisten", seinen eigenen Vorteil zu suchen. Wohl ginge es zu weit, in der Organisation der Mordbrennerbande ein Modell oder Ideal der ABENDBLÄTTER zu sehen. Denn es ist nicht die Bande als solche, an deren Logik die ABENDBLÄTTER sich anschließen, sondern die Signifikationsverfahren, die um sie herum Raum greifen. Der Bericht zur Mordbrennerbande schließt mit dem Satz:

> (Künftig werden wir ein Mehreres von dieser Rotte mitzuteilen Gelegenheit haben.)
> (BA, Extrablatt zu Bl. 7)

Dies scheint auf den ersten Blick erneut eine jener Ankündigungen zu sein, die sich nicht erfüllen. Auf einen ähnlich ausführlichen Bericht hofft man nämlich vergeblich. Nur in einzelnen Tagesbegebenheiten hinterläßt die Mordbrennerbande weiterhin ihre Spuren. Wer allerdings könnte sagen, was als Spur der Mordbrennerbande in Frage kommt, angesichts der Fähigkeiten der Bande, nicht nur „jede Rolle, welche die Umstände fordern, zu spielen", sondern auch noch Dokumente und Handschriften zu fälschen. Potentiell alles als Indiz zu betrachten – dies ist es, wozu der Bericht über die Mordbrennerbande anregt, und mithin ist es vollkommen plausibel, daß ihre Spur sich in der Kontingenz der Tagesbegebenheiten verliert. So heißt es im folgenden Blatt:

> Die berüchtigte Louise, von der Mordbrenner-Bande, soll vorgestern unerkannt auf dem Posthause gewesen sein, und daselbst nach Briefen gefragt haben. Es ist nicht unmöglich, daß dieselbe sich noch in diesem Augenblick in der Stadt befindet. (BA, Bl. 8)

Indem sich die Spur der unerkannt Erkannten verliert, wird sie zugleich ubiquitär – die berüchtigte Louise befindet sich womöglich noch in diesem Augenblick irgendwo in der Stadt und regt gerade als Verschwundene dazu an, alle möglichen, ganz „unbedeutend erscheinenden" Geschehnisse versuchsweise mit ihr zu verknüpfen.[204] Was ‚bedeutet' in diesem Zusammenhang beispielsweise – um wahllos etwas herauszugreifen – folgende Mitteilung:

> Einem Lieutenant von Brandenburgschen Husaren-Regiment sind aus einer verschlossenen Stube mehrere Uniformstücke gestohlen, und einem Schiffer aus seinem Kahne hinter dem Strakauer Kohlenmarkt durch Erbrechung der Kajüte und eines darin befindlichen Schrankes 150 Thlr. in verschiedenen Münzsorten. (BA, Bl. 15)

---

[204] Man denke nur an die Zeilen aus Brentanos „Es war mir gestern trüb der Tag": „Ich glaubt Wer ging am Haus vorbei / Daß er auch ein Mordbrenner sei". Zit. n. Barnert 1997b, S. 360.

In der Ubiquität möglicher Verdachtsmomente findet die in anderen Zeitschriften alsbald verspottete Banalität der Polizeiberichte ihre Legitimation.[205]

Ganz wie die Mordbrenner agiert auch Kleist zu diesem frühen Zeitpunkt unerkannt als Herausgeber und Redakteur der ABENDBLÄTTER. Er verwendet fremde Namen und ‚fälscht' in den ABENDBLÄTTERN verschiedene Dokumente. Er tritt in mancherlei Verkleidung auf, und dies eben jener Behörde gegenüber, mit der auch Schwarz zu tun hat, denn dieser, der Polizei, obliegt auch die Zensur. Angesichts dieser Parallelen mag sich mit dem Aufruf zur Wachsamkeit hinsichtlich des Phantoms der Mordbrenner eine ähnliche Strategie verbinden wie mit dem Rätsel der Herausgeberschaft: Dann ginge es auch hier darum, zu einem vernetzenden Lesen zu verleiten, das sich schließlich von der ersten Leerstelle, dem Rätsel der Brandstiftungen löst, um auf andere Zusammenhänge auszugreifen. Daß die um die Mordbrennerbande entstehenden Signifikationsverfahren den ABENDBLÄTTERN zum Modell werden, hieße in diesem Kontext, die in der Konfrontation mit der Mordbrennerbande geschulte Fähigkeit, Kontingenz als potentiell signifikant wahrzunehmen, nun auch anderen Zusammenhängen zugute kommen zu lassen. Dabei kann allerdings noch weniger vorhergesagt werden, was als Indiz in Frage kommt, denn der zerfransenden Ubiquität des Treibens der Mordbrennerbande steht im Zuge solchen Ausgreifens ja auf der anderen Seite eine ungeheure Vervielfältigung der Kontexte gegenüber, in denen etwas als Indiz erscheinen kann.

Daß, obwohl gewissermaßen kriminalistisch initiiert, das Lesen im Zeichen des Indizes nicht auf die Polizeiberichte beschränkt bleiben soll, zeigt sich auch darin, daß Kleist die polizeilichen Notizen in immer wieder neue Rubriken übergehen läßt: Einmal firmieren sie als Miszellen, dann wieder als „Tagesbegebenheit" oder als „Stadt-Gerücht". Der Übergang zu den Anekdoten ist fließend, und umgekehrt geht in ganz anderen Zusammenhängen plötzlich das Gespenst der Brandstiftung um: Drohen diejenigen, die die Reform der landwirtschaftlichen Gesetzgebung kritisieren, die Nation in Brand zu stecken? Oder versucht derjenige, der von „Brandbriefen" spricht, einen anderen Autor bei der Polizeibehörde anzuschwärzen?

Selbst die kunstkritischen Beiträge werden von der Signifikation im Zeichen des Indizes infiziert, und sei es nur im Sinne des Kontrastes: Im siebten Blatt veröffentlicht, tritt Kleists Schilderung jenes „sehr unbedeutend erscheinenden Zufalls", der sich dann doch als so bedeutsam erweist, zu der bereits vielfach erwähnten kunstkritischen Abhandlung Beckedorffs in Beziehung, die ausgerechnet am folgenden Tag auf jene Gewalt des Zufalls zu sprechen kommt, die es aus dem „Reiche der Kunst" auszuweisen gilt (BA, Bl. 8). Der intertextuelle Zusammenhang wird dichter, sobald man

---

[205] Vgl., wie im ersten Kapitel zitiert, Sembdner 1939, S. 21 f.

Beckedorffs eigenes Beispiel für ein nicht zufälliges, sondern vielmehr notwendig-bezügliches malerisches Ensemble zur Kenntnis nimmt. Dies ist nämlich ebenfalls ein Szenario vom Eintritt in die Stadt Berlin. Beschrieben wird ein weiteres Gemälde des Malers Büry. Es stellt die Schwestern des Königs vor, die nach der Niederlage gegen Napoleon und vor der Rückkehr des Königs selbst nach Berlin zurückkehren, um dortselbst symbolisch die Stellung zu halten.

> Beide sind in altdeutscher, schwarz seidner Tracht, wie sie in jener Zeit der Trauer beständig gekleidet waren, und jede trägt einen Schawl darüber von der Farbe Ihres Hauses [...]; die Ältere scheint etwas vorauszugehen, sie blickt kräftig um sich, mit der Rechten hat Sie den Schawl gefaßt, der Ihr von den Schultern herabfallen zu wollen scheint, und um Ihren Hals an einer goldenen Kette hängt eine Denkmünze mit dem Bildnisse des großen Wilhelm von Oranien; die Jüngere folgt, mit klarer und ruhigerer Gebehrde, in der Linken hält sie ein Buch, welches wir für die Legende der heil. Elisabeth zu halten uns nicht erwehren können, und vor Ihr an der rechten Seite geht Ihre jüngste Tochter, in jeder Hand eine Lilie haltend, welche sie beiden vorzutragen scheint. Indem wir das Bild beschrieben haben, ist es auch gedeutet worden. (BA, Bl. 16)

Schon diese Koinzidenz von Beschreibung und Deutung weist auf den wesentlichen Unterschied zwischen den ‚notwendig-bezüglichen' Beigaben auf dem Büryschen Gemälde und den Accessoires des Delinquenten am Stadttor hin: Zwar ist es dem Symbol wesentlich, daß man es deutet: „Die symbolische Bedeutung ist die symbolische Deutung", schreibt Gerhard Kurz.[206] Zugleich ist dem Symbol seine Bedeutung in gewisser Weise inhärent, insofern das Symbolische einen allgemeinen Erfahrungsraum aufruft, der sich mitsamt seiner historischen Implikationen im Symbol aktualisiert. Die Bedeutung der Pfeife des Delinquenten dagegen ist nur zu entschlüsseln, ist überhaupt nur gegeben, insofern man in ihr einen spezifischen Handlungszusammenhang bezeugt sieht.[207]

Wenn polizeiliche Berichterstattungen vom Tage nicht nur in unmittelbarer Nachbarschaft von politischen oder ästhetischen Abhandlungen und von literarischen Texten veröffentlicht werden, sondern zwischen diesen unterschiedlichen Textsorten zugleich ein intertextuelles Verweisnetz entsteht, dann werden damit unablässig Verweise von Indizien auf Symbole und von Symbolen auf Indizien produziert. Die Arten der Signifikation und auch die damit jeweils verbundenen Vorstellungen, was Zeichen, was Bedeutung ist, könnten nicht unterschiedlicher sein. Und doch liegt ein Spezifikum der BERLINER ABENDBLÄTTER gerade darin, diese beiden Arten der Signifikation, diejenige des Symbols und diejenige des Indizes miteinander

---

[206] Kurz 1982, S. 80.
[207] Vgl. dazu Ginzburgs wegweisende Studie „Indizien: Morelli, Freud und Sherlock Holmes" (Ginzburg 1985) – wir kommen darauf zurück.

zu konfrontieren und von der einen in die andere überzuleiten, statt das Indiz dem Symbol unterzuordnen.

Zeichen der Zeit – Gemeinsinn und Kommunikation
Wir hatten argumentiert, daß die Beziehung, in welche die ABENDBLÄTTER Kontingenz und Signifikanz bringen, sich insofern von den ästhetischen Modellen einer Einheit von Zufall und Form unterscheidet, als es mit den ABENDBLÄTTERN nicht darum geht, das zufällige Ereignis prozessual in den sinnvollen Bezug aufzuheben, sondern zunächst nur darum, Kontingenz als solche sich einschreiben zu lassen, um damit dem Spiel zwischen Kontingenz und Signifikanz allererst stattzugeben.[208]

Im vorliegenden Zusammenhang meint das nichts anderes, als in den ABENDBLÄTTERN eine Maschine zur Produktion von Indizien zu sehen. Dies verlangt nach einiger Erklärung, schon weil eine solche Maschine im Hinblick auf bestimmte Definitionen des Indizes zunächst gar nicht möglich zu sein scheint: Gemäß der immer noch weithin angewandten Peirceschen Klassifikation der Zeichen unterscheidet sich das Indiz (Index) vom Symbol und vom Ikon dadurch, daß die Beziehung zwischen Zeichen und Bezeichnetem hier kausal bestimmt ist. Während das Symbol rein arbiträr und also nur qua Konvention mit dem bezeichneten Gegenstand verknüpft ist und das Ikon dem bezeichneten Gegenstand ähnelt, verweist das Indiz auf den bezeichneten Gegenstand im Sinne der kausalen Folge, so daß sich daraus ursächlich auf den bezeichneten Gegenstand schließen läßt.[209] Damit gehört das Indiz einer von der Semiotik eher nachrangig behandelten Kategorie an; denn man ist geneigt, das Spezifische der menschlichen Kommunikation gerade in jener Konventionalität zu sehen, die in der Arbitrarität der Zeichen am deutlichsten ihren Ausdruck findet. In der Nachfolge der Peirceschen Klassifikation verorten immer noch viele Lehrbücher das Indiz in der Nähe des Signals und des Reizes an der unteren Schwelle dessen, was überhaupt Zeichencharakter hat, und zwar nicht zuletzt, weil der kausale Charakter der Zeichenbeziehung sich der Systematisierung zu verweigern scheint.[210] Ein System, das Indizien zu Zwecken der Kommunikation erst produziert, erscheint damit schon *per definitionem* abwegig.

Nun hat man es bei den schriftlich abgefaßten Polizeiberichten im Unterschied zum Fingerabdruck eines Mörders nicht im engsten Sinne mit Indizien zu tun. Und so geht es hier eigentlich darum, *das Indiz als Figur der*

---

[208] Hier wäre eigentlich noch ein weiterer Zusammenhang zu entfalten, nämlich der der Allegorie. Nicht zuletzt im Kontext der Deadline wäre – gerade mit Benjamin – auf die allegorische Qualität der Leiche zu verweisen. Kaum wird man jedoch die Allegorie für die strukturgebende Figur der ABENDBLÄTTER halten können. Dennoch ist das Indiz als Figur der ABENDBLÄTTER der Allegorie gerade im Sinne eines Zeichens der Zeit vielleicht eher verwandt als dem Symbol.
[209] Peirce 1970, S. 324 ff.
[210] Vgl. etwa das verbreitete Lehrbuch von Linke / Nussbaumer / Portmann ²1994, S. 20 f.

ABENDBLÄTTER zu verstehen; es geht um die figurative Extrapolation des Zeichentyps – um einen Diskurs im Zeichen des Indizes im Unterschied zu einem Diskurs im Zeichen des Symbols. Historisch besteht dieser Unterschied banaler Weise darin, daß es eine diskursive Extrapolation des Indizes um 1810 schlicht nicht gibt, und man könnte zeigen, daß die bis heute andauernde Unterbewertung des Indizes im Vergleich zum Symbol auf den ästhetischen Diskurs um 1800 zurückgeht.

Entgegen früherer Einschätzungen, die das Symbol im Sinne Goethes als natürliches Zeichen verstehen, wird die moderne Theorie von der Konventionalität und der Arbitrarität der Zeichen in der ästhetischen Symboltheorie des ausgehenden 18. Jahrhunderts durchaus partiell vorweggenommen, und zwar in Form einer wiederum auf Kant zurückgehenden Theorie des ästhetischen ‚Gemeinsinns'. Zwei Parameter bestimmen das Symbol in diesem Kontext: Zum ersten verbindet sich mit dem Symbol nicht der Anspruch auf eine ‚präzise' Erfassung des Bezeichneten. Die symbolische Darstellung ist immer eine vermittelte, indirekte und verlangt daher nach Deutung. Zum zweiten steht das Symbol immer in einer gewissen Beziehung zur Sittlichkeit, ist nicht nur das gemeinschaftliche Symbol, sondern darin zugleich bereits das Symbol für das Gemeinsame.[211] Das ‚unpräzise' Moment des Symbols besteht darin, daß es das Allgemeine jeweils vom Einzelnen her zu bezeichnen versucht, indem es zum Beispiel den Teil für das Ganze setzt. Zugleich appelliert das Symbol an den ‚Gemeinsinn', das heißt, es erhebt Anspruch darauf, von allen verstanden und also von allen auf eine (bestimmte) Weise gedeutet zu werden, ohne jedoch anzuzeigen, welche das wäre. Gerade dadurch ruft das Symbol rein formal zu einer Besinnung auf das Gemeinsame auf.[212] In diesem Sinne geht das soziale und politische Potential, das man um 1800 dem Ästhetischen insgesamt zuschreibt, in das Symbol ein: Es erscheint möglich, sich gemeinsam auf ein Symbol beziehen, ohne sich damit schon explizit und kategorisch auf ein bestimmtes moralisch-politisches Programm einigen zu müssen. Auf diese Weise wird symbolische Kommunikation in ihrer Umkehrung der Beziehung von Allgemeinem und Besonderem zur wesentlichen Zwischenstufe auf dem Weg zur Vereinigung aller Einzelwillen in einem allgemeinen Rechtszustand stilisiert.[213] Dem entspricht ein spezifisch performativer Aspekt symbolischer Signifikation: Der gemeinsame Bezug auf das Symbol produziert eine Performanz der Sinnstiftung, die über unterschiedliche Meinungen und Interessen hinweg präzise jene Gemeinsamkeit erst herstellt, auf die das Symbol scheinbar verweist. Die Vergegenwärtigung des symbolischen Sinns leistet damit genau das, was der vermeintliche Inhalt symbolischer Repräsentation wäre. In diesem Sinne

---

[211] Kant, *Kritik der Urteilskraft*, B 254 ff. (§ 59).
[212] Ebd., B 65 ff. Vgl. dazu auch Frank 1977.
[213] Dies ist Hauptgegenstand von Schellings Kunstphilosophie: Schelling 1957, 4.-6. Hauptabschnitt.

konstituiert sich im Wie symbolischer Kommunikation deren Was. Wo man vor allem auf diese performative Wirkung abstellt, geht es nicht mehr um eine bestimmte symbolische Repräsentation, vielmehr wird das Symbol reflexiv gewendet zum Symbol des Symbols.[214] Das solchermaßen verzeitlichte Symbol ist ein Platzhalter, der auf das verweist, was in seinem Gebrauch sich vollziehen soll.[215] Nichtsdestoweniger hat symbolische Signifikation um 1800 immer Affinität zur Vorstellung von sinnhafter Totalität. Mit Goethe stellt sie gar auf einen organologischen Universalismus ab,[216] denn nur unter der Voraussetzung einer wenn auch gerade nicht unmittelbar evidenten, so doch sinnvollen Bezüglichkeit des Ganzen, kann der Verweis vom Einzelnen auf das Allgemeine, vom Teil auf das Ganze erfolgreich sein. Daher vollzieht sich die Vergegenwärtigung des symbolischen Sinns – Beckedorffs Text illustriert dies – so häufig im Gestus des Selbstverständlichen. Symbolisches Verstehen tendiert also dazu, sich selbst zu naturalisieren, und gerade dies macht seine gemeinschaftsstiftende Wirkung aus.

Grundsätzlich verbindet sich mit einer Ästhetik des Symbols um 1800 die Hoffnung, sie könne inmitten eines Streits der Interessen und Meinungen bei Angehörigen verschiedener Lager den Blick für das Ganze stärken, eine Hoffnung, der erstmals explizit in der Ankündigung der *Horen* Ausdruck verliehen wird, in denen Schillers Briefe „Über die ästhetische Erziehung" zuerst erscheinen.[217] Obwohl die ABENDBLÄTTER – im Unterschied zum *Phöbus* – nun gerade nicht mehr in der Nachfolge der *Horen* stehen, die das „Interesse des Tages" ja programmatisch ausgeklammert hatten, fragt sich, ob nicht das Anliegen, eine Zeitung für alle Stände des Volkes zu produzieren, weiterhin das Vorhaben impliziert, den gesellschaftlichen Zusammenhang im Sinne des Gemeinsamen und Gemeinschaftlichen zu stärken.[218]

Doch gerade im Aufruf solcher Kontinuität zeigt sich die abweichende politische Position der ABENDBLÄTTER. Einen Tag, nachdem Kleist in den ABENDBLÄTTERN erklärt hat, der Zweck der ABENDBLÄTTER sei „in der ersten

---

[214] Vgl. dazu Wergin 1996, S. 99.
[215] Zur Zeitlichkeit des Symbolischen vgl. auch van Eikels 2002, S. 489 ff.
[216] Dies resultiert nicht zuletzt aus der Verbindung zwischen Goethes Symboltheorie und seinem naturgeschichtlichen beziehungsweise -wissenschaftlichen Denken. Vgl. dazu auch Kurz 1982, S. 71.
[217] Vgl. Wergin 1996, S. 86 ff.
[218] Daß die auf Kant zurückgehende Vorstellung von der gemeinschaftsstiftenden Funktion ästhetischer und mithin symbolischer Kommunikation auch zu Zeiten der ABENDBLÄTTER noch wirkmächtig ist, mag folgende Formulierung Achim von Arnims aus seiner „Uebersicht der Kunstausstellung" belegen: „Erfreulich war der zahlreiche Besuch, die allgemeine Theilnahme aller Klassen der Gesellschaft an diesem allgemein menschlichen Genusse, der oft die geschiedensten zu gemeinsamer Anerkennung und Beurtheilung zusammenführte; die Kunst öffnet sich eigne Wege von einem zum andern, sie macht offenherzig und vertraulich." (BA, Bl. 37)

Instanz, Unterhaltung aller Stände des Volkes; in der zweiten aber ist er, nach allen erdenklichen Richtungen, Beförderung der Nationalsache überhaupt", schreibt er einen Brief an den Prinzen von Lichnowsky. Hier findet sich die interessante Formulierung, die ABENDBLÄTTER seien „ein Volksblatt, d.h. (weil es kein Centrum der Nation giebt) ein Blatt für alle Stände des Volkes".[219] Die Adressierung der ABENDBLÄTTER an „alle Stände des Volkes" folgt also aus dem Befund, es gäbe gerade kein Zentrum der Nation. Mithin wird fraglich, ob diese Adressierung überhaupt im Verweis auf ein Gemeinsames oder einen Gemeinsinn erfolgen kann. Es ist gar nicht so einfach, dem „weil" dieser Argument überhaupt Sinn beizumessen: Wenn sich kein Zentrum ausmachen läßt, wäre dies nicht eher ein Argument dafür, gerade kein Blatt für alle Stände des Volkes zu machen, sondern sich statt dessen auf einen Stand zu konzentrieren? Entsprechend gibt die *Allgemeine Modenzeitung* am 23. Oktober zu bedenken: „Es soll für alle Stände seyn, aber es steht zu besorgen, daß es bald für Keinen seyn wird."[220]

In diesem Zusammenhang ist zunächst eine Fehlanzeige zu protokollieren, die um 1810 – dem notwendigen Hinweis auf die Zensur zum Trotz – kaum hoch genug bewertet werden kann: Kleists BERLINER ABENDBLÄTTER versuchen in keiner Weise eine Gemeinsamkeit beziehungsweise eine Gemeinschaft derjenigen zu suggerieren, zu unterstellen oder zu konstruieren, an die sie sich adressieren. Tatsächlich scheinen sie – dies mag eine gewagte These sein – das gesamte moderne Gemeinschaftsprojekt, diese gewaltige Projektion, der Kleist noch im „Germania"-Projekt so drastisch gehuldigt hatte, zu überspringen. Denn statt ein solches Gemeinsames in Aussicht zu stellen oder – etwa qua ästhetischer Bildung – an seiner Konstruktion zu arbeiten, arbeiten die ABENDBLÄTTER pragmatisch an der Frage, wie die Kommunikation eines ‚Kollektivs' aussehen könnte, das in der Tat nichts gemeinsam hat. Damit erweisen sie sich als Vorläufer von Projekten, die heute, etwa unter dem Stichwort „tactical media",[221] nach möglichen Anschlüssen kollektiver Handlungsformen jenseits gemeinschaftlicher Identität und Repräsentation suchen.[222]

Die Nationalsache nach allen erdenklichen Richtungen zu befördern, während es zugleich kein „Centrum der Nation" gibt, heißt für die ABENDBLÄTTER zum Beispiel, die Heterogeneität ihrer Beiträge nicht zu beschönigen und dennoch gerade in solcher Disparatheit auf unterschiedlicher Ebene Beziehungen zwischen ihnen zu stiften. Überträgt man dieses Prinzip auf die distributive Dimension, scheinen die ABENDBLÄTTER darauf zu setzen, ihrerseits als Zeitung eine rein pragmatisch bestimmte Verbindung zwischen ihren Leserinnen und Lesern zu stiften: Sie wären eine

---

[219] Zit. n. Staengle 1997, S. 374.
[220] Zit. n. Sembdner 1939, S. 9.
[221] Vgl. z.B. www.tmcrew.org
[222] Vgl. auch Agamben 2001, S. 85 f.

solche Verbindung lediglich im Sinne des Gebrauchs, den „alle Stände" von dem gleichen Blatt machen könnten. Ein „Volksblatt" in diesem Sinne könnte die ‚Stände' in seiner Faktizität als Zeitung miteinander verschalten, ohne diesen Anschluß auf eine weitergehende Gemeinsamkeit oder Gemeinschaft hin zu transzendieren.[223] Statt auf ‚Gemeinschaft' setzt das „Volksblatt" in diesem Sinne auf Gesellschaft.[224]

Auch ein ins Performative gewendeter Symbolbegriff kann diese Umorientierung nicht mehr fassen. Für die Möglichkeit eines solchen rein faktischen, rein funktionalen Anschließens steht statt dessen die Kommunikation im Zeichen des Indizes. Im Zuge der Verzeitlichung des Symbolischen tritt symbolische Kommunikation als Performanz an die Stelle symbolischer Repräsentation – es geht nicht mehr darum, das Gemeinsame zu repräsentieren, sondern darum, in der symbolischen Signifikation das Gemeinsame erst zu *produzieren*, das sich *dann* im Symbol zu repräsentieren *scheint*. Diese Pragmatisierung symbolischer Kommunikation wird in der diskursiven Extrapolation des Indizes jedoch noch deutlich überboten, denn die Transzendierung gemeinsamer Kommunikation in eine Kommunikation des Gemeinsamen als des Naturgegebenen entfällt.

Dabei verhalten sich ‚Symbol' und ‚Indiz' zueinander durchaus so, wie sich der symbolische Einzug der königlichen Repräsentantinnen in die Stadt zu jenem unvermeidlichen Passieren der Wache am Stadttor verhält, das dem Delinquenten Schwarz zum Verhängnis wird: An die Stelle der Repräsentation des Gemeinsamen tritt eine Aufmerksamkeit für das umliegende Geschehen im Hinblick darauf, wo eigene Agenturen und Interessen anschließen könnten. Wenn die ABENDBLÄTTER ihren Lesern also eine „Wachsamkeit auf die Menschen und Ereignisse um ihn her", derjenigen des wachhabenden Soldaten nicht unähnlich, nahelegen, dann werden die ABENDBLÄTTER selbst zu einem dem Stadttor vergleichbaren Portal, das alle möglichen Geschehensreihen einander passieren läßt. Dabei kommt die Funktion des Wachhabenden allerdings grundsätzlich jedem zu, denn jedem ist die Möglichkeit gegeben, nach Indizien zu suchen, in denen eigene Agenturen an andere anzuschließen wären.

Nun ist das Zur-Rechenschaft-Ziehen eines Straftäters kein Verfahren, das man gern als Modell gesellschaftlicher Interaktion eingesetzt findet.

---

[223] Vgl. dazu Dotzler 1998, S. 45 ff.
[224] Obwohl Kleist nicht gerade als Vorkämpfer der Demokratie in die Geschichte eingegangen ist, ist es ihm mit dem „Volksblatt" ernst. Dies beweist nicht zuletzt eine Empfehlung, die er im 56. Blatt der ABENDBLÄTTER gibt: Anläßlich eines Artikels, den er aus den „Gemeinnützigen Unterhaltungsblättern" übernimmt, bemerkt er, diese Publikation hätte den „Titel eines Volksblatts (ein beneidenswürdiger Titel!) mehr als irgend ein anderes Journal, das sich darum bewirbt, verdient". Man kann den Anspruch darauf, Volksblatt zu sein, unter Umständen schon am Titel des Unternehmens – BERLINER ABENDBLÄTTER – ablesen, wenn man diesen mit dem Titel jener Zeitschrift vergleicht, in der Kleist 1807 seine Novelle *Das Erdbeben in Chili* veröffentlichte: Dann nämlich stehen sich das *Morgenblatt für gebildete Stände* und das *Abendblatt* für alle Stände des Volkes gegenüber.

Dennoch eignet gerade seinem Modellwerden ein demokratischer Zug, der dem thematischen Aussparen staatlicher Kontrolle zugunsten „geselliger Bildung" abgeht. Vor allem aber zeigt das Beispiel des Tors, des Portals und der Wache, daß auch eine solche Signifikation keineswegs einfach von selbst geschieht: Indizien werden durchaus produziert, und zwar mittels einer Rahmung, die Geschehnisse allererst so miteinander engführt, daß sie im Indiz aneinander anschließbar werden. Dies kann räumlich im Sinne des bewachten Tors geschehen, wobei eine solche Rahmung immer dazu tendiert, Wachhabende und Passierende, Lesende und Gelesene deutlich voneinander zu trennen. Die ABENDBLÄTTER wären dagegen als eine Art zeitliches Portal zu verstehen: Wie auf jener Folie, die in den experimentellen Wissenschaften ein ‚Papier-Chronogramm' genannt wird, hinterlassen die alltäglichen Geschehnisse ihre Spuren auf und in den ABENDBLÄTTERN, indem sie auf unterschiedlichste Weise mit ihnen reagieren.[225] Die Zeitung schnürt dabei eine Feedbackschleife, die das tägliche Geschehen (sich) noch einmal passieren läßt und so unerwartete Anschlüsse ermöglicht. Die Beziehungen, die sich innerhalb der ABENDBLÄTTER zwischen Texten unterschiedlichster Genres aufbauen – Beziehungen, die sich ja ihrerseits kaum anders als in Form von Indizienbeweisen aufzeigen lassen –, bezeugen solche Anschlüsse, sind ihre Spuren in der doppelten Bedeutung des Wortes: ebensosehr Aufzeichnung (insofern sie bereits vollzogene Anschlüsse bezeugt) wie Vorgabe (insofern sie den Lektüren zu Anschlüssen erst verhilft).[226]

In einer Studie mit dem Titel „Temporalisierung von Komplexität: zur Semantik neuzeitlicher Zeitbegriffe" schreibt Niklas Luhmann: „Wer in sozialen Systemen handelt, ist dann nicht auf die Sequenz seiner eigenen erinnerten und antizipierten Handlungen angewiesen, sondern kann über jeweils gegenwärtige Kommunikation Zugang zu anderen Zeitreihen gewinnen. Er kann dadurch [...] weiterreichende Handlungsverknüpfungen bilden."[227] Das Indiz, nicht das Symbol, ist das Zeichen oder besser: die Figur, in der dieser Aspekt von Kommunikation vor allem sich realisiert. Gerade im Hinblick auf die Kausalität der Zeichenbeziehung im Indiz läßt sich nämlich zeigen, was es heißen kann, „Zugang zu anderen Zeitreihen" zu gewinnen: Im Indiz – dies ist sein Merkmal – erscheint die Folge vor der

---

[225] In diesem Zusammenhang wäre zu prüfen, ob nicht Deleuzes cinematographischer Begriff des ‚Chrono-Zeichens' auch für das Indiz geltend zu machen wäre: Wenn man den in den ABENDBLÄTTERN erscheinenden Text als Indiz liest, so hebt dies auf die Faktizität des Erscheinens ab. Den Text als Indiz zu betrachten, hieße damit in gewisser Hinsicht, die entsprechende Ausgabe als eine Aufzeichnung im Sinne eines Analogmediums zu begreifen. Vgl. Deleuze 1991, S. 39.

[226] Modifiziert durch seine These von der pädagogisch-emanzipatorischen Wirkungsabsicht Kleists, die die vorliegende Studie nicht teilt, konstatiert Marquardt unter dem Stichwort des „abgestuften Rezeptionsangebots" etwas Vergleichbares. Vgl. dazu Marquardt 1986, S. 12 f.

[227] Luhmann 1980, S. 248.

Ursache; das Indiz wird zum Zeichen, indem man es als Folge einer damit bezeichneten Ursache interpretiert. Indem man etwas als Indiz liest und daraus Konsequenzen für das eigene Tun ableitet, ‚leiht' man sich gewissermaßen eine Ursache aus einer fremden Zeitreihe. Gerade insofern die Zeichenbeziehung im Indiz kausal verfaßt ist, kreuzen sich hier immer bereits zwei Zeitreihen. Damit kommt das Indiz gerade als *kausales Zeichen* einer Unterbrechung kausaler Determination gleich. Wo verschiedene Ursache-Folge-Ketten sich kreuzen, tendieren Ursachen und Folgen dazu, sich zu vertauschen.[228] In diesem Zusammenhang trifft die Formulierung Benjamins: Von einem Portal, einem ‚Rahmen', der Indizien zur Erscheinung bringt, kann man tatsächlich sagen, er sprenge die Zeit.

Symbole wie Indizien sind gleichermaßen Zeichen der Zeit. Dabei, so ließe sich pointieren, entspricht dem Symbol die Entdeckung, daß die Zeitlichkeit der Signifikation ihre genuin soziale Verfaßtheit ausmacht: Das Symbol ist semantischer Platzhalter dessen, was sich in seinem Gebrauch erst ereignet. Zugleich wird diese Entdeckung im Symbol als ästhetisch und historisch verfaßte Sinn-Gemeinschaft hypostasiert. Abseits solcher Hypostasierung zeigt das Indiz dagegen an, wie Kommunikation Gebrauch von der Zeit macht – indem sie nämlich kausale Bezüge im Zuge ihrer Bezeichnung unterbricht.

Indizien des Erzählens
In diesem Sinne läßt sich das Indiz auch einem narrativen Wendepunkt vergleichen, einem Moment, in dem sich Vergangenheit und Zukunft im Kreuzen zweier Reihen von Geschehnissen neu zueinander in Beziehung setzen. Und tatsächlich besteht gerade in der Konzentration auf das Indiz, welche die ABENDBLÄTTER von einem ästhetischen Diskurs im Zeichen des Symbols unterscheidet, eine wesentliche Verbindung zwischen den ABENDBLÄTTERN und Kleists Formen des Erzählens. Vielleicht wäre gar zu erwägen, ob sich deren frappante Modernität nicht gerade im Hinblick darauf beschreiben ließe, wie sich das Verhältnis von Symbol und Indiz hier gegen die zeitgenössischen Gepflogenheiten verkehrt.

Greifbar wird dies etwa in der zuerst im *Phöbus* erschienenen Erzählung *Die Marquise von O.*, die bekanntlich mit einer Zeitungsannonce beginnt. Die narrative Struktur der Erzählung basiert dabei prinzipiell darauf, daß sich eine Folge, die Schwangerschaft der Marquise, vor ihrer Ursache zeigt. So hofft die Marquise ganz im Sinne des oben beschriebenen Zusammenhangs, mit Hilfe der Zeitung die Sequenz ihrer eigenen erinnerten und antizipierten Handlungen mit einer anderen zu verbinden, um so einer Ursache habhaft zu werden, deren Folgen dann andere wären als die ohnehin schon evidenten. In der Schwangerschaft der Marquise wird zugleich ein Widerstreit zwischen Indiz und Symbol ausgetragen: Indem sie als Indiz für das

---
[228] Vgl. Wirth 1992.

Geschehen der Empfängnis verhandelt wird, verweist sie ex negativo auf das Symbol der unbefleckten Empfängnis und besetzt zugleich dessen Platz.[229] Die Anfangslosigkeit der unbefleckten Empfängnis steht nicht mehr für die Undarstellbarkeit Gottes als *prima causa*, sondern wird zu jener Unterbrechung von Kausalität, die das Indiz gerade als kausales Zeichen, als kausales Radikal mit sich bringt. Dies gelingt dem Indiz, indem es die Folge für die Ursache einstehen und deren Platz zur Leerstelle werden läßt, die es allererst zu besetzen gilt.

Inwiefern Indizien als Wendepunkte von Narrationen funktionieren, zeigt sich vor allem auch in der Erzählung *Der Zweikampf*, wahrscheinlich einem der letzten Texte Kleists. Hier ist die Zeitung nicht explizit Teil der Handlung, doch um so intensiver sind die Bezüge der Erzählung zu den ABENDBLÄTTERN: Beginnend mit einem Mord und dem Versuch ihn aufzuklären, der vorläufig mit einer Art Ehrenerklärung vor dem kaiserlichen Gericht endet, erinnert die Erzählung zunächst an den in Nummer 34 der ABENDBLÄTTER veröffentlichten Text „Sonderbarer Rechtsfall in England". Im Anschluß daran wird dann eine ausgearbeitete Fassung jener Geschichte erzählt, die in Nummer 43 der ABENDBLÄTTER unter dem Titel „Geschichte eines merkwürdigen Zweikampfs" wiedergegeben ist. Die vertauschende Verdopplung der Ziffern im Verhältnis der Nummern 34 und 43 der ABENDBLÄTTER ist dabei einiger Beachtung wert, denn tatsächlich entspricht das Verhältnis, in dem die Narrationen im *Zweikampf* zueinander stehen, in etwa diesem Schema der Spiegelung. Der ‚Zweikampf' der Vorlagen im *Zweikampf* wird freilich alsbald zugunsten der letzteren entschieden.

Beginnend mit dem *Corpus delicti*, dem Pfeil des Mörders, präsentiert die Erzählung verschiedene Indizien und verfolgt die mit ihnen verbundenen Geschichten in fremde Kontexte, bis sich schließlich selbst der als Gottesurteil inszenierte Zweikampf in einen Indizienprozeß verwandelt: Der Geschlagene erholt sich, während der vermeintliche Sieger an einer kleinen Wunde dahinsiecht. Dies erinnert wiederum an zwei weitere in den ABENDBLÄTTERN erschienene Texte – an die Anekdote von den englischen „Baxern" aus dem 46. Blatt und an die kurze Erzählung „Der neuere (glücklichere) Werther" aus Nummer 5.

Obwohl sie die Geschichte einer Detektion erzählt, ist die Erzählung *Der Zweikampf* doch nicht von der Art der Kriminalgeschichten des späten 19. Jahrhunderts, in denen ein überlegener Geist die verwirrenden Zeichen schließlich in eine logische Reihenfolge bringt, in der sich Ursachen und Folgen am rechten Platze wiederfinden. Statt dessen scheint sie die Grenzen narrativer Komplexität dahingehend auszutesten, wie viele Wendepunkte eine Erzählung integrieren kann und wie radikal diese Wenden den Horizont des Erzählten verschieben können, ohne die Narration gänzlich

---

[229] Vgl. dazu Vinken/Haverkamp 1994.

auseinanderfallen zu lassen.²³⁰ So ändert sich im Übergang von jenem an den „Sonderbaren Rechtsfall" gemahnenden Szenario zum Szenario aus der „Geschichte eines merkwürdigen Zweikampfs" beinahe das gesamte Personal der Erzählung; auch das Genre scheint zu wechseln: Kriminalfall, Liebesnovelle, Rittergeschichte. Gerhard Neumann formuliert dazu: „Kleist baut Erzählsysteme auf, die an irgendeiner Stelle des Gewebes, meist nicht vorhersehbar, in andere narrative Systeme umkippen, welche dann ihrerseits ein neues Chaos-Feld eröffnen, das es zu ordnen gilt. [...] Man könnte auch sagen, daß Kleists Erzählungen und in ausgezeichneter Weise wiederum der *Zweikampf* solche Bildungen von Gelenkstellen zwischen den Erzähleinheiten, damit aber zugleich deren unvermitteltes Umkippen in andere nicht integrierbare Erzählsysteme als Rahmenüberschreitungen in Szene setzen."²³¹

Ließe sich dieses Verfahren auch als Versuch verstehen, eine Geschichte zu erzählen, in der möglichst viele ganz heterogene Beiträge aus den ABENDBLÄTTERN miteinander verknüpft sind? Hier sind es immerhin schon vier Texte, deren Zusammenhang die Erzählung narrativ plausibel macht, indem sie sie im Zeichen des Indizes ineinander kippen läßt. Angesichts dessen läßt *Der Zweikampf* – gerade weil er mit seiner Überfülle an Material bereits an der Grenze des narrativ Möglichen operiert – die Komplexität jener unmöglichen Erzählung erahnen, die schließlich alle in den ABENDBLÄTTERN erschienenen Texte miteinander verbinden, ineinander verstricken würde. Dem sich verzweigenden, sich verdichtenden und wieder auflösenden Netz der Verweise zwischen den Texten folgend, wäre dies die Erzählung aller Agenturen, denen die ABENDBLÄTTER im Zuge jener durch sie induzierten „Wachsamkeit auf die Menschen und Ereignisse" den Einsatz geben.

Kein einzelner Autor kann diese Geschichte erzählen, diese Erzählung schreiben, und doch erscheinen die ABENDBLÄTTER, wenn man sich diese bei aller Unmöglichkeit doch zweifellos Kleistsche Erzählung einmal vorzustellen versucht, in einem anderen Licht. Vielleicht hat auch dies Kleist, den Autor, an der Zeitung fasziniert: in ihr eine Art Partitur zu einer Erzählung zu sehen, die unmöglich ist und die doch tatsächlich geschieht. Als Zeichen für die Denkbarkeit *und* die Unmöglichkeit einer solchen „alle Stände des Volkes" umfassenden Erzählung, ist das Indiz als Figur immer schon jener narrative Wendepunkt, der den Rahmen dessen, was einer erzählen kann, sprengt. Aus dieser Perspektive betrachtet, ist das Indiz dem Symbol am nächsten, wird das Indiz zum Indiz des Symbols einer undarstellbaren Gemeinschaft – und ist doch zugleich ‚nur' Information: "If all I can do is to create at the receiving end of a communication system, an ending state com-

---

²³⁰ Vgl. Neumann 1998, S. 236 ff.
²³¹ Ebd., S. 238.

pletely characterized in terms of its own past, then I cease to convey information."[232]

Mit einem von den Polizeinachrichten auf die BERLINER ABENDBLÄTTER insgesamt ausgreifenden Lesen im Zeichen des Indizes hat Kleists Tageszeitung an einem Paradigma Teil, das Carlo Ginzburg in einer wegweisenden Studie das ‚konjekturale' genannt hat.[233] Wiederum eilen die ABENDBLÄTTER damit ihrer Zeit voraus – Ginzburg datiert die allmähliche Durchsetzung des konjekturalen Paradigmas erst auf die folgende Jahrhundertwende. Die Ursprünge des Konjekturalen vermutet er jedoch weit in vorgeschichtlicher Zeit – im Spurenlesen der Jäger und in der mesopotamischen Divination, welche Ginzburg mit der Entwicklung der Schrift in Verbindung bringt. Daß auch bei Kleist das Lesen im Zeichen des Indizes mit der Divination in Zusammenhang steht, zeigt nicht nur der *Zweikampf*, sondern ist schon aus der Anekdote „Der Griffel Gottes" vertraut. Wenn es Variationen desselben Themas sind, Texte als Indizien zu lesen und in Spuren zu lesen, ‚was geschrieben steht', so wäre in diesem Kontext ein weiterer, zu Unrecht bisher vernachlässigter Beitrag Kleists auf die ABENDBLÄTTER und ihre Lektüren zurückzubeziehen.[234] Erschienen im 20. Blatt – also an jenem Tag, an dem Kleist den besagten Brief an den Prinzen von Lichnowsky schreibt – erinnert besagter Text in seiner Form an den ebenso fiktiven, aber ungleich bekannteren Briefwechsel zur „Bombenpost". Es handelt sich um die „Zuschrift eines Predigers an den Herausgeber der Berliner Abendblätter", an jenen Herausgeber also, der sich am Tag zuvor im 19. Blatt als Heinrich von Kleist zu erkennen gegeben hatte. Da diese „Zuschrift" nebst der „Nachricht an den Einsender obigen Briefes" bisher so wenig Aufmerksamkeit auf sich ziehen konnte, geben wir beide Texte vollständig wieder:

Zuschrift eines Predigers an den Herausgeber der Berliner Abendblätter

Mein Herr,
Der Erfinder der neuesten Quinen-Lotterie hat die aufgeklärte Absicht gehabt, die aberwitzige Traumdeuterei, zu welcher in der Zahlen-Lotterie, die Freiheit, die Nummern nach eigener Willkühr zu wählen, Veranlassung gab, durch bestimmte und feststehende Loose, die die Direction ausschreibt, niederzuschlagen.
Mit Bedauern aber machen wir die Erfahrung, daß diese Absicht nur auf sehr unvollkommene Weise erreicht wird, indem der Aberglauben, auf einem Gebiet, auf dem man ihn gar nicht erwartet hätte, wieder zum Vorschein kommt.

---

[232] Wiener 1947, S. 202.
[233] Ginzburg 1985.
[234] Nur Moering kommentiert den Text beiläufig: „Die ‚Zuschrift' gehört zu den harmlosen Beiträgen Kleists, die einen einfachen, witzigen Einfall enthalten, der als komische Begebenheit erzählt wird." Moering 1972, S. 181.

Es ist wahr, die Leute träumen jetzt keine Nummern mehr; aber sie träumen die Namen der Collecteurs, bei denen man setzen kann. Die gleichgültigsten Veranlassungen nehmen sie, in einer Verkettung von Gedanken, zu welchen kein Mensch die Mittelglieder errathen würde, für geheimnisvolle Winke der Vorsehung an. Verwichenen Sonntag nannte ich den David, auf der Kanzel, einen gottgefälligen Mann: nicht den Collecteur dieses Orts, wie Dieselben leicht denken können, sondern den israelitischen König, den bekannten Sänger der frommen Psalmen. Tags darauf ließ mir der Collecteur, durch einen Freund, für meine Predigt, scherzhafter Weise danken, indem alle Quinenloose, wie er mir versicherte, bei ihm vergriffen worden waren.

Ich bitte Sie, mein Herr, diesen Vorfall zur Kenntnis des Publicums zu bringen, und durch Ihr Blatt, wenn es möglich ist, den Entwurf einer anderweitigen Lotterie zu veranlassen, die den Aberglauben auf eine bestimmtere und so unbedingte Weise, als es der Wunsch aller Freunde der Menschheit ist, ausschließt.

F... d.15.Okt. 1810

F...

Nachricht an den Einsender obigen Briefes.

Geschäfte von bedeutender Wichtigkeit halten uns ab, selbst an den Entwurf einer solchen Lotterie zu denken.

Inzwischen wollen wir, zu Erreichung dieses Zwecks, soviel in unseren Kräften steht, von Herzen gern beförderlich sein.

Wir setzen demnach einen Preis von 50 Rchlr. auf die Erfindung einer solcher Lotterie.

Die Mathematiker, die sich darum bewerben wollen, haben ihre Entwürfe mit Divisen versehen, an uns einzusenden.

Berlin, d. 22. Oct. 1810.

Die Redaction der Abendblätter

(BA, Bl. 20)

Zunächst das Offensichtliche – eine solche Lotterie ist unmöglich. Ganz gleich, welches Verfahren der Losausgabe auch gewählt wird, es gibt keine Kontingenz, in der sich nicht bei entsprechender Dringlichkeit etwas lesen ließe. Die Geschäfte von „bedeutender Wichtigkeit", die die Redaktion der ABENDBLÄTTER vom Entwurf einer solchen Lotterie abhalten, sind denn auch gerade entgegengesetzter Natur: Was der Prediger in einer unseligen Allianz von Religion und Aufklärung zu vermeiden sucht, wird vom Herausgeber und Redakteur gerade betrieben – nämlich Material bereitzustellen, an das die Leserinnen und Leser „in einer Verkettung von Gedanken, zu welchen kein Mensch die Mittelglieder errathen würde" anschließen können. Was dabei als Indiz wofür lesbar wird, ist unvorhersehbar und läßt sich ebensowenig kontrollieren wie die Suche nach dem Wink der Vorsehung – eben dies macht es unmöglich, alle Verkettungen in die Kohärenz einer Erzählung einzublenden: 34/43.

Übrigens hat die „Zuschrift" einen aktuellen Anlaß: Am 22.10.1810, also nur einen Tag vor dem Erscheinen des Textes, fand die zweite Ziehung der Berliner ‚Quinen-Lotterie' statt.[235] Und wäre es da nicht denkbar, das in der „Zuschrift" beschriebene Szenario als eine Wunschvorstellung des Herausgebers und Redakteurs von der Wirkung der ABENDBLÄTTER zu deuten: in der Ausgabe des einen Tages den König David einen gottesfürchtigen Mann zu nennen und in der Ausgabe des nächsten Tages melden zu können, daß die Lose des gleichnamigen Lotterie-Collecteurs dieser Namensnennung wegen vergriffen worden seien?

In der Fassung der ABENDBLÄTTER: „Das Bettelweib von Locarno"

Wenn in der *Marquise von O.* die Zeitung ein Teil der Erzählung ist, während *Der Zweikampf* in gewisser Hinsicht eine Erzählung aus dem Geiste der Zeitung genannt werden kann, dann bleibt die Frage, wie es sich mit jenen Erzählungen verhält, die in der Zeitung selbst erschienen sind. Wie lesen sich diese viel interpretierten und kanonisch tradierten Texte in jene aus dem Ästhetischen ausgerückte Literarizität der ABENDBLÄTTER ein? Wie wirkt sich der Publikationskontext auf ihren literarischen Status aus? Ist auch hier der Einbruch einer Logik der Indizien in die Immanenz der von Goethe noch als durchgehend symbolhaft bestimmten Literatur zu verzeichnen?

Wir wollen dieser Frage anhand der Erzählung „Das Bettelweib von Locarno" nachgehen. Diese Auswahl ist zweifach begründet: Zum einen, weil das „Bettelweib" in jenem Intervall den Anfang macht, das durch die Aussetzung der Beckedorffschen Kunstkritik entsteht, (nachdem die vorangegangenen vier Ausgaben jeweils mit Beckedorffs Kunstkritik getitelt hatten, beginnt das zehnte Blatt mit Kleists Erzählung); und zum anderen, weil die im Werkzusammenhang tradierte Fassung der in den ABENDBLÄTTERN erschienenen sehr nahe kommt.[236] Diese Nähe ermöglicht die Frage, wie gerade die unterschiedliche Rahmung – einerseits die ABENDBLÄTTER, andererseits der zweite Band der *Erzählungen* – die Lektüre präformiert.

Das Erscheinungsbild der innerhalb der ABENDBLÄTTER veröffentlichten Fassung weicht von dem der kanonisierten Überlieferung zunächst dadurch ab, daß sie hier nicht von Kleist autorisiert, sondern lediglich mit den Buchstaben „mz" signiert ist. So erregt der Anschein des populären Schauermärchens, den der Text sich gibt, in der Fassung der ABENDBLÄTTER auch

---

[235] Vgl. dazu Staengle 1997, S. 374.
[236] Die Erzählung *Die Heilige Cäcilie oder Die Gewalt der Musik* hat in der in den ABENDBLÄTTERN erschienenen Fassung wenig mehr als eine Vorlage (BA, Bl. 40-42). Wir kommen in Kapitel VII noch einmal auf diesen Text zurück, analysieren ihn im Rahmen dieser Studie jedoch nicht eingehend, da man dafür die später erschienene Fassung gerade im Lichte der komplexen Analysen, die sie in jüngerer Zeit erfahren hat, intensiv diskutieren müsste. Damit allerdings würden wir uns zu weit von den ABENDBLÄTTERN entfernen. Vgl. Puschmann 1988, Lubkoll 1994 und Theisen 1996.

nicht ohne weiteres Anstoß. Ganz im Unterschied zur literaturwissenschaftlichen Rezeption des kanonisch tradierten Textes: Nahezu alle Interpretationen, die die Erzählung bis heute erfahren hat, nehmen auf ihre zweifelhafte literarische Qualität Bezug und bemühen sich intensiv darum, den Text durch formale Analysen seiner Erzählkunst oder durch theoretische Analysen seines philosophischen beziehungsweise gesellschaftskritischen Gehalts aufzuwerten.[237]

In diesem Zusammenhang sind alsbald die zahlreichen logischen Inkonsistenzen ins Auge gefallen, durch die sich der Text auszeichnet.[238] Dies betrifft schon den zeitlichen Verlauf, mit dem ein Geschehen allererst zur Geschichte wird. Die Zeit dieser Erzählung verläuft kreuz und quer, wie umgestülpt. Der erste Satz lautet:

> Am Fuße der Alpen, bei Locarno im oberen Italien, befand sich ein altes, einem Marchese gehöriges Schloß, das man jetzt, wenn man vom St. Gotthard kommt, in Schutt und Trümmern liegen sieht; [...]. (BA, Bl. 10)

Dagegen heißt es im letzten Satz:

> Der Marchese, von Entsetzen überreizt, hatte eine brennende Kerze genommen, und es [das Schloß] an allen vier Ecken, müde seines Lebens, angesteckt. [...] und noch jetzt liegen, von den Landleuten zusammengetragen, seine weißen Gebeine in dem Winkel des Zimmers, von welchem er, als er von der Jagd kam, das Bettelweib hatte aufstehen heißen. (BA, Bl. 10)

Wird uns zu Beginn mitgeteilt, das Schloß liege in Schutt und Trümmern, finden sich am Ende die Knochen seines Besitzers säuberlich im Winkel eines der Zimmer versammelt. Der Verweis auf das Ende, mit dem die Erzählung beginnt, und der Rekurs auf den Anfang, mit dem sie endet, verfehlen einander und produzieren einen Widerspruch, der durch einen weiteren noch verschärft wird: Während zu Beginn nahegelegt wird, daß das besagte Zimmer sich zu ebener Erde befindet, wird es im Laufe der Erzählung ins obere Stockwerk verlegt und kann also nach dem Brand schlechterdings nicht erhalten sein. So bilden Anfang und Ende der Erzählung eine Art Anti-Reim nach dem Muster des Unterfangens, vom Baum der Erkenntnis zu essen, um in das Paradies wieder hinein zu gelangen – steht doch der Baum, wie man hört, in demselben.

Inkonsistent in diesem Sinne ist auch das Geschehen, mit dem das Unglück seinen Lauf nimmt: Die Marquise läßt eine alte Bettlerin in ihr Schloß ein und in besagtem Zimmer ausruhen. Dann:

> Der Marchese, der, bei der Rückkehr von der Jagd, zufällig in das Zimmer trat, wo er seine Büchse abzusetzen pflegte, befahl der Frau

---

[237] Vgl. dazu Staiger 1987 [1948].
[238] Vgl. dazu Pastor und Leroy 1979.

>unwillig, aus dem Winkel, in welchem sie lag, aufzustehn, und sich hinter den Ofen zu verfügen. (BA, Bl. 10)

Dies ist bekanntlich das vorläufige Ende der Bettlerin. Sie rutscht aus und stirbt an den Folgen des Sturzes, um fürderhin in dem betreffenden Zimmer zu spuken, was schließlich den Untergang von Schloß und Schloßbesitzer zur Folge hat.

Doch was ist das für ein Satz? Wenn der Marchese von der Jagd zurückkehrt, so kann doch eigentlich keine Rede davon sein, daß er das Zimmer, in dem er „seine Büchse abzusetzen pflegte", zufällig betritt. Dies ist vielmehr, wie der Ausdruck ‚etwas zu tun pflegen' impliziert, überaus wahrscheinlich. Dieser Zufall ist offenbar kein Zufall, eher schon grenzt das Zusammentreffen von Marchese und Bettlerin hier an Notwendigkeit. Dennoch liegt gerade keine Vermittlung, sondern eher eine fehlerhafte Vermischung von Zufall und Notwendigkeit vor – und dies „im Reiche der Kunst" selbst. Entsprechend verhält es sich auch mit der Figur der tragischen Schuld: Unvorbereitet auf die Bettlerin stoßend weist der Marchese ihr nicht etwa die Tür, sondern befiehlt ihr lediglich, „sich hinter den Ofen zu verfügen" (BA, Bl. 10). Ist dies tatsächlich ein Vergehen, das dazu geeignet ist, ihn wie einen Fluch heimzusuchen und schließlich seinen Untergang herbeizuführen, wie es der Fortgang der Geschichte suggeriert? Handelt es sich hier nicht vielmehr um ein ganz profanes, in der Kombination des Ausdrucks „sich verfügen" und der Ortsangabe „hinter den Ofen" sogar eher komisches Geschehen? Geschick, oder nicht doch vielmehr nur Ungeschick?[239]

Angesichts des ersten Eindrucks, den die Erzählung hinterläßt, den des Schauermärchens, scheinen diese Inkonsistenzen eine Entscheidung zu erzwingen: Entweder die Fehlerhaftigkeit der Narration unterstreicht die schon durch das Genre nahegelegte Mäßigkeit der Erzählung, oder aber man sieht in der Inkonsistenz gerade die glatte Oberfläche der populären Form irritiert, die simple Formel ihrer Pointe (ungesühnte Schuld kehrt wieder und richtet sich qua Wiedergänger gegen den Schuldigen) konterkariert und zum Zwecke näherer poetologischer Befragung ausgestellt. Die Kleist-Forschung, der die Erzählung in erster Linie als Teil des zweiten Bandes der *Erzählungen* bekannt ist und für die die Zuschreibung auf den kanonisierten Autor niemals in Zweifel stand, hat in jüngerer Zeit einhellig für letzteres optiert.

Im Sinne dieser Variante wäre zu argumentieren, daß sich in den Inkohärenzen der Narration eine Spannung zwischen dem erzählten Geschehen und der Art und Weise des Erzählens aufbaut und anzeigt. Das

---

[239] Vgl. Carrière 1981, S. 70: „Jetzt ist das Ungeschick Zeichen einer Technik, die Ereignisse auf unvorhergesehene Weise aneinander kettet; einer Technik, mit der man wütende Geschichten erzählen kann. [...] Das Ungeschick begleitet die Montage von Agencements, die irrsinnige Koppelungen produzieren. Es wird als Spannung gebunden, deren Effekt als magische Grammatik Kleists Stil bestimmt – besonders die Zeitverhältnisse sind von dieser Zauberei betroffen."

Erzählte entlarvt die konventionellen Narrationsmuster der Schauermär als solche und desavouiert seinen Erzähler: Nur oberflächlich läßt sich das „entsetzliche Geräusch", das allnächtlich zur Mitternacht in dem besagten Zimmer laut wird („jemand den kein Mensch mit Augen sehen kann, hebt sich, auf Krücken, im Zimmerwinkel empor"), im Verweis auf die vermeintliche Schuld des Marchese plausibel machen. Tatsächlich erweisen die genannten Inkohärenzen eine solche Plausibilisierung als vorgeschoben. Es gelingt gerade nicht, den Spuk mit Moral auszutreiben. Statt dessen sucht der Spuk die Erzählung selbst heim und produziert Unerklärliches auf der Ebene der Narration: „Man hört das Stroh, daß unter ihm rauscht; und mit dem ersten Schritt: tapp! tapp! erwacht der Hund [...]." Wieso steht für die „alte, kranke Frau" hier das Fürwort ‚ihm'? Wieso verursacht der erste Schritt bereits ein doppeltes Tapp-Geräusch?[240] Indem sich zwischen Erzählung und Erzähltem kleine Unstimmigkeiten ansammeln, wird die Narration ihrerseits unheimlich. Schließlich gilt für erzählte Geschehnisse und Figuren immer, was den Spuk des Bettelweibs so entsetzlich macht: daß nämlich kein Mensch sie mit Augen sehen kann.[241] Doch erst in der Desavouierung des Erzählers tritt dies als ein Merkmal hervor. Was eigentlich erzählt eine Erzählung, in dessen Erzähler man kein Vertrauen mehr setzen kann?

Es ist durchaus naheliegend, eine solche Interpretation des Textes mit dem Kontext seiner ersten Publikation, den BERLINER ABENDBLÄTTERN, in Verbindung bringen – und zwar gerade im Hinblick auf die hier ausgestellte Spannung zwischen sinnstiftenden narrativen Mustern und Ereignissen, die zunächst einmal nicht auf den Begriff zu bringen sind.[242] Ulrike Landfester schreibt: „Vor dem Hintergrund von Kleists publizistischer Tätigkeit [...] läßt sich die Erzählung nunmehr als ein Text lesen, der weit davon entfernt, bloße ‚Schauermär' zu sein, vielmehr programmatisch mit einem für die Herausgabe und Textgestaltung der *Abendblätter* zentralen Problem befaßt ist, mit dem Verhältnis zwischen auf Objektivität verpflichteter Faktenkolportage und erzählerischer Sinnstiftung nämlich [...]."[243]

Für eine Lektüre der ABENDBLÄTTER ist dann um so interessanter, welche Technik die Erzählung hinsichtlich dieses Verhältnisses in Anschlag bringt: Keineswegs nämlich nimmt sie die narrative Sinnstiftung zurück, um im Sinne der Programmatik objektiver Berichterstattung ‚die Fakten für sich sprechen zu lassen'. Statt dessen weist sie ein gängiges Sinnstiftungsmuster als solches aus, gerade indem sie es gegen die Unfaßlichkeit des Geschehens in Stellung bringt und scheitern läßt. Das problematische Verhältnis von narrativer Sinnstiftung und Faktenkolportage kommt also durch eine Desavouierung des Erzählers in den Blick. Landfester argumentiert vor diesem

---

[240] Vgl. Reuß 1997a, S. 8.
[241] Vgl. Greiner 2000, S. 326.
[242] Vgl. dazu auch Marx 1994.
[243] Landfester 1998, S. 141 f.

Hintergrund einmal mehr, „Das Bettelweib von Locarno" sei „weit davon entfernt, bloße ‚Schauermär'" zu sein, und zwar, weil sich in der Erzählung die Problematik der publizistischen Tätigkeit Kleists reflektiere.[244] Gerade im Hinblick auf den Publikationskontext der ABENDBLÄTTER wird jedoch fraglich, ob diese Reflexivität dem literarischen Text als solchem zugerechnet werden sollte. Denn überträgt man die Technik der Erzählung – die Desavouierung des Erzählers – versuchsweise auf die ABENDBLÄTTER selbst, heißt das paradoxerweise auch, daß die Frage, ob es sich um eine populäre und qualitativ mäßige Schauergeschichte oder um ein quasi dekonstruktives Umgehen mit der populären Form handelt, nicht zu entscheiden, sondern vielmehr offen zu halten wäre.

Daß der Text bei seinem ersten Erscheinen nicht autorisiert ist, trägt zu solcher Unentscheidbarkeit bei und verleiht der Frage zugleich zusätzliches Gewicht: Für ein zeitgenössisches Lesen ist die Autorschaft Kleists nach der in der Ausgabe vom vorangegangenen Tag abgedruckten „Anmerk. des Herausgebers" in gewissem Maße wahrscheinlich. Zumindest ist anzunehmen, daß literarisch interessierte Leserinnen und Leser die Erzählung auch im Hinblick darauf gelesen haben, ob sich in ihr Kleists Hand verrät. Eine solche Rezeptionshaltung ist dazu prädestiniert, die inkonsistenten Details der Erzählung zu finden, und wird doch um so weniger entscheiden können, ob sich in ihnen der merkwürdige Erzählstil Kleists oder vielmehr die Fehler eines mäßigen Autors zu erkennen geben. So setzt das Erscheinen des Textes in den ABENDBLÄTTERN Literarizität als Frage der Lesart in Szene.

Schreibt man den Text von vornherein Kleist zu, liegt es nahe, all den ‚Fehlern', all den Inkonsistenzen Signifikanz zuzuweisen, sie als Teil einer literarischen Immanenz zu betrachten. Dann sind die Inkonsistenzen – die Verkehrungen zeitlicher Folgen, die Irritationen räumlicher Ordnungen und schließlich das Fehlgehen moralischer Ökonomien – Symbole einer aus den Fugen geratenen und auch narrativ nicht mehr zu korrigierenden Welt. Schreibt man den Text dagegen nicht Kleist zu, tendieren die Fehler aus der symbolischen Ordnung der Erzählung herauszufallen und werden so zu Indizien literarischer Mittelmäßigkeit. Indem die Erzählung „Das Bettelweib von Locarno", erschienen in der 10. Ausgabe der ABENDBLÄTTER, diese Frage unentscheidbar werden läßt, wird ein weiteres Mal die Unterscheidung zwischen Symbol und Indiz unterlaufen. Zugleich bringt der Text immer dann, wenn im Spiel von Kontingenz und Signifikanz im Sinne der hohen Literatur für Signifikanz optiert wird, die Kontingenz dieser Entscheidung als solche zum Vorschein.

Will man dies wiederum der Erzählung gutschreiben, ist zunächst zu konstatieren, wie präzise sie die Balance hält: Schließlich wird die Form des Schauermärchens mitsamt ihrer simplen moralischen Pointe vom Text keineswegs deutlich diskreditiert. Dies käme zustande, wenn eine Differenz

---

[244] Ebd., S. 142.

zwischen Form und Inhalt als solche apostrophiert wäre, wenn es Signale gäbe, daß der Autor auf die Effekte dieser Differenz spekuliert. Es ist keine leichte Aufgabe, innerhalb eines literarischen Textes etwas unterzubringen, das sich der Sinnstiftung so nachdrücklich verweigert, daß tatsächlich Kontingenz ins Spiel ubiquitärer Signifikation eintritt. Immerhin ist doch die literarische Rezeption eines Textes grundsätzlich bereit, alles Mögliche immer schon in einem Sinnhorizont aufgehoben zu sehen. Selbstverständlich kann ein Text diesbezüglich in verschiedenster Weise die Erwartungen enttäuschen, die narrativen Muster stören und aussetzen. Doch tendieren solche Irritationen dazu, sich als Zeichen für Selbstreflexivität wieder in die Immanenz einzuschreiben. Im „Bettelweib von Locarno" wird dieser Prozeß der Bedeutungsproduktion gerade insofern unterbrochen, als die formalen Unstimmigkeiten im Detail insistieren. Sie halten sich auf einer Schwelle, an der sie erst einer Lektüre aufzufallen beginnen, die bereits nach Indizien und nicht nach Symbolen Ausschau zu halten bereit ist.

Lob der Mittelmäßigkeit
Im Zuge einer solchen Lektüre zeigt sich, was im Inneren des ästhetischen Diskuses nötig ist, um die Beziehung zwischen Detail und Sinnzusammenhang tatsächlich in der Weise fraglich und offen zu halten, wie von den entsprechenden Konzepten ästhetischer Erfahrung annonciert wird: Soll eine Vermittlung von Zufall und Notwendigkeit, Besonderem und Allgemeinem sich tatsächlich ereignen, statt im ästhetischen Sinnhorizont immer schon vorausgesetzt zu sein, muß sie von einem ‚Fehler' gekreuzt werden, der die allverantwortliche Absichtslosigkeit des Autor-Genies auf das tatsächlich Unbeabsichtigte hin durchlässig werden läßt. Die Kontingenz des Details kommt nur als unscheinbare Inkonsistenz und damit als mögliche Kontamination überhaupt in den Blick. So fordert die ‚Fehlerhaftigkeit' der Erzählung den ästhetischen Diskurs, der sie flankiert (hier in Gestalt der Beckedorffschen Kunstkritik), zu einem Selbstwiderspruch heraus, der sich in einem in Nummer 1 der ABENDBLÄTTER veröffentlichten Text, betitelt „Satz aus der höheren Kritik", auf den Punkt gebracht findet:

> Es gehört mehr Genie dazu, ein mittelmäßiges Kunstwerk zu würdigen, als ein vortreffliches. [...]
> In einem trefflichen Kunstwerk ist das Schöne so rein enthalten, daß es jedem gesunden Auffassungsvermögen, als solchem, in die Sinne springt; im Mittelmäßigen hingegen ist es mit soviel Zufälligem oder wohl gar Widersprechendem vermischt, daß ein weit schärferes Urtheil, eine zartere Empfindung und eine geübtere und lebhaftere Imagination, kurz mehr Genie dazu gehört, um es davon zu säubern. [...]
> Wer also Schiller und Göthe lobt, der giebt mir dadurch noch gar nicht, wie er glaubt, den Beweis eines vorzüglichen und außerordentlichen Schönheitssinnes; wer aber mit Gellert und Kronegck hie und da zufrieden ist, der läßt mich, wenn er nur sonst in einer Rede Recht hat,

vermuten, daß er Verstand und Empfindungen, und zwar beide in einem seltenen Grade besitzt. (BA, No. 1)

In der Rede von der ‚höheren' Kritik wird gerade die distinktive Struktur des Bildungsdiskurses ironisch unterlaufen: Worin soll sich ästhetische Urteilskraft als solche beweisen, wenn nicht darin, Qualitätsentscheidungen zu treffen, Nicht-Kunst von Kunst zu unterscheiden und letztere als solche zu beglaubigen? Die höhere Urteilskraft wäre also die, die das Mittelmaß würdigt? Mit einem solchen Diktum wird letztlich ebenso unbestimmbar, was in der Kunst Mittelmaß wäre, wie was in der Kunstkritik Expertise heißen könnte.[245] Die üblichen Verfahren der gegenseitigen Beglaubigung von Kunst und Wissen werden ausgesetzt. So stellt „Das Bettelweib von Locarno" als mittelmäßige Erzählung mit „Zufälligem oder wohl gar Widersprechendem" vermischt seinen Interpreten eine Falle, in der sich auch heutige Vertreter des Bildungsdiskurses schon deshalb verfangen müssen, weil sie nur im Kontext der ABENDBLÄTTER als solche erkennbar ist, in der kanonischen Überlieferung aber immer schon zugeschnappt hat.

Nun geht die Überlieferung der Erzählung als Teil des literarischen Werks ja durchaus auf Kleist zurück: Er selbst hat „Das Bettelweib von Locarno" in den zweiten Band seiner *Erzählungen* von 1811 aufgenommen (in denen es seither als ein zwielichtiges Element herumspukt), allerdings nicht, ohne Spuren zu hinterlassen, die auf die ABENDBLÄTTER zurückführen. Aufschlußreich hierzu ist eine von Roland Reuß verfaßte „Notiz zur Geschichte einer Konjektur in Kleists Erzählung ‚Das Bettelweib von Locarno'": „Der drittletzte Satz des Textes der ‚Erzählungen' [...] spricht von dem überstürzten Aufbruch der Marquise aus dem Haus, in das sie ‚Das Bettelweib von Locarno' eingangs ‚aus Mitleiden' eingelassen hatte. Er lautet 1811, als der Text erschien: ‚Aber ehe sie noch einige Sachen zusammengepackt und nach Zusammenraffung einiger Sachen aus dem Thore herausgerasselt, sieht sie schon das Schloß ringsum in Flammen aufgehen.' In diesem Wortlaut hielt sich Kleists Text durch das ganze 19. Jahrhundert hindurch [...]. Die Überlieferung änderte sich (wurde verändert), als man zum ersten Mal auf die ‚Berliner Abendblätter' als eigenständiges und in seiner Zeit singuläres Publikationsmedium aufmerksam wurde. [...] Steig war aufgefallen, daß [...] der Text der ‚Berliner Abendblätter' noch den Wortlaut hatte: ‚Aber ehe sie noch aus dem Thor gerasselt, sieht sie schon das Schloß

---

[245] Unter Umständen ließe sich der „Satz aus der höheren Kritik" mit einer von Kleist verfaßten und drei Ausgaben zuvor veröffentlichten Rezension von Achim von Arnims „Halle und Jerusalem" in Zusammenhang bringen (BA, Bl. 76). Hier heißt es: „Wenn hier oder dort uns eine Wendung des wunderbaren Gedichts befremdete, so sind wir doch nicht Barbaren genug, um irgend eine angewöhnte, unserm Ohr längst eingesungene poetische Weise für die Regel alles Gesanges zu halten. Der Dichter hat mehr auszusprechen, als das besondere uns in engels Schulen anempfundene Gute und Schöne. Alles Vortreffliche führt etwas Befremdliches mit sich [...]."

ringsum in Flammen aufgehen.'"²⁴⁶ Diese Differenz erklärt sich Reinhold Steig damit, daß Kleist am Text der 10. Ausgabe der ABENDBLÄTTER zwei alternative Ergänzungen vorgenommen habe, die der Setzer der Buchausgabe fälschlicherweise beide übernommen hätte. Auf der Grundlage dieser Spekulation fällt eine der Formulierungen vom Zusammenraffen der Sachen weg, um erst mit der *Brandenburger Kleist-Ausgabe* und der zitierten „Notiz" wieder Gegenstand der Reflexion zu werden. Reuß weist zunächst erneut darauf hin, daß die Erzählung sich überhaupt durch zahlreiche manifeste Inkohärenzen auszeichne, so daß es wenig plausibel sei, gerade diese zu eliminieren. Er fügt allerdings hinzu, diese Inkohärenzen würden „auf einer anderen, höher integrierenden Ebene allesamt sprechend" werden und „in einen Zusammenhang [gehören], der sich ‚bettelnd vor der Thür' des Verstehens einfindet."²⁴⁷ Diese Thür wird aufgetan und zwar auf ‚höherer Ebene', nämlich von den Herausgebern der *Brandenburger Kleist-Ausgabe*. In diesem Ebenenwechsel aber ist das Prinzip diskursiver Distinktion in Fragen der Ästhetik weiterhin in Kraft: Die Erzählung „Das Bettelweib von Locarno" wird weiterhin gerade aufgrund ihrer Inkohärenz als hohe Kunst charakterisiert und zwar von einer Instanz, die damit ihre eigene Reflexivität beglaubigt.

Erst wenn man dem besagten ‚Druckfehler' als einer Fährte zurück in den ersten Kontext der Publikation folgt, zeigt sich, daß jene Irritation, die die mittelmäßige Erzählung im ästhetischen Urteilsvermögen auslöst, durchaus als solche eine Funktion hat: Wenn die Frage nach In- oder Exklusivität der Fehlerhaftigkeiten offengehalten wird, wenn ihr Status zwischen Symbol und Indiz changiert und Literarizität solchermaßen als eine Frage der Lesart erscheint, dann ist nicht mehr ausgemacht, warum die entsprechende Art des Lesens auf die im engeren Sinne literarischen Texte beschränkt werden sollte. Gerade in ihrer Fragwürdigkeit streut die Literarizität der Erzählung „Das Bettelweib von Locarno" in den ‚nicht-literarischen' Kontext ihrer Publikation.

Die Redaktion der ABENDBLÄTTER zeigt in den beiden Ausgaben vor der Veröffentlichung der Erzählung „Das Bettelweib von Locarno" im 10. Blatt zwei Druckfehler an. Das achte Blatt endet mit der dafür neu eingeführten Überschrift „Druckfehler":

> 7tes Blatt. Seite 28, Zeile 16 von oben: lies gemahlt statt gemacht. (BA, Bl. 8)

Am Ende der Ausgabe des nächsten Tages, unmittelbar vor Abdruck der Erzählung, wiederholt sich diese Überschrift. Doch was solchermaßen betitelt ist, ist nicht von derselben Art wie die vorangegangene Richtigstellung; es handelt sich vielmehr um das in der Einleitung bereits diskutierte redaktionelle Manöver hinsichtlich des Polizeiberichts vom tollen Hund:

---

²⁴⁶ Reuß 1997a, S. 3 f.
²⁴⁷ Ebd.

Druckfehler

> In dem gestrigen Abendblatte ist aus einem Versehen die Rubrik: Polizeiliche Tages-Mittheilungen über dem Artikel vom Tollen Hunde in Charlottenburg gedruckt, anstatt nach diesem Artikel zu folgen [...].
> (BA, Bl. 9)

Man fragt sich, ob dieser Mitteilung vom fälschlichen Gebrauch der Rubriken eine gewisse Selbstbezüglichkeit anhaften könnte, insofern der so annoncierte „Druckfehler" ja seinerseits durchaus kein Druckfehler war. Die nachträgliche Konstruktion erinnert darüber hinaus an einen zwei Jahre zuvor verfaßten, zu Lebzeiten Kleists unveröffentlichten fragmentarischen Text mit dem Titel „Lehrbuch der französischen Journalistik". Hier empfiehlt Kleist, im Umgang mit unannehmlichen Nachrichten, von denen zu sprechen man nicht ganz vermeiden könne, einen Druckfehler zu fingieren – die Schuld falle dann auf den Setzer oder Korrektor.[248] Keineswegs alle in den ABENDBLÄTTERN auftretenden Druckfehler werden nachträglich zurechtgerückt. Dient also womöglich schon die Einführung der Rubrik „Druckfehler" im vorangegangenen Blatt allein zur Vorbereitung des Manövers vom folgenden Tag?

Vor diesem Hintergrund erscheint die am Tag darauf veröffentlichte Erzählung wiederum als eine nachträgliche Aufforderung dazu, auch noch den Fehler, Figur der Unabsichtlichkeit und der Kontingenz schlechthin, auf seine Signifikanz hin zu prüfen – und zwar über jede Nachprüfbarkeit hinaus. Führt man aber umgekehrt das Spiel mit den Druckfehlern aus den Blättern 8 und 9 als Argument dafür an, die Fehlerhaftigkeit der Erzählung sei durchaus nicht zufällig, führt dies in eine paradoxe Konsequenz: Die Zugehörigkeit der Fehler zur Signifikanz des literarischen Textes zu beglaubigen hieße dann, die Grenzen literarischer Immanenz bereits wieder auf den ‚nicht-literarischen' Kontext der Publikation hin zu überschreiten.

Wie das Kreisen in der ästhetischen Immanenz, wie die stete Reflexion der Kunst auf sich selbst zu unterbrechen wäre, diese Frage stellt auch der in Nummer 4 der ABENDBLÄTTER erschienene „Brief eines Dichters an einen anderen". Der Schreiber des Briefes weist das Lob eines Kollegen zurück, der sich zu den formalen Eigenschaften seiner Dichtung geäußert hatte:

> Erlaube mir, Dir zu sagen, daß Dein Gemüth hier auf Vorzügen verweilt, die ihren größten Werth dadurch bewiesen haben würden, daß Du sie gar nicht bemerkt hättest. Wenn ich beim Dichten in meinen Busen fassen, meinen Gedanken ergreifen, und mit Händen, ohne weitere Zuthat, in den Deinigen legen könnte; so wäre, die Wahrheit zu gestehn, die ganze innere Forderung meiner Seele erfüllt. [...] Denn das ist die Eigenschaft aller ächten Form, daß der Geist augenblicklich und unmittelbar daraus hervortritt, während die mangelhafte ihn, wie ein schlechter Spiegel gebunden hält, und uns an nichts erinnert als an

---

[248] Kleist, DKV, Bd. III, S. 468.

sich selbst. Wenn Du mir daher, in dem Moment der ersten Empfängniß, die Form meiner kleinen anspruchslosen Dichterwerke lobst; so erweckst Du in mir, auf natürlichem Wege, die Besorgniß, daß darin ganz falsche rhythmische und prosodische Reize enthalten sind [...].
Aber diese Unempfindlichkeit gegen das Wesen und den Kern der Poesie, bei der, bis zur Krankheit, ausgebildeten Reizbarkeit für das Zufällige und die Form, klebt Deinem Gemüth überhaupt, meine ich, von der Schule an, aus welcher Du stammst; ohne Zweifel gegen die Absicht dieser Schule, welche selbst geistreicher war, als irgend eine, die je unter uns auftrat, obschon nicht ganz, bei dem paradoxen Mutwillen ihrer Lehrart, ohne ihre Schuld. [...]
Was liegt an Jamben, Reimen, Assonanzen und dergleichen Vorzügen, für welche dein Ohr stets, als gäbe es gar keine andere, gespitzt ist? – Lebe wohl! (BA, No. 4)

Nicht vermerkt worden ist bisher, daß es sich beim „Brief eines Dichters an einen anderen" um einen Abschiedsbrief handelt, um einen Brief, dessen zunehmend polemischer und schließlich beleidigender Ton jede Antwort unmöglich macht, der also den Kontakt des Dichters mit seinem Kollegen beendet. Der Brief ist mithin eigentlich nicht als Teilnahme am ästhetischen Diskurs zu werten, sondern als Aufkündigung, als Besiegelung des Scheiterns ästhetischer Kommunikation.

Nur auf den ersten Blick steht der Brief mit der Formulierung „Wenn ich beim Dichten in meinen Busen fassen, meinen Gedanken ergreifen, und mit Händen ohne weitere Zuthat, in den Deinigen legen könnte: so wäre, die Wahrheit zu gestehn, die ganze innere Forderung meiner Seele erfüllt" in der Tradition der Poetologie von Unmittelbarkeit und Vermittlung. Zwar erinnert diese Formulierung an frühere Briefe an Ulrike von Kleist.[249] Der Duktus dieser Briefe wird hier jedoch gleichsam zitiert. Die Poetologie der Unmittelbarkeit ist noch einmal aufgerufen, steht nun aber im Zeichen ihres Scheiterns und zwar gerade auch ihres Scheiterns in künstlerischer Hinsicht. Der Plan, die Form qua Perfektion unsichtbar werden zu lassen, scheitert an der alles in sich aufnehmenden selbstreflexiven Immanenz einer als autonom postulierten schönen Kunst. Wenn diese Absage an den ästhetischen Diskurs nicht das Ende auch des literarischen Schreibens sein soll, so fragt sich daher von neuem: Wie wäre angesichts dessen zu schreiben, wie wäre die formale Immanenz trotz allem zu durchkreuzen? Daß der Dichterkollege die Perfektion der literarischen Form kommentiert, läßt den Absender des Briefes auf dessen „bis zur Krankheit" ausgebildete Reizbarkeit hinsichtlich des Verhältnisses von Zufall und Form schließen, aber vor allem auch fürchten, die eigenen Verse seien fehlerhaft, gerade weil sie die Aufmerksamkeit auf sich ziehen. Wo Perfektion solchermaßen mit Mangelhaftigkeit zu koinzidieren scheint, liegt es nahe, einmal umgekehrt die Probe zu machen und die Zirkel ästhetischer Reflexion gerade durch weniger

---

[249] Vgl. dazu den berühmten Brief vom 13./14.3.1810.

Perfektes, durch tatsächliche Fehler in der Form zu irritieren und womöglich zu unterzubrechen.

Lange Zeit war man sich in literaturwissenschaftlichen Kreisen nicht im Klaren darüber, ob man Kleists in den ABENDBLÄTTERN erschienene ‚kleine Literatur' ernstnehmen solle oder nicht. Während man Hölderlins Tragödien-Schriften entweder für zweitrangig oder für eine Art Überschreitung noch der Hegelschen Dialektik,[250] bestimmte Fragmente von Novalis für kinderschlau oder für tiefsinnig halten kann, ist bei der kleinen Prosa Kleists immer wieder umstritten gewesen, ob sie „Summe von Kleists Weltverständnis" sind, „oder lediglich ein beiläufiges und logisch inkonsequentes Produkt darstelle[n]",[251] ob sie also – kurz gesagt – mittelmäßig sind.

Man hat sich seit einiger Zeit für Ersteres entschieden und damit dafür, diese Texte auch im Kontext der ästhetischen Theorie ihrer Zeit zu lesen. Entsprechend komplexe Analysen auch von in den ABENDBLÄTTERN erschienenen Texten wurden angefertigt.[252] Solchen Analysen ist dabei häufig das Desiderat beigegeben, die Texte müßten auch auf den Kontext ihrer Publikation bezogen werden, was jedoch kaum geschieht. Dies ist nun kein Zufall, sondern hat seinen Grund darin, daß der Veröffentlichungskontext es eher wieder erschwert, die Beziehung zwischen dem theoretischen Diskurs um 1800 und der kleinen Kleistschen Prosa zu etablieren: Den Diskurs zwischen Kunst und Wissen um 1800 kennzeichnet ein gewisses Bewußtsein vom eigenen Niveau, wie es die Rede von einander ablösenden Bewußtseinsniveaus mit sich bringt, die sich von Kant über Schiller, Fichte und die Romantiker bis zu Hegel fortsetzt. Entlang gängiger Maßstäbe unterschreitet aber die große Mehrheit der in den BERLINER ABENDBLÄTTERN veröffentlichten Texte recht drastisch ein Niveau reflexiver Auseinandersetzung, wie man es etwa im *Athenäum* vorfindet. Und das hängt nicht nur mit den hier zusammengestellten Textsorten zusammen – die ABENDBLÄTTER bestehen durchaus nicht nur aus Anekdoten und Polizeinachrichten. Zahlreiche Texte sind um reflexives Niveau bemüht, allein: Sie scheinen sich oft vergeblich zu bemühen.

Will man damit ernst machen, Kleists kleine Prosa auf ihren Publikationskontext, die BERLINER ABENDBLÄTTER, zurückzubeziehen, gilt es daher gerade das Changieren dieser Texte zwischen Mittelmäßigkeit und subtiler Selbstkommentierung wieder wahrzunehmen, statt sich angesichts

---

[250] Vgl. dazu Lacaoue-Labarthe 1981, S. 207 ff.
[251] Schulz 1989, S. 373. Vgl. auch Rollka 1985, S. 79: „Die Frage nach dem literarischen Rang der in den Abenblättern enthaltenen Prosaformen wurde von den Zeitgenossen überwiegend ebenso eindeutig beantwortet wie von der frühen Forschung. [...] Bezeichnenderweise stellte zum Beispiel Ludwig Geiger am Ende des 19. Jahrhunderts kategorisch fest: ‚Die Abendblätter enthielten Erzählungen, unter denen einige Kleist's sich befinden, die den Niedergang seines Talents deutlich bezeugen.'"
[252] U.a. in Greiner 1994, Zeeb 1994, Wirth 1992, Rohrwasser 1993, Groß 1995, Moering 1972, Dierig 1997, Moser 1993.

dieser Ambivalenz lediglich für letzteres zu entscheiden. Dieses Changieren nämlich hat im Kontext der BERLINER ABENDBLÄTTER eine wichtige Funktion. Es ist, wie der „Satz aus der höheren Kritik" anzeigt, dazu geeignet, an die Stelle eines Qualitätsbewußtsein, wie es dem zeitgenössischen Bildungsdiskurs eigen ist, eine Aufmerksamkeit treten zu lassen, die ästhetische Sensibilität und literarische Lektüre als Techniken begreift und verwendet, die allen möglichen Texten, Zusammenhängen und Agenturen zugute kommen können, ohne sie damit zu Kunst zu erklären oder in den Horizont des Kleistschen Werks einzuschreiben. Die kleine Prosa Kleists scheint die paradoxe Leseanweisung zu enthalten, sich das ‚Niveau' der Lektüre selbst auszusuchen, ohne darin auf eine Autorität im Text selbst zu vertrauen, ja, sie legt nahe, daß es sich mit der Komplexität von Texten und Kontexten arbiträr verhält. Damit ist sie Teil einer publizistischen Strategie: Es gilt diese Art der Aufmerksamkeit, indem sie von den Texten Kleists in besonderer Weise wachgerufen wird, auf die anderen in den BERLINER ABENDBLÄTTERN veröffentlichten Texte übergehen zu lassen und so auch deren ‚Mittelmäßigkeit' in Schwingung zu versetzen. Daß die BERLINER ABENDBLÄTTER die im „Satz aus der höheren Kritik" beschriebene Paradoxie – je mittelmäßiger, desto höher – solchermaßen zugunsten ihrer Intertextualität umwenden, macht sie nicht zum literarischen Werk, es macht sie vielmehr zum „Volksblatt".

Nachtrag zum Unwahrscheinlichen
Eine gewisse „Reizbarkeit" vorausgesetzt, ereignen sich in den ABENDBLÄTTERN Verkettungen wie die hier verzeichneten über die ganze Dauer ihres Erscheinens hinweg. Die Intensität allerdings variiert: Spannungsfelder scheinen sich auf- und wieder abzubauen bis ins kaum noch Wahrnehmbare. Im Sinne der These, die BERLINER ABENDBLÄTTER machten ihre Literarizität zu einer Frage der Lesart, ist nicht zu bestimmen, wie weit das Netz der Verweise reicht – dennoch droht es zusammenzubrechen, wenn die Magnetisierung der Leerstellen eine gewisse Feldstärke unterschreitet. In diesem Sinne wäre es naheliegend, nur das erste Quartal der ABENDBLÄTTER als zum eigentlichen Projekt gehörig zu betrachten.[253] Doch nicht nur die Programmatik des „Satzes aus der höheren Kritik", der in Nummer 1 des zweiten Quartals erscheint, läßt eine solche Entscheidung zweifelhaft werden. Vermutlich verhält es sich so: Wo immer man die Grenze zöge, gäbe es mindestens noch einen Nachtrag zu machen.

In Nummer 8 der ABENDBLÄTTER des zweiten Quartals findet sich ein längerer Text von anekdotischem Charakter, in dem die Abgrenzung des Kleistschen Projekts gegen den ästhetischen Diskurs seiner Zeit beim Namen genannt zu werden scheint – und zwar beim Namen Schillers. Bringen wir

---

[253] Die Fäden des Netzes, so könnte man im Hinblick auf den *Zweikampf* mutmaßen, kommen in dieser zweiten Phase nicht mehr in den ABENDBLÄTTERN zusammen, sondern laufen nur noch durch diese hindurch.

also die Differenz von Zeitung und Dichtung ein weiteres, ein letztes Mal in Stellung, um zu sehen, wie ihr in diesem Text mitgespielt wird.

Die „Unwahrscheinliche[n] Wahrhaftigkeiten" beginnen mit einer Vorrede zum Verhältnis von Wahrheit und Wahrscheinlichkeit, dann erzählt ein Offizier einer Gesellschaft drei Anekdoten. Wie, so wird hier gefragt, läßt sich überhaupt vom Unwahrscheinlichen Zeugnis geben, wenn ein solcher Versuch grundsätzlich den Zeugen, den Erzähler um seine Glaubwürdigkeit und Zurechnungsfähigkeit zu bringen droht? Im Extremfall des Unwahrscheinlichen wird mithin das paradoxe Verhältnis erörtert, in dem das wahre Ereignis und das auf Wahrscheinlichkeit beruhende narrative Muster stehen, das dem Ereignis erst Geltung verschafft. Der Text macht die Probe, ob dem hier angelegten Sieg der Wahrscheinlichkeit über die Wahrheit qua Explikation vorzubeugen wäre: So erzählt der Offizier seine Anekdoten gerade als Belege für die These, daß die Wahrheit nicht immer auf Seiten der Wahrscheinlichkeit ist. Doch wie wäre die Wahrheit dieser These noch zu erweisen, wenn nicht durch eine Wahrscheinlichkeit, um deren Fehlen es gerade geht? Der Erzähler kämpft mit einer auf ihn gemünzten Variante des Lügnerparadoxons darum, der unwahrscheinlichen Verkettung eine Chance zu geben:[254]

> „Die dritte Geschichte," fuhr der Offizier fort, „trug sich zu, im Freiheitskriege der Niederländer, bei der Belagerung von Antwerpen durch den Herzog von Parma. Der Herzog hatte die Schelde, vermittelst einer Schiffsbrücke, gesperrt, und die Antwerpner arbeiteten ihrerseits, unter Anleitung eines geschickten Italieners, daran, dieselbe durch Brander, die sie gegen die Brücke losließen, in die Luft zu sprengen. In dem Augenblick, meine Herren, da die Fahrzeuge die Schelde herab, gegen die Brücke, anschwimmen, steht, das merken Sie wohl, ein Fahnenjunker, auf dem linken Ufer der Schelde, dicht neben dem Herzog von Parma; jetzt, verstehen Sie, jetzt geschieht die Explosion: und der Junker, Haut und Haar, sammt Fahne und Gepäck, und ohne daß ihm das Mindeste auf dieser Reise zugestoßen, steht auf dem rechten. Und die Schelde ist hier, wie Sie wissen werden, einen kleinen Kanonenschuß breit." (BA, No. 8)

In dieser letzten Anekdote geht es zunächst um eine Brücke, die eigentlich keine Brücke ist, sondern aus Schiffen besteht, die aneinander befestigt sind. Auch stellt die Brücke gerade keine Verbindung her, sondern ist Teil eines Belagerungszustands, also Sperre statt Brücke. An dieser Sperre entfesselt sich nun eine Kriegsmaschinerie – man läßt andere, mit Sprengstoff beladene Schiffe (Brander) gegen die Brücke treiben, um sie zu zerstören. Der Sprengstoff explodiert im Moment des Auftreffens auf dem Hindernis, das heißt Schiffe zerstören in der Selbstzerstörung eine Brücke, die ihrerseits aus Schiffen besteht. Und in dieser Entfesselung geschieht das, was gegen alle

---

[254] Zum poetologischen Paradox unwahrscheinlicher Wahrscheinlichkeiten vgl. Campe 2002.

Wahrscheinlichkeit ist: Ein Erreichen der anderen Seite gelingt gerade in der Zerstörung der Brücke. Inmitten des Kriegsgeschehens geraten in einer Verkettung von Umständen die Bezüge durcheinander, Freund und Feind werden vertauscht – den Antwerpenern wird gegen die Belagerung durch den Herzog von Parma von einem „geschickten Italiener" geholfen; es wird unklar, wer eigentlich wen wovon abhalten oder wozu bringen will. Für einen Moment schließen all die gegeneinander gerichteten Agenturen aneinander an, und so produziert die Gegenseite im Sprengen der Sperre doch noch ein Übersetzen von der einen auf die andere Seite. Es ist – „das merken Sie wohl" – der Fahnenjunker des Herzogs von Parma, der diesen Salto Mortale vollführt, und zwar ohne Schaden zu nehmen.

Wo man sich durch die Gesprächssituation und die Reflexion auf das Verhältnis von Wahrheit und Wahrscheinlichkeit – Sein und Schein – an Goethes *Unterhaltungen* erinnert fühlt, wird man bei dieser ‚Brücke' möglicherweise an eine andere Brücke denken, die ebenfalls eigentlich keine Brücke ist, sondern eine Schlange, und die dennoch eine Verbindung herstellt: eine Verbindung zu einem Ort, an dem die ästhetische Utopie lebendig wird. Gemeint ist die Brücke aus Goethes „Märchen", das als Antwort auf Schillers „Briefe über die ästhetische Erziehung" in den *Horen* erschien.[255] Goethes Schlange verwandelt sich in dem Moment in eine Brücke, in dem der vorher isolierte und damit auch sakral geschützte Raum des Ästhetischen, hier also die mit symbolischen Bildnissen angefüllte Felsenhöhle, seine gemeinschaftsstiftende Funktion in der Vergegenwärtigung gemeinsamer Traditionen und Werte erfüllt hat und die partikularen Interessen der beteiligten Figuren sich zum Ganzen fügen.[256] Die Anekdote Kleists bezeugt dagegen ein Moment, in dem gerade das strategische Gegeneinander die Agenturen so in Verwirrung und Verwindung geraten läßt, daß in einer zufälligen Verkettung von Umständen ein Übersetzen, ein Wirken für die Sache des Anderen sich ereignet.

Kleist macht diese „unwahrscheinliche Wahrhaftigkeit" zum Gegenstand seiner literarischen Produktion für die BERLINER ABENDBLÄTTER, indem er zugleich darauf hinweist, daß sie, zumindest den Herausgebern der *Horen* zufolge, für die Dichtung ungeeignet sei:

> Herr Hauptmann! riefen die Andern lachend: Herr Hauptmann! – Sie wollten wenigstens die Quelle dieser abendtheuerlichen Geschichte, die er für wahr ausgab, wissen.
> Lassen Sie ihn, sprach ein Mitglied der Gesellschaft; die Geschichte steht in dem Anhang zu Schillers Geschichte vom Abfall der vereinigten Niederlande; und der Verf. bemerkt ausdrücklich, daß ein Dichter von diesem Faktum keinen Gebrauch machen könne, der Geschichtsschreiber aber, wegen der Unverwerflichkeit der Quellen

---

[255] Vgl. zu den Bezügen zwischen Schillers „Briefen zur ästhetischen Erziehung" und Goethes „Märchen" im Rahmen der *Horen* Wergin 1996.
[256] Goethe 1948 ff., Bd. 6, S. 241.

und der Übereinstimmung der Zeugnisse, genöthigt sei, dasselbe aufzunehmen. (BA, No. 8)

In diese Gegenüberstellung von Dichter und Geschichtsschreiber kann man den Journalisten zunächst einmal getrost mit einfügen, von dem Friedrich Gentz 1799 schreibt: „In so fern er aber den rohen Stoff, den er liefert, zu verarbeiten anfängt [...], gilt von ihm alles das, was hier von dem Geschichtsschreiber gesagt wird."[257]

Der Erzähler der Anekdote, der Offizier, verschweigt seine Quelle – dies ist für Kleist, ehemals Offizier, nun Journalist, ein alltägliches Geschäft. Doch was meint in diesem Zusammenhang der Kommentar des „Mitglieds der Gesellschaft" zu diesem Schweigen? Ist mit der Formulierung „Lassen sie ihn" angedeutet, daß die Unterscheidung zwischen Dichtung und Geschichtsschreibung respektive Journalismus, noch dazu da sie aus der Feder Schillers stammt, für den Erzähler ein Ärgernis ist? Fordert diese Leerstelle dazu auf, die anekdotische Ersetzung sinnvoller Bezüglichkeit und symbolischer Gemeinschaftsstiftung durch die unwahrscheinliche Verkettung konkurrierender Agenturen programmatisch zu nehmen – und zwar im Hinblick auf das Verhältnis der BERLINER ABENDBLÄTTER zum ästhetischen Diskurs ihrer Zeit?

Sobald man sich dieser Vermutung wissenschaftlich zu versichern versucht – und das heißt im vorliegenden Fall: sobald man dem bibliographischen Verweis nachgeht, muß man die Hoffnung auf eine so plakative These fahren lassen. Dann nämlich zeigt sich: Die Vorlage für die Anekdote findet sich gar nicht bei Schiller, sondern vielmehr bei Karl Curths in dessen Buch *Der Niederländische Revolutionskrieg im 16. und 17. Jahrhundert*, das als Fortsetzung zu Schillers *Geschichte des Abfalls der vereinigten Niederlande von der spanischen Regierung* 1809/10 erschienen ist.[258]

Um den Beleg zu retten, wäre zu argumentieren, das Kleist nichtsdestoweniger schreibt, die Geschichte stünde im Anhang zu Schillers Darstellung und sich anschließend auf den „Verf." bezieht. Obwohl Kleist die folgende Wendung also nicht direkt Schiller zuschreibt, sondern zwischen Schiller und ‚Verf.' unterscheidet, ist man bei solcher Verkürzung doch veranlaßt, den „Verf." auf Schiller zurückzubeziehen. So gelesen bleibt Kleist an dem Ausfall gegen Schiller unschuldig und markiert ihn zugleich doch um so deutlicher. Gerade durch das geschickte Auslassen des Namens Karl Curths wäre dann apostrophiert, daß es hier um eine Auseinandersetzung mit Schillers Ästhetik und Poetologie geht.

Wehe dem, der weiter forscht: Dann nämlich ist festzustellen, daß auch diese Lesart eine Leerstelle, eine Falltür in ein weiteres Netz enthält: Der nämliche Karl Curths, so stellt sich heraus, hielt sich 1810 in Berlin auf und

---

[257] Zit. n. Requate 1995, S. 264.
[258] Vgl. Sembdner 1939, S. 76 ff.

überreichte das besagte Buch dem König, um sich auf diese Weise als Herausgeber einer neuen Berliner Zeitung zu empfehlen.[259]

Hinter dem vermeintlichen Verweis auf den Literaten verbirgt sich also ein Geschichtsschreiber, der Journalist werden will, und damit zugleich noch eine zweite, ganz andere Geschichte. In der Tat kann die Geschichtsschreibung nicht fehlen, wo es um das Verhältnis von Literatur und Journalismus geht, denn in diesem Verhältnis hat sie um 1810 gerade kürzlich für eine bedeutende Wende gesorgt: Noch bei Lessing gilt es als schwieriger, die Geschichte der Vergangenheit zu schreiben als die der Gegenwart. 1781 schreibt dann Planck, für die Zeitgenossen sei eine Begebenheit notwendig in einen Nebel gehüllt, der sich erst nach und nach, zuweilen erst Generationen später verzöge. Die alte Frage nach der Beziehung von Ereignis und narrativem Kontext erweist sich hier ganz konkret als abhängig von der zeitlichen Verfaßtheit jener Verfahren der Geschichtsschreibung, denen sie scheinbar zugrunde liegt: Die Geschichtsschreibung verlagert ihre Aufmerksamkeit von der Gegenwart in die Vergangenheit und läutet damit die Zeit der großen Erzählungen ein. Auf der anderen Seite überläßt sie dem modernen Journalismus das Feld des täglichen Geschehens, dieser Unmenge von oft sehr unspektakulären ‚unwahrscheinlichen Wahrhaftigkeiten'.

Vielleicht wären die „Unwahrscheinlichen Wahrhaftigkeiten" daher schließlich auch als Zeugnis dafür lesen, daß ihr Autor und herausgebender Redakteur durchaus um das schwierige poetologisch-historiographische Erbe weiß, das die Geschichtsschreibung dem Journalismus um 1800 hinterläßt. Was bleibt letzterer, wenn erstere sich auf die großen Erzählungen konzentriert? Es bliebe die Suche nach der kleinstmöglichen Geschichte. Und dies ist, so Joel Fineman, die Anekdote: „the anecdote is the literary form, that uniquely lets history happen by virtue of the Way it introduces an opening into the teleological, and therefore timeless, narration of beginning, middle and end. The anecdote produces [...] the occurrence of contingency, by establishing an event as an event within and yet without the framing context of historical successivity, i.e., it does so only in so far as its narration both comprises and refracts the narration it reports."[260]

---

[259] Steig 1901, S. 45 f.
[260] Fineman 1989, S. 61.

V. Von der allmählichen Verfertigung der Texte beim Publizieren oder: die fatalen Strategien der BERLINER ABENDBLÄTTER

Die Kunst der Simulatio

> Notwehr
> Wahrheit gegen den Feind? Vergieb mir! Ich lege
> zuweilen
> Seine Bind um den Hals, um in sein Lager zu gehn.
> xp. (BA, Bl. 27)

Mit diesem von Kleist verfaßten und im 27. Blatt der ABENDBLÄTTER veröffentlichten Distichon geht es um die Kunst der Verstellung, um Kriegstaktiken, um Simulatio und Camouflage.[261] Nicht zuletzt die Überschrift „Notwehr" legt nahe, diesen Rückgriff auf das Register der Klugheitslehren mit den journalistischen und redaktionellen Techniken in Zusammenhang zu bringen, die die ABENDBLÄTTER der pro-französischen Zensur entgegensetzten. So gelesen läge die Pointe des Textes weniger auf inhaltlicher als vielmehr auf performativer Ebene, denn das Distichon mußte die Zensur, auf die es verweist, ja tatsächlich passieren, um erscheinen zu können. Die Faktizität des Erscheinens indiziert so aber auch bereits die Verschiebung, die der Journalismus im Bezug auf das Register der Klugheitslehren produziert: Hier geht es nicht nur darum, das eigentliche Vorhaben zu verbergen; zugleich gilt es, die Tarnung als solche kenntlich zu machen und so immer auch zum Entziffern anzuregen. Insofern das Verborgene als solches sich zeigen soll, ergänzt der publizistische Kontext jede Simulatio zur Dis-Simulatio.

Vor diesem Hintergrund ist bemerkenswert, daß Kleist an anderer Stelle der BERLINER ABENDBLÄTTER den Tatbestand der Notwehr im Zuge einer redaktionellen Bearbeitung durch den des Unfalls ersetzt: Der bereits in Zusammenhang mit dem *Zweikampf* erwähnte, in Nummer 34 veröffentlichte Text „Sonderbarer Rechtsfall in England" basiert auf einer Vorlage mit dem Titel „Der Schein trügt".[262] Die Vorlage schildert folgenden Fall: Zwei Bauern streiten sich heftig und öffentlich, und der eine droht dem anderen, er werde sein Verhalten noch bereuen. Kurz darauf wird der solchermaßen Bedrohte gegenüber einem Dritten gewalttätig. Dieser Dritte tötet den Mann in Notwehr. In der Folge wird der erste Mann, der die Drohung aussprach, des Mordes angeklagt. Doch der Mann, der in Notwehr tötete, verhindert die Verurteilung des anderen, indem er sich unter die Geschworen mischt und sich weigert, dem einstimmig zu fällenden Urteil zuzustimmen. In

---

[261] Vgl. zum Begriff der Privatpolitik und zur Tradition der Dissimulatio im allgemeinen Geitner 1992; zu diesem Distichon im besonderen Dönike 1999.
[262] Aus: *Museum des Wundervollen oder Magazin des Außerordentlichen in der Natur, der Kunst und im Menschenleben*. Siehe Dok. 442 der BKA II/7-8 (CD-ROM). Vgl. auch Sembdner 1939, S. 78 ff.

Kleists Bearbeitung für die BERLINER ABENDBLÄTTER wird aus der Notwehr nun ein unglücklicher Zufall: Die Bauern sind hier Edelmänner, deren einer den anderen versehentlich bei einem Jagdunfall getötet zu haben scheint. Zunächst wird auch in diesem Fall ein unschuldiger Dritter angeklagt. Die Weigerung des Edelmanns, dem Urteilsspruch der anderen Geschworenen zuzustimmen, erregt dann die Aufmerksamkeit des Königs, und der Edelmann gesteht dem Souverän den Jagdunfall, nachdem dieser ihm per Ehrenwort Straffreiheit zugesichert hat.

Die einfache Pointe der Ausgangsgeschichte, deren Struktur in der Überschrift „Der Schein trügt" bereits zusammengefaßt ist, wird durch Kleists Änderungen in eine gewisse Fragwürdigkeit verschoben, in der sich schon die Verwicklungen des *Zweikampfs* anzudeuten scheinen. Denn, welcher Schein trügt hier? Die Version ‚Notwehr' läßt den Getöteten immerhin als streitsuchend und gewalttätig erscheinen. Im Unterschied dazu eignet der Version ‚Zufall' *per definitionem* das Unwahrscheinliche: War es wirklich nur ein Jagdunfall, der den Edelmann ums Leben brachte? Während in der Vorlage ein Fehlurteil verhindert wird, erzeugt Kleists Schilderung des „sonderbaren Rechtsfalls" Mißtrauen – zumindest beglaubigt Kleists Schilderung die Geschichte des Edelmanns nicht. Enthüllt sich im Geständnis des Edelmanns also tatsächlich die Wahrheit, oder handelt es sich vielmehr um ein elegantes Manöver, das den alten Ehrenkodex und mit ihm die privatpolitische Kunst der Verstellung über das bürgerliche Recht einen Sieg davontragen läßt? Was um so perfektere Tarnung, was Geständnis ist, bleibt hier offen.

Eine solche Verschiebung von der im Distichon bezeichneten Simulatio als Notwehr zum verdächtig erscheinenden ‚Zufall' prägt auch die redaktionellen Manöver der BERLINER ABENDBLÄTTER. Selten sind sie so einfach organisiert, so klar in Motiv und Stoßrichtung, wie das Distichon es nahelegt. Meist bleibt es bei dem Verdacht, daß sich hinter einer scheinbar zufälligen Konstellation von Indizien auch ein strategisches Kalkül verbergen könnte. Sobald man diesen Verdacht jedoch zu erhärten versucht, gerät man in ein Netz von Bezügen, das sich immer feiner verzweigt, bis weitgehend fraglich wird, welche Stoßrichtung das Manöver eigentlich hat, wer Freund, wer Feind ist.

Daß sich politische Spitzen in scheinbar harmlose Formulierungen kleiden, daß politische Aussagen in Texten anderer Genres zu finden sind, ist unter den Bedingungen der zeitgenössischen Zensur erwartbar. Die Irritation beginnt erst dort, wo sich diese journalistischen Manöver nicht ohne weiteres im Hinblick auf die hinter ihnen stehenden Interessen, Intentionen und Motive entlarven lassen. Dies gilt zunächst für jene Kommentare, die aus der redaktionellen Bearbeitung und der Zusammenstellung der veröffentlichten Texte abzulesen wären. Häufig haben sie, wie im Schlußteil der „Unwahrscheinlichen Wahrhaftigkeiten", den Charakter doppelter Finten, deren zwei Seiten einander wechselseitig Enthüllung und Verschleierung sind. Das Merkwürdige dabei ist, daß die genannten ‚Manöver' oft genug die Grenzen dessen zu überschreiten scheinen, was als geplantes und intendiertes Strategem vorstellbar ist. Allzu häufig läßt sich keine bestimmte Strategie aus den inter- und kontextuellen Beziehungen rekonstruieren, und doch bleibt der Eindruck einer strategischen Agentur bestehen – ein Paradox, das Bernhard Dotzler zu der Formulierung veranlaßt hat, Kleists Redaktion der ABENDBLÄTTER könne strategisch geheißen werden und geschehe doch planlos.[263] Statt der konkreten Strategie findet sich eine allgemein auf das Strategische abzielende Kunstfertigkeit im Umgang mit kontingenten Datenmengen.

Es ist unmöglich, jene Strategien zu benennen, deren Instrument die ABENDBLÄTTER wären. Statt dessen eignet den ABENDBLÄTTERN selbst ‚Strategizität': Sie produzieren einen ubiquitären Verdacht auf strategische Agenturen, die allesamt auf der Schwelle zur Kontingenz verbleiben und dort auf dem Verbleiben selbst insistieren. „Bald aus zweiter, bald aus erster Absicht handeln", so rät Gracians *Handorakel der Weltklugheit*, ein zentraler Text der frühneuzeitlichen Klugheitslehre, und fordert für den Klugen zugleich eine flexible Aufmerksamkeit in der Beobachtung anderer: „Die erste Absicht läßt er immer vorübergehn, wartet auf die zweite, ja auf die dritte [...]".[264] In einer Radikalisierung dieser Klugheitsregel scheint in den BERLINER ABENDBLÄTTERN das Prinzip zu gelten, nach dem die beste Dissimulatio diejenige wäre, deren Wirkungen sich von selbst, wie zufällig entfalten, deren eigentliche Stoßrichtung gar nicht zu enthüllen ist, weil sie immer schon dissoziiert wäre. Das Strategische in dieser Weise zu kultivieren, läßt sich nicht mehr als „Notwehr" deklarieren. Statt dessen wird hier eine Form öffentlicher Kommunikation entwickelt, die sich deutlich von jenem Ideal der überparteilichen, auf Transparenz zielenden Berichterstattung abhebt, das für das Institut der bürgerlichen Presse allenthalben leitend wird.

Eher als auf Eindeutigkeit und Transparenz abzustellen, betreiben die ABENDBLÄTTER eine Mimikry an die ästhetischen Konzepte ihrer Zeit: Es ist unentscheidbar, in welchem Maße gewisse Implikationen und Geschehnisse, bestimmte intertextuelle Verweise in und um die BERLINER ABENDBLÄTTER von Kleist gewollt beziehungsweise kalkuliert sind, oder ob diese Konstellationen sich zufällig ergeben. Dies erinnert an die Verbindungen und Wirkungen in und um einen literarischen Text. Schließlich ist es geradezu das Konstitutivum des Künstlers und Dichters, daß er nicht den ganzen Beziehungsreichtum seines Werks bewußt geplant haben kann und nichtsdestoweniger derjenige ist, auf den dieser Beziehungsreichtum zugerechnet wird. Doch ist diese vermittelte Zurechnung dessen, was nicht mehr direkt zugerechnet werden kann, an die ästhetische ‚Freisetzung aus

---

[263] Dotzler 1998, S. 52.
[264] Gracian 1931, S. 15.

den unmittelbaren Notwendigkeiten der Handlungswelt' gebunden, also daran, jene Unterbrechung, die den subjektiven Zugang zur Welt zäsuriert, zur Autonomie des Kunstwerks hypostasiert zu finden. Dies kann für eine Tageszeitung nicht ohne weiteres geltend gemacht werden, und dennoch: ‚Strategizität' abseits konkreter Strategie – diese Formel ähnelt derjenigen von der zweckfreien Zweckmäßigkeit, ähnelt insgesamt den paradoxen Bestimmungen, in denen das Ästhetische seit Kant verfaßt ist.

Diese Verwandtschaft ist nicht weniger als ein Skandalon: Das Strategische nach den Maßgaben des Ästhetischen zu modulieren, kommt um 1800 einer *contradictio in adiecto* gleich, denn schließlich hat sich das Paradigma des Ästhetischen im späten 18. Jahrhundert explizit in Abgrenzung gegenüber dem strategischen Denken der frühen Neuzeit, der Kunst der List, entwickelt.[265] So formuliert Kant in der *Kritik der Urteilskraft*:

> Ich muß gestehen: daß ein schönes Gedicht mir immer ein reines Vergnügen gemacht hat, anstatt daß die Lesung der besten Rede eines römischen Volks- oder jetzigen Parlaments- oder Kanzelredners jederzeit mit dem unangenehmen Gefühl der Mißbilligung einer hinterlistigen Kunst vermengt war, welche die Menschen als Maschinen in wichtigen Dingen zu einem Urteile zu bewegen versteht, das im ruhigen Nachdenken alles Gewicht bei ihnen verlieren muß. Beredtheit und Wohlredenheit (zusammen Rhetorik) gehören zur schönen Kunst; aber Rednerkunst (ars oratoria) ist, als Kunst, sich der Schwächen der Menschen zu seinen Absichten zu bedienen [...], gar keiner Achtung würdig.[266]

Günter Blamberger hat darauf hingewiesen, daß Kleist sich in vielen seiner literarischen Texte auf die aristokratischen Klugheitslehren zurückbezieht und ihrer geringen zeitgenössischen Popularität zum Trotz mit den „Verhaltenslehren der Kälte" experimentiert. Blamberger argumentiert, die verstörende Wirkung, die Kleists Literatur gerade dann entfalte, wenn man sie vor dem Hintergrund zeitgenössischer Ästhetiken lese, sei zu einem guten Teil auf ihre Affinität zu dieser Tradition zurückzuführen. Dennoch sieht Blamberger in dieser Affinität selbst vor allem das Ergebnis eines enttäuschten und von vornherein schwärmerischen Idealismus.[267] Blamberger konstatiert: „So modern, wie ihn manche Interpreten immer wieder machen wollen, denkt er [Kleist] im Grunde nicht. Den Prozeß der Modernisierung, die Ausdifferenzierung gesellschaftlicher Regelsysteme mit je eigener Moral, den Niccolò Machiavelli lange vor Friedrich Nietzsche und Niklas Luhmann schon erkannt hat, behandelt Kleist stets als Krisenphänomen."[268]

---

[265] Vgl. Peters 2002.
[266] Kant, *Kritik der Urteilskraft*, B 217.
[267] Blamberger 2000, S. 25.
[268] Blamberger 2000, S. 39.

dennoch wäre dieser Vorwurf dem Kleist der BERLINER ABENDBLÄTTER gerade nicht zu machen. Vielleicht ist es richtig, daß es nicht in erster Linie

tischen Effekte dieser Konfrontation hinaus zu einer wechselseitigen

Konzept in seiner Eigentümlichkeit zeitgenössisch nicht durchsetzen.

folgenden Abschnitte dies als ein Verfahren konkretisieren, in dem die

hinein im Grunde kaum über immer neue Wiederaufnahmen antiker

---

Clausewitz mit dem chinesischen Denken der Wirksamkeit vergleicht. Eine solche Gegenüberstellung ist heilsam auch im Hinblick auf eine ideengeschichtliche Überschätzung der deutschen Strategen um 1800 (Clausewitz u.a.), wie sie im Rahmen der Kleistforschung immer wieder vorkommt – wir kommen im nächsten Kapitel darauf zurück. Jullien

sischen Ausarbeitung hat man den Eindruck, daß es sich hier eher um Zugeständnisse an die Erfahrung oder um Randbemerkungen der Reflexion handelt, ohne daß diese verschiedenen Elemente ausreichend miteinander verbunden wären, um einer Gesamtkonzeption Gestalt zu geben und sich zu einer Theorie zu organisieren." (Jullien 1999, S. 196.)

[271] So kann Rüdiger Bubner in einem Sammelband zu Fragen der „Kontingenz" noch 1998 formulieren, daß es im Sinne der aktuellen (!) Wiederannäherung der Philosophie an die

schlägt Kleists Text bekanntlich das Ansprechen eines anderen vor, dem ein Gedanke zwecks Verfertigung dargelegt wird. Dabei soll dieser andere möglichst daran gehindert werden, den Gedankengang durch Fragen oder Einwürfe zu bestimmen oder zu begrenzen. Dies wäre unter Umständen der Struktur des ästhetischen Urteils analog, das begriffsfähig erscheint, ohne doch „durch einen bestimmten Begriff zum Fall einer Regel" gemacht werden zu können.[275] Das angesprochene Du hätte in diesem Sinne den Part des Verstandes zu übernehmen, der zwar Teil des Spiels ästhetischer Reflexion ist, dabei jedoch gleichsam in Schach gehalten wird und die Herrschaft des Begriffes nicht antreten kann. Treffend konstatiert Greiner, die innere Verfaßtheit der ästhetischen Reflexion sei hier nach außen gestülpt – das Zusammenspiel der Vermögen bilde sich in der Gesprächskonstellation ab.[276] In Kleists Text, so wäre zu ergänzen, dominiert der produktive Aspekt gegenüber dem reflexiven, so daß sich die „allmählige Verfertigung" im Sinne der ästhetischen Analogie auch als eine ins Soziale gewendete Variante des Modells genialer Schöpfung in Anspruch nehmen ließe,[277] zugleich wird die Perspektive der Produktion aber auf eine – rein formal bestimmte – Perspektive der Rezeption abhängig bezogen.

Unabdingbare Voraussetzung für die ästhetische Reflexion wie für die Produktion schöner Kunst ist in den Ästhetiken des 18. Jahrhunderts einschließlich Kants und Schillers jedoch die Absenz konkreter Zweckgebundenheit und die Freiheit von bestimmten Interessen. Diesbezüglich weicht die Analogie also einer krassen Antithese: Die allmähliche Verfertigung der Gedanken beim Reden hat in Kleists Darstellung grundsätzlich etwas Kriegerisches, und selbst dort, wo keinerlei Bedrohung auszumachen ist, keine Interessen zu wahren sind, gilt es kriegerische Umstände doch zumindest zu imaginieren, um die allmähliche Verfertigung in Gang zu bringen:

> Und siehe da, wenn ich mit meiner Schwester davon rede, welche hinter mir sitzt, und arbeitet, so erfahre ich, was ich durch ein vielleicht stundenlanges Brüten nicht herausgebracht haben würde. [...] Dabei ist mir nichts heilsamer, als eine Bewegung meiner Schwester, als ob sie mich unterbrechen wollte; denn mein ohnehin schon angestrengtes Gemüt wird durch diesen Versuch von außen, ihm die Rede, in deren Besitz es sich befindet, zu entreißen, nur noch mehr erregt, und in seiner Fähigkeit, wie ein großer General, wenn die Umstände drängen, noch um einen Grad höher gespannt.[278]

In der dritten in den Text eingelassenen Geschichte führt der Fuchs der lafontainschen Fabel die allmähliche Verfertigung der Gedanken gar unter

---

[275] Vgl. Greiner 2000, S. 39.
[276] Ebd., S. 40.
[277] Blamberger 1991, S. 12 ff.
[278] Kleist, DKV, Bd. III, S. 535 f.

dem Druck der Todesdrohung vor und erreicht, daß statt seiner der Esel geopfert wird. Dies kann nun geradezu als Paradebeispiel für jene ‚hinterlistige Kunst' gelten, welche die Zuhörer „in wichtigen Dingen zu einem Urteile zu bewegen versteht, das im ruhigen Nachdenken alles Gewicht bei ihnen verlieren muß", für jene *ars oratoria* also, die Kant als keiner Achtung würdig aus dem Reich der schönen Kunst verbannt. „Wer sich nicht mit der Löwenhaut bekleiden kann, nehme den Fuchspelz!", rät Gracians *Handorakel der Weltklugheit*.[279] Mithin ist evident, aus welcher anderen Quelle das Modell von der allmählichen Verfertigung sich speist: aus jener Tradition, die vom ästhetischen Paradigma des 18. Jahrhunderts abgelöst und bekämpft wird, aus der Tradition der Privatpolitik und der Klugheitslehre.[280] Nicht umsonst bezeichnet Kleist den Ratschlag, den er seinem Freund Rühle von Lilienstern zu Beginn des Textes gibt, explizit als „Klugheitsregel"; und so führt Günter Blamberger denn auch gerade den Text „Über die allmählige Verfertigung der Gedanken beim Reden" für seine These an, Kleists Literatur speise sich aus dem Register der aristokratischen Verstellungskunst.[281] Wo sich aber beide Thesen – der Verweis auf Kants Bestimmungen des Ästhetischen ebenso wie der auf das Register der Klugheitslehren – auf gute Argumente stützen können, gilt es, der spezifischen Verbindung nachzuspüren, die die beiden Paradigmen in diesem, auf die BERLINER ABENDBLÄTTER vorausweisenden Text eingehen.

„Wer den Löwenpelz nicht nehmen kann, nehme den Fuchspelz!" – dieses Diktum weist bereits auf das folgende zentrale Prinzip der Klugheitslehren hin: Demnach wäre derjenige der eigentliche Herrscher, der den Herrscher lenkt, indem er diesen zugleich glauben macht, von ihm gelenkt zu werden. Das Ziel ist es, sich als Getreuer der Macht so unentbehrlich zu machen, daß diese in solcher Abhängigkeit schließlich nicht mehr die Macht hat, die sie ist. Der strategische Umgang mit der Macht setzt mithin voraus, daß Macht eine Beziehung ist, daß also Strukturen von Herrschaft nicht notwendig schon die Frage beantworten, wer wen beherrscht. Nichtsdestotrotz zielt die aristokratische Klugheitslehre in ihrer pragmatischen Verfaßtheit grundsätzlich auf personalen Machtgewinn oder zumindest -erhalt. Einerseits stellen Klugheitslehren also auf eine Differentialität, eine

---

[279] Gracian 1931, S. 101.
[280] Wir unterscheiden im folgenden bewußt nicht zwischen einer Klugheitslehre als Lehre des strategischen Handelns und einer Rhetorik als Lehre des strategischen Sprechens – und zwar deshalb nicht, weil die Tradition der Dissimulatio einerseits, wo es um die Sprache geht, ohnehin immer auf sprachliches Handeln, also auf den Sprechakt abzielt (vgl. Campe 1998) und andererseits, wo es um Handlungen geht, den Unterschied zwischen symbolischem und tatsächlichem Handeln letztlich gerade einebnet (vgl. de Certeau 1998, S. 92). Die Rhetorik, von der im folgenden als Teil einer Tradition der Dissimulatio die Rede ist, unterscheidet sich genau in diesem Punkt von einem aus dem romantischen Denken stammenden Verständnis von Rhetorik als einem Vokabular, mit dem sich die Paradoxien der Repräsentation beschreiben lassen.
[281] Blamberger 1999, S. 29 f.

ursprüngliche Sozialität der Macht ab, andererseits stellen sie dieses Beziehungsgeschehen in die Disposition des Einzelnen, so daß immer wieder die Möglichkeit einer Kontrolle suggeriert wird, die dem Individuum schon im Sinne der Voraussetzung strategischen Agierens nicht gegeben sein kann. Nicht zuletzt aus diesem Grund tendieren Aufstellungen von Klugheitsregeln zu Paradoxien und Widersprüchen: Jede Regel bringt, wo sie sich allzu allgemein gibt, zwangsläufig die gegenteilige Anweisung mit hervor.[282] Schon der erste Absatz des Textes „Über die allmählige Verfertigung der Gedanken beim Reden" weist auf ein solches Nebeneinanderbestehen gegensätzlicher Regeln hin.[283]

Obwohl als ‚Verstellungskunst' bekannt, implizieren die Lehren der Simulatio durchaus bereits einen Punkt, in dem die Differenz zwischen Täuschung und Wahrheit, Schein und Sein annulliert wird: Will man, um bei unserem ersten Beispiel zu bleiben, das Vertrauen des Herrschenden gewinnen, ist es zunächst nötig, sich auf eine Weise seinem Willen zu fügen, die keinerlei Zwang erkennen läßt. Dies wäre auf den ersten Blick eine Simulatio im Sinne der Täuschung; auf den zweiten Blick jedoch geschieht diese Unterwerfung ja tatsächlich freiwillig und in gewissem Sinne zwanglos, ist sie doch der Schritt zur Teilhabe an der Macht. Indem Schein und Sein solchermaßen koinzidieren, werden Freiheit und Notwendigkeit in gewissem Maße ununterscheidbar.

In diesem Punkt setzt die Überschreibung ein, der etwa Schiller die aristokratische Klugheit unterzogen hat.[284] Dabei wird die Ununterscheidbarkeit von Schein und Sein zu einer Vermittlung, zu einer Einheit der Differenz umgedeutet: Das von den Klugheitslehren immer vorausgesetzte Machtinteresse wird insofern sozialfähig, als man bereit ist, Umwege in Kauf zu nehmen, mit denen Macht als Beziehungsgeschehen sich weiter differenziert. Die Verstellung als Mittel zum Zweck des Machtgewinns oder Machterhalts zu begreifen, ist also nur eine der möglichen Betrachtungsweisen. Andererseits nämlich wird durch die Bereitschaft zum Umweg eine gewisse Sozialfähigkeit hergestellt, die zugleich einer fortschreitenden Differentialisierung der Macht stattgeben kann. Im Hinblick darauf kann das Changieren zwischen Freiheit und Zwang, das das Verhalten des klugen Aristokraten prägt, als ein Spiel verstanden werden, das schließlich soziale Harmonisierung verspricht. Gelingt es, in diesem Spiel einen Selbstzweck zu sehen, kommt dem Schein qua allseitiger Anerkennung ein soziales Sein im

---

[282] Schröder 1999, S. 25.
[283] „Wenn Du etwas wissen willst und es durch Meditation nicht finden kannst, so rate ich dir, mein lieber, sinnreicher Freund, mit dem nächsten Bekannten, der dir aufstößt, darüber zu sprechen. [...] Ich sehe dich zwar große Augen machen, und mir antworten, man habe dir in frühern Jahren den Rat gegeben, von nichts zu sprechen, als nur von Dingen, die du bereits verstehst." (Kleist, DKV, Bd. III, S. 534 f.)
[284] Als Übergang vom rhetorischen zum ästhetischen Schein hat diese Überschreibung dargestellt: Bornscheuer 1977.

Sinne einer zivilisatorischen Notwendigkeit zu.[285] Verstellung als Mittel zum Zweck des persönlichen Machtgewinns wird nichtsdestoweniger geächtet, weil sie als das eigentliche Hindernis auf dem Weg zur Harmonie des Spiels erscheint. So gibt es nun zwei Arten von Schein, wobei der eine, die eigennützige Verstellung, sich durchaus den Anschein des anderen geben kann.[286]

Das Paradigma des Ästhetischen kommt hier zum einen ins Spiel, weil es die nötige Unterscheidung zwischen schönem Schein und Schein als Verstellung an die Hand gibt. Es kommt aber vor allem auch deshalb ins Spiel, weil der Weg zu mehr sozialer Harmonie offenbar über die Läuterung der beteiligten Persönlichkeiten führt, denen zunächst das harmonische Zusammenwirken des Spiels als Selbstzweck erfahrbar werden soll, um so ihr Verhaftetsein im Eigeninteresse zu lösen. In diesem Zusammenhang dient die Erfahrung ästhetischer Reflexion, die Greiner als Modell auch für die allmähliche Verfertigung der Gedanken beim Reden in Anspruch genommen hatte, als innersubjektives Analogon des vollendeten sozialen Spiels: Die Gesetze der verschiedenen Vermögen, die einander außerhalb des Ästhetischen gegenseitig unterwerfen, finden im Spiel des Schönen zu einem ent-hierarchisierten und mithin zwanglosen Zusammenwirken.

Erlösend kann das Spiel des Schönen in diesem Zusammenhang jedoch nur angesichts der Erfahrung einer prinzipiellen Dissoziation des Subjekts wirken. Es ist die zeitgenössisch vielbeschworene Schwierigkeit des bürgerlichen Subjekts, sich als Einheit – etwa von Natur und Geist – zu begreifen, die das vormalige Eigeninteresse als inneren Zwang erfahrbar werden läßt, etwa in Form zwanghafter natürlicher Begierden, denen unvermittelt der Zwang des moralischen Gesetzes gegenübersteht. Erst vor diesem Hintergrund wird die Vermittlung von Freiheit und Notwendigkeit zu einem zuerst individuellen Problem, für das ästhetische Erziehung eine Lösung in Aussicht stellt, im Zuge derer die Versöhnung von Natur und Geist mit der harmonischen Eingliederung des Individuums in die Gemeinschaft einhergehen soll. Auf diese Weise wird die alte Einsicht, daß der Schein zivilisiert, daß die Teilhabe am Hofleben die Sitten verfeinert, in ein Programm ästhetischer Erziehung umgeschrieben, das im Inneren des Subjekts ansetzt.

---

[285] „Dem höfischen Rollenspiel wird kein echter Repräsentationswert mehr zugebilligt, sondern ein die tatsächlichen Machtverhältnisse verdrängender autonomer Spielcharakter zugeschrieben. Das höfische ‚theatrum mundi' wird verabsolutiert zur wahrhaft theatermäßigen Darstellung wahrhaft menschlicher Verhältnisse. D.h. die rein-menschliche Versöhnungsgesinnung zwischen Herrscher und Untertan ist ebenso wahrhaftig gemeint wie die Reinheit ihres Schein-Charakters." (Bornscheuer 1977, S. 20) Die beschriebene Denktradition setzt sich fort bis in Adornos Theorie des Takts in *Minima Moralia*.
[286] Vgl. insgesamt *Über Anmut und Würde*. Schiller 1992b, insbesondere S. 361.

Im Rahmen dieses Programms wird das Kunstwerk also gleichermaßen zum Modell des Subjekts wie des Staates.[287]

Besonders drastisch wirkt sich diese Überschreibung des rhetorischen durch das ästhetische Paradigma auf das Verständnis von Handlung aus: Handeln heißt jetzt nicht mehr in erster Linie, sich im sozialen Raum zu verhalten, sondern wird grundsätzlich als äußere Darstellung innersubjektiver Verhältnisse betrachtet.[288] Während die Klugheitslehren die Differentialität der Macht von ihrem grundsätzlich personalen Standpunkt aus nicht konsequent hatten in Rechnung stellen können, stellt der ästhetische Diskurs mithin zwar deutlicher auf diese Differentialität ab, allerdings nur insofern er sie gleichwohl ins Innere eines dissoziierten Subjekts verlagert.

Restrategisierung des Ästhetischen
Die Verbindung, in die aristokratische Klugheitslehre und subjektphilosophische Ästhetik in „Über die allmählige Verfertigung der Gedanken beim Reden" gebracht werden, hat hinsichtlich der Ablösung des Registers der Klugheit durch das Ästhetische den Charakter einer ‚Probe' im rechnerischen Sinne: Es ist, als rechne Kleist die Übersetzung der alten Rhetorik in die Axiome der Subjektphilosophie noch einmal von hinten nach vorne durch. Die beschriebene Ablösung wird gleichsam zurückgespult, die historische Zeit ihrer Entwicklung scheint andersherum zu verlaufen:

> Wenn Du etwas wissen willst und es durch Meditation nicht finden kannst, so rate ich Dir, [...] mit dem nächsten Bekannten, der dir aufstößt, darüber zu sprechen.[289]

Schon dieser erste Satz nimmt, liest man die „Meditation" als Verweis auf die diskursstiftenden *Meditationen* des Descartes, auf die Subjektphilosophie Bezug – auf eine Subjektphilosophie allerdings, die nicht mehr weiter zu wissen scheint. Der Fall, von dem der Text ausgeht, Kleist unterstreicht dies, ist der der Selbstbelehrung. Wenn aber schon die Selbstbelehrung keine Frage der ‚Meditation' mehr ist, was wäre dann überhaupt noch der

---

[287] Ludolph Beckedorff formuliert in Nummer 16 der ABENDBLÄTTER entsprechend: „Der Staat wächst anjetzt nicht mehr, wie in vorigen Zeiten, aus dem Widerstreite einseitiger Herrn- und Stände-Interessen, gleich einem Wunderwerke bewußtlos empor; sondern [...] als ein Kunstwerk und nach dem Resultate eines ruhigen und besonnenen Selbstgespräches." (BA, No. 16)

[288] Ein Anonymus erklärt in der 53. Ausgabe der ABENDBLÄTTER die Beziehung des „inneren Wesens zur That": „Völliges Gleichgewicht in einer innigen organischen Wechselwirkung zwischen dem innern und äußern Leben und die Identität desselben, ist die Tendenz jeder in der wahren Richtung unternommenen Speculation [...]. So wie überhaupt jedes, so hat auch das menschliche Leben ein unvertilgbares Bestreben sich darzustellen. Zu einer jeden Darstellung aber (durch deren Conflict doch allein dasjenige gebildet wird, welches wir äußres Leben nennen) ist der Künstler, der Stoff und das vermittelnde Werkzeug erforderlich." (BA, Bl. 53)

[289] Kleist, DKV, Bd. III, S. 534.

individuellen Reflexion vorbehalten? Die Introspektion schlechthin soll, so wird hier gefordert, im sozialen Raum verhandelt werden. Das hinsichtlich der diskursiven Ordnung hybride Ergebnis dieses Verfahrens zeigt sich, wenn Kleist im folgenden die Rede des Fuchses vor dem Gericht des Löwen gleichsam als Ideal des Ausdrucks anpreist:

> Ein solches Reden ist ein wahrhaftes lautes Denken. Die Reihen der Vorstellungen und ihrer Bezeichnungen gehen neben einander fort, und die Gemütsakten für eins und das andere, kongruieren. Die Sprache ist alsdann keine Fessel, etwa wie ein Hemmschuh an dem Rade des Geistes, sondern wie ein zweites, mit ihm parallel fortlaufendes, Rad an seiner Achse.[290]

Von der Kunst der Hinterlist, von Verstellung ist hier keine Rede. Statt dessen wird das Paradebeispiel der Simulatio als perfekte Übereinstimmung von Denken und Handeln und somit als ideale Form der Darstellung des Inneren im Äußeren, als Überwindung der subjektiven Darstellungsdifferenz von Schein und Sein in Szene gesetzt.

Gleichwohl erweckt Kleists Text insgesamt nicht den Eindruck, es sei bereits ein soziales Erfolgsrezept, die allmähliche Verfertigung von Gedanken einem Beziehungsgeschehen zu überantworten. Im Unterschied zu den Abhandlungen in der Tradition Castigliones oder Machiavellis gibt Kleists Text zwar eine Klugheitsregel an die Hand, macht aber zugleich deutlich, daß gerade in der Auslieferung an die soziale Konstellation individuelle Kontrolle grundsätzlich nicht gewährleistet sein kann. Davon künden in „Über die allmähige Verfertigung der Gedanken beim Reden" jene Beispiele, die kein gutes Ende nehmen; und das sind übrigens diejenigen, die, soweit man das vermuten kann, auf eigene Erfahrung zurückgehen: das Sprechen in der Gesellschaft des Salons und das Sprechen in akademischen Prüfungssituationen. Dabei sind es nicht notwendig die anderen Beteiligten, die den Erfolg vereiteln: Im Zuge der Sozialisierung des Selbstbezugs ist sich das Individuum ganz im Sinne von Ästhetik und Subjektphilosophie zunächst selbst der entscheidende Gegenspieler. Der Erfolg bleibt unter Umständen gerade dann aus, wenn man unbedingt etwas will, weil man – wissend, was auf dem Spiel steht – zu sehr unter Druck gerät und gegen sich selbst zu arbeiten beginnt.

Doch korrespondiert diesem individualisierten Problem bei Kleist keine Lehre vom richtigen Bezug auf sich selbst qua Reflexion, kein Vertrauen auf ästhetische Verfahren der Darstellung, ja, überhaupt keine individualisierte Lösung als die, das Individuum möglichst rasch von innen wieder nach außen zu wenden. Nur die rückhaltlose Veräußerung hat eine Chance, der Problematik des richtigen Ausdrucks zuvorzukommen. Denn wo das soziale Geschehen der Rede allem Selbstbezug vorausgeht, gibt es kein vorgelagertes Wissen, kein bestimmtes Vorhaben mehr, dem zu entsprechen wäre: Die

---

[290] Kleist, DKV, Bd. III, S. 538.

Verfertigung der Gedanken beim Reden soll der Differenzierung in Innerlichkeit, Gedanken, und Äußerlichkeit, Ausruck, vorgreifen und sie schließlich ersetzen. In der Rhetorik des Fuchses, in der sich Denken und Handeln entsprechen, findet also nicht eigentlich eine Überwindung der subjektiven Darstellungsdifferenz statt, da der Redner, als er zu reden beginnt, noch gar nicht weiß, was er sagen will. Das Problem der Handlung als Darstellung wird also weniger gelöst als vielmehr umgangen – Repräsentation wird durch Performanz abgelöst.[291]

In diesen Zusammenhang wäre auch die Schilderung des Geschehens zum Auftakt der französischen Revolution, der „Donnerkeil" des Mirabeau, einzulesen. Und das historische Beispiel ist hier schon deshalb von besonderem Interesse, weil sich das Programm der ästhetischen Erziehung im Sinne einer pädagogischen Vorbereitung der Individuen auf das Spiel des Sozialen in Abgrenzung gegenüber der Französischen Revolution und ihren Folgen entwickelt hatte:

> „Ja", antwortete Mirabeau, „wir haben des Königs Befehl vernommen" – ich bin gewiß, daß er bei diesem humanen Anfang, noch nicht an die Bajonette dachte, mit welchen er schloß: „ja, mein Herr", wiederholte er, „wir haben ihn vernommen" – man sieht, daß er noch gar nicht recht weiß, was er will. „Doch was berechtigt Sie" – fuhr er fort, und nun plötzlich geht ihm ein Quell ungeheurer Vorstellungen auf – „uns hier Befehle anzudeuten? [...]"[292]

Während die Klugheitslehre immer von der Vorgängigkeit eines personalen Machtinteresses ausgegangen war, das durch die immer komplexere Umwegigkeit seiner Strategien in Grenzen sozialfähig wird, hatten ihre ästhetischen Überwinder auf eine Dissoziation des Subjekts gesetzt, im Zuge derer das vormalige Eigeninteresse selbst als innerer Zwang erfahrbar würde, so daß qua ästhetischer Erziehung eine Versöhnung von Natur und Geist in Aussicht zu stellen ist, die eine soziale Harmonisierung nach sich zieht. Kleist zeigt diesen beiden Positionen gegenüber eine dritte Option auf, in der das Interesse als Inter-esse an die Interaktion gebunden wird – „man sieht, daß er noch gar nicht recht weiß, was er will". Das soziale Geschehen geht dem personalen Standpunkt voraus, Selbstbelehrung und Interaktion koinzidieren. Das entsprechende Argument würde lauten: Macht man ernst mit der Differentialität der Macht, kann dies vor der subjektiven Reflexion ebensowenig haltmachen wie vor den vermeintlich vorausgesetzten Eigeninteressen, Anliegen und Begierden. Mithin führt Kleist die Dissoziation des Subjekts in jenen sozialen Raum zurück, der das Medium der Klugheitslehren war. Im gleichen Zuge negiert er jedoch auch die alte Vorstellung einer im Personalen verankerten Kontrolle qua Plan und Regel.

---

[291] Vgl. Blamberger 1999, S. 29.
[292] Kleist, DKV, Bd. III, S. 536.

Aber heißt das, daß die Restrategisierung des Ästhetischen mit der Aufgabe aller zeitgenössisch denkbaren Formen der Kontrolle einhergeht? Kleist suspendiert die Kontrolle im Sinne des Zusammenhangs von Regel und Anwendung – schließlich handelt es sich bei der Regel, von dem zu sprechen, was man nicht weiß, bereits um eine Anti-Regel, die alle herkömmlichen Regeln der rhetorischen wie der logischen Ausarbeitung negiert. Ebenso wenig affirmiert er aber jene subjektive Orientiertheit, die sich seit Kants Konzeption der Urteilskraft mit der ästhetischen Reflexion verbindet, denn diese wirkt als soziale Kontrolle nur so lange, wie das Individuum bestimmte Konflikte zunächst mit sich selbst, also im Verhältnis von Innerlichkeit und Ausdruck verhandelt. In diesem Sinne ist das für Kleists Literaturen typische Nach-Außen-Stülpen all dessen, was um 1800 als Subjektivität gehandelt wird, immer wieder als Auslieferung an den Affekt, als Unfähigkeit zur reflektierenden Distanznahme angesichts eines sozialen Geschehens verstanden worden, das als elektrische Auf- und Entladung erscheint.[293] Auch in „Über die allmähliche Verfertigung der Gedanken beim Reden" wird Elektrizität als Kommunikationsmodell in Szene gesetzt:

> Man liest, daß Mirabeau, sobald der Zeremonienmeister sich entfernt hatte, aufstand, und vorschlug: 1) sich sogleich als Nationalversammlung, und 2) als unverletzlich, zu konstituieren. Denn dadurch, daß er sich, einer Kleistischen Flasche gleich, entladen hatte, war er nun wieder neutral geworden, und gab, von der Verwegenheit zurückgekehrt, plötzlich der Furcht vor dem Chatelet, und der Vorsicht, Raum.[294]

Geschildert wird hier, daß auch elektrische Kommunikation nicht nur der Raserei, sondern auch der Vorsicht Raum geben kann.[295] So gilt es zu bedenken, daß mit der „Kleistischen Flasche", dem häufiger „Leydener Flasche" genannten ersten elektrischen Speichermedium, gerade eine Vorrichtung erwähnt ist, mit der Elektrizität kontrollierbar, Ladung und Entladung zeitlich bestimmbar wurden.

Es greift daher zu kurz, lediglich den Effekten des Kontrollverlusts nachzugehen, denen Kleists Restrategisierung des Ästhetischen stattgibt. Zu sehen und zu beschreiben gilt es statt dessen, welche neuen Formen von Kontrolle – jenseits des Personalen wie des Subjektiven – in ihnen sich ankündigen.

---

[293] Vgl. Deleuze/Guattari 1992; Carrière 1981.
[294] Kleist, DKV, Bd. III, S. 537.
[295] Wir kommen im nächsten Kapitel ausführlich auf (eine) Kommunikation im Zeichen von Elektrizität zurück.

Die Zeit der Dissimulatio: Zerstreute Gerissenheit – gerissene Zerstreuung

Schon im Titel wird deutlich, was den Text „Über die allmähliche Verfertigung der Gedanken beim Reden" auszeichnet: Das Nach-Außen-Stülpen innersubjektiver Reflexion in die soziale Konstellation geht hier grundsätzlich mit einer Inanspruchnahme von Zeit einher, rechnet auf das und mit dem Vergehen von Zeit.[296]

Dies ließe sich zunächst erneut als Anleihe beim ästhetischen Diskurs betrachten. Die paradoxe Verfaßtheit des Schönen, dessen Begriffsfähigkeit doch keinem bestimmten Begriff, dessen Regelhaftigkeit keiner bestimmten Regel unterliegen soll, korrespondiert der Produktionsweise des Genies als einem genuin zeitlichen Verfahren: Das Schöne entsteht nicht, wenn man sich durch die Zeit bewegt wie von einem Punkt zum anderen – von der Regel zur Anwendung, vom Plan zur Umsetzung, vom gegebenen Gedanken zum gegebenen Wort. ‚Genie' meint die Fähigkeit, Produktivität dem Vergehen der Zeit selbst als jenem Prozeß zu überantworten, in dem die „Natur der Kunst die Regel gibt".[297] Nur so kann das Spiel des Schönen – ob nun in seiner innersubjektiven oder seiner sozialen Variante – unterschiedliche Ordnungen oder Faktoren, deren je eigene Gesetzmäßigkeiten miteinander konkurrieren, doch harmonisch ineinandergreifen lassen. Wo unterschiedliche Regelsysteme nicht mehr in einem übergreifenden kategorialen System zusammenzufassen sind, soll die Zeit als das differenzierende Moment schlechthin eine dynamische Form der Einheit generieren. Im Hinblick auf das Soziale formuliert: Ein Zustand ist meist Zustand der Herrschaft, hierarchische Struktur. Die Differentialität der Macht zeigt sich nicht in der Zustandsbeschreibung. Das Ineinandergreifen von Interessen, die Verwendung von Regeln ist an das Vergehen von Zeit gebunden. Diese Qualität der Zeit als solche wahrzunehmen, macht um 1800 die ästhetische Erfahrung aus: Das Kunstwerk wird zum Bild der Zeit als jener Dimension, in der Zustände von Herrschaft und Zwang in ein Zusammenspiel der Kräfte transformiert sind.

Das Prinzip einer solchen dynamischen Kohärenzbildung wird in „Über die allmähliche Verfertigung der Gedanken beim Reden" im Hinblick auf das Verhältnis von Gedanke/Vorstellung und Wort/Rede zwar einerseits übernommen, um die übliche Folge Gedanke-Wort durch ein reziprokes Anschließen abzulösen, sie wird andererseits aber auch aus dem „Reich der Kunst" in ganz andere Zusammenhänge transferiert. Im gleichen Zug, in dem Kleist sich vom ästhetischen Paradigma distanziert, indem er eine Klugheitsregel aufstellt, die dort weiterhelfen soll, wo die Introspektion nicht weiterkommt, nimmt er nichtsdestoweniger die neuartige Zeitlichkeit des ästhetischen Diskurses in Anspruch. Dies ist die entscheidende Verbin-

---

[296] Vgl. auch Bohrer 1994, S. 22.
[297] Kant, *Kritik der Urteilskraft*, B 182 (§ 46).

dung zwischen diesem Text und dem Projekt ‚BERLINER ABENDBLÄTTER': In „Über die allmählige Verfertigung der Gedanken beim Reden" ist die Inanspruchnahme von Zeit zugleich der Berührungspunkt und die entscheidende Differenz zwischen dem Konzept von der allmählichen Verfertigung und dem ästhetischen Diskurs. Das eigentliche Skandalon des Textes besteht demzufolge im gleichzeitigen Herausstellen dieser Ähnlichkeit und dieser Differenz. Die im 18. Jahrhundert vollzogene Ablösung des rhetorischen durch das ästhetische Paradigma ist immer wieder als Übergang von einer Produktions- zu einer Rezeptionsorientierung beschrieben worden. Im Hinblick auf das Subjekt der ästhetischen Theorie geht diese Entwicklung mit einem Zug zur Verinnerlichung einher, der schließlich auch jede Art der Produktion als Rezeption erfahrbar werden läßt: Verzeitlichung geht hier mit einer prozessualen Logik der Eingebung einher. Kleists Veräußerlichung hat einen ähnlichen und zugleich entgegengesetzten Effekt: Sie läßt die Rezeption als Teil der Produktion erscheinen, indem der Produzent sich selbst qua Übereilung zum Rezipienten seiner eigenen Worte macht. In diesem Sinne wendet Kleist die ästhetische Zeitlichkeit in einen Gebrauch der Zeit, wenn er wie Greiner formuliert, „de[n] innere[n] Prozeß zwischen den Gemütsvermögen gewissermaßen nach außen wendet und als spezifische Redekonstellation konkretisiert"[298] und so eine „mediale Wende des Schönen"[299] inauguriert. Zugleich gelingt es Kleist, die klassische Produktionsorientierung der Rhetorik und der Klugheitslehre durch die Perspektive der Rezeption zu erweitern, ohne damit eine Wende von der Rhetorik zur Ästhetik zu vollziehen.

Werden zwei heterogene Register zeitlich zueinander in Relation gebracht, statt ihren Zusammenhang nach bestimmten vorgefaßten Regeln zu konstruieren (zum Beispiel: die Worte müssen den Gedanken folgen, indem sie sie angemessen zum Ausdruck bringen), findet eins über den Anschluß an das andere auch Anschluß an sich selbst – hier also: Worte bringen Gedanken hervor, die Worte hervorbringen, die Gedanken hervorbringen. In gleicher Weise stellt auch die radikale Veräußerlichung des Selbstbezugs auf das Vergehen von Zeit ab, weil in der zeitlichen Differenzierung Selbst- und Fremdreferenz gerade in der gegenseitigen Unterbrechung einander erneut stattgeben, statt einander auszuschließen.

Die Soziologie des 20. Jahrhunderts kennt dieses Phänomen unter dem Namen der ‚Doppelkontingenz'. Die dabei zugrundeliegende Frage ist zunächst, wie eigentlich Kommunikation zwischen Alter und Ego möglich ist, wenn beider Vorgehen als kontingent betrachtet werden muß. Mit Parsons beantwortet man diese Frage noch dahingehend, daß jede Kommunikation präformiert ist – einerseits durch anthropologische Konstanten, andererseits durch kulturellen Konsens.[300] Luhmann widerspricht dem im

---

[298] Greiner 2000, S. 42.
[299] Ebd., S. 40.
[300] Vgl. Hahn 1998.

Hinweis darauf, daß diese Prästabilisierungen ihrerseits nur das Produkt von Kommunikation sein können. Statt im schon vorhandenen Konsens sucht Luhmann also die Lösung für das Problem der Doppelkontingenz in ‚funktionalen Äquivalenzen': „Es gibt funktionale Äquivalenzen, zum Beispiel solche der Zeitdimension. Alter bestimmt in einer noch unklaren Situation sein Verhalten versuchsweise zuerst. Er beginnt mit einem freundlichen Blick, einer Geste, einem Geschenk – und wartet ab, ob und wie Ego die vorgeschlagene Situationsdefinition annimmt. Jeder darauf folgende Schritt ist dann im Lichte dieses Anfangs eine Handlung mit kontingenzreduzierendem, bestimmenden Effekt – sei es nun positiv oder negativ."[301] Wenn man, so lautet das Argument, die zeitliche Dimension von Kommunikation in Rechnung stellt, ist es nicht mehr nötig, Kontingenz im Hinweis auf menschliche Konstanten oder auf als solche dann nicht mehr herzuleitende kulturelle Übereinkünfte prinzipiell zu begrenzen. Kommunikation mit der Zeit ist vielmehr Kommunikation inmitten von Kontingenz, die gerade mithilfe von Kontingenz und also nach dem ‚order from noise'- Prinzip Strukturen im Ereignen generiert:[302] „Das Problem der doppelten Kontingenz (das heißt: die leere, geschlossene, unbestimmbare Selbstreferenz) saugt geradezu Zufälle an, sie macht zufallsempfindlich [...]."[303] Genau dieses Prinzip entdeckt Kleist in der allmählichen Verfertigung der Gedanken beim Reden. Zwar geschieht dies nicht in erster Linie im Hinblick auf einen Konsens von Alter und Ego, aber doch indem gezeigt wird, wie sich kohärente Selbstreferenz aus der zeitlichen Verschaltung von Selbst- und Fremdreferenz ergeben kann.[304]

Dieser Kleistsche Gebrauch der Zeit läßt sich – und auch darin besteht sein Anschluß an die Tradition der Klugheitslehre – als eine Verzeitlichung des *Kairos*-Konzepts apostrophieren: Während die Klugheitslehre ‚Zeit' in Form der besonderen Gelegenheit in Rechnung stellen konnte, denkt Kleist den *Kairos* selbst zeitlich. Jedes Moment, das als Markierung in der Zeit in Augenschein tritt, kann *Kairos* sein:

---

[301] Luhmann 1984, S. 150.
[302] Ebd.
[303] Ebd.
[304] Bernhard Dotzler beschreibt dies als die Kleistsche Entdeckung von Feedback und Control: „Unter dem Deckmantel seiner an alte Modelle anknüpfenden Rede zeichnet sich eine moderne Technik ab. Denn das offenbare Geheimnis der *allmählichen Verfertigung der Gedanken beim Reden* ist fraglos kein anderes als das von FEEDBACK und dadurch CONTROL. [...] Es muß ja – das wäre vielleicht die kürzeste Kontrastivformel – mit einem Mal doch möglich werden, daß man beim Reden zugleich auch sich selbst zuzuhören vermag, und so kommt es – die Nutzanwendung der Formel auseinandergelegt – zur Rückkopplung erstens auch an oder über den Adressaten wie dabei zweitens zur Rückkopplung von Redner und Rede an sie selber." (Dotzler 1996, S. 522.)

> das Zucken einer Oberlippe [...], oder ein zweideutiges Spiel an der
> Manschette, [...].³⁰⁵

Der *Kairos* verliert jede inhaltliche Auszeichnung, weil er nicht mehr der Moment ist, in dem es dem Einzelnen gelingt, der Welt den vorgefaßten Stempel seiner Interessen aufzuprägen, sondern reine Markierung jener zeitlichen Dimension wird, in der sich Selbst- und Weltbezug immer wieder neu konstellieren. Dabei kann, ähnlich dem im vorangegangen Kapitel diskutierten Indiz, jeder dieser Momente auch einer neuen narrativen Kohärenz stattgeben: Derjenige, der allmählich Gedanken beim Reden verfertigt, kann bei Gelegenheit derjenige werden, der vorher schon wußte, plante, vorhatte, etc. Ebenso kann er derjenige werden, der noch nie wußte, plante oder vorhatte.

Die Erkenntnis, daß auch Register, die ihren jeweiligen Gesetzmäßigkeiten nach unvereinbar scheinen oder sich umgekehrt qua Doppelkontingenz zu verfehlen drohen, im Vergehen der Zeit aneinander und zugleich an sich selbst anschließen können, hat bei Kleist nicht zur Konsequenz, die ästhetische Aufhebung der Zeit in der Zeit als Versöhnung des Unvereinbaren zu apostrophieren. Sie resultiert vielmehr in dem pragmatischen Prinzip, daß Steuerung unter diesen Bedingungen eine Steuerung qua Zeit sein muß. Im Unterschied auch zu einer systemtheoretischen Sicht, die die Zeitdimension als funktionales Äquivalent der Kommunikation vorausgesetzt sein läßt, läuft in „Über die allmähliche Verfertigung der Gedanken beim Reden" durchaus die Frage mit, ob und wie das Ineinandergreifen von Selbst- und Fremdreferenz zu steuern ist, indem Kontrolle in der zeitlichen Dimension zu gewinnen wäre:³⁰⁶

> Ich mische unartikulierte Töne ein, ziehe die Verbindungswörter in die
> Länge, gebrauche auch wohl eine Apposition, wo sie nicht nötig wäre,
> und bediene mich anderer, die Rede ausdehnender, Kunstgriffe, zur
> Fabrikation meiner Idee auf der Werkstätte der Vernunft, die gehörige
> Zeit zu gewinnen.³⁰⁷

---

³⁰⁵ Kleist, DKV, Bd. III, S. 537.
³⁰⁶ Vgl. de Certeau 1988, S. 91: „Taktiken sind Handlungen, die ihre Geltung aus der Bedeutung beziehen, welche sie der Zeit beilegen." Aus dem gleichen Abschnitt stammt auch der Ausdruck „Gebrauch der Zeit", der die vorliegende Studie betitelt. De Certeau trifft in diesem Zusammenhang eine Unterscheidung zwischen Strategie und Taktik – Strategie ist Gebrauch des Raums, Taktik ist Gebrauch der Zeit – die wir so nicht übernehmen. Sie dient im Kontext der Studie de Certeaus dazu, die Handlungsweisen der Mächtigen von denen der weniger Mächtigen zumindest provisorisch zu unterscheiden. Abgesehen von den theoretischen Bedenken, die solche Versuche immer hervorrufen müssen, ist eine solche Trennung in unserem Zusammenhang schon deshalb nicht sinnvoll, weil selbstverständlich auch die Staatsmacht von der Zeit Gebrauch macht – wir kommen im Abschnitt „Der erste Leser" darauf zurück.
³⁰⁷ SW II, S. 319 f.

Die Anwendung des ‚order-from-noise'-Prinzips ist hier mit Händen zu greifen und wird zugleich als eine Möglichkeit der Steuerung auf zeitlicher Ebene in Szene gesetzt. Entsprechend zeigt sich schon im folgenden Satz, daß die „gehörige Zeit" nicht einfach als die Dauer eines Aufschubs zu verstehen ist, der dem Subjekt die Gelegenheit gibt, sich zu besinnen. Es geht vielmehr tatsächlich darum, die Zeit als „gehörige" für ein Feedback zu verwenden, das über die Fremdreferenz der Selbstreferenz zugute kommt:

> Dabei ist mir nichts heilsamer, als eine Bewegung meiner Schwester, als ob sie mich unterbrechen wollte [...].[308]

Wird das Prozessieren der Worte zuerst dem Prozessieren der Gedanken stattgeben oder dem Prozessieren der Worte des anderen, die es dann in die Reihen der Gedanken und der Worte noch mit einzubeziehen gilt? Welche Reziprozität wird sich als dominant erweisen? Immer wieder gilt es, die Unterbrechung und mithin den Kontrollverlust zu suchen, um so einer anderen Form von Kontrolle auf der Ebene der Zeit den Einsatz geben zu können. Allerdings kann man diese zeitliche Dimension von einem personalen oder subjektiven Standpunkt aus nicht dauerhaft kontrollieren. Hier ist ‚Kontrolle' lediglich immer wieder einmal zu *gewinnen* – dies ist der *Kairos* des *Kairos*, die Strategie der Zeit.

Trotz und gerade inmitten aller Unfähigkeit zur Selbstkontrolle im herkömmlichen Sinne hatte Kleist wohl immer schon eine Affinität zu solchen zeitlichen und mithin fatalen Strategien. „Lesen Sie diesen Brief, wie ich ihn geschrieben habe, an mehreren hintereinanderfolgenden Tagen", schreibt er schon 1799 an seinen alten Lehrer Christian Ernst Martini, indem er sich die Frage vorsetzt, „ob ein Fall möglich sei, in welchem ein denkender Mensch der Überzeugung eines Andern mehr trauen solle, als seiner eigenen".[309] Wer Kontrolle über die Zeit gewinnt, der weiß – so lautet die Formel diskursiver Macht, wie sie der Text „Über die allmähliche Verfertigung der Gedanken beim Reden" entwickelt. Eine Formel, deren Fehler und deren Brillanz darin liegt, niemals dem Einzelnen allein zur Verfügung zu stehen:

> Denn nicht *wir* wissen, es ist allererst ein gewisser *Zustand* unsrer, welcher weiß.[310]

Folglich wird das Vorher/Nachher von Wissen und Darlegung, Plan und Umsetzung suspendiert, und an seine Stelle tritt eine Art Zerstreutheit, die nichtsdestoweniger kalkuliert, die im buchstäblichen Sinn ‚gerissen' ist. Das Einmischen „unartikulierter Töne", das In-die-Länge-Ziehen der Verbindungswörter mag zerstreut wirken und ist nichtsdestoweniger strategisch: eine gerissene Zerstreuung, der eine zerstreute Gerissenheit korrespondiert,

---

[308] SW II, S. 320.
[309] Kleist, BKA, Bd. IV, S. 41 und 34.
[310] Kleist, DKV, Bd. III, S. 540.

denn das strategische Moment, das hier zum Tragen kommt, ist seinerseits nicht durch einen vorgefaßten Plan bestimmt.

In und mit den ABENDBLÄTTERN macht Kleist die Summe seiner Experimente zu Strategie und Zeit zum Prinzip seiner Arbeit. Es könnte lauten: Wo immer Kontrolle in und mit der Zeit zu gewinnen ist, koinzidieren Zerstreutheit und Gerissenheit. Aus der Verbindung der „medialen Wende des Schönen" mit dem Gebrauch der Zeit entsteht folgerichtig die Zeitung. Bernhard Dotzler formuliert: „Analog der Idee ‚Von der allmählichen Verfertigung der Gedanken beim Reden' riskieren auch die ‚Abendblätter', wie bis dahin wohl kein Journal sonst, die synchrone Verfertigung ihrer selbst – im Publizieren."[311] ‚Zeitung' wäre hier erneut wörtlich zu nehmen: als „der Versuch, statt für die Zeit, statt in die Zeit hinein zu schreiben, die Zeit für sich schreiben zu lassen".[312] In diesem Sinne ist der Kleist der ABENDBLÄTTER mit Überzeugung jener „Zeitschriftsteller", den Goethe und Schiller in den *Xenien* mit der Bemerkung belegen, er bringe „Zerstreuung in die Zerstreuung".

Strategien des Performativen
Mit den Worten „(Die Fortsetzung folgt)",[313] die sich am Ende von „Über die allmähliche Verfertigung der Gedanken beim Reden" finden, hat es eine seltsame Bewandtnis, denn sie sind dem Text, wie Sembdner bemerkt, von fremder Hand hinzugefügt worden.[314] Offenbar hat ein „nächster Bekannter" die allmähliche Verfertigung der Gedanken beim Schreiben im Falle des Textes „Über die allmähliche Verfertigung der Gedanken beim Reden" für nicht abgeschlossen gehalten. So gewinnt ironischerweise der adressierte Andere, der in diesem Fall anonym bleibt, die Kontrolle über die Zeit schließlich zurück. Mit diesen drei Worten ist markiert, daß Kleist genau das nicht gelingt, wozu der Text doch Anleitung geben will:[315]

> Aber weil ich doch irgendeine dunkle Vorstellung habe, die mit dem, was ich suche, von fern her in einiger Verbindung steht, so prägt, wenn ich nur dreist damit den Anfang mache, das Gemüt, während die Rede fortschreitet, in der Notwendigkeit, dem Anfang nun auch ein Ende zu finden, jene verworrene Vorstellung zur völligen Deutlichkeit aus, dergestalt, daß die Erkenntnis, zu meinem Erstaunen, mit der Periode fertig ist.[316]

---

[311] Dotzler 1998a, S. 53.
[312] Ebd.
[313] Kleist, DKV, Bd. III, S. 540.
[314] Kleist, SW, Bd. II, S. 925.
[315] Es sei denn, man liest im folgenden Zitat, daß sich „jene verworrene Vorstellung" zur völligen Deutlichkeit eben jener Verworrenheit ausprägt. Für diesen Hinweis danke ich Michael Ott.
[316] Kleist, DKV, Bd. III, S. 535.

Gleichwohl verspricht der Zusatz „(Die Fortsetzung folgt)" nicht zuviel: Im Zuge jener allmählichen Verfertigung von Texten beim Veröffentlichen, die das Projekt der BERLINER ABENDBLÄTTER ausmacht, spinnt sich ein Netz von Bezügen – zahlreiche Texte scheinen auf „Über die allmähliche Verfertigung der Gedanken beim Reden" zurückzuverweisen, dort angelegte argumentative Figuren aufzugreifen und weiterzuführen.

Offenkundig und mehrfach von der Forschung aufgegriffen ist diese Beziehung im Falle des Textes „Von der Überlegung. (Eine Paradoxe.)", erschienen in den BERLINER ABENDBLÄTTERN vom 7.12.1810.[317] Der erste Satz der ‚mündlichen Rede', die in diesen Text eingelassen ist, lautet:

> Die Überlegung, wisse, findet ihren Zeitpunkt weit schicklicher nach als vor der Tat. (BA, Bl. 59)

Daß ein strategischer Gebrauch der Zeit das Vorher-Nachher-Modell von Plan und Umsetzung, Überlegung und Darstellung suspendiert, ist schon im Aufbau dieses Satz auf den paradoxen Punkt gebracht – auf den Zeitpunkt nämlich: Das eingeschobene „wisse" führt die zugleich gegebene Klugheitsregel präzise an die Grenze ihrer Anwendbarkeit, zielt es doch auf eine taktisch-planerische Vorgängigkeit, die in der angegebenen Regel selbst gerade diskreditiert wird. Sich vorzunehmen, nicht nachzudenken, bevor man etwas tut, ist der performative Widerspruch schlechthin.[318] Die These, von der Überlegung sei der „Gebrauch [...], zu welchem sie dem Menschen eigentlich gegeben ist" (BA, Bl. 59), erst nach der Tat zu machen, mag an sich schon, dem Titel gemäß, paradox erscheinen, wird durch die Paradoxie der Darlegung allerdings noch überboten, denn der Sachverhalt ist hier seinerseits Gegenstand einer Überlegung, die dereinst in der Zukunft eine Tat zur Folge haben soll: Das Ich des Textes plant, seinem Sohn, sollte dieser einmal Soldat werden, eben diesen Ratschlag auf den Weg zu geben.

Das Szenario der Klugheitsregel, die vom Vater an den Sohn weitergegeben werden soll, ist geeignet, den grundlegenden Bezug auf die Tradition der Simulatio noch einmal zu unterstreichen: Als Vorbild bieten sich die *Briefe des Grafen Chesterfield an seinen Sohn* an, in denen dem Sohn ganz in der Tradition der höfischen Klugheitslehre Ratschläge für den gesellschaftlichen Erfolg erteilt werden. Dieses Buch qualifiziert sich insofern zur Vorlage, als es durch seine verspätete Übersetzung ins Deutsche (1776) die Klugheitslehre zu einem Zeitpunkt wieder in die Debatte brachte, zu dem sie eigentlich bereits als veraltet galt. Erwartungsgemäß drastisch fällt ein Kommentar Schillers aus, der ebenfalls als eine Quelle des Textes „Von der Überlegung (Eine Paradoxe.)" in Frage kommt, denn immerhin bezeichnet Schiller die Lehren des Lords als explizit als „paradox":

---

[317] Vgl. Blamberger 1991, S. 19.
[318] Zugleich spielt das Wort „schicklicher" subtil mit dem Verweis nicht nur auf die Schicksalsergebenheit, sondern auch auf die die Klugheitslehre ablösenden Programme der Sittlichkeit.

> **Väterliche Lehre**
> [...]
> Nachfolgende [Instruktion] also, welche ein englischer Lord seinem Sohn mit auf den Weg nach Oxford gab, mag manchem sehr paradox und vielleicht mit Recht scheinen: „Zieh hin, junger Wildling, und lerne was die Welt ist. [...] Lern was Gescheutes, das heißt lerne kriechen und recht klein tun und unwissend scheinen, wies die andern meistens sind, so wirst Du Gönner und Freunde finden, und die werden dich unter den Schatten ihrer Flügel aufnehmen. [...]"
> Der Mann war wahrscheinlich bei Hof und so frei die Englische Nation auch immerhin sein mag, so hindert dies doch nicht, daß die gewöhnlichen Weltkünste auch in Engelland hier und da einem Brot verschaffen.[319]

Schillers Verachtung muß sich in diesem Fall wohl auf die „gewöhnlichen Weltkünste" insgesamt richten, denn in der Sache trifft sein Kommentar nicht. Ursula Geitner faßt zusammen: „Chesterfields Briefe weisen den zukünftigen Gentleman und Diplomaten an, in der Interaktion durch Aktion zu überzeugen."[320] In diesem Zusammenhang erweist Kleists Text, inwiefern die Klugheitsregel, die die strategische Überlegung grundsätzlich in die Nachsorge der Tat verlegen will, notwendig die letzte ihrer Art ist, denn sie fordert dazu auf, eben jene taktischen Überlegungen, deren Register die Lehre der Klugheit ist, hintanzustellen. Mithin lautet die Diagnose, die Kleists Text gerade in seiner Kürze und Pointiertheit stellt: Sobald die Lehren der Klugheit einerseits Zeitlichkeit in Rechnung stellen, andererseits aber auf einer rein produktiven Logik, also auf der prinzipiellen Vorgängigkeit der Intention, des Plans und des personalen Wissensvorsprungs beharren, produzieren sie statt Regeln unmittelbar Paradoxien. Ein ähnliches Muster läßt sich bei einer ganzen Reihe von in den ABENDBLÄTTERN veröffentlichten Texten wiederfinden; fast scheint es, als habe Kleist eine kleine Versuchsreihe zur Erzeugung performativer Widersprüche durchgeführt. Als Paralleltext kann etwa der „Brief eines Malers an seinen Sohn", erschienen im 19. Blatt, gelten. Der Brief des Vaters antwortet auf einen unbekannt bleibenden Brief des Sohnes:

> Du schreibst mir, daß du eine Madonna mahlst, und daß dein Gefühl dir, für die Vollendung dieses Werks, so unrein und körperlich dünkt, daß du jedesmal, bevor du zum Pinsel greifst, das Abendmahl nehmen mögtest, [...]. (BA, Bl. 19)

Der Vater rät dem Sohn mit folgenden Worten von solchen Skrupeln ab:

> Die Welt ist eine wunderliche Einrichtung; und die göttlichsten Wirkungen, mein lieber Sohn, gehen aus den niedrigsten und unscheinbarsten Ursachen hervor. Der Mensch [...] er ist ein erhabenes

---

[319] Schiller 1992b, S. 861 f.
[320] Geitner 1992, S. 333.

> Geschöpf; und gleichwohl; in dem Augenblick, da man ihn macht, ist es nicht nöthig, daß man dies, mit vieler Heiligkeit, bedenke. Ja, derjenige, der das Abendmahl darauf nähme, und mit dem bloßen Vorsatz ans Werk gienge, seinen Begriff davon in der Sinnenwelt zu construiren, würde ohnfehlbar ein ärmliches und gebrechliches Wesen hervorbringen, dagegen derjenige, der, in einer heitern Sommernacht, ein Mädchen, ohne weiteren Gedanken küßt, zweifelsohne einen Jungen zur Welt bringt, der nachher, auf rüstige Weise, zwischen Erde und Himmel herumklettert, und den Philosophen zu schaffen giebt. (BA, Bl. 19)

Wieder haben wir es mit der vertrauten Aufforderung zu tun, sich ohne weitere Kontemplation ins Tun zu stürzen. Doch was sagt die Faktizität des Briefes vom Vater an den Sohn über die Realisierung der darin formulierten Regel aus? Offenbar handelt es sich bei dem Angesprochenen eher nicht um einen Jungen, der „auf rüstige Weise zwischen Erde und Himmel herumklettert". Der Brief als solcher straft seinen Inhalt entweder Lügen, oder er beweist, daß sein Schreiber den eigenen Ratschlag nicht beherzigt hat. In der Faktizität seines Erscheinens wird der Brief zum Nachweis der Fehlerhaftigkeit seines Inhalts und/oder der Zweifelhaftigkeit seines Autors. Umgekehrt heißt auf den hier impliziten performativen Widerspruch aufmerksam zu werden damit auch, die Faktizität des Erscheinens eines solchen Textes als relevant wahrzunehmen und von hier aus womöglich die Verbindung zwischen Inhalten und medialen Bedingungen zu erkunden, indem man der Spur solcher Fehler folgt.

Das Ende des „Brief[es] eines jungen Dichters an einen jungen Mahler" aus dem 32. Blatt weist in eine ähnliche Richtung. Nachdem der junge Dichter den jungen Maler, der sein Handwerk noch im Kopieren („Copiren") der alten Meister erlernt, zur Kunst als „Erfindung nach eigenthümlichen Gesetzen" zu bekehren versucht hat, schließt der Text:

> So! sagt ihr und seht mich an: was der Herr uns da Neues sagt! und lächelt und zuckt die Achseln. Demnach, ihr Herren, Gott befohlen! Denn da Copernicus schon vor dreihundert Jahren gesagt hat, daß die Erde rund sei, so sehe ich nicht ein, was es helfen könnte, wenn ich es hier wiederholte. Lebet wohl! (BA, Bl. 32)

Indem der Brief noch einmal die zu diesem Zeitpunkt auch nicht mehr ganz so neue Genieästhetik beschwört, wird deutlich, daß der junge Dichter, der Verfasser des Briefes, ebenfalls ‚copirt'. Sein Aufbegehren gegen die Nachahmung bereits bestehender Werke ist selbst schon kopiert, ist, wie nicht zuletzt der Verweis auf Kants „kopernikanische Wende", der sich in der Erwähnung des Kopernikus verbirgt, bereits Zitat des Zitats.[321] Dabei läßt sich „Copiren" in dieser Schreibweise anagrammatisch aus „Copernicus" ableiten: Zitat und Nachahmung insistieren hier buchstäblich inmitten der

---

[321] Für diesen Hinweis danke ich Matthias Anton.

vermeintlich radikalen Neuschöpfung. Die Paradoxie jener Regel, die die Tat vor der Überlegung beziehungsweise die Erfindung der Regeln im schöpferischen Tun nahe legt, zielt bei Kleist scheinbar auf eine genieästhetische Programmatik, produziert dabei aber schließlich immer einen Widerspruch, in dem ein spezifischer Aspekt der Beziehung von Aussage und Äußerung, Inhalt und medialer Performanz sich zeigt. In „Von der Überlegung. (Eine Paradoxe.)" wird dies besonders deutlich, denn der Text überführt die Rede, die der Vater dem Sohn einst halten will, vom Mündlichen ins Schriftliche und macht darin um so deutlicher, daß diese besondere Überlegung über das Verhältnis von Tat und Überlegung ihren Ort vor der Tat hat, was der entsprechenden Überlegung zufolge das gesamte Vorhaben dem Scheitern ausliefert. Aber – müßte man dann nicht zugleich konstatieren, daß hier zwar einerseits eine Überlegung über die Überlegung vorliegt, andererseits aber auch etwas grundsätzlich anderes, nämlich der in den ABENDBLÄTTERN veröffentlichte Text „Von der Überlegung (Eine Paradoxe.)"?

Eine Klugheitslehre des Schriftlichen
Schon „Über die allmähliche Verfertigung der Gedanken beim Reden" hatte vermuten lassen, daß die Möglichkeit zeitlicher Steuerung in der jeweiligen medialen Performanz zu suchen wäre. Zumindest hatte die „allmähliche Verfertigung" das ‚order-from-noise'-Prinzip als Spiel mit den Spezifika der mündlichen Rede in Szene gesetzt: Verbindungswörter in die Länge ziehen, unartikulierte Töne einsetzen, unnötige Appositionen gebrauchen – all dies gehört genuin dem Mündlichen an und ist auf das Schriftliche nicht ohne weiteres übertragbar. Was also tritt im Übergang vom Mündlichen zum Schriftlichen an diese Stelle?

Die meisten Klugheitsregeln funktionieren, solange der Gegenspieler sie nicht ebenfalls kennt. Schon bevor die bürgerliche Verinnerlichung von Kommunikation mit diesem Prinzip in Konflikt gerät, ist dies eine verfahrenstechnische Crux: Klugheitslehren arbeiten gerade mit ihrer Formulierung und Verbreitung gegen ihre Wirksamkeit an. So lange strategisches Handeln auf einem Wissensvorsprung beruht, bleibt die Klugheitslehre eine Lehre der Kommunikation, deren erstes Gebot die Nicht-Kommunikation sein muß. In diesem Sinne konzentriert sich der Kluge darauf, die eigenen Aktionen für den Gegner nicht verwendbar werden zu lassen. In der schriftlichen Interaktion ist genau dies gar nicht zu vermeiden. Die unabhängig vom Schreiber bestehende Materialität der Schrift bietet sich geradezu dafür an, Aussagen gegen ihre erste Intention zu wenden.[322] Kleists Dramen sind voll von solchen *Fällen*: Wenn zum Beispiel Ottokar im ersten Akt der *Familie Schroffenstein* „[...] Rache dem Mörderhaus Sylvesters"

---
[322] Entsprechend, so wäre vielleicht zu argumentieren, wird in jenen Bereichen der Gesellschaft, die weiterhin nach frühneuzeitlichen Regeln der Klugheit operieren, wie etwa in der Mafia, alle Verschriftlichung weiterhin möglichst vermieden.

schwört, gilt diese Rache schließlich auch dem eigenen Haus, denn gerade im Zuge wiederholter Lektüre beginnt der Genitiv zwischen seiner *subjectivus-* und seiner *objectivus-*Variante zu changieren. Diese Doppeldeutigkeit nimmt bekanntlich den katastrophalen Gang der Dinge vorweg.[323]

Einfach insofern sie sich der Kontrolle des jeweils Handelnden entziehen, sprechen solche in die Disposition des Lesers gestellten Mehrdeutigkeiten aus der Perspektive der Klugheitslehre grundsätzlich gegen die schriftliche Interaktion. Und so fällt das Ende der alten Klugheitslehren historisch wohl nicht zufällig mit dem allgemeinen Siegeszug des Schriftlichen im öffentlichen Diskurs zusammen.[324] Kenntnisreich schreibt Klaus Weimar im Bezug auf die Rhetorikhandbücher, die in diesem Zusammenhang als wesentlicher Bestandteil einer Kultur der Klugheit zu gelten haben: „Die jederzeitige Orientierung an der künftigen aktuellen Redesituation macht die Rhetoriklehrbücher allererst brauchbar. Denn sie sind von sich aus Kataloge, die zwar alles enthalten, was beim Schreiben und Reden zu bedenken und zu gebrauchen ist, aber für die Auswahl aus der Fülle des Angebotes können sie nur ungefähre, geschmacksabhängige Tips geben. [...] Das war gut und recht so [...], solange der Schreiber sein zukünftiges Publikum kannte. [...] Sobald aber Texte generell dazu bestimmt sind, Text zu bleiben, niemals Rede zu werden, als Schrift jederzeit und allerorten ein unbekanntes Publikum zu erreichen, wie soll man sie anmessen an etwas, das man gar nicht kennen kann?"[325]

Folgerichtig wenden sich die wenigen Freunde, die die alte Rhetorik um 1810 noch hat, programmatisch gegen die neue Vormachtstellung des Schriftlichen. Zu diesen Freunden zählt an prominenter Stelle Adam Müller. In dessen *Zwölf Reden über die Beredsamkeit und deren Verfall in Deutschland* zeigt sich Müller als erklärter Feind von Textualität, und zwar mit dem drastischen Argument, daß die schriftliche Interaktion der konkreten Auseinandersetzung und damit der Gewalttätigkeit entbehre. Duell und Krieg werden als die eigentlichen, auch als die wahrhaft deutschen Formen der Auseinandersetzung gepriesen. Schriftsteller dagegen seien lediglich „Spiegelfechter".[326]

---

[323] Kleist, DKV, Bd. I, S. 126. Den Schauspieler, der diesen Satz sprechen soll, stellt eine solche Doppeldeutigkeit vor eine kaum lösbare Aufgabe. Tatsächlich war und ist das Schauspieltheater, wie es sich im 18. Jahrhundert entwickelt hat, *das* Laboratorium, um das Verhältnis zwischen schriftlichem und mündlichem Diskurs zu untersuchen. Und so darf man wohl sagen, daß Kleist in dieser Angelegenheit schon als Dramatiker zum Experten geworden ist.
[324] Weimar 1989, S. 58. Aus diesem Grund, so Weimar, wird die alte Rhetorik durch Modelle genialer, künstlerischer Produktion einerseits und durch Hermeneutik andererseits abgelöst.
[325] Ebd., S. 52.
[326] Adam Müller 1983, S. 123.

Schon die interessante Korrespondenz zwischen dem Wort von der ‚Spiegelfechterei' und Kleists Text „Über das Marionettentheater" mag darauf hinweisen,[327] daß sich in Kleists Arbeiten um 1810 eine Position artikuliert, die von derjenigen Müllers ebenso abweicht wie von der zeitgenössischen Tendenz, rhetorische Klugheitslehren in ästhetische Theoreme zu übersetzen. Statt die Schriftlichkeit zugunsten der Rhetorik zu verwerfen oder die Rhetorik zugunsten literarischer Ästhetik zu überwinden, scheint sich Kleist gerade für die vermeintliche Unverträglichkeit von Schriftlichkeit und rhetorisch-strategischem Paradigma zu interessieren. Die Paradoxien der Kleistschen Texte messen diese Unverträglichkeit aus, verweilen in ihr und stellen so die Frage: Läßt sich möglicherweise gerade in der Konzentration auf die Performanz des Schriftlichen ein Ausweg aus den Aporien der Klugheitslehre finden?[328]

Tatsächlich macht die in „Von der Überlegung. (Eine Paradoxe.)" beschriebene Umkehr der Beziehung von Überlegung und Tat für die schriftliche Interaktion wieder einen Sinn: Das Spezifikum textlicher Medialität, also einer Schriftlichkeit, die sich im 18. Jahrhundert immer mehr vom Mündlichen abkoppelt, besteht zunächst darin, daß der Text in Abwesenheit des Autors funktioniert, daß er also eine Quasi-Interaktion möglich macht, die die gleichzeitige Anwesenheit der Aktanten nicht voraussetzt. Indem er derart auf räumliche und zeitliche Differenzen abstellt, erlaubt der Text anstelle einer intentionsgesteuerten Folge von Aktion/Reaktion eine flexiblere Verschaltung von Perspektiven. Das Schriftliche zieht per se mehr Vermutungen darüber nach sich, welches Vorhaben der Niederschrift zugrundegelegen haben mag, als ihr im konkreten Fall zugrundegelegen haben können. Der Autor eines Textes kann, insofern ihm alle Tendenzen, Aussagen und Manöver zugerechnet werden, die sich aus dem Text herauslesen lassen, nachträglich klüger sein als der Schreibende im Vorfeld tatsächlich gewesen ist. Die Überlegung hat ihren Zeitpunkt nach der Tat – das heißt im Schriftlichen auch: Darüber, welche Überlegung dem Text zugrundegelegen haben mag, wird nach der Niederschrift entschieden.

In diesem Zusammenhang wird auch plausibel, inwiefern die Entkopplung des Schriftlichen vom Mündlichen im 18. Jahrhundert mit der Konzeption des Genies einhergeht: Sollen die Effekte und Funktionen von Texten als subjektiv gesteuert vorgestellt werden, avanciert derjenige, dem so etwas noch zuzutrauen wäre, unweigerlich zum Genie. Die Zurechnung eines literarischen Kunstwerks mitsamt aller in seiner Rezeption gemachten Erfahrung auf den Urheber ist schwierig, im Konzept des Genies aber sichergestellt. Mit seinen in den BERLINER ABENDBLÄTTERN veröffentlichten Texten spekuliert Kleist, wenn er denn spekuliert, auf dasselbe Phänomen. Allerdings geht es dabei, außerhalb des „Reichs der Kunst", gerade nicht

---

[327] Vgl. Brandstetter 1999, S. 111.
[328] Vgl. dazu auch Peters 2000.

darum, eine Zuschreibung der ganzen Vielfalt von Deutungen auf den genialen Autor zu erreichen, sondern vielmehr darum, die schriftliche Agentur als etwas zu sehen, das sich performativ von der Intention, der Absicht des Klugen ablöst und erst in der Quasi-Interaktion von Lesen und Schreiben zustande kommt. Kleists für die BERLINER ABENDBLÄTTER produzierten Texte wären entsprechend weniger im Hinblick auf die Komplexität ihrer Immanenz zu analysieren. Sie spekulieren qua allmählicher Verfertigung vielmehr auf Implikationen, die ihnen aus der medialen Konstellation und aus den mit ihr verbunden zeitlichen und kontextuellen Verschiebungen erst zuwachsen. Dies wäre vielleicht, was Kleist in „Von der Überlegung (Eine Paradoxe.)" mit dem Bild des Ringers beschreibt:

> Der Athlet kann, in dem Augenblick, da er seinen Gegner umfaßt hält, schlechthin nach keiner anderen Rücksicht, als nach bloßen augenblicklichen Eingebungen verfahren; und derjenige, der berechnen wollte, welche Muskeln er anstrengen, und welche Glieder er in Bewegung setzen soll, [...] würde unfehlbar den Kürzeren ziehen, und unterliegen. (BA, Bl. 59)[329]

Unter strategischem Gesichtspunkt kann der Autor eines Textes als Meister der verschiedensten Manöver erscheinen, und zwar nachträglich und in Abhängigkeit von der Situation der Rezeption, der Konstellation der Veröffentlichung etc. Ohne deshalb immer schon ‚schöne Literatur' zu sein, sind die für die BERLINER ABENDBLÄTTER geschriebenen Texte Kleists daher im besten Fall so geschrieben, daß sie dieser nachträglichen Komplexitäts-Anreicherung offen begegnen, daß sie sich ihr im Sinne eines definalisierten Kalküls aussetzen. Allein auf diese Weise wird ihr Autor dem Ringer des Textes „Von der Überlegung (Eine Paradoxe.)" ähnlich, der

> tausendgliedrig, nach allen Windungen des Kampfs, nach allen Widerständen, Drücken, Ausweichungen und Reactionen, empfindet und spürt [...]. (BA, Bl. 59).

Tausendgliedrig kann der Autor eines Textes deshalb sein, weil schriftliche Interaktion eben keine Interaktion im klassischen Sinne ist – keine Interaktion, die auf gleichzeitiger Anwesenheit beruht. So läßt die differentielle Zeitlichkeit der Schrift das Ziel schriftlicher Strategien zwischen Vergangenheit und Zukunft changieren, und es gilt nun Lektüren so zu steuern, daß diese die *actio* des Autors retrospektiv miterzeugen und zwar jeweils in Relation zu einem konkreten Kontext der Publikation beziehungsweise Rezeption. Dann wird der Autor je nach Rezeption ein anderer gewesen sein

---

[329] Hier verbirgt sich unter Umständen noch einmal ein Verweis auf Adam Müllers *Zwölf Reden über die Beredsamkeit der Deutschen*, in deren erster davon die Rede ist, daß im Unterschied zu Frankreich in Deutschland mit der Sprache gerungen und Sprache gezwungen werde. Vgl. Müller 1983.

und anders agiert haben; seine *actio* steht prinzipiell im zweiten Futur.[330] In diesem Sinne ist die Verschriftlichung der Klugheitslehre zugleich ihre Transgression – das Strategische findet sich von einer durch konkrete Vorhaben und Ziele bestimmten in eine operative Dimension verschoben: Dabei geht es nicht einfach darum, das Verhältnis von Gedanke und Wort oder Wort und Tat umzukehren, sondern vielmehr um eine Komplikation der linearen Zeitfolge selbst, um die nachträgliche Artikulation einer Beziehung von Vorher und Nachher.

Diese Komplikation der Zeit ist zunächst schlicht die Folge einer Kombination von Schriftlichkeit und Öffentlichkeit. Wo die Schrift zum Träger eines vielstimmigen öffentlichen Diskurses wird, bringt sie bereits als solche jenen Beziehungsreichtum hervor, den der ästhetische Diskurs im literarischen Werk zu domestizieren sucht, – einen Beziehungsreichtum, der so lange nicht strategisch gewendet werden kann, wie Schrift außerhalb des literarischen Werks lediglich als Platzhalter des gesprochenen Wortes gilt. In diesem Sinne kontert die Frage nach einer Klugheitslehre des Schriftlichen die zeitgenössische Tendenz, die medialen Spezifika der Schrift zwar einerseits in literarische Produktivität zu verwandeln, andererseits aber im Zuge der Abgrenzung der Kunst von der Technik erneut zu verdecken. Erst jene Theorien der Schrift, die sich im 20. Jahrhundert vom Primat des Mündlichen lösen, bringen Schriftlichkeit grundsätzlich mit entgrenzter Strategie in Verbindung. Über die ‚différance', jenes Codewort der Schriftphilosophie, das die Differenz des Schriftlichen vom Mündlichen durch den nicht vernehmbaren Tausch des ‚e' für ‚a' markiert, schreibt Jacques Derrida:

> Alles in der Zeichnung der différance ist strategisch und kühn. [...] Kühn, weil diese Strategie keine einfache Strategie in jenem Sinne ist, in dem man sagt, die Strategie lenke die Taktik nach einem Endzweck, einem Telos oder dem Motiv einer Beherrschung, einer Herrschaft und einer endgültigen Wiederaneignung der Bewegung oder des Feldes. Eine Strategie schließlich ohne Finalität; man könnte dies eine blinde Taktik nennen, empirisches Umherirren [...].
> Différer in diesem Sinne heißt temporisieren, heißt bewußt oder unbewußt auf die zeitliche und verzögernde Vermittlung eines Umweges rekurrieren, welcher die Ausführung oder Erfüllung des ‚Wunsches' oder ‚Willens' suspendiert und sie ebenfalls auf eine Art verwirklicht, die ihre Wirkung aufhebt oder temperiert.[331]

Wenn Kleist mit den ABENDBLÄTTERN einer Klugheitslehre des Schriftlichen zuarbeitet, obwohl diese aller historischen Wahrscheinlichkeit nach als *contradictio in adiecto* erschienen sein muß, geht dies mit einer Affirmation von Schrift als Medium einher, und dies zu einem Zeitpunkt, zu dem seine Zeitgenossen allererst die Regeln eines Aufschreibesystems erfanden, „das

---

[330] Dieser Effekt eines medialen Gebrauchs der Zeit ist der von Michael Wirth so benannten „Poetik einer verweigerten Kausalität" verwandt; vgl. Wirth 1992.
[331] Derrida 1988, S. 81ff.

immer wieder das Spiel spielte, keines zu sein".³³² Vielleicht ist es nicht zuletzt dieses Verständnis von Schriftlichkeit als Medialität, das aus dem Literaten Kleist den Journalisten gemacht hat; und so wäre Kleists ‚Zeitung' auch als der Versuch zu verstehen, die Tradition strategischen Denkens der Zeitlichkeit der Schrift anheimzustellen.

Wort und Tat

Indem ein Text wie „Von der Überlegung. (Eine Paradoxe)" Schriftlichkeit als Medialität in Szene setzt, ist er zugleich auch als Kommentar zum Gegenüber von Wort und Tat, Theorie und Praxis zu lesen. Es ist dieses Gegenüber, das seit der Niederlage gegen Napoleon von 1806 immer mehr ins Zentrum einer Kritik am ‚überrannten Bildungsstaat' rückt.³³³ Johann Daniel Falks Glosse „Über die Systemsucht der Deutschen", 1806 in der ersten Ausgabe der Zeitschrift *Elysium und Tartarus* veröffentlicht, bringt die Problematik auf den Punkt:

> Auch hier im Elysium hat die Einnahme von Ulm eine große Sensation erregt, denn Sie sollen wissen, wir haben hier die Zeitungsnachrichten fast ebenso früh, als in den meisten Gegenden von Teutschland. [...]
> Nirgend [...] ist das Planmachen mehr üblich als in Teutschland. In keinem Lande der Welt sind zum Beispiel über Erziehung, gute Kinderzucht und dergleichen so viel nützliche Bücher geschrieben worden als in den letzten zehn Jahren in Teutschland; nie sind indes die Zuchthäuser dort bevölkerter gewesen als in ebendieser Periode. [...] In keinem Lande von der Welt ist zuletzt das neuere Kriegssystem so ausführlich, so unparteiisch, so tief und so vernünftig erklärt worden als in den letzten zehn Jahren in Teutschland, nie sind indes größere Armeen von einem völlig ungeübten, ja undisziplinierten Feinde überall, wo sie sich zeigten, öfter geschlagen worden als in Teutschland in ebendieser Periode.³³⁴

Angesichts dieses Mißverhältnisses macht man sich unter der ideologischen Leitung Fichtes eilig daran, die ‚Kulturnation' zur ‚Nationalkultur' umzubauen. Gerhard Schulz, von dem diese Formulierung stammt, führt für diese Tendenz neben demjenigen Fichtes zahlreiche andere Namen an: Prominent firmiert dabei Adam Müller, außerdem Friedrich Ludwig Jahn, der nicht nur als der „Turnvater" zu zweifelhaftem Ruhm gekommen ist, sondern sich in ähnlicher Weise um die deutsche Sprache bemüht hat; er machte zum Beispiel das Wort „Volkstum" populär. Jahn gilt als enger Freund Friedrich

---

³³² Kittler 1985, S. 211.
³³³ Vgl. Wetzels polemisches Distichon „Gut und Schlecht" im 56. Blatt: „Wohl, wir haben gelernt, was Gut ist und auch was/ Schlecht ist! / Gut ist immer das Wort, schlecht nur ist immer die That. W."
³³⁴ Falk 1988, S. 398. Interessant für den Zusammenhang der BERLINER ABENDBLÄTTER ist hier auch, daß Falk das Verhältnis von himmlischer Ewigkeit und irdischer Zeitlichkeit in das Intervall von Zeitungsnachrichten übersetzt.

de la Motte Fouqués – seinerseits Autor zahlreicher ‚volkstümelnder' Erzählungen. De la Motte Fouqué und Adam Müller ihrerseits sind sicherlich zu den wichtigsten freien Mitarbeitern der BERLINER ABENDBLÄTTER zu zählen. Und so sind Angriffe auf die ‚Systemsucht' und die damit verbundene mangelnde Handlungsfähigkeit der Deutschen auch in den BERLINER ABENDBLÄTTERN keine Seltenheit. In Adam Müllers Text „Über die wissenschaftlichen Deputationen", erschienen im 7. Blatt, ist zu lesen:

> Immer ist die Frage von der Capitulation oder der Vereinigung der Wissenschaften und des praktischen Lebens eine der wichtigsten, die jetzt zur Beantwortung vorliegen. Der größte Staatsmann empfindet den hemmenden Einfluß der Systeme und Prinzipien, welche die letzte Zeit ausgegohren, und die nun in einer verführerischen Reife dastehn und trotzen, ohne daß sie gerade durch Gewalt oder bloße Klugheit zu beseitigen wären. (BA, Bl. 7)

Drastischer noch äußert sich der Freiherr von Ompteda in seinen „Fragmenten eines Zuschauers am Tage", veröffentlicht im 29. Blatt:

> Die Sündfluth philosophischer und moralischer Systeme hat stark zum allgemeinen Verderben eingewirkt. Je mehr man Prinzipien vervielfältigt, die feinsten und tiefsten Falten der Seele zu entwickeln versucht hat, desto unwirksamer ist die Kraft der einfachen, aber großen und starken Hebel menschlicher Handlungen geworden. (BA, Bl. 29)

Die BERLINER ABENDBLÄTTER bieten diesen Stimmen nicht nur ein Forum, auf den ersten Blick ordnet sich ein Text wie „Von der Überlegung. (Eine Paradoxe.)" durchaus in dieses Spektrum ein – wenn auch nur, um auf den zweiten Blick gerade dessen entscheidende Schwäche herauszustellen: Offenbar nehmen die entsprechenden Einlassungen doch genau an jenem reflektierenden Diskurs teil, gegen den sie sich wenden. Und insofern dieser einfache performative Widerspruch unkommentiert bleibt, zeigt sich in der Polarisierung von Worten und Taten vor allem eines: mangelnde Aufmerksamkeit für die ‚Taten', die die Worte sind, oder – da es sich um einen schriftlichen Diskurs handelt – präziser: für die Performanz des Schriftlichen.[335]

Angesichts des militärischen Debakels gibt sich die Vorbereitung, in deren Zeichen alle Bildung steht, zunehmend den Anschein des Bestimmten: So verbindet sich mit der deklarierten Herrschaft von Wissenschaft und Kunst bei Fichte, der um 1810 zum ersten Rektor der Berliner Universität berufen wird, plötzlich die Hoffnung, wenn nicht gar der Anspruch auf eine Herrschaft der Deutschen, dem Volk der Dichter und Denker, über die Welt. Die Zukunft, für die man sich bildet, ist nunmehr weniger die unbestimmte

---

[335] Die Blindheit des Bildungsdiskurses seiner eigenen Performanz gegenüber hatte Kleist schon mit folgendem Epigramm aus dem „Phöbus" aufs Korn genommen: „Wenn du die Kinder ermahnst, so meinst du, dein Amt sei erfüllt. Weißt du, was sie dadurch lernen? – Ermahnen, mein Freund!" (Kleist, DKV, Bd. III, S. 416.)

Wiederkehr eines goldenen Zeitalters als vielmehr die anstehende „Völkerschlacht".[336]

Auch Kleist hatte 1809 hinsichtlich der drohenden Niederlage Österreichs gegen Napoleon konstatiert: „So lange dieser unselige Krieg dauert, hinken wir, mit unser Maßregeln, beständig hinter der Zeit daher."[337] Auch hier erscheint es, als ob das Planmachen selbst die Umsetzung vereiteln würde, einfach weil es ein zeitliches Intervall erzeugt, das dem Intervall zwischen Worten und Taten zu entsprechen scheint und das die jeweilige Partei notwendig ins Hintertreffen geraten läßt. Es ist also aussichtslos, den Weg von den Worten zu Taten bestimmend verkürzen zu wollen. Um auf der Höhe der Zeit anzukommen, gilt es vielmehr sich selbst im Handeln zu überholen, zum Beispiel indem man die Worte die Taten und die Taten die Worte sein läßt.

> Zeit gewonnen, alles gewonnen. Dieser Satz ist so klar, daß er [...] keines Beweises bedarf [...],[338]

schreibt Kleist 1809 in dem Fragment gebliebenen „Lehrbuch des französischen Journalismus". Und übrigens dominieren ja auch hinsichtlich der allmählichen Verfertigung der Gedanken beim Reden die Beispiele französischer Provenienz: Molière, Mirabeau, LaFontaine. Vielleicht ist das „Umlegen der Binde des Feindes", von dem zu Beginn dieses Kapitels die Rede war, schließlich auch in diesem Sinne zu verstehen.

> Und überhaupt wird jeder, der, bei gleicher Deutlichkeit, geschwinder als sein Gegner spricht, einen Vorteil über ihn haben, weil er gleichsam mehr Truppen als er ins Feld führt.[339]

Im Sinne einer Logik der gerissenen Zerstreuung und der zerstreuten Gerissenheit, wie sie sich in „Über die allmähliche Verfertigung der Gedanken" erstmals abzeichnet, ist den ABENDBLÄTTERN daher vor allem die Frequenz ihres Erscheinens Programm. Noch einmal wird deutlich: Zeitung zu sein, ist nicht deshalb aller anderen denkbaren Programmatik übergeordnet, in deren Dienst die ABENDBLÄTTER stehen könnten, weil man sich als überparteilich verstanden sehen will, sondern weil es das zwischen Programm und Umsetzung entstehende Intervall aus strategischen Gründen zu meiden gilt. Dies ist es, was man sich von der Frequenz der Zeitung versprechen kann: nicht mehr und nicht weniger, als daß es ihr gelingen möge, das Intervall zwischen Worten und Taten zu überspringen.

---

[336] Vgl. Schulz 1989, S. 33.
[337] Kleist, DKV, Bd. III, S. 496.
[338] Kleist, DKV, Bd. III, S. 465 f.
[339] Kleist, DKV, Bd. III, S. 539.

VI. Zum Lesen verleiten – Kommunikation im Zeichen von Elektrizität

Von der Camouflage zum Gesetz des Widerspruchs
Im Unterschied zu jener Tradition des strategischen Denkens, deren erstes Gebot die Nicht-Kommunikation war, stellt der Text als Mittel öffentlicher Kommunikation vom Primat der Geheimhaltung prinzipiell auf eine Affirmation von Informationsvergabe um – um so mehr die Herausgabe einer Tageszeitung. Einer journalistischen Publikation kann es nicht mit Vorrang darum gehen, etwas zu verbergen. Denkbar ist, daß sich eine Mitteilung in einer anderen verbirgt, doch immer geht es darum, dieses Verbergen zugleich auch anzuzeigen, damit die Mitteilung entziffert werden kann.

Auch im Register der klassischen Dissimulatio gehören Verbergen und Zeigen zusammen. Allerdings ist der Umstand, daß alles Verbergen als solches dazu tendiert, sich zu zeigen, gerade das Problem, das die Lehren der Klugheit herausfordert: Es gilt, nicht nur die Absicht zu verbergen, sondern auch noch die verbergende Simulatio als solche zu verbergen, wodurch ‚Dis-simulation' einen Doppelsinnn erhält. Doch auch auf der Außenseite des Verbergens des Verbergens insistiert ein weiteres Zeigen, und so verschließt sich die Simulatio im Zuge ihrer steten Verdopplung nicht nur im Personalen, sie inauguriert auch ein Ideal individueller Kontrolle, das unerreichbar bleiben muß.

Wird dagegen von Geheimhaltung auf Informationsvergabe umgestellt, kann der intrikate Zusammenhang von Verbergen und Zeigen vom Problem zur Lösung werden: Gerade die Tatsache, daß das Verbergen selbst nicht ganz und gar verborgen bleiben kann, gibt dem lesenden Entziffern statt. Und auch die Begrenztheit dissimulativer Kontrolle enthüllt ihr kommunikatives Potential: Wo man kommunikationstechnisch auf die Relation von Verbergen und Zeigen setzt, gilt es in Kauf zu nehmen, daß es sich dabei genau um eine Beziehung handelt, die die Kontrolle des Einzelnen begrenzt und überschreitet. Doch das heißt im Kontext der Publikation vor allem, daß die Lesenden, sind sie einmal zum Entziffern verleitet, dem publizierten Material nicht nur jene Botschaften entnehmen, die qua kalkulierter Simulatio darin verschlüsselt sind, sondern vielmehr alles Mögliche so lesen, als wäre es eine verschlüsselte Botschaft.[340] Dies ist schließlich nicht nur ein erwünschter oder unerwünschter Nebeneffekt, sondern vielmehr das, was alle anderen Ziele und Intentionen der publizistischen Simulatio „suspendiert und [...] auf eine Art verwirklicht, die ihre Wirkung aufhebt oder temperiert".[341] Unter diesen Umständen dient die einzelne Simulatio nun vor allem dazu, die Lesenden zum Entziffern zu verleiten, so daß sie darüber hinaus zu Adressaten verschlüsselter Botschaften werden, die der Kontext

---
[340] Vgl. die Analyse des Textes „Zuschrift eines Predigers an den Herausgeber der Berliner Abendblätter" (BA, Bl. 20) im vierten Kapitel.
[341] Derrida 1988, S. 81.

der Lektüre erst als solche codiert. Wiederum liegt der Vergleich zu ästhetischer Kommunikation nahe und trifft doch nicht den entscheidenden Punkt. [...] Es geht hier weniger um Hermeneutik als vielmehr um eine Art der Möglichmachung. Alle Information soll für Manöver bereitgestellt werden, deren übergreifender Plan vielleicht gar nicht existiert – zumindest kennt ihn niemand, denn es wäre allererst ein gewisser Zustand unserer, der darum wüßte.

Wie könnte, denn dies ist der Plan, der vorliegende Abschnitt nun den Beleg dafür liefern, daß die BERLINER ABENDBLÄTTER diese Art der publizistischen Dissimulatio kultivieren? Dafür wäre zu zeigen, daß die Relation von Verbergen und Zeigen ihrerseits strategisch verwendet wird, nicht um etwas Bestimmtes zu verbergen, zu zeigen, zu erreichen, sondern um Information als Teil von Strategien erscheinen zu lassen, deren Richtung selbst unbestimmt bleibt. Doch muß ein solches Zeigen sich nicht unablässig selbst [...]

Es liegt nahe, Martin Dönike hat darauf hingewiesen, das „Notwehr"-Distichon als Lektüre-Anleitung zur Entschlüsselung dieser Mitteilung zu lesen.[343] Diese wäre dann gerade im Hinblick auf das Ausbleiben von Nachrichten aus Frankreich als Hinweis auf noch erheblichere französische Verluste zu verstehen. Die „Binde des Feindes" zu tragen, hieße hier konkret, solche Verluste zu suggerieren, obwohl doch explizit nur von englischen Einbußen die Rede ist.

Schon in der vorangegangenen Ausgabe war von französischen Verlusten die Rede gewesen. Aus dem *Moniteur* wird zitiert:

> Die Insel BONAPARTE (ehemals Bourbon) ist den 7ten Juli von 6000 Engländern, welche daselbst gelandet, erobert worden. Der französische Obrist Saint-Suzanne, der auf der Insel kommandirte, hat gleichwohl eine ehrenvolle Capitulation abgeschlossen. Isle de France, den Angriffen der Engländer nunmehr ausgesetzt, ist in zweckmäßigen Vertheidigungsstand gesetzt worden. (BA, Bl. 26)

Schon am folgenden Tag anzudeuten, daß es auch auf der iberischen Halbinsel [...] die Art der Verknüpfung, die wir durch das Gemenge der Texte verfolgen wollen. Sie führt uns, da wir uns verleiten lassen, folgerichtig zum Topos des Elektrischen. Im Anschluß daran gilt es, eine Gegenprobe zu machen: Gibt es nicht doch einen ganz bestimmten Fluchtpunkt, auf den die Manöver der BERLINER ABENDBLÄTTER hinauslaufen, nämlich jenen, der sich in der [...] einander widersprechende Meldungen abdruckt, eine aus den *Gemeinnützigen Schweizerischen Nachrichten*, in der von deutlichen französischen Verlusten in Portugal die Rede ist, und eine aus dem *Moniteur*, in der von den „glückliche[n] Fortschritte[n] der französischen Truppen" (BA, Bl. 30) berichtet wird. Der französische Gesandte in Berlin beschwert sich über diese Zusammenstellung noch am selben Tag beim Minister für Auswärtige

---

[343] Vgl. Dönike 1999, S. 60.

Angelegenheiten.³⁴⁴ Entsprechend muß die folgende im 31. Blatt erschienene Meldung im Sinne eines Einlenkens interpretiert werden:

> Ein französischer Courier, der vergangenen Donnerstag in Berlin angekommen, soll, dem Vernehmen nach dem Gerücht, als ob die französischen Waffen in Portugal Nachtheile erlitten hätten, widersprochen, und im Gegenteil von Siegsnachrichten erzählt haben, die bei seinem Abgang aus Paris in dieser Stadt angekommen wären. (BA, Bl. 31)

Bei genauerem Hinsehen ist diese Meldung jedoch weniger ein Dementi als lediglich der Bericht von einem Dementi und zwar von einem, das, da es nur dem Vernehmen nach stattgefunden hat, mindestens ebenso wenig triftig ist wie das „Gerücht", dem es zu widersprechen scheint. Doch die Siege der Engländer in Spanien sind für jeden, der die „Miscellen" des 28. Blattes genau gelesen hat, ohnehin bereits mehr als nur ein Gerücht:

> Unter einem Artikel: London, vom 9. Oct., wird in französischen Blättern dargethan, wie wenig selbst Siege die Sache der Engländer in Spanien fördern können. (BA, Bl. 28)³⁴⁵

Aus dieser tendenziös gekürzten Mitteilung ist vor allem zu entnehmen, daß es diese Siege tatsächlich gegeben hat, und so wird nahegelegt, sich „mit seiner Meinung auf die entgegengesetzte Seite hinüber zu werfen" – denn selbstredend helfen Siege der Sache der Engländer in Spanien.

Abermals wäre für diesen Text die im Distichon angezeigte Strategie geltend zu machen. Die Binde des Feindes zu tragen hieße in diesem Fall, dessen eigene Worte (gegen ihn) zu verwenden. Doch die Miszelle steht nicht nur mit besagtem Distichon in Verbindung. Ebenso triftig erscheint der Bezug zum „Allerneuesten Erziehungsplan", mit dessen drittem Teil das 27. Blatt getitelt hatte. Hier heißt es:

> Das gemeine Gesetz des Widerspruchs ist jedermann, aus eigner Erfahrung bekannt; das Gesetz, das uns geneigt macht, uns, mit unserer Meinung, immer auf die entgegengesetze Seite hinüber zu werfen. (BA, Bl. 26)

Der „Allerneueste Erziehungsplan", der in den Blättern 25, 26, 27, 35 und 36 (also mit einer längeren Unterbrechung) veröffentlicht wird, steht mit kriegerischer Kommunikation schon insofern in Verbindung, als er an „Über die allmähliche Verfertigung der Gedanken beim Reden" anschließt. Von dort stammt die Idee, die Gesetze der Elektrizität auf die menschliche Kommunikation zu übertragen. Kleist hatte kommentiert:

> Dies ist eine merkwürdige Übereinstimmung zwischen den Erscheinungen der physischen und moralischen Welt, welche sich, wenn man

---

³⁴⁴ Vgl. auch Reuß 1997c, S. 386.
³⁴⁵ Vgl. Sembdner 1939, S. 374.

sie verfolgen wollte, auch noch in den Nebenumständen bewähren würde.[346]

An dieser Stelle nimmt der „Allerneueste Erziehungsplan" den Faden wieder auf und verfolgt das elektrische „Gesetz des Widerspruchs", nach dem ein neutraler Körper in der Nähe eines elektrisch aufgeladenen „die entgegengesetzte Elektrizität annimmt" (BA, Bl. 25), in Aneinanderreihung verschiedener Anekdoten bis „in die Nebenumstände".

Dabei baut sich im Text eine paradoxe Spannung auf, ähnlich derjenigen, die wir im vorangegangenen Abschnitt in „Von der Überlegung. (Eine Paradoxe.)" und anderen Beiträgen ausgemacht haben: Einerseits setzt der „Allerneueste Erziehungsplan" voraus, es verhalte sich mit der menschlichen Interaktion wie mit der Verteilung elektrischer Ladungen, andererseits legt der Text nahe, daß es möglich sei, diesen Sachverhalt zur Beeinflussung anderer einzusetzen. Angesichts dessen stellt sich hier erneut die Frage nach den Verfahren der schriftlichen Darlegung als solcher: Müßte der Text nicht, seiner eigenen These folgend, das Gegenteil dessen proklamieren, was er anstrebt? Oder – weiter gefragt – tut er vielleicht genau das? Und wenn ja, wäre die Formulierung des Gesetzes selbst von dieser Umkehrung auszunehmen? Schließlich: Bestätigt „die Redaction" mit ihren in den Fußnoten plazierten sarkastischen Kommentaren – „In der That! – Dieser Philosoph könnte das Jahrhundert um seinen ganzen Ruhm bringen." (BA, Bl. 36) – nicht eigentlich gerade die entfaltete These, statt sie als lächerlich zu demontieren? Ein aus dem Gesetz des Widerspruchs abgeleitetes Programm, so wird deutlich, kann seinerseits nicht widerspruchsfrei formuliert, geschweige denn angewandt werden. Fraglich bleibt allerdings, ob dies für oder gegen das Programm spricht.

Obwohl er auf den ersten Blick weniger voltenreich, weniger komplex als etwa „Über die allmähliche Verfertigung der Gedanken beim Reden" zu argumentieren scheint, fordert der „Allerneueste Erziehungsplan" gleichwohl komplexe Strategien des Lesens heraus. Er tut dies, indem er den Status seiner Aussagen auf paradoxe Weise zur Disposition stellt und so zugleich den ersten Eindruck, den der Satire, konterkariert. Gleichsam invertiert erscheint hier die mehrfach untersuchte Paradoxie des Plans, keinen Plan zu machen: Der explizit so bezeichnete „Erziehungs*plan*" erregt den Verdacht, er könne bereits seine eigene Umsetzung sein, womit das Gesetz des Widerspruchs selbst die Frage nach dem zugrundeliegenden Kalkül in eine Art anti-mimetischen Regreß verwickelt. Dieser wäre schließlich wie ein Zerrbild jenes Widerspruchs von Mimesis und Fortschritt, der sich Kleist zufolge in der zeitgenössischen Pädagogik findet.[347] Im letzten Teil des „Allerneuesten Erziehungsplans" heißt es diesbezüglich:

---

[346] Kleist, DKV, Bd. III, S. 537.
[347] Im Namen des Unterzeichners, „C.J. Levanus", steckt der Hinweis auf Jean Pauls Erziehungslehre „Levana" von 1807.

> Eltern, die uns ihre Kinder nicht anvertrauen wollten, aus Furcht, sie in solcher Anstalt, auf unvermeidliche Weise, verderben zu sehen, würden dadurch an den Tag legen, daß sie ganz übertriebene Begriffe von der Macht der Erziehung haben. [...]
> Was sollte auch, in der That, aus der Welt werden, wenn den Eltern ein unfehlbares Vermögen beiwohnte, ihre Kinder nach Grundsätzen, zu welchen sie die Muster sind, zu erziehen: da die Menschheit, wie bekannt, fortschreiten soll [...]. (BA, Bl. 36)[348]

Was nun Kleists Gebrauch der Zeit, also die allmähliche Verfertigung des Textes beim Schreiben angeht, so gerät mit dem dritten Teil des „Allerneuesten Erziehungsplans" etwas ins Stocken. Der zweite und der dritte Teil scheinen den Faden der Argumentation in der Aneinanderreihung von Anekdoten zu verlieren; zumindest ist noch am Ende des dritten Teils nicht erkennbar, inwiefern das bis dato wenig vorteilhaft illustrierte elektrische „Gesetz des Widerspruchs" überhaupt in den angekündigten „Erziehungsplan" münden soll. Statt dessen bricht der dritte Teil präzise mit jener Konstellation ab, mit dem „Über die allmählige Verfertigung der Gedanken beim Reden" begonnen hatte: mit der Beziehung zwischen dem Erzähler und seiner Schwester nämlich. Geschildert wird, daß die für die allmähliche Verfertigung so produktive Wohngemeinschaft von Bruder und Schwester am Gesetz des Widerspruchs gescheitert sei: Die Verschwendungssucht des Bruders habe die im Grunde großzügige Schwester immer geiziger werden lassen:

> [...] ja, ich bin überzeugt, daß sie geizig geworden wäre, und mir Rüben in den Caffe und Lichter in die Suppe gethan hätte. Aber das Schicksal wollte zu ihrem Glücke, daß wir uns trennten.
> (BA, Bl. 27)

Die allmähliche Verfertigung – so scheint es – gerät in dem Augenblick ins Stocken, in dem ihr narrativ der Zusammenbruch ihres ursprünglichen Produktionsszenarios zustößt.

Erst zehn Tage später titelt das 35. Blatt mit der Fortsetzung des „Allerneuesten Erziehungsplans", wobei Kleist die Überschrift mit folgender Fußnote koppelt:

> Wir bitten unsre Leser gar sehr, sich die Mühe, die Aufsätze im 25, 26 und 27ten Abendblatt noch einmal zu überlesen, nicht verdrießen zu lassen. Die Nachlässigkeit eines Boten, der ein Blatt abhanden kommen ließ, hat uns an die ununterbrochene Mittheilung dieses Aufsatzes verhindert. (Die Redaction.)
> (BA, Bl. 35)

---

[348] Vgl. auch Kleists Epigramm „P... und F...: Setzet, ihr traft's mit euerer Kunst, und erzöget uns die / Jugend / Nun zu Männern, wie ihr: lieben Freunde, was wär's?" Gemeint sind vermutlich die Pädagogen Pestalozzi und Fellenberg. DKV, Bd. III, S. 417.

Wie bei den anderen Fußnoten zum „Allerneuesten Erziehungsplan" und den Mitteilungen der Redaktion überhaupt, ist auch in diesem Fall Vorsicht geboten. Nur auf den ersten Blick ist die Erklärung, die Kleist für die Unterbrechung gibt, plausibel, da der „Allerneueste Erziehungsplan" zu Beginn seines Erscheinens als Einsendung präsentiert worden war, von der die Redaktion sich folgendermaßen distanziert hatte:

> Zu welchen abentheuerlichen Unternehmungen, sei es nun das Bedürfniß, sich auf eine oder die andere Weise zu ernähren, oder auch die bloße Sucht, neu zu sein, die Menschen verführen, und wie lustig dem zufolge oft die Insinuationen sind, die an die Redaction dieser Blätter einlaufen: davon möge folgender Aufsatz, der uns kürzlich zugekommen ist, eine Probe sein. (BA, Bl. 25)

Wird man gewahr, daß niemand anderer als Kleist der Autor der folgenden „Insinuationen" ist, liest sich diese Einleitung, mit der die 25. Ausgabe ohne weitere Rahmung titelt, wie ein selbstironischer Kommentar auf die ersten Wochen des Erscheinens: Als Herausgeber und Redakteur der ABENDBLÄTTER hat Kleist selbst nicht nur das Bedürfnis, sich zu ernähren, sondern auch den Anspruch, immer wieder neu zu sein. So wundert sich „die Redaction" womöglich selbst zuweilen darüber, welche Art von Texten der journalistische Produktionszwang hervorbringt. Angesichts dessen liegt es wohl kaum an der Nachlässigkeit eines Boten, daß die Veröffentlichung für eine Woche unterbrochen wird. Wahrscheinlicher ist, daß der Text tatsächlich von Erscheinungstag zu Erscheinungstag fortgestrickt wurde. Darf man die Fußnote aus dem 35. Blatt also als Tarnung einer Verlegenheit verstehen?

Folgt man der Aufforderung, sich den Zusammenhang der vorangegangenen Ausgaben noch einmal vor Augen zu führen, wird man diesbezüglich skeptisch. Gerade wenn man der vordergründigen Maskerade der Einsendung auf die Schliche kommt – der anekdotische Stil des „Erziehungsplans" verrät seine Herkunft –, muß man feststellen, daß die „Nachlässigkeit eines Boten" in den vorangegangenen Tagen wirklich eine entscheidende Rolle gespielt hat, nämlich im Zusammenhang mit dem Kriegsgeschehen in Spanien: Zunächst „fehlen die bestimmten französischen Nachrichten", und auch als schließlich dem Vernehmen nach endlich ein Bote eintrifft, ist dessen Nachrichtenübermittlung wiederum eher „nachlässig" als nachdrücklich zu nennen. So ruft die Formulierung von der „Nachlässigkeit eines Boten" die dissimulativen Manöver in Erinnerung, zu denen das „Notwehr"-Distichon als Lektüre-Anleitung gedient haben könnte. Tatsächlich ist es in derselben Ausgabe erschienen, in der der dritte Teil des „Allerneuesten Erziehungsplans" veröffentlicht worden ist, in der Ausgabe also, zu der zurückzukehren die Redaktion auffordert. Die Pointe all dieser Querverweise wäre die folgende: Wer Kleist als Autor des „Allerneuesten Erziehungsplans" identifiziert, kann den in der Fußnote erwähnten Boten als erfunden dechiffrieren und solchermaßen schließen: Es gibt den einen Boten, der die Gerüchte von den französischen Verlusten dementiert, ebensowenig wie den anderen, der den „Allerneuesten Erziehungsplan" nicht liefert.[349]

Es sei denn – das sei an dieser Stelle doch einmal bemerkt –, es handelt sich bei dem, der hier entziffert, um einen Literaturwissenschaftler alter Schule. Dann folgt aus der Identifikation des Autors nicht in erster Linie die Suche nach intertextuellen Verweisen innerhalb der ABENDBLÄTTER, sondern zunächst die Aufnahme des Textes in die Werkausgabe und im Zuge dessen die Unterdrückung einer Fußnote, die allein im Kontext der ABENDBLÄTTER von Bedeutung zu sein scheint. Den „Allerneuesten Erziehungsplan" als einen ununterbrochenen Textzusammenhang zu präsentieren, nimmt schon einer Interpretation des Textes im Kontext des Kleistschen Werks naheliegende Optionen. Verschluckt wird die Möglichkeit, das vorläufige Abreißen des Textes nach dem dritten Teil mit der Schilderung vom Scheitern der geschwisterlichen Wohngemeinschaft und also mit dem entsprechenden Szenario aus „Über die allmähliche Verfertigung der Gedanken beim Reden" in Verbindung zu bringen. Vollkommen willkürlich ist jedoch insbesondere die Unterdrückung der Fußnote, mit der die Wiederaufnahme der Veröffentlichung redaktionell kommentiert wird, und zwar schon deshalb, weil die anderen dem Text angegliederten Fußnoten der Redaktion meist in den Druck übernommen worden sind. Dies kann nur mit einer Unterscheidung zwischen Anmerkungen, die an der Immanenz des Textes teilhaben, und solchen, die sich allein auf den Kontext seiner Publikation beziehen, begründet werden. Der hier skizzierte Zusammenhang steht nun offenbar quer zu einer solchen Unterscheidung; keineswegs liegt Inhalt und Funktion der unterdrückten Anmerkung pragmatisch auf der Hand, (schon weil sie offensichtlich eine Falschaussage enthält). Zudem ist gerade diese Fußnote ein Beispiel dafür, inwiefern die in den ABENDBLÄTTERN veröffentlichten Texte Kleists die Differenz zwischen Textimmanenz einerseits und Publikationskontext andererseits unterlaufen und wie ein Text qua allmählicher Verfertigung mit seinem Kontext verwoben wird. Will man den Überblick über einen Text von der Art des „Allerneuesten Erziehungsplan[s]" gewinnen und liest folglich mehrere Ausgaben der BERLINER ABENDBLÄTTER zusammen, so können gerade Zweifel an der inneren Kohärenz des Textes zur Suche nach intertextuellen Bezügen veranlassen.

In diesem Sinne wäre es möglich, den „Allerneuesten Erziehungsplan" auch insgesamt auf die Problematik der politischen Situation und der Zensur zu beziehen, die im Zeitraum seines Erscheinen so virulent wird. Dann wäre dieser Text als Einspruch gegen eine die Zensur legitimierende erzieherische Ideologie zu lesen. Diese lautet aufs Prinzip gebracht, der

---

[349] Die andere Möglichkeit wäre, daß die Zensur den „Allerneuesten Erziehungsplan" und womöglich weitere Texte bis zum Erscheinen des besagten Dementis in Blatt 31 zurückgehalten hat. Dann wäre mit der „Nachlässigkeit des Boten" noch direkter auf eine Beziehung zwischen den Meldungen zum Kriegsgeschehen und der Unterbrechung des „Allerneuesten Erziehungsplans" angespielt.

richtige Umgang mit der Freiheit (und also auch der Pressefreiheit) sei nicht über Nacht zu erlernen, sondern müsse sich allmählich entwickeln, weshalb Freiheit um ihrer selbst willen bis auf Weiteres beschränkt bleiben müsse. Kleist selbst bezieht sich in dem Text „Ueber die Aufhebung des laßbäuerlichen Verhältnisses" erschienen im 76. Blatt der ABENDBLÄTTER auf eine solche Argumentation:

> Jede Beschränkung der Freiheit hat die nothwendige Folge, daß der Beschränkte dadurch in eine Art von Unmündigkeit tritt. Wer seine Kräfte nicht gebrauchen darf, verliert das Vermögen, sie zu gebrauchen [...].
> Wenn nun die Schranken, die diese Kräfte hemmten niederfallen: entsteht dadurch auch plötzlich wiederum, wie durch den Schlag einer Zauberruthe, das Talent, davon die zweckmäßige Anwendung zu machen? Keineswegs: Vielmehr durch die lange Dauer einer solchen Beschränkung kann der Mensch so zurückkommen, daß er gänzlich die Fähigkeit dazu einbüßt und sich durch die Aufhebung des Zwanges weit unglücklicher fühlt als durch den Zwang selbst.
> (BA, Bl. 76)

Die elektrische Pädagogik des „Allerneuesten Erziehungsplans" setzt dagegen genau auf jene Plötzlichkeit, die hier mit Hilfe einer rhetorischen Frage für absurd ausgegeben wird – Kleists elektrische Kommunikation wäre idealer Weise nichts anderes als der erwähnte Schlag mit der „Zauberruthe".

In einem weiteren, in Nummer 15 veröffentlichten Text, der in Form eines Briefes abgefaßt ist,[350] ergreift Kleist für dieses Prinzip der ‚elektrischen Zauberruthe' noch einmal Partei. Er gibt zu bedenken, daß die Kabinettsorder zu den neuen Finanzmaßregeln möglicherweise nicht um ihrer selbst willen erlassen worden sei, sondern vielmehr, um eine bestimmte gegensätzliche Reaktion hervorzurufen:

> Wie nun, wenn der Gedanke, diese Kraft in dem Schooß der Nation zu erwecken und zu reifen, mit in die Waageschale gefallen wäre? Wenn man die Reaction, die gegen den Inbegriff der erlassenen Verordnungen, auf ganz nothwendige Weise, eintreten mußte, gar wohl berechnet hätte, und nicht sowohl der Buchstabe derselben, als vielmehr der Geist, den sie in Folge jener natürlichen Reaction, annehmen würden, die Absicht und der Zweck der Regierung gewesen wäre? –
>
> Börhave erzählt von einem Holländer, der paralytisch war, daß er, seit mehreren Jahren schon nicht die Kräfte gehabt habe, die Thüre seines Zimmers zu öffnen. Als aber zufällig Feuer in dem Zimmer entstand: hatte er die Kraft, ohne auch nur die Klinke oder den Schlüssel zu versuchen, die Thüre, auf den ersten Anstoß, einzusprengen: er befand sich, ohne daß er angeben konnte, woher ihm das Vermögen dazu gekommen war, auf der offenen Straße, und war gerettet. (BA, No. 15)

---

[350] Sembdner nennt ihn „(Über die Finanzmaßregeln)".

In einer Publizistik, die mit dem Gesetz des Widerspruchs operiert, verabgründet sich Adam Müllers „Lehre vom Gegensatze": Müller hoffte, durch gegensätzliche Darstellungen den Leser zu einer aktiven Vermittlung der Standpunkte herauszufordern.[351] Mit Kleists durchaus verwandtem „Gesetz des Widerspruchs" tritt an die Stelle der Vermittlung nun jedoch eine ständig wechselnde Kontiguität: Entspricht es dem Gesetz des Widerspruchs, ihm zu widersprechen? Ist der gegensätzliche Standpunkt im ursprünglichen enthalten? Und wenn nicht, suspendiert er ihn dann? Und tut er dies inhaltlich oder formal oder beides zugleich?

Im Hinblick auf das aller Zensur zugrundeliegende allzu simple Kommunikationsmodell, in dem publizierter Inhalt und Wirkung, Aktion und Reaktion einander entsprechen beziehungsweise sich angleichen, wirkt das ebenso simple, aber gerade umgekehrte Kommunikationsmodell des „Allerneuesten Erziehungsplans" wie ein Virus. Die Regel, man müsse, um etwas Bestimmtes herbeizuführen, gerade auf das Gegenteil der erwünschten Wirkung hinarbeiten, führt das erste Modell ad absurdum. Nimmt man diese Regel in den Kanon der Kommunikation auf, wird es aussichtslos, von einem bestimmten Verhalten auf eine bestimmte Intention oder ein bestimmtes Ziel schließen zu wollen. An die Stelle einer intentionsgesteuerten Abfolge von Aktion und Reaktion tritt dann etwas anderes, das dem Leiten elektrischer Ladung ähneln könnte.

Während Müllers „Lehre vom Gegensatz" publizistisch einer Art freier Presse im Reagenzglas entspricht, gesteht das Leiten elektrischer Ladungen dem Leitenden keine leitende Position zu, von der aus Vermittlung vorwegzunehmen wäre. Die Leitung elektrischer Ladungen ist als Analogon einer medialen Agentur mithin gerade deshalb von Interesse, weil es dem ‚Leiten' selbst eine Bedeutung zuordnet, die sich von der Leitung im Sinne der Führung oder der Anleitung unterscheidet. Statt einer in der Konstellation des Gegensatzes schon angelegten Vermittlung nimmt das Gesetz des Wiederspruchs als elektrisches eine Steuerung im kybernetischen Sinne vorweg, eine Steuerung jenseits der Dualität von Steuerndem und Gesteuertem.[352] Der Logik der Zensur wird also abermals nicht das Ideal der Transparenz, sondern eher das der Durchlässigkeit, der Leitfähigkeit für Auf- und Entladungen entgegengesetzt – dies ist die Qualität, die die Konstellationen der BERLINER ABENDBLÄTTER anstreben, so daß im besten Falle schon ein kleiner Impuls eine Kettenreaktion auslösen kann.

Vor diesem Hintergrund wäre auch zu spekulieren, ob der „Allerneueste Erziehungsplan" möglicherweise suggeriert, daß die allzu vorsichtige, pro-französische Zensur statt der erwünschten die gegenteilige Wirkung haben könne – etwa im Sinne der Anekdote vom portugiesischen

---

[351] Müller 1967. Vgl. auch den Abschnitt „Konstellationen des Zufalls".
[352] Vgl. zur Beziehung von Poetik und Kybernetik grundsätzlich van Eikels 2002, S. 341 ff.

Schiffskapitän, die im dritten Teil des „Allerneuesten Erziehungsplans" erzählt wird:

> Ein Portugiesischer Schiffscapitain, der, auf dem Mittelländischen Meer von drei Venetianischen Fahrzeugen angegriffen ward, befahl, entschlossen wie er war, in Gegenwart aller seiner Officiere und Soldaten, einem Feuerwerker, daß sobald irgend auf dem Verdeck ein Wort von Uebergabe laut werden würde, er, ohne weiteren Befehl, nach der Pulverkammer gehen, und das Schiff in die Luft sprengen mögte. Da man sich vergebens, bis gegen Abend, gegen die Uebermacht herumgeschlagen hatte, und allen Forderungen die die Ehre an die Equipage machen konnte, ein Genüge geschehen war: traten die Officiere in vollzähliger Versammlung den Capitain an, und forderten ihn auf, das Schiff zu uebergeben. Der Capitain, ohne zu antworten, kehrte sich um, und fragte, wo der Feuerwerker sei; seine Absicht, wie er nachher versichert hat, war, ihm aufzugeben, auf der Stelle den Befehl, den er ihm ertheilt, zu vollstrecken. Als er aber den Mann schon, die brennende Lunte in der Hand unter den Fässern, in Mitten der Pulverkammer fand; ergriff er ihn plötzlich, vor Schrecken bleich, bei der Brust, riß ihn, in Vergessenheit aller anderen Gefahr, aus der Kammer heraus, trat die Lunte, unter Flüchen und Schimpfwörtern, mit Füßen aus und warf sie in's Meer. Den Officiren aber sagte er, daß sie die weiße Fahne aufstecken mögten, indem er sich übergeben wolle. (BA, Bl. 27)

Vieles an dieser Anekdote läßt an das zeitgenössische Kriegsgeschehen denken – gerade am vorangegangenen Tag war die „ehrenvolle Capitulation" der Franzosen auf der Insel Bonaparte angezeigt worden, und so stellt sich die Frage: Ließe sich, dem Gesetz des Widerspruchs folgend, gerade durch allzu große Zurückhaltung die Ladung zünden?

Feedback: Auf der Suche nach dem Massenmedium
Statt noch das Verbergen als solches zu verbergen, kultivieren die ABENDBLÄTTER die Simulatio der Simulatio: Alles erscheint als möglicherweise verschlüsselt. Es wird verstellt, daß möglicherweise gar keine Verstellung stattgefunden hat, und auch auf diese Verstellung richtet sich ein entsprechender Verdacht, ein Verdacht, der schließlich ‚dis-simulativ' wäre, insofern er die Simulatio als solche bezweifelt. Wenn sich dem Verdacht auf eine Simulatio der Verdacht hinzugesellt, es hätte, obwohl es so scheint, gar keine Verstellung stattgefunden, kann sich zuweilen so etwas wie die perfekte Dissimulatio ereignen – gleichwohl entfällt der Standpunkt, von dem aus solche Perfektion noch zu beglaubigen wäre. Das Aufdecken der Simulatio koinzidiert mit ihrem Verschwinden.

Zu welcher Form von Kommunikation ist man hier auf dem Weg? Folgt man Jean Baudrillard, beginnt an diesem Grenzstein das Reich der Simulakren: „Der entscheidende Wendepunkt liegt beim Übergang von den Zeichen, die etwas dissimulieren, zu den Zeichen, die dissimulieren, daß es nichts gibt. Erstere verweisen auf eine Theologie der Wahrheit und des Geheimnisses (die noch der Ideologie angehört); die zweiten begründen das Zeitalter der Simulakra und der Simulation. Hier gibt es keinen GOTT mehr, der die Seinen erkennt [...]."[353] Doch in der transgressiven Dissimulatio der BERLINER ABENDBLÄTTER geht es weniger um eine Krise der Repräsentation als um die Entdeckung, daß die Dissimulatio, die dissimuliert, daß es nichts zu enthüllen gibt, unter Umständen die wirkungsvollste aller Dissimulationen sein kann: Weil sie das Gegenüber zu Enthüllungen aller Art herausfordert. Die Dissimulationen, die die BERLINER ABENDBLÄTTER qua Zerstreuung und Gerissenheit produzieren, sind in höchstem Maße anschlußfähig beziehungsweise vernetzbar. In ihrer zeitlichen Verfaßtheit werden sie je nach Kontext von Publikation und Rezeption Teil eines anderen, ganz bestimmten Manöver gewesen sein.

Damit liegt jenseits dieser Grenze eher ein operationales Verständnis von Information, ein Verständnis, für das Information keine Mitteilung mehr ist, die von einem aktiven Sender zu einem passiven Empfänger transportiert wird, und erst recht kein Sinnzusammenhang, den es zu vermitteln beziehungsweise zu verstehen gilt. Man könnte statt dessen formulieren, daß die für die BERLINER ABENDBLÄTTER produzierten Texte Kleists in dem Maße informieren, wie sie sich informieren lassen, beides geschieht im gleichen Zuge. „Denn nicht wir wissen, es ist allererst ein bestimmter Zustand unserer welcher weiß" – dies gilt auch für jene Texte, die sich qua allmählicher Verfertigung offen gegenüber einer nachträglichen Komplexitätsanreicherung verhalten. Solche Texte sind, während sie informieren, zugleich auf der Suche nach einem Zustand, der in-formiert,[354] Informationen gilt es weniger zu geben und zu empfangen als vielmehr zu ‚befördern', zu leiten.

Zunächst changiert diese ‚In-formation' *der* Texte im Sinne des doppelten Genitivs nur im Spektrum der kontextuell variablen Lesart. Die ABENDBLÄTTER wollten jedoch auf mehr hinaus: So wie zwischen den Reihen der Gedanken und der Worte in der allmählichen Verfertigung der Gedanken beim Reden ein Feedback entsteht, zielt die Leitfähigkeit der ABENDBLÄTTER auf eine Reziprozität von Zeitung und lokalem Geschehen. Gewünscht ist eine Rückkopplung, also eine Kopplung der allmählichen Verfertigung an die Effekte ihrer Produktion. Dabei geht es nicht um Stabilisierung, sondern um Hypertelie: Die ABENDBLÄTTER wollen nicht etwas Bestimmtes, sie wollen vielmehr etwas bewirken, das gleich einem Strudel auch die Produktion der Zeitung erfaßt und mit sich zieht. Die Redaktion wünscht, sich in Manöver verstrickt zu sehen, die nicht erst geplant oder eingeleitet werden müssen, sondern lediglich nach einem weiteren Anschluß verlangen. Wo immer sich eine Verkettung von

---

[353] Baudrillard 1978, S. 15. Vgl. auch Brandstetter 1998, S. 423.
[354] Diese schöne Formulierung stammt vom Choreographen William Forsythe. Vgl. Brandstetter 2000, S. 212.

Agenturen ergibt, in der Berichterstattung und lokales Geschehen ineinanderzugreifen beginnen – etwa im Geschehen um die Mordbrennerbande, oder im Theaterskandal, von dem noch zu berichten sein wird –, laufen die ABENDBLÄTTER zu Hochform auf.

In diesem Zusammenhang ist auch der „Aeronautik" überschriebene Text interessant, der sich in unmittelbarer Nachbarschaft zum „Allerneuesten Erziehungsplan" findet (BA, Bl. 25 und 26). Er ist Teil einer solchen Verkettung, insofern er auf einen Artikel aus der *Spenerschen Zeitung* antwortet, der wiederum auf Kleists Berichterstattung zum Luftfahrtexperiment des Herrn Claudius reagiert hatte. In diesem ersten Text hatte Kleist vermerkt, daß das Unternehmen des Herrn Claudius, einen Ballon „vermittels einer Maschine, unabhängig vom Wind, nach einer bestimmten Richtung hinzubewegen", befremdlich sei, „da die Kunst, den Ballon, auf ganz leichte und naturgemäße Weise, ohne alle Maschienerie zu bewegen, schon erfunden ist" (BA, Bl. 13). Die *Spenersche Zeitung* widerspricht dieser Ansicht und veranlaßt so zu folgender, im 25. Blatt direkt im Anschluß an den ersten Teil des „Allerneuesten Erziehungsplans" publizierten Erläuterung:

> Daß die Behauptung, in der Luft seien Strömungen der vielfachsten und mannigfaltigsten Art enthalten, wenig Befremdendes und Außerordentliches in sich faßt, indem unseres Wissens, nach den Aufschlüssen der neuesten Naturwissenschaft, eine der Hauptursachen des Windes, chemische Zersetzung oder Entwickelung beträchtlicher Luftmassen ist. Diese Zersetzung oder Entwickelung der Luftmassen aber muß, wie eine ganz geringe Einbildung lehrt, ein concentrisches oder excentrisches, in allen seinen Richtungen diametral entgegengesetztes, Strömen der in der Nähe befindlichen Luftmassen veranlassen; dergestalt, daß an Tagen, wo dieser chemische Prozeß im Luftraum häufig vor sich geht, gewiß über einem gegebenen, nicht allzubeträchtlichen Kreis der Erdoberfläche, wenn nicht alle, doch so viele Strömungen, als der Luftfahrer, um die willkührliche Direction darauf zu gründen, braucht, vorhanden sein mögen. (BA, Bl. 25)

Soweit zum Gesetz des Widerspruchs im Luftraum. Wieder geht es um entgegengesetzte Ladungen, die daraus entstehenden Ströme und außerdem um die Entwicklung von Luftmassen. Die angestrebte Anwendung der beschriebenen Gesetzmäßigkeit zielt in diesem Fall jedoch nicht darauf, Ladungen und Ströme zu erzeugen, sondern soll bereits vorhandene Ströme zur Beförderung zu nutzen, wobei es gilt, „den Sinus der Ungünstigkeit [...] zu überwinden, und somit, dem Seefahrer gleich, auch solche Winde, die nicht genau zu dem vorgeschriebenen Ziel führen, ins Interesse zu ziehen" (BA, Bl. 25).[355]

---

[355] Der Zusammenhang dieser Formulierung zum Gesetz des Widerspruchs läßt sich auch im Umweg über Adam Müllers Text „Über die Identität des Begriffs oder der Philosoph

Die ABENDBLÄTTER wollen beides zugleich – Ladungen induzieren und die entstehenden Ströme zur Beförderung „nach allen erdenklichen Richtungen" nutzen,[356] um auf diese Weise an der „Zersetzung und Entwickelung" von Massen teilzuhaben.

Durch aktuelle Berichterstattung eine Gegendarstellung in einer anderen Zeitung auszulösen, an die sich dann wiederum anschließen läßt, ist ein Anfang. Dennoch ist das Modell „Federkrieg" erst die Vorform einer Kommunikationsweise, in der Publikation beziehungsweise Information und aktuelles Geschehen reziprok ineinandergreifen und einander wechselseitig zu Ursache und Wirkung werden – der Kommunikationsform des Massenmediums. Das Ziel der allmählichen Verfertigung der Texte beim Veröffentlichen kann in diesem Zusammenhang nur operational formuliert werden: Es besteht darin, im Gebrauch der Zeit Selbstreferenz und Fremdreferenz ineinandergreifen zu lassen, so daß die Bezugnahme auf das Tagesgeschehen der Anschluß der ABENDBLÄTTER an sich selbst wird und umgekehrt.

Daß journalistische Medien die Ereignisse, über die sie in vermeintlicher Distanz berichten, tatsächlich selbst erzeugen, ist eine extreme Spielart dieses Zusammenhangs und tendiert dazu, die eigentliche Pointe des Koinzidierens von Selbst- und Fremdreferenz zu verfehlen. Es ist dennoch signifikant, daß diese Figuration moderner Medien mit den ABENDBLÄTTERN überhaupt schon in den Blick kommen kann; sicher stehen die ABENDBLÄTTER dieser Figur näher als dem aufklärerischen Modell einer kritischen Öffentlichkeit oder einer seiner pädagogischen Varianten. Denn der Akzent beim Schaffen eines Informationsereignisses, das der Berichterstattung scheinbar zustößt, liegt weitaus weniger auf den kreativen Ambivalenzen des Schaffens als auf der Aneignung (qua Anwendung) jener Dynamik des Zustoßens. Die ABENDBLÄTTER schießen gerade auch insoweit, als sie selbst ihr Ziel sind, vorsätzlich über dieses Ziel hinaus.

Schon in den ersten Ausgaben der ABENDBLÄTTER finden sich zwei Texte, die eine solche hypertelische Logik reflektieren: Dies ist zum einen der im 12. Blatt veröffentlichte Beitrag „Charité-Vorfall", in welchem von einem Mann berichtet wird, der mehrfach von Kutschen überfahren und verletzt worden ist, mit denen Ärzte zu Notfällen unterwegs waren. Zum anderen wäre in dieser Weise auch die bereits erwähnte „Polizeiliche Tages-Mittheilung" aus dem 8. Blatt zu lesen, die davon berichtet, wie Menschen aus Angst vor der von einem fremden Hund angeblich eingeschleppten Tollwut ein Gemetzel unter den Nutztieren Charlottenburgs anrichten und so selbst die Verheerungen vorwegnehmen, die der Hund schlimmstenfalls

---

im Hafen" herstellen, der das entsprechende Prinzip in der Seefahrt mit der Bewegung des Denkens in Beziehung bringt (Müller 1967, S. 264 ff.).
[356] Vgl. die Formulierung aus der „Erklärung" (BA, Bl. 19), nach der ein Ziel der ABENDBLÄTTER in folgendem besteht: „nach allen erdenklichen Richtungen Beförderung der Nationalsache überhaupt".

hätte verursachen können, falls er denn die Tollwut gehabt hätte, was sich im nachhinein als unwahrscheinlich erweist.[357]

Es ist kein Zufall, daß gerade dieser Bericht vom vermeintlich tollen Hund zu einem Zerwürfnis mit dem Polizeichef und Zensor Gruner führt. Nicht nur läßt der Bericht alle Beteiligten in einem denkbar schlechten Licht erscheinen, vor allem ist es präzise die hier beschriebene hypertelische Logik der Nachricht, die die Zeitung (und die Medien insgesamt) zu einer unkalkulierbaren Macht im Staate werden läßt. Baudrillard illustriert die Figur der Hypertelie: „Das Eigenartigste daran ist jedoch, daß die Experten berechnet haben, daß ein in Voraussicht eines Erdbebens verordneter Ausnahmezustand eine solche Panik hervorriefe, daß dessen Wirkungen entsetzlicher wären als die der Katastrophe selber."[358] Diese Logik ist es, gegen die die Zensur vorgeht, indem sie sich selbst operativ als Unterbrechung der Rückkopplung zwischen Medium und Tagesgeschehen installiert. Mehr noch als die Unterdrückung herrschaftskritischer Inhalte schädigt diese operationale Unterbrechung die Konstitution medialer Öffentlichkeiten.

Bis heute gehört es ist nicht zum Common Sense, daß es die Rückkopplung von Selbst- und Fremdreferenz ist, die die zeitlich getaktete Medienproduktion besonders auszeichnet. Die Debatten um eine zunehmende Selbstbespiegelung der Medienwelt zeichnen sich weiterhin dadurch aus, daß distanzierte, desinteressierte Berichterstattung und Selbstbezug gegeneinander ausgespielt werden, wobei gerade auch jene Medien, die mehr und mehr zu einer Form eigener ‚Hofberichterstattung' übergehen, zu verkennen scheinen, daß sie ohnehin und sicherlich produktiver an sich selbst anschließen, indem sie über anderes berichten. Ebenso naiv ist es jedoch anzunehmen, es sei der Status des unbeteiligten Beobachters, der die Medien zur vierten Macht im Staate mache.[359]

Um so bemerkenswerter ist es, daß die ABENDBLÄTTER, indem sie an das Modell von der allmählichen Verfertigung der Gedanken beim Reden anschließen und es publizistisch wenden, tatsächlich auf die Rückkopplung von Selbst- und Fremdreferenz abstellen – vielleicht als erste Zeitung überhaupt. Damit dieses Konzept aufgehen kann, sind vor allem zwei Faktoren entscheidend: Geschwindigkeit und Massenpublikum.[360] Diesbezüglich ist es nicht als Beschränkung zu werten, daß die ABENDBLÄTTER die *Berliner* ABENDBLÄTTER sind: Unter den vor-telegraphischen Bedingungen der Nachrichtenübermittlung ist nur im Lokalen eine Geschwindigkeit zu erreichen, die zu Rückkopplungen Anlaß gibt. Im Hinblick auf den Faktor ‚Massenpublikum' erklärt sich das intensive Begehren, ein Blatt „für alle

---

[357] Vgl. die Besprechung des Textes im ersten Kapitel.
[358] Baudrillard 1985, S. 25.
[359] Vgl. etwa den Artikel „Eins in die Presse" von Ulrich Greiner, erschienen in der ZEIT 24/2001, S. 37.
[360] Vgl. ähnlich Dotzler 1998, S. 46 f.

Stände des Volkes" zu sein. Soziopolitisch ist es die Zensur, die Kleist hier einen Strich durch die Rechnung macht, und dies vielleicht nicht einmal so sehr, weil man inhaltlich nicht hätte kooperieren können. Inhaltlich gibt die Zensur als dritte im Bunde von Schreibendem und Lesendem immer auch zu komplexen rhetorischen Manövern Anlaß. Ihr hinderlicher operativer Eingriff ist vor allem in der Verzögerung und schließlichen Unterbrechung der Rückkopplung als solcher zu sehen, in ihrem Festhalten an einem anderen, allzu simplen Kommunikationsmodell.

Kann man zusammenfassend sagen, daß die BERLINER ABENDBLÄTTER versuchten, ein Massenmedium zu sein, bevor die soziopolitischen und technischen Verhältnisse Massenmedien begünstigten?

Hinsichtlich der technischen Gegebenheiten fördert ein Blick in Wolfgang Hagens Text „Zur medialen Genealogie der Elektrizität" Erstaunliches zutage:[361] Massenmedien als „Systeme der Rückkopplung von selbst- und fremdreferentiellen Prozessen"[362] verdanken sich, so argumentiert Hagen, technisch und begrifflich der Elektrizität: „Nicht zufällig ist das Radio das erste in der Reihe der technischen Medien, das elementar auf dem Prinzip der Rückkopplung (elektromagnetischer Schwingungen) basiert [...]. Erst seit es Geräte gibt, [...] die auf [...] masse- und zeitlosen ‚Teilchen' (Photonen) in rückkoppelnden Wechselwirkungen basieren, existiert das, was wir Massenmedien nennen. Massenmedien werden Massenmedien erst ab der Fundamentalgeschwindigkeit ihrer Rückkopplungen. Wie Massenmedien erst benennbar, denkbar und beschreibbar sind seit und mit der technischen Fundamentalrealität des Radios, sollte eine logisch-konstruktivistische Systemtheorie der ‚Realität der Massenmedien' nicht ohne eine gründliche historische Dekonstruktion ihrer eigenen Begrifflichkeit auskommen, insofern sie sich dem technischen Medium selbst verdankt. Dann nämlich zeigte sich – erstens –, wie bemerkt, daß das Radio eben nicht das erste ist, sondern etwa in der Mitte einer engen Entwicklungskette der elektrischen Medien steht. Die Kette ‚zündet' in dem ersten Speichermedium der Elektrizität (der Leydener Flasche, 1745), beginnt, an einem wohldefinierten Einschnitt des dahinterliegenden physikalischen Dispositivs, mit der Telegrafie um 1820 und mündet derzeit in den hochvermaschten, hochfrequenten, digitalen Computernetzen der neunziger Jahre des 20. Jahrhunderts."[363]

Da ist sie wieder – die Kleistsche Flasche, nach deren Modell die allmähliche Verfertigung der Gedanken beim Reden operiert. So erlaubt Hagens „mediale Genealogie der Elektrizität" eine präzise und doch paradoxe Datierung der BERLINER ABENDBLÄTTER: Sie stehen zwischen der Zündung der Kette und ihrem Beginn – sie nehmen etwas vorweg, das

---

[361] Hagen 1998.
[362] Vgl. Luhmann 1996.
[363] Hagen 1998, S. 139 f.

bereits begonnen hat, ohne doch schon funktionieren zu können.[364] Diese unmögliche Vorwegnahme ist ebenso eine faktische wie eine begriffliche: Wenn Kleist in seinen Texten zur experimentellen Kommunikation versucht, sprachliche Prozesse und elektromagnetische Gesetzmäßigkeiten aufeinander abzubilden und dabei auf die Dynamik der Luftmassen zu sprechen kommt, so sucht er (dies erscheint zumindest retrospektiv plausibel) nach nichts anderem als nach Begriff und Logik des ‚Massenmediums' in jener technischen Konnotation, die Hagen der Vokabel ablauscht. Gleichwohl hat er trotz aller Präzision seines Suchbildes keine Chance, es zu (er)finden. Soweit zum „Sinus der Ungünstigkeit".

Schon der Text „Über die allmählige Verfertigung der Gedanken beim Reden" hatte die Zeitlichkeit ästhetischer Kreativität in jenen Faktor Zeit umgerechnet, der Kommunikation als Reziprozität von Selbst- und Fremdreferenz ermöglicht. Indem die ABENDBLÄTTER dies zu ihrem publizistischen Konzept machen, imitieren sie einerseits noch die Kunst im Hinblick auf das, was in ihr mit der Zeit geschieht, andererseits aber werden sie bereits eine Mimikry elektrischer Kommunikation.

Telegraph und Partisan – Medium und Botschaft
Schon die Anekdote „Der Griffel Gottes", erschienen im 5. Blatt, hatte mit dem Einschlagen des Blitzes in das Erz des „Leichensteins" in gewisser Weise ein elektrisches Verfahren der Signifikation vorgestellt – auch dies ein Verfahren, das zum Lesen verleitet. Zu Beginn des Textes „Nützliche Erfindungen. Entwurf einer Bombenpost" aus dem 11. Blatt wird der soeben erfundene elektrische Telegraph dann explizit zum Thema. Erneut wird dabei das Motiv der allmählichen Verfertigung der Gedanken beim Reden wieder aufgenommen, wenn es heißt:

> Man hat, in diesen Tagen, zur Beförderung des Verkehrs innerhalb der Gränzen der vier Welttheile, einen elektrischen Telegraphen erfunden; einen Telegraphen, der mit der Schnelligkeit des Gedankens, ich will sagen, in kürzerer Zeit, als irgend ein chronometrisches Instrument angeben kann, vermittels des Elektrophors und des Metalldrahts, Nachrichten mittheilt; [...]
> So gern wir dem Erfinder dieser Post, die, auf recht eigentliche Weise, auf Flügeln des Blitzes reitet, die Krone des Verdienstes zugestehn, so hat doch auch diese Fernschreibekunst noch die Unvollkommenheit, daß sie nur, dem Interesse des Kaufmanns wenig ersprießlich, zur Versendung ganz kurzer und lakonischer Nachrichten, nicht aber zur Uebermachung von Briefen, Berichten, Beilagen und Packeten taugt. Demnach schlagen wir, um auch diese Lücke zu erfüllen, zur Beschleunigung und Vervielfachung der Handels-Communicationen, wenigstens innerhalb der Gränzen der cultivirten Welt, eine Wurf- und Bombenpost vor; [...]. (BA, Bl. 11)

---

[364] Vgl. zur Telegraphie in diesem Zusammenhang ferner Haase 1986.

Hatte der Krieg in „Über die allmähliche Verfertigung der Gedanken beim Reden" noch als metaphorischer Resonanzraum gedient, plant der „Entwurf einer Bombenpost" nun umgekehrt, militärisches Gerät als Kommunikationstechnik einzusetzen. Es liegt daher nahe, diesen Text noch einmal daraufhin zu befragen, wie sich die journalistischen Manöver der ABENDBLÄTTER eigentlich zu den Manövern im engeren Sinne verhalten, die um 1810 in der Luft lagen. Läßt sich jenes Geschehen, das die BERLINER ABENDBLÄTTER induzieren und von dem sie sich zugleich tragen und fortschreiben lassen wollten, nicht im Grunde sehr viel präziser bestimmen als bisher geschehen – als Volksaufstand nämlich, als Landsturm gegen Napoleon,[365] und wäre jene Mobilmachung, von der im Zusammenhang mit der ‚Leitfähigkeit' der ABENDBLÄTTER die Rede war, also sehr konkret zu verstehen? Schließlich scheint der Krieg in den BERLINER ABENDBLÄTTERN trotz aller Zensur beinahe allgegenwärtig – in den Miszellen, in den Anekdoten, in Texten wie „Von der Überlegung". Der in Nummer 3 erschienene Text „Neujahrswunsch eines Feuerwerkers an seinen Hauptmann aus dem siebenjährigen Kriege" scheint sich – neben den auch hier offensichtlichen aktuellen Bezügen – über diese Ubiquität geradezu lustig zu machen:

> Es müsse meinem Hochgeehrtesten Herrn Hauptmann weder an Pulver der edlen Gesundheit, noch an den Kugeln eines immerwährenden Vergnügens, weder an Bomben der Zufriedenheit, weder an Carcassen der Gemüthsruhe, noch an der Lunte eines langen Lebens ermangeln. (BA, No. 3)[366]

Wolf Kittler hat darauf hingewiesen, daß das Paradox des Plans, keinen Plan zu machen, die Frage nach einer ‚Strategizität' jenseits klarer Vorhaben und Reglementierungen, wie sie sich von „Über das allmähliche Verfertigen der Gedanken beim Reden" aus in verschiedene Texte der ABENDBLÄTTER hinein entfaltet, eine prominente Rolle auch in den militärischen Überlegungen und Strategie- und Ausbildungstraktaten spielt, die auf die verheerende Niederlage des preußischen Heers gegen das sogenannte napoleonische „Pöbelheer" bei Jena reagieren.[367] Schlachtordnungen, die geometrischen und mathematischen Gesetzen folgend die Schlacht eher repräsentieren als sich den konkreten Gegebenheiten flexibel anzupassen, stehen in der Kritik.[368] Gefragt ist, wie auf das Unvorhersehbare sich vorzubereiten, wie zum Ergreifen der guten Gelegenheit zu erziehen wäre. Wie kann man die Umstände des Geländes, die Aktionen des Gegners und nicht zuletzt auch die Zeit für sich arbeiten lassen, anstatt alle unvorhergesehenen Details im

---

[365] So z.B. bei Haase 1986.
[366] Der Text wurde möglicherweise von Brentano verfaßt – darf man an der Stelle des adressierten Hauptmannes also vielleicht Kleist einsetzen?
[367] Vgl. Kittler 1987, S. 325 ff.
[368] Ebd., S. 346.

175

Zuge der reinen Planerfüllung als Hindernisse zu begreifen? Im Lichte dieser Problematik könnte selbst der „Allerneueste Erziehungsplan" als militärisches Konzept für eine Erziehung durch den Feind gelesen werden.[369]

In seiner Propagandaschrift „Über die Rettung Österreichs" von 1809 schreibt Kleist:

> Jede große und umfassende Gefahr gibt, wenn ihr wohl begegnet wird, dem Staat für den Augenblick ein demokratisches Ansehn. Die Flamme, die eine Stadt bedroht, um sich greifen zu lassen, ohne ihr zu wehren, aus Furcht, der Zusammenlauf der Menschen, den eine nachdrückliche Rettung herbeizöge, könnte der Polizei über den Kopf wachsen: dieser Gedanke wäre Wahnsinn, und kann in die Seele eines Despoten kommen, aber keines redlichen und tugendhaften Regenten.[370]

Nicht nur weil die ABENDBLÄTTER als eine Zeitung für alle Stände des Volkes jenem demokratischen Anschein, den die Not zu gebieten scheint, zuarbeiten, wirken diese Formulierungen hinsichtlich des Zeitungsprojekts von 1810 geradezu prophetisch: Man erinnere sich der anfänglichen Berichterstattung über das Treiben der Mordbrennerbande, die in der Nachricht gipfelte, Berlin solle von acht Seiten aus angezündet werden. Und man erinnere sich des mit solchen Meldungen verursachten Volksauflaufs bei der Ausgabe des Blattes, der das Aufziehen von Wachen nötig machte.

Wie in Kleists Texten so häufig, wird auch in dieser realen Entsprechung die Metapher wörtlich genommen: Das Material des sprachlichen Bildes wird Wirklichkeit anstelle dessen, worauf es verwiesen hatte.[371] Nicht zuletzt dieses Kleistsche Durchkreuzen metaphorischer Signifikation macht die Frage, wie wörtlich der Krieg in den Texten der BERLINER ABENDBLÄTTER zu nehmen ist, und wo der Krieg, ohne ausgesprochen zu sein, doch gemeint sein könnte, so kompliziert. Betrachten wir das Problem also anhand des Textzusammenhangs zur „Bombenpost".

Neben den elektrischen Telegraphen und die „Wurf- und Bombenpost" stellt dieser noch ein drittes Kommunikationsmittel: Drei Ausgaben nach dem „Entwurf" erscheint im 14. Blatt unter dem Titel „Schreiben eines Berliner Einwohners an den Herausgeber der Abendblätter" ein fingierter Brief, der statt der „Bombenpost" die Einrichtung einer „Ochsenpost" vorschlägt, deren Langsamkeit in Kauf zu nehmen wäre, wenn sie dafür ausschließlich gute Nachrichten übermitteln würde. Telegraphie, Bombenpost, Ochsenpost werden solchermaßen in einer Triade angeordnet, die sich – ähnlich der aus „Über das Marionettentheater" bekannten Figuration – auf

---

[369] Ebd., S. 342.
[370] Kleist, DKV, Bd. III, S. 496.
[371] Bernhard Greiner verfolgt diese „Futteralrelation" durch verschiedene Texte Kleists. Nicht vermutet worden ist bisher, daß sie auch den Übergang von einem Projekt zum nächsten figurieren könnte; vgl. Greiner 1994.

die teleologische Triade Tier/Mensch/Gott abbilden läßt. Der Telegraph, der „auf den Flügeln des Blitzes reitet" und mithin wahrhaft ein „Griffel Gottes" ist, macht den Anfang, es folgt der Mensch und seine militärische Technik und schließlich das ‚glückliche Tier' – die ‚Ochsenpost der guten Nachricht'.

Die Ochsenpost wird durch eine von der „Redaktion" unterzeichnete „Antwort an den Einsender des obigen Briefes" ironisch als „moralisches und publizistisches Eldorado" bezeichnet, und zugleich als „Persiflage und Ironie" getadelt. Nicht erst der Umstand, daß es sich hierbei offensichtlich um eine Selbstbezichtigung handelt, nicht nur die Tatsache, daß der in dieser „Antwort" angekündigte „Prospectus" zur Bombenpost wieder einmal ausbleibt, macht darauf aufmerksam, daß Persiflage und Ironie hier bereits an ganz anderer Stelle einsetzen. So findet man die „Wurf- und Bombenpost" im 11. Blatt folgendermaßen erläutert:

> ein Institut, das sich, auf zweckmäßig, innerhalb des Raums einer Schußweite, angelegten Artillerie-Stationen, aus Mörsern oder Haubitzen, hohle, statt des Pulvers, mit Briefen und Paketen angefüllte Kugeln, die man ohne alle Schwierigkeit, mit den Augen verfolgen, und wo sie hinfallen, falls es ein Morastgrund ist, wieder auffinden kann, zuwürfe; dergestalt, daß die Kugel, auf jeder Station zuvörderst eröffnet, die respectiven Briefe für jeden Ort herausgenommen, die neuen hineingelegt, das Ganze wieder verschlossen, in einen neuen Mörser geladen, und zur nächsten Station weiter spedirt werden könnte. (BA, Bl. 11)

Demgegenüber argumentiert der Vertreter der Ochsenpost, die Bombenpost möge zwar schnell sein, doch da der Charakter der spedierten Nachrichten ohnehin in 99 von 100 Fällen negativer Natur sei, könne auf Geschwindigkeit gut und gern zugunsten guter Nachrichten verzichtet werden. Gewünscht sind statt dessen Nachrichten von der Art, daß man gerade unter dem Donner der Kanonen ein Nationalfest feiere.

Spätestens diese letzte Bemerkung legt nahe, die Gegenüberstellung von Ochsenpost und Bombenpost als Umschreibung der Alternative zwischen regulärer Armee und Volkssturm zu sehen: Die erstere baut auf eine ausgefeilte militärische Ausrüstung, die letztere auf Mittel, die jedem Bauern zur Hand sind. Zugleich macht die Beschreibung der Bombenpost evident, daß es sich hier erneut um ein Konzept handelt, das nur auf dem Reißbrett und im Zuge abstrakter Berechnungen sinnvoll erscheint, ohne doch umgesetzt werden zu können – ein Problem, das mit Clausewitz im Zentrum der militärischen Theoriebildung steht.[372] In der Praxis – die Formulierung „falls es ein Morastgrund ist" macht dies mehr als deutlich – steht die Bombenpost vor der Alternative, die nächste Artillerie-Station und also die eigenen Leute und Gerätschaften entweder direkt unter Beschuß zu

---

[372] Vgl. auch Friedrich Kittler ²1987, S. 35.

nehmen oder aber sie zu verfehlen, womit die Wurfpost im Gelände erst gefunden werden muß, falls sie nicht ohnehin schon im Morast versunken ist. Die Ochsenpost im Unterschied dazu als „Persiflage und Ironie" zu kennzeichnen, darf vor diesem Hintergrund durchaus als entschärfende Maßnahme mit Rücksicht auf die Zensur verstanden werden, denn das eigentliche kriegstaktische Votum fällt im Grunde recht deutlich zugunsten der Ochsenpost und des „unter dem Donner der Kanonen" zu feiernden Nationalfests aus.

Gleichwohl wird die auf die Alternative ‚reguläre Armee versus Landsturm' gemünzte Gegenüberstellung im Textzusammenhang der „Bombenpost" von einer zweiten überlagert. Das Nebeneinander von Telegraphie, Bombenpost und Ochsenpost verhandelt zugleich die Relation von Mittel und Zweck, von Medium und Botschaft. Vor allem hinsichtlich dieser Argumentationsschicht wäre die besagte triadische Struktur geltend zu machen: Der Vertreter der Bombenpost argumentiert gegen den Telegraphen, er sei als Mittel der Kommunikation für das, was zu übermitteln ist, letztlich ungeeignet. Um dem abzuhelfen, orientiert sich der Entwurf der Bombenpost grundsätzlich am Charakter des zu Übermittelnden und richtet das Wie der Übermittlung am Was aus. Der scheinbar ironische Einspruch des Vertreters der Ochsenpost gegen die Bombenpost macht demgegenüber allererst darauf aufmerksam, daß zwischen der Art der Beförderung und dem, was befördert wird, ein Zusammenhang besteht, der über den Parameter einer zweckmäßigen Zuordnung der Mittel hinausgehen könnte. Indem er allerdings den medialen Aspekt zugunsten der Signifikate (gute oder schlechte Nachrichten) gewissermaßen überspringt, kann er die Art dieses Zusammenhangs nicht plausibel machen, und die ‚Ochsenpost der guten Nachricht' bleibt Fiktion. Nichtsdestoweniger schließt sich hier der Kreis zum Anfang: Die Ochsenpost und der elektrische Telegraph berühren sich quasi im Unendlichen. Für den Telegraphen gilt genau das, was sich im Konzept der Ochsenpost andeutet: Daß nämlich das Medium die Form der Botschaft determiniert, statt das erstere an das letztere anzupassen. Lediglich die im Sinne der Triade *menschliche* Kommunikationsform vertraut – und zwar zu Unrecht – auf die Relation von Mittel und Zweck. Dahingegen kehrt die Kommunikation, die auf den Flügeln des Blitzes reitet, das Verhältnis in gewisser Weise um und stellt so der instrumentellen Vernunft eine mediale gegenüber: Das Medium bestimmt hier die Botschaft – wenn auch nicht im Hinblick auf einzelne Inhalte, wie in Gestalt der Ochsenpost erträumt, so doch im Hinblick auf die Be-dingung ihrer Möglichkeiten. Zugleich entzieht sich diese gemäß der triadischen Struktur göttliche Kommunikation der Zeitmessung („in kürzerer Zeit als irgendein chronometrisches Instrument angeben kann"). Die Umkehrung der Zweck-Mittel-Relation in eine Medium-Botschaft-Relation unterliegt nicht einfach den Gesetzen der Zeit, um in solchem Unterliegen nur mehr gemessen werden zu können. Das elektrische Medium ist sein eigenes Intervall und macht in diesem Sinne selbst von der Zeit Gebrauch.

Wie treffen die beiden dargestellten Argumentationsschichten nun im Text aufeinander? Zum einen ist von Bedeutung, daß es der Vertreter der Ochsenpost und also der Verfechter des Landsturms ist, in dessen Argumentation die Relation ‚Der Zweck bestimmt die Mittel' in die Relation ‚Das Medium bestimmt die Botschaft' umkippt. Obwohl der Vertreter der Ochsenpost im Grunde nur argumentiert, für gute Nachrichten sei jedes Mittel recht, verweist er damit doch auf die Relation von Medium und Botschaft zurück, die die Telegraphie ausmacht, und stellt so den Parameter von der Zweckmäßigkeit der Mittel zur Disposition. Dies ist treffend, weil ein Kippen der Logik ‚Zweck bestimmt Mittel' oder auch ‚Der Zweck heiligt die Mittel' in jene andere Logik, in der das Mittel, sprich: das Medium die Botschaft determiniert, sehr genau die Problematik des 1810 wenn auch nicht öffentlich, so doch ausführlich diskutierten Landsturms umreißt.

Kleists Text „Über die Rettung Österreichs" macht schon deutlich, worin diese besteht: Um die eigene gesellschaftliche Ordnung gegen den äußeren Feind zu verteidigen, ist ein Volksaufstand, genauer: ein Partisanenkrieg notwendig. Dieser bedroht als solcher jedoch gleichfalls die besagte Ordnung, denn wer könnte garantieren, daß ein Staat, der „für den Augenblick ein demokratisches Ansehn" hat, sich anschließend wieder in das verwandeln läßt, was er war. Wenn der Zweck also die Mittel heiligt, so bestimmen diese, solchermaßen geheiligt, dann eben auch die Botschaft.

In diesem Sinne versagt nicht nur das alte preußische Militär vor dem Krieg, den es um 1810 zu führen gälte. Auch die Ökonomie des notwendigen Opfers wird an ihre Grenzen getrieben, denn dieser Krieg ist ein Krieg, der seiner Anlage nach kaum mehr für etwas Bestimmtes geführt werden kann. Alles, wofür er geführt werden soll, droht in ihm zerstört zu werden; er verspricht nichts als eine gewalttätige Transformation, und gerade das macht ihn so gefährlich und für manchen so faszinierend. Nun ist das im modernen Krieg wohl immer so, und vielleicht beginnt man um 1810 etwas von diesem modernen Krieg, der zwangsläufig zerstört, worum er geführt wird, zu erahnen, ohne schon wissen zu können, welche Schrecken dies tatsächlich birgt. Verschiedene in den ABENDBLÄTTERN erschienene Texte verweisen auf die besondere Brutalität der französischen Kriegsführung. Beachtung verdienen die „Anekdote" aus Blatt 39, die davon erzählt, wie französische Fußsoldaten, die aus taktischen Gründen von der eigenen Kavallerie überrannt werden, noch im Sterben „Vive L'Empereur" rufen, und das „Französische Exercitium das man nachmachen sollte":

> Ein Französischer Artillerie-Capitain, der, beim Beginn einer Schlacht, eine Batterie, bestimmt, das feindliche Geschütz in Respect zu halten oder zu Grund zu richten, placiren will, stellt sich zuvörderst in der Mitte des ausgewählten Platzes, es sei nun ein Kirchhof, ein sanfter Hügel oder die Spitze eines Gehölzes, auf: er drückt sich, während er

> den Degen zieht, den Huth in die Augen, und [...] faßt [...] mit der
> geballten Linken, die Führer der verschiedenen Geschütze (die Feuer-
> werker) bei der Brust, und mit der Spitze des Degens auf einen Punct
> des Erdbodens hinzeigend, spricht er: „hier stirbst du!" wobei er ihn
> ansieht – und zu einem Anderen; „hier du!" – und zu einem Dritten
> und Vierten und alle Folgenden : „hier du! hier du! hier du!" – und zu
> dem Letzten: „hier du!" [...]. (BA, Bl. 22)

Betrachtet man den Textzusammenhang zur Bombenpost vor diesem politischen Hintergrund, ist zu bedenken, daß die Ochsenpost – und mit ihr der Landsturm – zwar die Sympathien für sich haben mag, daß sie aber dennoch nicht diejenige der drei Kommunikationsformen ist, die den ABENDBLÄTTERN selbst am nächsten steht. Insofern auch für die ABENDBLÄTTER Geschwindigkeit und Kürze entscheidende Prinzipien sind, dominiert hier eher der Bezug zur Telegraphie: Wir wissen aus Briefen, daß das Format der ABENDBLÄTTER vielen Beiträgern als unangemessen erschien, und wir wissen, daß Kleist sich von dieser Kritik nicht beirren ließ, ja, wir haben an zahlreichen Beispielen gezeigt, daß die ABENDBLÄTTER als solche das Kippen der Mittel-Zweck-Relation in die Medium-Botschaft-Relation betreiben und erkunden.

Zum einen – dies ist eine paradoxe Konsequenz – verbindet diese mediale Logik die ABENDBLÄTTER durchaus mit der Problematik und den Paradoxien des Partisanenkrieges, für den Kleists Literatur bekanntlich immer wieder in Anspruch genommen worden ist.[373] Zum anderen aber macht eben diese Verbundenheit es zugleich unmöglich, die ABENDBLÄTTER und ihre Texte auf ein Sprachrohr der Landsturmpropaganda zu reduzieren. Eine solche Lesart würde die ABENDBLÄTTER ihrerseits wieder als Mittel zum Zweck sehen und damit vollkommen verkennen, daß die Beziehung der ABENDBLÄTTER zum Partisanenkrieg ihre Pointe gerade darin hat, die damit verbundene Problematik als Logik des Medialen zu artikulieren, statt ihr propagandistisch zuzuarbeiten – das kriegerische Moment der ABENDBLÄTTER ist Kommunikationsguerilla, nicht Kriegspropaganda.

---

[373] Vgl. Deleuze/Guattari 1992, darin insbesondere das Kapitel „Kriegsmaschine", und Carrière 1981: *für eine literatur des krieges, kleist*. Im Hinblick auf die konkrete politische Situation um 1810/11 wäre die entsprechende These von Deleuze/Guattari und auch von Carrière so verstehen, daß Kleist im Unterschied zu vielen anderen antifranzösischen Bestrebungen seiner Zeit die Befreiung von der napoleonischen Vorherrschaft als Deterritorialisierung und nicht als Reterritorialisierung betreibt. Zuzustimmen ist dem nur unter dem Vorbehalt, daß dies aus französischer Perspektive leichter zu konstatieren ist als aus deutscher, denn noch heute wird der Zusammenhang Kleist/„Befreiungskriege" in der deutschen Philologie oft genug nationalistisch gewendet. Zumindest aber, darauf wäre zu bestehen, arbeiten die intertextuellen Beziehungen der ABENDBLÄTTER einer territorialen Logik entgegen, insofern sie nicht das Bild einer organischen Gemeinschaft des Volkes der Leser evozieren beziehungsweise dieselbe zu repräsentieren suchen. Ihr genuin zeitlicher Charakter wäre in diesem Zusammenhang unter Umständen deterritorialisierend zu nennen.

VII. „Über das Marionettentheater" der BERLINER ABENDBLÄTTER

„eine Puppe am Drahte des Schicksaals"
In einem Brief aus dem Jahr 1799 schreibt Kleist nach dem Ausscheiden aus dem Militär an seine Schwester Ulrike:

> Ja, es ist mir unbegreiflich, wie ein Mensch ohne Lebensplan leben könne, u ich fühle, an der Sicherheit, mit welcher ich die Gegenwart benutze, an der Ruhe mit welcher ich in die Zukunft blicke, so innig, welch ein unschätzbares Glück mir mein Lebensplan gewährt, u der Zustand, ohne Lebensplan, ohne feste Bestimmung, immer im Widerspruch mit meinen Pflichten, ein Spiel des Zufalls, eine Puppe am Drahte des Schicksaals – dieser unwürdige Zustand scheint mir so verächtlich, und würde mich so unglücklich machen, daß mir der Tod bei weitem wünschenswerther wäre.[374]

Begreiflich, daß Kleist 11 Jahre und ebenso viele ‚Lebenspläne' später bemüht ist, der „Puppe am Drahte" einige Würde zurückzuerstatten. „Über das Marionettentheater", erschienen in Blatt 63, 64, 65 und 66 der ABENDBLÄTTER, ist einer der meistinterpretierten Texte Kleists. Immer wieder ist er als Abhandlung zur Theorie der Grazie in ihren geschichtsphilosophischen Implikationen und (vor allem in der Nachfolge de Mans) als literarische Untersuchung zum Problem der Beziehung zwischen logischer Argumentation, Ästhetik und Rhetorik gelesen worden,[375] wobei Schillers ästhetische Abhandlungen einen wichtigen Referenzpunkt bilden. Zahlreiche Bezüge zwischen Kleists „Über das Marionettentheater" und Schillers „Über Anmut und Würde" sind bereits ausgemacht worden, und doch gibt es eine Gemeinsamkeit der beiden Texte, die bisher nicht bemerkt wurde. Am 27.5.1793 schreibt Schiller an Körner:

> Die Thalia darf nicht ins Stocken geraten, und ich werde durch meine Mitarbeiter gar zu schlecht unterstützt, deswegen habe ich mich dieser Tagen mit zwei Aufsätzen dafür beschäftigt. Der eine handelt von *Anmut und Würde*, der andere ist über *pathetische Darstellung*.[376]

Ebenso wie „Über das Marionettentheater" ist auch „Über Anmut und Würde" für eine Publikation produziert worden, die widrigen Bedingungen zum Trotz nicht ins Stocken kommen sollte. Für beide Texte gilt also, daß sie zu gewissen Teilen Gelegenheitsarbeiten sind. Im Falle von „Über Anmut und Würde" baut sich dabei allerdings eine gewisse Spannung zu Thema und Anspruch auf: ‚Anmut' und ‚Würde' verbinden sich nicht allzu gut mit dem Zeitdruck, den eine Deadline erzeugt, oder mit der Klage über mangelnde Unterstützung. Auch hat Schiller immer wieder unterstrichen, daß

---

[374] Kleist, DKV, Bd. IV, S. 40.
[375] De Man 1988. Vgl. ferner Greiner 1994, S. 147 ff., Behler 1992, Schneider 1998.
[376] Schiller 1992a, S. 243.

man die Literatur solchen Produktionsbedingungen gerade nicht anpassen dürfe, den sogenannten ‚Zeitschriftsteller', der sich am Interesse des Tages abarbeitet, trifft Schillers Verachtung. Kleist dagegen definiert die Zeitschriftstellerei mit den BERLINER ABENDBLÄTTERN neu: Das Konzept der allmählichen Verfertigung der Gedanken beim Reden fortschreibend geht es hier gerade um die spezifische Produktivität eines literarischen Arbeitens mit der Deadline, um *Kairos* als ein Kalkül mit der Kontingenz, das der Gebrauch der Zeit ermöglicht. Wie für den Grabstein aus der Anekdote vom „Griffel Gottes" (erschienen im fünften Blatt) stellt sich für jede Ausgabe der ABENDBLÄTTER wieder die Frage, welcher Sinn im Zusammenlesen der verschiedenen Texte und der aktuellen Geschehnisse entsteht. Ein solches „Spiel des Zufalls", dies erweist der eingangs zitierte Brief, verband sich für Kleist seit langem mit dem Bild der Marionette. Und so erscheint es schließlich alles andere als zufällig, daß „Über das Marionettentheater" erstmals in den BERLINER ABENDBLÄTTER erschienen ist. Daß „Über das Marionettentheater" also weder nur als ästhetisch-programmatischer Text noch einfach als literarisches Meisterstück, sondern als ein Text gelesen werden sollte, der *für* die BERLINER ABENDBLÄTTER geschrieben wurde, der entsprechende Bezüge zu aktuellen Ereignissen und Manövern enthält und damit in gewisser Weise auch Produkt der ABENDBLÄTTER ist, wird im Folgenden zu zeigen sein: Wie wirkt es sich auf das Verständnis dieses vielgedeuteten Textes aus, ihn in den Kontext seiner Publikation einzulesen? Und: Läßt sich der Text seinerseits auf das Projekt ‚BERLINER ABENDBLÄTTER' beziehen und im Hinblick auf deren Problematik deuten?

„Über das Marionettentheater" steht in der Tradition der ‚allmählichen Verfertigung', kann darin bereits an Texte wie „Nützliche Erfindungen. Entwurf einer Bombenpost", „Allerneuester Erziehungsplan" und „Von der Überlegung" anschließen und erscheint in den ABENDBLÄTTERN überhaupt zu einem besonders günstigen Zeitpunkt, nämlich gegen Ende des ersten Quartals. Dies ist der Höhepunkt dessen, was man als Leitfähigkeit der ABENDBLÄTTER bezeichnen könnte, also ein Zeitpunkt, zu dem beinahe jeder Satz, jede Formulierung eine Resonanz im Netz der etwa 400 anderen bereits publizierten Texte hervorruft. In diesem Sinne mag es beim Schreiben von „Über das Marionettentheater" wirklich erschienen sein, als ob „auf eine bloß zufällige Weise erschüttert, das Ganze schon in eine Art von rhythmische Bewegung käme, die dem Tanz ähnlich wäre". Da die am Draht tanzenden Glieder der Marionette dabei als „todt, reine Pendel" beschrieben werden, die dem „bloßen Gesetz der Schwere" folgen (BA, Bl. 64), ist dieser Tanz immer auch ein ‚Totentanz', der seinerseits schon an den journalistischen Zusammenhang von Signifikanz und Kontingenz im Zeichen der ‚Deadline' erinnert: Auch der Marionettendraht ist eine Deadline. Und so kehren – anstelle einer Zusammenfassung – auch in unserer Lektüre von „Über das Marionettentheater" die Motive und Theoreme der vorliegenden

Studie wieder: „Über das Marionettentheater" der BERLINER ABENDBLÄTTER.[377]

Theater/Fehde
Was schwingt mit in der Erschütterung des Marionettendrahts?

Für die zeitgenössischen Leserinnen und Leser mußte „Über das Marionettentheater" zunächst in das Register der Texte zum Theater fallen, die regelmäßig in den ABENDBLÄTTERN erscheinen.[378] Von Beginn an ziehen sie eine besondere Aufmerksamkeit auf sich, denn sie sind Teil der stadtbekannten Fehde zwischen Kleist und Iffland, dem Direktor des Berliner Theaters. Wie intensiv das öffentliche Interesse an dieser Fehde war, zeigt sich unter anderem daran, daß der überwiegende Teil des Echos, das die ABENDBLÄTTER in anderen Zeitschriften fanden, sich mit dieser Auseinandersetzung befaßt. In den *Nordischen Miszellen* vom 21.10.1810 findet sich zum Beispiel folgender Artikel:

> [...] In den Theater-Kritiken, welche die ersten Nummern dieser Abendblätter enthalten, ist ein neckender Geist gegen die Person des Schauspiel-Directors Iffland nicht zu verkennen, und es soll dies, wie allgemein behauptet wird, in der persönlichen Abneigung des Herrn H. von Kleist gegen denselben seinen Grund haben, woran Iffland nicht ganz unschuldig ist, wie aus Folgendem erhellet:
> Herr von Kleist hat nämlich ein Schauspiel geschrieben, Käthchen von Heilbron betitelt, welches schon auf andern Bühnen gegeben ist. Dies sandte er Herrn Iffland, um es hier aufführen zu lassen. Iffland behielt es lange Zeit, antwortete dem Verfasser nicht, sondern gab es einem seiner Bekannten endlich mit der Erklärung zurück: er könne es nicht einstudiren lassen, denn es gefiele ihm nicht. So erhielt es Herr von Kleist durch die dritte Hand wieder. Darüber äußerst beleidigt, schrieb er ein Billet an Iffland, welches nachher im Publikum zirkulirte und worin er sich eben nicht auf die delikateste Weise zu rächen gesucht hat.[379]

Was da in allgemeine Zirkulation geriet, ist uns aus einem Brief von Fouqué an Varnhagen überliefert. Fouqué schreibt:

> Nun wird Kleist grimmig und schickt ihm [Iffland] folgenden Zettel: Durch Herrn Hofr. Römer erfahre ich, daß Ew Wohlgeboren mein in Wien am Vermählungstage der Kaiserin von Frankreich mit Beifall gegebenes Schauspiel, das Käthchen von Heilbronn, nicht gefällt. Es thut

---

[377] Wahrscheinlich hat schon Sembdner diesen Zusammenhang gesehen. Seine umfassende Studie zu den ABENDBLÄTTERN (erschienen 1939) wurde zunächst anonym und mit einem Kennwort versehen an eine Jury geschickt, die eine Preisaufgabe gestellt hatte – das Kennwort lautete: ‚Marionettentheater'. Siehe Sembdner 1939, S. 5*.
[378] Vgl. dazu vor allem Weigel 1982 und 1988.
[379] Vgl. Sembdner 1939, S. 9.

mir Leid, daß es ein Mädchen ist. Wenn es ein Junge wäre, würde es
Ihnen besser gefallen. Heinrich von Kleist.[380]

Was die ersten Polizeiberichte in den BERLINER ABENDBLÄTTERN für jene Volksmassen gewesen sein mögen, die anfänglich das Aufmarschieren von Wachen bei der Ausgabe der Zeitung nötig machten, war für die höheren Gesellschaftsschichten diese Auseinandersetzung. Politisch war das durchaus brisant. Alexander Weigel hat herausgearbeitet, daß es um 1810 zu einer partiellen Identifikation von „Ifflandschem Darstellungsstil und Hardenbergschem Regierungsstil" kommt. So schreibt Achim von Arnim in einem Brief vom 30.12.1810: „Iffland und Hardenberg hängen wie Rad und Wagenschmiere zusammen."[381] Dies ist allerdings weniger Hintergrund als vielmehr Folge der von Kleist angestrengten Fehde: Mit der Schärfe und der Wendigkeit seiner Angriffe zwang Kleist staatliche Exekutive und Nationaltheater in einen Schulterschluß, der es schließlich ermöglichte, letzteres anzugreifen, um erstere zu treffen.

Wir dürfen Kleist getrost ein Bewußtsein dafür unterstellen, daß diese Fehde keineswegs eine Sache zwischen zweien war, sondern zumindest vier Parteien umfaßte: Kleist, Iffland, die staatlichen Behörden und das Publikum. Bekanntlich kennzeichnet Jürgen Habermas in seiner Studie zum „Strukturwandel der Öffentlichkeit" die Theaterkritik als eine Art Übungsfeld für die entstehende kritische Öffentlichkeit der bürgerlichen Welt.[382] Die Theaterkritik neigt als ‚öffentliche' also ihrerseits zur Maskerade, neigt dazu, etwas anderes zu meinen, als auf den ersten Blick ersichtlich. In den ABENDBLÄTTERN haben wir es mit einer Kleistschen Version, was natürlich heißt: mit einer drastischen Eskalation dieses Sachverhalts zu tun. Statt das Theater publizistisch als einen Bereich zu nutzen, in dem *Kritik zu üben* ist, ohne dabei zwangsläufig die Staatsgewalt auf den Plan zu rufen, scheint Kleists Eskalation gerade darauf zu zielen, mit dem Theater tatsächlich den Staat zu treffen.

Daß es die ABENDBLÄTTER von Beginn an darauf anlegen, einen Zusammenhang zwischen Nationaltheater und Nationalregierung herzustellen, zeigen schon die beiden in den ersten Ausgaben veröffentlichten Gedichte, die „Ode auf den Wiedereinzug des Königs im Winter 1809" und „An unsern Iffland bei seiner Zurückkunft in Berlin", die in Szenario und Huldigungsform aufeinander Bezug nehmen. „An unsern Iffland" erweist sich als Spottgedicht, und geht doch dem persiflierten ‚Original', der „Ode auf den Wiedereinzug des Königs" in der Reihe der Publikationen voraus. Das Gedicht „An unsern Iffland ..." endet:

> Stets auf geweih'ten Brettern
> Wird Er, ein Heros steh'n;

---

[380] Vgl. Staengle 1997, S. 371.
[381] Ebd., S. 391.
[382] Habermas 1990.

> Wird dort als Fürst regieren
> Mit kunstgeübter Hand,
> Und unsre Bühne zieren
> Und unser Vaterland.
> (BA, Bl. 3)

Mit „kunstgeübter Hand" und „zieren" sind hier bereits zwei Motive aufgerufen, die in „Über das Marionettentheater" wiederkehren, allerdings nicht erst dort, sondern schon wenige Tage später in der Kritik zum Lustspiel „Ton des Tages" erschienen im vierten Blatt. Hier heißt es:

> Kant sagt irgendwo, in seiner Kritik der Urtheilskraft, daß der menschliche Verstand und die Hand des Menschen, zwei, auf nothwendige Weise, zu einander gehörig und auf einander berechnete, Dinge sind. Der Verstand, meint er, bedürfe, falls er in Wirksamkeit treten solle, ein Werkzeug von so mannichfaltiger und vielseitiger Vollkommenheit, als die Hand; und hinwiederum zeige die Struktur der Hand an, daß die Intelligenz, die dieselbe regiere, der menschliche Verstand sein müsse. Die Wahrheit dieses dem Anschein nach paradoxen Satzes, leuchtet uns nie mehr ein, als wenn wir Herrn Iffland auf der Bühne sehen.
> [...] von allen seinen Gliedern, behaupten wir, wirkt, in der Regel, keins, zum Ausdruck eines Affekts, so geschäftig mit, als die Hand; sie zieht die Aufmerksamkeit fast von seinem so ausdrucksvollen Gesicht ab: und so vortrefflich dies Spiel an und für sich auch sein mag, so glauben wir doch, daß ein Gebrauch, mäßiger und minder verschwenderisch, als der, den er davon macht, seinem Spiel (wenn dasselbe noch etwas zu wünschen übrig läßt) vortheilhaft sein würde. xy. (BA, Bl. 4)[383]

Die Kritik, die sich der zunächst ehrenvoll erscheinenden Parallelisierung von Ifflands Spiel und Kants Theorie anschließt,[384] scheint moderat und beiläufig zu sein, erweist sich jedoch, folgt man der Parallele präzise, als Beleidigung. Dann nämlich impliziert der Rat, einen weniger intensiven

---

[383] Das *Archiv für Literatur, Kunst und Politik* antwortet auf diese Kritik am 28.10. folgendermaßen:
> „An den Theater Critiker Xn:
> Du rühmst die Kraft von Ifflands Künstlerhänden,
> Wir haben nichts dawider einzuwenden,
> Verschaffst Du nur ihm bald Gelegenheit,
>   Sie, im Gefühl Pflichschuld'ger Dankbarkeit,
> Im vollen Maaße Zum Lohne Dir zu spenden."

Dies zeigt unter anderem, über welchen Zeitraum solche Bezüge auf Artikel der BERLINER ABENDBLÄTTER offenbar noch verstanden werden. Zwischen Kritik und Replik liegen hier immerhin dreieinhalb Wochen. Vgl. Sembdner 1939, S. 9.

[384] Der Verweis des Textes auf die *Kritik der Urteilskraft* geht übrigens fehl – eine entsprechende Erörterung zum Verhältnis von Hand und Verstand findet sich vielmehr in Kants *Anthropologie in pragmatischer Hinsicht*.

Gebrauch von der Hand zu machen, einen Hinweis auch auf das geistige Vermögen Ifflands, das doch mit dem Spiel der Hand kongruent sein soll. Ifflands Spiel scheint also daran zu kranken, daß sein seelischer Schwerpunkt – „(es ist ein Schrecken es zu sehen)" – in der Hand sitzt. Die Rede von den „Gliedern" und vom berechneten Verhältnis zwischen Kopf und Hand zielt in die gleiche Richtung: Schon in dieser Kritik geht es um Grazie als Übereinstimmung von physischer und geistig-moralischer Welt und um das Verfehlen derselben qua Ziererei, derer Iffland bezichtigt werden soll.[385] In den folgenden Wochen werden die Invektiven drastischer.[386] Die Redaktion scheint zu wissen, daß es einer Eskalation bedarf, um das Publikumsinteresse zu halten, und als Gipfel derselben darf wohl das im 47. Blatt veröffentlichte „Schreiben eines redlichen Berliners das hiesige Theater betreffend" gelten:

> Folgender Brief eines redlichen Berliners, das hiesige Theater betreffend, an einen Freund im Ausland, ist uns von unbekannter Hand zugesandt worden. Wir haben, in diesen Blättern, so manchen Beweis von Unpartheilichkeit gegeben; dergestalt, daß wir, der gegen uns gerichteten Persönlichkeiten, die darin befindlich sind, ungeachtet, keinen Anstand nehmen, ihn dem Publiko vorzulegen. (BA, Bl. 47)

Da diese Art der Einleitung bereits vom „Entwurf einer Bombenpost", vom Schreiben zur Quinenlotterie und vom „Allerneuesten Erziehungsplan" bekannt ist (BA, Bl. 11, 20 und 25), dürfte das Publikum die Behauptung, es handele sich bei dem nun folgenden Text um eine ‚Einsendung', bereits als Hinweis auf eine mögliche Autorschaft Kleists gelesen haben. Das Prinzip des Textes besteht denn auch darin, alle gegen Iffland und die angeblich bestochenen Kritiker lautgewordenen Vorwürfe noch einmal zu äußern, um

---

[385] Vgl. Ott 2003/4.
[386] Wir gehen nicht auf alle Texte zum Theater im einzelnen ein. Beachtung verdient jedoch auch der Beitrag „Theater. Unmaßgebliche Bemerkung.", erschienen im 15. Blatt. Kleist bezieht hier die von Adam Müller in den ABENDBLÄTTERN angestrengte Debatte über Wirtschaftslehre (Adam Smith) auf das Berliner Theater und setzt sich mit dessen Monopolstellung auseinander. Hier zeigt sich noch einmal, daß das Theater für ganz andere Debatten zum Referenzpunkt werden kann. Auf die persönliche Fehde mit Iffland läßt sich insbesondere das Ende des Textes beziehen: „Ja, gesetzt, die Direction käme auf den Einfall, die göthischen Stücke so zu geben, daß die Männer die Weiber – und die Weiber die Männerrollen spielten: falls irgend auf Costüme und zweckmäßige Carrikatur einige Sorgfalt verwendet ist, so wette ich, man schlägt sich an der Casse um die Billets, das Stück muß drei Wochen hinter einander wiederholt werden und die Direction ist mit einmal wieder solvent. – Welches Erinnerungen sind, werth, wie uns dünkt, daß man sie beherzige." (BA, Bl. 15) Eine im 33. Blatt abgedruckte „Einsendung" nimmt auf die „Unmaßgebliche Bemerkung" Bezug. Auch dieses Schreiben, das sich für ein klassisches Hoftheater ausspricht, wendet sich gegen Iffland – ein Schauspieler sei als Intendant ungeeignet.

sie dann mit fadenscheinigen Argumenten zurückzuweisen.[387] Offenbar versteht die Zensur die ‚Einsendung' aber tatsächlich als Kritik an Kleists Angriffen gegen Iffland, denn sie läßt – erstaunlich genug – den Text passieren. Schön, mit welchen Bezeichnungen sich Kleist bei dieser Gelegenheit und aus gegnerischer Perspektive selbst belegt:

> Exzentrische Köpfe, Kraftgenies und poetische Revolutionairs aller Art machen sich, wir wissen es gar wohl, in witzigen und unwitzigen Aeußerungen, über diese sogenannte „Theaterheiligkeit" und den neuesten „Theaterpabst" sehr lustig; sie führen an, selbst die Kirche habe dulden müssen, daß man die Fackel der Untersuchung in ihr Allerheiligstes hineintrage; doch weit entfernt, uns durch Persiflagen dieser Art, deren unreine Quelle nur zu sehr am Tage liegt, irre machen zu lassen, so soll dies nur ein Grund mehr sein, die Thür unseres kleinen freundlichen Tempels (soviel es sein kann) vor ihrer unberufenen, zudringlichen und leichtfertigen Fackel zu verschließen. [...] und wenn es der Kirche, nach der sublimen Divination dieser Herren, (welches Gott verhüten wolle!) bestimmt wäre, im Strom der Zeit unterzugehen, so wüßten wir nicht, was geschickter wäre, an ihre Stelle gesetzt zu werden, als ein Nationaltheater, ein Institut, dem das Geschäft der Nationalbildung und Entwickelung und Entfaltung aller ihrer höhern und niedern Anlagen, Eigenthümlichkeiten und Tugenden, vorzugsweise vor allen andern Anstalten, übertragen ist.
> Berlin, d. 20. Nov. 1810
> R.G. Gestern sahen wir hier Pachter Feldkümmel; in Kurzem werden wir wieder Vetter Kukkuk und vielleicht auch Rochus Pumpernickel sehn. (BA, Bl. 47)

Die Formulierung „doch weit entfernt, uns durch Persiflagen dieser Art, deren unreine Quelle zu sehr am Tage liegt, irre machen zu lassen" gibt beinahe wörtlich den Kommentar der „Redaction" zum Entwurf der Ochsenpost wieder (BA, Bl. 14), und so liegt die erwähnte „unreine Quelle" tatsächlich „zu sehr am Tage": Es handelt sich um die Redaktion selbst. Vor diesem Hintergrund wäre nun der folgende Satz – „so soll dies nur ein Grund mehr sein, die Thür unseres kleinen freundlichen Tempels (soviel es sein kann) vor ihrer unberufenen, zudringlichen und leichtfertigen Fackel zu verschließen" – im Zuge des angelegten Wechsels der Perspektive nur umzukehren, um in ihm einen Aufruf zum zivilen Ungehorsam zu lesen.

Nahegelegt wird diese Lesart dadurch, daß die Formulierung von der Kirche, in welche die Fackel hineingetragen wird und die dann womöglich im Strom der Zeiten untergeht, im Kontext der vorangegangenen Ausgaben als Anspielung auf die Erzählung „Die heilige Cäcilie oder die Gewalt der Musik" gelesen werden kann (BA, Bl. 40, 41, 42). Hier geht es bekanntlich um das Vorhaben, „der Stadt Achen das Schauspiel einer Bilderstürmerei zu

---

[387] Solche Fälle von Kritiker-Bestechung waren zeitgenössisch offenbar keine Seltenheit. Vgl. Requate 1995, S. 106.

geben" (BA, Bl. 40), wobei die Erzählung damit schließt, daß das Kloster der heiligen Cäcilie schließlich wirklich „im Strom der Zeiten unterging". Dies liegt lediglich vier Ausgaben zurück. Ist also ein ‚Bildersturm' im ‚Theatertempel' geplant, der dem Plot der „Heiligen Cäcilie" folgend dem Theater eine letzte Chance einräumt, durch die Größe der Darbietung zu überzeugen?

Der ‚Bildersturm' läßt tatsächlich nicht lange auf sich warten: Drei Tage darauf kommt es bei der zweiten Aufführung des Singspiels *Die Schweizerfamilie* im Theater zu einem Tumult. Auslöser für den Unmut war die Besetzung des Stückes, für die, so die Meinung der Berliner und allen voran der BERLINER ABENDBLÄTTER, nicht Talent, sondern vielmehr die persönliche Vorliebe Ifflands ausschlaggebend gewesen sei. Hinter dieser Anschuldigung mag sich der allgemeinere Vorwurf verbergen, die gesamte Gestaltung des Spielplans orientiere sich eher an persönlicher und politischer Rücksichtnahme als an Qualitätskriterien. Auch gibt Polizeichef Gruner selbst zu bedenken:

> Alle Anzeigen deuteten nur dahin, daß die zu befürchtende Stimmung nicht nur gegen die Schauspielerin Herbst sondern auch gegen die Polizei-Officianten gerichtet sei [...].[388]

Entsprechend nachhaltig ruft der Theatertumult die Staatsgewalt auf den Plan – Vorkommnisse dieser Art scheinen durchaus geeignet, dem fragilen Frieden gefährlich zu werden, denn schließlich handelt es sich beim Nationaltheater um eine staatliche Institution. Eine Untersuchungskommission wird eingesetzt, zahlreiche Akten werden gefertigt.[389] Staatliche Spitzel durchstreifen die Gesellschaft, um der Regierung alle Teilnehmer am Theatertumult namentlich bekannt zu machen, dabei wird auch das Mitwirken eines gewissen „Major von Kleist" aktenkundig.[390]

Zwar versuchen die ABENDBLÄTTER am Tag des Tumults und am folgenden Abend, mit lobenden bis moderaten Berichten in letzter Minute gegenzusteuern, gleichwohl kann man davon ausgehen, daß von diesem Tag an die Zensur in Sachen Theater keinerlei Pardon mehr kannte und bei

---

[388] Barnert 1997a, S. 268.
[389] Unter den Dokumenten, die in den *Brandenburger Kleistblättern* 11 versammelt sind, finden sich nicht weniger als 39 Schriftstücke, die den sogenannten Theaterskandal zum Thema haben, wobei allerdings die BERLINER ABENDBLÄTTER eine vergleichsweise kleine Rolle zu spielen scheinen. Vgl. Dok 6, 7, 10-20, 22-28, 31-39, 42-44, 47 und 50.
[390] Im Bericht der Untersuchungskommission heißt es: „v Kleist Major ist nach wieder hergestellter Ruhe dem Wacht habenden Offizier von mehreren Seiten als einer angezeigt worden, der den meisten Lärm gemacht haben soll. Der Wacht habende Unteroffizier hat ihn nicht allein bei dem Lärmen fortdauernd thätig gesehen, sondern auch vor dem Anfang der Vorstellung bemerkt, wie er bei denen unter den Officieren stattgefundenen Gespräche über die bequemsten Plätze und deren Besetzung sich vorzüglich ausgezeichnet habe. Alle Bemühungen ihn auszumitteln sind indeßen fruchtlos gewesen, und er hat daher nicht vernomen werden können." (Barnert 1997a, S. 293 f.)

dem geringsten Verdacht ihr Imprimatur verweigerte. Bis auf eine kurze beschwichtigende „Berichtigung" erscheint zwei Wochen lang in den ABENDBLÄTTERN kein Wort, das mit dem Theater auch nur im entferntesten zu tun hätte; und das obwohl das Geschehen sicherlich in aller Munde war, denn die staatliche Untersuchung des Falls wurde erst um die Jahreswende abgeschlossen.

In dieser Situation erscheint am 12. Dezember der erste Teil des Textes „Über das Marionettentheater". Die drei weiteren Teile folgen und sind – was bei fortgesetzten Texten eher ungewöhnlich ist – jeweils der Aufmacher der Ausgabe. Es steht wohl außer Frage, daß der Text im Verweis auf den Komplex Iffland-Fehde/Theaterskandal veröffentlicht und gelesen wurde. Daß er nicht direkt auf das Geschehen Bezug nahm, ist für diese Lese-Erwartung kaum als Gegenindikation zu werten, da alle Beteiligten um die Unmöglichkeit eines direkten Kommentars wußten. Schon der Titel mag in diesem Zusammenhang zum Lachen gereizt haben: Wo es verboten wird, über das Theater zu schreiben, schreibt Kleist eben „Über das Marionettentheater". Durchsucht man den Text also nach einer erneuten Spitze gegen das Berliner Theater, kann man zum Beispiel im folgenden Abschnitt des zweiten Teils einem subtilen Verweis auf die Schliche kommen. Die berühmte Stelle lautet:

> Sehen Sie den jungen F... an, wenn er, als Paris, unter den drei Göttinnen steht, und der Venus den Apfel überreicht: die Seele sitzt ihm gar (es ist ein Schrecken, es zu sehen) im Ellenbogen.
> Solche Mißgriffe, setzte er abbrechend hinzu, sind unvermeidlich, seitdem wir von dem Baum der Erkenntnis gegessen haben. Doch das Paradies ist verriegelt und der Cherub hinter uns; wir müssen die Reise um die Welt machen, und sehen ob es vielleicht von hinten irgendwo wieder offen ist
> Ich lachte. – Allerdings, dachte ich, kann der Geist nicht irren, da, wo keiner vorhanden ist. (BA, Bl. 64)

Die Schilderung der im Ellenbogen sitzenden Seele ruft zunächst die mittlerweile bekannte Kritik an der Handhaltung Ifflands auf; die Verschiebung auf den Ellenbogen ist hier notwendige Verschleierung und womöglich boshafter Kommentar zugleich. So gelesen wäre aus dem tagespolitischen Zusammenhang plausibel, daß C. nach dieser Äußerung „abbrechend" das Thema wechselt. Es folgt der erste Hinweis auf den Sündenfall und die theologisch-historische Triade, nach deren Modell „Über das Marionettentheater" immer wieder gedeutet worden ist.[391] Im vorliegenden Zusammenhang erscheint der Hinweis entgegen der unterstellten Bedeutungsschwere jedoch eher als eine allgemeine Platitüde – rein assoziativ an das Überreichen des Apfels anschließend –, auf die man sich zurückzieht, weil man auf kommunikativ gefährliches Gebiet geraten ist. Wie reagiert der Erzähler? Er

---

[391] Vgl. u.a. Kurz 1981/82.

lacht und denkt bei sich eine Sentenz, deren Bezug auf das vorangegangene nicht auf den ersten Blick einleuchtet:

> Allerdings, dachte ich, kann der Geist nicht irren, da, wo keiner vorhanden ist. (BA, Bl. 64)

Bei genauerem Hinsehen erweist sich dieser Satz als Abwandlung einer Beleidigung, die in Form eines Zweizeilers etwa einen Monat zuvor veröffentlicht worden war und zwar unmittelbar unter der ersten Mitteilung zur geplanten Inszenierung der *Schweizerfamilie*. Diese Mitteilung eröffnet die Debatte über die Besetzung, die schließlich den Theaterskandal zur Folge hat. Der angefügte Zweizeiler lautet:

> **Glückwunsch.**
> Ich gratulire, Star, denn du [!] ewig wirst du leben;
> Wer keinen Geist besitzt, hat keinen aufzugeben. (BA, Bl. 38)

Die Konstellation legt nahe, in dem Star der hier ‚beglückwünscht' wird, Mademoiselle Herbst, die fragliche Besetzung von Ifflands Gnaden, zu erkennen. Daß die Sentenz an dieser Stelle in „Über das Marionettentheater" wieder auftaucht, unterstreicht also den unterbrochenen Bezug zur Theaterfehde. Und bedeutsam wird dies vor allem dann, wenn man sich vergegenwärtigt, um welche Szene es sich hier handelt, bei der F. alias Iffland die Seele im Ellenbogen sitzt: Es ist jene, in der Paris den Apfel an Aphrodite überreicht, ein mythischer „Missgriff", dessen Folgen bekanntlich den Trojanischen Krieg auslösten.

Aber: Ist mit einer solchen Lektüre gesagt, der Text „Über das Marionettentheater" sei all seinem Ruhm zum Trotz gar nicht jene subtile Erörterung zum Problem von Grazie und Bewußtsein, als die er immer wieder gelesen worden ist, sondern in seiner Thematik nur eine Tarnung, um den Feldzug gegen das Berliner Theater und seinen Leiter unter erschwerten Bedingungen fortzusetzen? Tatsächlich hat diese Frage in der frühen Forschung zu den BERLINER ABENDBLÄTTERN eine Rolle gespielt. Im Rahmen seiner nationalistischen Verschwörungstheorie interpretierte schon Steig „Über das Marionettentheater" als Ausfall gegen das Berliner Theater. Sembdner wies dies im Zuge seiner Untersuchung der ABENDBLÄTTER brüsk zurück: „Auf die hohe Bedeutung des Aufsatzes ‚Über das Marionettentheater', dem man neuerdings mit Recht einen wichtigen Platz in Kleists Schaffen einräumt, brauche ich hier nicht näher einzugehen."[392] Bekanntlich hat sich Sembdners Einschätzung durchgesetzt: Nicht zuletzt durch seine Fürsprache ist „Über das Marionettentheater" im 20. Jahrhundert zu einem der prominentesten Texte Kleists geworden.[393] Seiner Haltung ist im übrigen insofern beizupflichten, als sich die Hinweise auf die Iffland-Fehde und den

---

[392] Sembdner 1939, S. 66.
[393] Vgl. die von Müller-Seidel und Sembdner herausgegebene Sammlung von Studien und Interpretationen – Müller-Seidel/Sembdner 1967.

Theaterskandal im Falle von „Über das Marionettentheater" nicht zu einem Angriff verdichten lassen, der dem des „Schreiben[s] eines redlichen Berliners das hiesige Theater betreffend" vergleichbar wäre. Sembdner weist Steigs These, „Über das Marionettentheater" lasse sich auf tagespolitische Implikationen reduzieren, durchaus zu Recht zurück. Dennoch sollte man dies nicht zum Anlaß nehmen, die entsprechenden Verweise gänzlich unbeachtet zu lassen oder sie sogar unlesbar zu machen, indem man den Text aus den ABENDBLÄTTERN herauslöst. Auch greift es zu kurz, zuzugestehen, daß der Text sich in mancher Hinsicht auf den konkreten Zusammenhang der Iffland-Fehde beziehe, in anderer Hinsicht aber dennoch für sich stehen könne. Vielmehr sind seine Positionierung in den ABENDBLÄTTERN und die im Text thematisierten Fragen zueinander in Beziehung zu setzen, denn dann zeigt sich, daß der Text gerade die hier aufgerufene Alternative zwischen hoher Literatur und publizistischem Manöver unterläuft.

Ad absurdum geführt wird in Kleists vielleicht berühmtesten Text der Fall der Anmut, also jene vermeintliche Entzauberung, die um 1800 erlebt wird, wenn Anmut als gestischer Code, als gemacht und mithin als interessengesteuert kenntlich wird. Und wäre es nicht eine ganz ähnliche Art der ‚Entzauberung', die dem Text „Über das Marionettentheater" zuzustoßen droht, sobald er in den Kontext der ABENDBLÄTTER und ihre Theaterfehde eingelesen wird? Ebenso wie die Grazie, wo sie als Ziererei markiert wird, die vierte Wand zu perforieren scheint, insofern sie als Adresse an den Zuschauer erscheint, droht die tagespolitische Adresse die Autonomie der ästhetisch-literarischen Sphäre zu perforieren.

Extravertierte Reflexivität

„Über das Marionettentheater" erzählt von einem Gespräch, das sich zu einer Beweisführung hinsichtlich eines ästhetischen Theorems entwickelt. Dabei wird die teleologische Triade, in der ein ursprüngliches und ein versprochenes goldenes Zeitalter die gegenwärtige Phase der Entzweiung einrahmen, auf das Verhältnis zwischen Bewußtsein und Grazie bezogen. Angesichts dessen läßt sich „Über das Marionettentheater" als Abhandlung zur Beziehung von Epistemologie und Ästhetik vor dem Hintergrund ihrer gegenwärtigen Störung verstehen:[394] Epistemologie (respektive Bewußtsein) und Ästhetik (respektive Grazie) gehen in jener mittleren Phase, in die wie alles historisch datierbare Geschehen auch das Gespräch über Grazie und Bewußtsein fällt, nicht ohne weiteres mehr und noch nicht wieder zusammen. Die Richtigkeit dieser hier nur holzschnittartig angeführten Interpretation einmal vorausgesetzt, schlägt das verhandelte Problem auf den Text zurück: Da hier ein ästhetisches Theorem unter der Bedingung einer gestörten Beziehung zwischen Ästhetik und Epistemologie verhandelt

---

[394] Als Erörterung eines Dilemmas der Darstellung im Spannungsfeld von Ästhetik und Epistemologie hat den Text kürzlich noch einmal Bernhard Greiner gelesen. Vgl. Greiner 2000, S. 197 ff.

wird, und die Beweisführung zudem selbst die Form der literarischen Erzählung annimmt, kommt den zahlreichen logischen Inkohärenzen, die die Interpretinnen und Interpreten auch diesem Kleistschen Text nachweisen konnten, erneut ein paradoxer Status zu. Fraglich bleibt nämlich, ob sich nicht noch in der mangelnden Schlüssigkeit der Argumentation die Richtigkeit der These bestätigt.[395]

Es ist in erster Linie die Differenz zwischen dem argumentativen Was und dem erzählten Wie des Dialogs, welche die Widersprüche und Inkohärenzen, wenn nicht erzeugt, so doch zumindest als solche ausstellt. Paul de Man formuliert treffend: „Wenn ein Prozeß der Überzeugung zu einer Szene der Überzeugung werden muß, dann ist man nicht mehr einfach überzeugt von seinem Überzeugungscharakter."[396] Es wirkt irritierend, daß die Argumentation als Aneinanderreihung von Sprechakten dargestellt ist. Sprechakte können alle möglichen Funktionen haben (Konversation machen, den Gesprächspartner beeindrucken, ausstechen, veralbern oder schonen), während Wahrheitsfindung eigentlich nur Wahrheitsfindung ist, wo sie keinem anderen Zweck dient als sich selbst. Von keiner beglaubigenden Instanz vermittelt, weckt die Differenz zwischen Erzählen und Erzähltem die Aufmerksamkeit für Indizien, an denen sich ablesen läßt, ob der Wortwechsel andere Ziele als die der Beweisführung verfolgt. Hinsichtlich der Ergebnisse dieser Suche gilt es dann allerdings folgendes zu bedenken: Gesetzt den Fall, es wäre zum Zeitpunkt des Gesprächs und der Niederschrift des Textes unmöglich, Ästhetik und Epistemologie widerspruchsfrei aufeinander zu beziehen, muß die literarische Darbietung der entsprechenden Beweisführung dann nicht zwangsläufig ebenfalls Inkohärenzen mit sich bringen?

> Wir sehen, daß in dem Maaße, als, in der organischen Welt, die Reflexion dunkler und schwächer wird, die Grazie darin immer strahlender und herrschender hervortritt. (BA, Bl. 66)

Quod erat demonstrandum – doch hieße dies nicht zugleich: je schwächer die Evidenz der argumentierenden Reflexion im Text, desto deutlicher die Evidenz der Grazie? Wieder gelingt es Kleist, das ‚Gesetz des Widerspruchs' so in Szene zu setzen, daß Grundregeln des Verstehens zur Disposition stehen. Zugleich steht mit der Grazie ein zentraler Topos der ästhetischen Reflexion zur Debatte. Mithin nimmt der Text Beziehungen zu den Schriften Goethes, Schillers, Kants und Wielands auf. Diesen Bezügen nachzugehen, ist für literaturwissenschaftliche Leserinnen und Leser schon deshalb attraktiv, weil sie sich alle nuancenreich entfalten lassen, sobald man sie gleichsam durch die Figur des performativen Widerspruchs ‚dekliniert', die den Text organisiert. Bernhard Greiner formuliert entsprechend: „In den Verschiebungen und Selbstwidersprüchen seiner Argumentation entfaltet der Essay

---

[395] Vgl. den Schule machenden Aufsatz von Allemann 1981/82.
[396] de Man 1988, S. 211.

das Paradox seines Gegenstandes. Grazie wird vorgestellt als Vereinigung, als geglücktes Einssein des Differenten, was besagt, sie vom Prinzip der Differenz her zu denken. Aber sie wird situiert in einem Raum jenseits der Differenz [...]."[397]

Auf der Ebene des Diskurses scheint sich die zitierte Gesetzmäßigkeit also auf das Schönste zu bewahrheiten: Tatsächlich – schon das enorme literaturwissenschaftliche Echo steht dafür – spielen sich Ästhetik und Epistemologie gerade in der Erörterung der Widersprüche, die der Text „Über das Marionettentheater" enthält, unablässig zu. Wo immer sich eine Inkohärenz findet, die die epistemologische Argumentation als solche unschlüssig erscheinen läßt, wechselt die Analyse vom epistemologischen ins literarische Register. Hier kann qua Umkehrung der Wertigkeit von Allgemeinem und Besonderem auch dem Bruch der Regel, dem Sonderfall oder dem Fehler sein eigentümliches Gesetz gefunden werden. Daß gerade die Mängel der reflektierenden Argumentation es erlauben, den ideengeschichtlichen Topos der Grazie immer „strahlender und herrschender" hervortreten zu lassen, hängt mithin damit zusammen, daß im Wechsel zwischen epistemologischem und ästhetischem Register Sinn *de facto* kaum mehr entweichen kann, wenn auch nur und gerade im Verweis auf die Krisenhaftigkeit dieser Konstellation. Wir haben dies anhand der Erzählung „Das Bettelweib von Locarno" diskutiert: Jede vermeintliche Widersprüchlichkeit scheint sich auf „einer höheren Ebene der Reflexion" wieder einzuschreiben. Und so wäre aller Berühmtheit zum Trotz auch für „Über das Marionettentheater" jenes Lob der Mittelmäßigkeit geltend zu machen, das der „Satz aus der höheren Kritik" artikuliert.

Allerdings muß eine bestimmte Voraussetzung erfüllt sein, damit das Zusammenspiel von Ästhetik und Epistemologie gerade in der Thematisierung seiner Krisenhaftigkeit so gut funktioniert. Die Ästhetik kann der Epistemologie nur zuarbeiten, insofern sie sich von einer Produktions- in eine Rezeptionsästhetik umwandelt.[398] Dies geschieht im 18. Jahrhundert mit Hilfe des Postulats einer autonomen Kunst und mithin im Zuge der Abgrenzung gegen jene Ordnung des Wissens, in der ‚Ästhetiken' für Kunstfertigkeiten aller Art zuständig waren – für die Rede, das Fechten oder auch das Marionettenspiel.[399] Die Konsequenzen, die diese Abgrenzung auch im Hinblick auf Literatur und Literarizität hat, haben wir zu Beginn dieser Studie erörtert. Erst insofern der literarische Text durch keinen externen Zweck determiniert ist, wird seine Bindung an die Situation seines Gebrauchs durch einen selbstreflexiven Verweis auf seine Form ersetzt, der jedes Element des Textes signifikant werden läßt. Im Umweg über das

---

[397] Greiner 2000, S. 216.
[398] Diese Wende ist durch Baumgartens Ästhetik markiert. Vgl. Weimar 1989, S. 72 ff.
[399] „Über das Marionettentheater" steht auch im Zusammenhang mit der Vertreibung der fahrenden Marionettentheater aus Berlin, unternommen von derselben Behörde, die auch für die Zensur der Abendblätter zuständig war; vgl. Weigel 1982.

literarische Register sind der Argumentation jene Inkohärenzen, die in der Differenz zwischen argumentativem Was und gesprächsweisem Wie ausgestellt werden, also zunächst nur solange wieder gutzuschreiben, wie sich die mit dem konkreten Sprechakt verbundene Irritation auf die Immanenz des Textes beschränkt. Solange es die Figuren der Erzählung sind, der Ich-Erzähler und Herr C., deren Argumente im Hinblick auf ihren Charakter als Sprechakte zweifelhaft werden, gibt dieser Zweifel weiterhin dem Spiel ästhetisch-epistemologischer Reflexion statt.

Doch was geschieht, wenn bestimmte Abschnitte des literarischen Textes selbst als Sprech- beziehungsweise Schriftakte, als Rhetorik im pejorativen Sinn erscheinen – was geschieht, wenn sie ihren eigentlichen Zweck in einer textexternen Auseinandersetzung finden? Liest man „Über das Marionettentheater" im Kontext der BERLINER ABENDBLÄTTER, wiederholt sich die textintern so eingehend diskutierte Problematik auf der Ebene des Textes selbst, das heißt auf der Ebene seiner Performanz in der Faktizität seines Erscheinens. Dann nämlich ist keineswegs mehr gewiß, daß der Text als solcher dem Postulat der autonomen Kunst untersteht: Er steht vielmehr in Verdacht, seinerseits Teil eines Manövers im Zusammenhang mit dem Theaterskandal und der Iffland-Fehde zu sein. Die logischen Inkohärenzen des Textes wären dann unter Umständen eher als Indizien dafür zu sehen, daß dem Text sein „Schwerpunct" seinerseits im „Ellenbogen" sitzt.

Andererseits ist die Wiederholung der innertextlichen Problematik auf der Ebene der textlichen Performanz oder der Beziehung von Text und Kontext ja durchaus eine selbstbezügliche Figur. Gleichwohl unterläuft ihre extrovertierte Reflexivität die Alternative von schöner Kunst im Spannungsfeld von Ästhetik und Epistemologie einerseits und Gebrauchstext in polemischer Absicht andererseits. Diese Alternative um ihren Sinn und um ihren ausschließenden Charakter zu bringen, haben wir mehrfach als Pointe von Kleists literarischer Tätigkeit für die BERLINER ABENDBLÄTTER ausgezeichnet.[400] Statt der textimmanenten Komplexitätsbildung Abbruch zu tun, kommt diese qua Einbindung einzelner Beiträge in textübergreifende Manöver bei Kleist immer dem entsprechenden Handlungszusammenhang zugute: So sichert es der Argumentation des Textes durchaus eine besondere Aufmerksamkeit, wenn „Über das Marionettentheater" auf die Spuren strategischer Agenturen in Sachen ‚Theaterfehde' untersucht wird – schließlich ist die List wie die Kunstbetrachtung ein „System minimaler Reduktion", dies ist das Merkmal ihrer Verwandtschaft.[401] Da sich der Verdacht auf eine Teilhabe am Kontext der Theaterfehde jedoch ebensowenig ausräumen wie letztgültig bestätigen läßt, öffnet er „Über das Marionettentheater" darüber

---

[400] Auch für diese Opposition von schöner Literatur und Gebrauchstext gilt das treffende Diktum Greiners, daß „Kleists Texte gar nicht Vermittlung oder Auflösung solcher Oppositionen, sondern vielmehr den Aufweis ihrer Disfunktionalität betreiben" (Greiner 2000, S. 45).
[401] Schröder 1998, S. 16.

hinaus für die Literarizität der verschwundenen Agentur, für die Literarizität der ABENDBLÄTTER.

Ein schriftliches Marionettentheater

„Über das Marionettentheater" – dies steht außer Zweifel – ist ein Bestandteil der Theaterfehde der ABENDBLÄTTER. Die unvermeidliche Frage, ob es hier folglich (nur) um Iffland gehe, ist dann allerdings mit der Frage zu kontern, worum es denn eigentlich in den Attacken gegen Iffland geht? Eine Theaterfehde ist eine ‚Theaterfehde', so ernst sie sein mag; und so ist es keineswegs schon ausgemacht, worauf die entsprechenden Strategien der ABENDBLÄTTER zielen.

Oft kann man sich des Eindrucks nicht erwehren, daß die Feindschaft mit Iffland mehr und mehr hinter die Herausforderung zurücktritt, immer neue Dreistigkeiten an der Zensur vorbei und doch für alle anderen ersichtlich zu schreiben. Daß es also eher um das Wie als um das Was der Auseinandersetzung ging, daß es inmitten des Rhetorischen nicht zuletzt um die Kunststücke der Dissimulatio als solche ging, wird auch durch einen Brief nahegelegt, den Achim von Arnim am 6.12.1810 in beschwichtigender Absicht an Iffland richtete. Hier heißt es:

> [...] es ist der gänzliche Censurdruck unter welchem in Hinsicht des Theaters jezt die öffentlichen Blätter schmachten, der endlich nothwendig in öffentliches Lermen ausartet. Vielleicht wissen Sie Selbst nicht, wie weit dieser Druck geht, der alles übertrifft, was in irgend einem Lande an Zwang dieser Art getroffen wird und wovon, freilich mit Unrecht, von den meisten das Gehässige auf Sie geworfen wird.[402]

Doch auch wenn die Fehde gegen Iffland mithin als eine Art Wettstreit der Dissimulatio gesehen werden kann,[403] ist es nicht gleichgültig, daß der Gegenstand dieses Wettstreits gerade das Theater ist. Hierin liegt eine selbstbezügliche Pointe, die Kleist nicht entgangen sein wird: Schließlich richtet sich seit dem 18. Jahrhundert gerade auf das Schauspiel die Hoffnung, es möge die gesellschaftlichen Streitigkeiten, die das frühneuzeitliche *theatrum mundi* als Austragungsort eines Krieges aller gegen alle hatte erscheinen lassen, qua ästhetischer Erziehung schlichten, (statt das Schlachtfeld zu sein, auf dem dieselben vorzugsweise ausgetragen werden). Selbst das „Schreiben eines redlichen Berliners" zitiert diese Programmatik mit dem Vorschlag, das Nationaltheater könne schließlich an die Stelle der Religion treten (BA, Bl. 47).

---

[402] Zit. n. Staengle1997, S. 384.
[403] Auch was die spätere Forschung angeht, ist die Iffland-Fehde der Bereich, in dem der dissimulative Charakter der BERLINER ABENDBLÄTTER zuerst und vor allem wahrgenommen worden ist. Selbst das erwähnte Notwehr-Distichon, daß sich intertextuell doch auf eine viel näherliegende Weise anbinden läßt (vgl. Dönike 2000), ist in diesem Sinne auf die Iffland-Fehde bezogen worden (u.a. von Moering 1972, S. 200 ff.).

In diesem Zusammenhang kann das Theater des 18. Jahrhundert einem Transformator verglichen werden, der die Künste der Dissimulatio ganz auf den künstlerischen Ausdruck verpflichtet – ein Bemühen, das mit der Ausweisung der alten schaustellerischen Volkskünste aus dem bürgerlichen Theater einhergeht.[404] Der große Erfolg, der der ästhetischen Überschreibung der Dissimulatio im 18. Jahrhundert beschieden war, hatte seine Ursache nicht zuletzt darin, daß das Unternehmen gerade das so eng mit der Dissimulatio verbundene Vokabular des *theatrum mundi* für sich verwenden konnte. In diesen Zusammenhang gehört an zentraler Stelle der Begriff der Grazie: Er stammt nicht ursprünglich aus den ästhetischen Debatten des 18. Jahrhunderts, sondern war vielmehr einer der Leitbegriffe des alten rhetorischen Stil- und Verhaltensideals,[405] wie es erstmals in Castigliones *Cortegiano* (*Der Hofmann*, 1528) und in Giovanni Della Casas *Galateo* (1558) formuliert worden war. Grazie meint hier einen „dezidiert formbewußten, die Strenge des höfischen Zeremoniells verbergenden, scheinbar mühelosen und in höchstem Maße anpassungsfähigen Verhaltenshabitus".[406] Gegen den Schauspieler Iffland, der als herausragender Repräsentant des im 18. Jahrhundert eingeführten ‚natürlichen Spiels' und somit als Verkörperung der ästhetisch domestizierten Form der Grazie gelten darf,[407] einen Sieg der Dissimulatio davonzutragen, ist vor diesem Hintergrund nicht ohne Pointe und durchaus damit vergleichbar, die Tänzer des Nationaltheaters von Marionetten ausstechen zu lassen.[408] Indem Kleists Fehde gegen Iffland gerade die öffentliche Debatte über das Theater in einen Wettstreit der Dissimulatio verstrickt, zielt sie also ins Zentrum jener ästhetischen Ideologie der Grazie, die in „Über das Marionettentheater" zur Debatte steht.

Darüber hinaus war die Öffentlichkeits-Konstellation der Iffland-Fehde dazu prädestiniert, jene Verschiebung erfahrbar werden zu lassen, die wir schon anhand der Beziehung zwischen „Notwehr"-Distichon, Miszellen

---

[404] Hierzu erzählt eine Anekdote, die im 34. Blatt unter der Überschrift „Korrespondenz-Nachricht" erschienen ist, eine interessante Begebenheit. Es geht um einen Schauspieler namens Unzelmann: „Man erzählt, daß ihm die Direction verboten, zu improvisiren. Hr. Unzelmann der jede Widerspenstigkeit haßt, fügte sich in diesem Befehl: als aber ein Pferd, das man, bei der Darstellung eines Stücks, auf die Bühne gebracht hatte, in Mitten der Bretter, zur großen Bestürzung des Publikums, Mist fallen ließ: wandte er sich plötzlich, indem er die Rede unterbrach, zu dem Pferde und sprach: ‚Hat dir die Direction nicht verboten, zu improvisiren?' – Worüber selbst die Direction, wie man versichert, gelacht haben soll." Vor allem auch Goethe, der mit Polizeigewalt ausgestattete Leiter des Weimarer Theaters, hatte das Improvisieren unter Strafe gestellt. Zur Inkompatibilität Kleistscher Dramatik mit Goethes Theaterregime vgl. Schwind 1999.

[405] Vgl. Blamberger 2000, S. 33.

[406] Bornscheuer 1977, S. 18.

[407] Vgl. Heeg 2000, 393 ff.

[408] War der Kluge zuvor gerade in dem Maße graziös, in dem er Schauspieler war, ist der Schauspieler nun seinerseits nur noch in dem Maße graziös, wie diese Grazie nicht als Nachahmung kenntlich wird. Vgl. Schiller 1992b (*Über Anmut und Würde*), S. 350.

zum Kriegsgeschehen und „Allerneueste[m] Erziehungsplan" herausgearbeitet haben: Auch die Dissimulationen der Iffland-Fehde nutzen den beschriebenen Zusammenhang von Verbergen und Zeigen als Strategie der Publikation. Was der Zensur verborgen werden sollte, wurde gerade als Verborgenes für die vorinformierte Leserschaft lesbar. Gerade insofern die Texte zum Theater mit dem Wissen um das Wirken der Zensur gelesen wurden, wurden sie zu Botschaften, die zu entschlüsseln waren, die zu entschlüsseln sogar reizvoll war. Es liegt ein Triumph in der Erfahrung, daß die Zensur sich auf diese Weise immer schon selbst entgegenarbeitet, ein Triumph, der in den Formulierungen des „Schreiben[s] eines redlichen Berliners das hiesige Theater betreffend" geradezu gefeiert zu werden scheint. Die Binde des Feindes ist hier offenbar eine, die die Mächtigen erblinden läßt:

> Demnach haben wir, seit mehreren Jahren schon, die glückliche, allerdings den Neid der Uebelgesinnten reizende, Erscheinung, daß dasjenige Organ, welches das größeste Publikum hat, auf Seiten des Theaters ist; dergestalt daß eine Stimme, die ihre Recensionen durchkreuzte und das Publikum irre zu führen bestimmt wäre, sich nur in untergeordnete und obscure Blätter verlieren und aus diesen in die fremden, ausländischen aufgenommen werden kann; und auch für die Unschädlichkeit solcher Intriguen ist, auf mancherlei Weise, bei uns gesorgt. (BA, Bl. 47)

Eine Aussage, die sich qua Faktizität ihres Erscheinens unmittelbar selbst widerlegt. Die eigentliche Pointe Kleistscher Dissimulation geht jedoch über diesen Triumph hinaus, sobald deutlich wird, daß sich die schriftliche Dissimulatio nicht mehr in der Camouflage erschöpft: Denn wenn es das Wissen um das Wirken der Zensur selbst ist, das die Texte im medialen Sinne des Wortes *erscheinen* läßt, als wäre in ihnen etwas verschlüsselt, wird sich das Gesuchte auch finden und zwar unabhängig davon, ob es tatsächlich encodiert worden ist oder nicht. In diesem Sinne stellt die schriftliche Dissimulatio bereits auf ‚Macht' im Sinne eines Beziehungsgeschehens ab, das dazu tendiert, sich qua Medialität selbst zu steuern.

Dieses Signum einer verschriftlichten Dissimulatio findet sich in „Über das Marionettentheater" in mehrfacher Weise reflektiert: Zum einen vollzieht der Text selbst, stellt man ihn in die Reihe der zur Theaterfehde gehörigen Beiträge, den entsprechenden Schritt. Ihm ist bezüglich des Theaterskandals nicht mehr eindeutig eine Stoßrichtung zuzuschreiben, dennoch verhält er sich im Sinne eines definalisierten Kalküls offen gegenüber einer Lektüre, die ihn in die entsprechenden Bezüge einliest. Zum anderen läßt sich Kleists Marionettentheater – auch im Anschluß an de Man, der in den Marionetten das Textmodell der Tropen beschrieben fand – als Reflexion auf diese Verschiebung von der strategischen Manipulation in die mediale Selbststeuerung lesen:[409] Gerade insofern die Marionette traditionell als Bild der Manipulation schlechthin gilt, fällt die gegenläufige Pointierung, die Kleists Text dem Marionettenspiel gibt, um so deutlicher ins Auge.[410] Bernhard Dotzler formuliert: „Die Marionette, gemeinhin das Bild reiner Gängelung, erscheint als ‚Argument' einer gänzlich anderen Machttechnologie. [...] Der berühmte Marionettendraht hat ausschließlich die Funktion, der Schwerkraft entgegenzuwirken. Die Lenkung erfolgt praktisch ohne ihn, nämlich über den in Schwebe gebrachten ‚Schwerpunkt' im ‚Innern der Figur'. Sie erfolgt weniger, indem an ihren Fäden gezogen würde, als vielmehr indem ‚sich der Maschinist in den Schwerpunkt der Marionette versetzt, das heißt mit anderen Worten, tanzt'. Wenn aber der Maschinist auf diese Weise zwar die Fäden in Händen hält, doch um die Puppe ihren Tanz vollführen zu lassen, selber auf den ‚Weg der Seele des Tänzers' gezwungen wird: Wer regiert dann wen?"[411]

Der „Maschinist" kontrolliert also keineswegs jede einzelne Bewegung der Marionette, sondern hat „vermittelst des Drahtes oder Fadens keinen andern, Punct in seiner Gewalt" als den „Schwerpunct der Bewegung" (BA, Bl. 64). Zudem verhalten sich die tatsächlichen Bewegungen der Glieder der Marionette zu der Bewegung des Schwerpunkts nicht im Sinne einer Entsprechung, sondern im Sinne einer Komplexitätssteigerung: Wo dieser Geraden beschreibt, beschreiben jene Kurven, wo dieser zufällig erschüttert wird, beginnen jene zu tanzen (BA, Bl. 63). Dies läßt sich als Beschreibung der Beziehung lesen, die Kleist zu den ABENDBLÄTTERN unterhält, zumal der Marionettenspieler explizit als Maschinist und der Faden ebenso explizit als Draht bezeichnet wird: Mit ähnlichen Worten ist die Telegraphie im „Entwurf einer Bombenpost" beschrieben worden. Zugleich lassen die Glieder der Marionette in ihrer überlegenen Beweglichkeit an den Ringer aus dem wenige Tage zuvor erschienenen Text „Von der Überlegung. (Eine Paradoxe.)" denken. Wir hatten dessen Tausendgliedrigkeit bereits mit der Verschriftlichung der Dissimulatio in Verbindung gebracht – nun wird sie treffend als Effekt eines Beziehungsgeschehens in Szene gesetzt.

Was also das Verhältnis zwischen dem Maschinisten und dem „Schwerpunct der Bewegung" im Inneren der Marionette angeht, so argumentiert Herr C. einerseits, der Maschinist müsse sich in den Schwerpunkt hineinversetzen. Dies verlange ein außerordentliches Einfühlungsvermögen und also den besonderen Einsatz, um nicht zu sagen, das Genie des Marionettenspielers. Andererseits sei es durchaus denkbar, daß der gleiche Effekt auf mechanische Weise mit Hilfe einer Kurbel erzeugt werden könne. Dieser vermeintliche Widerspruch entspricht ganz der Erfahrung, die die Verschriftlichung und damit die Verzeitlichung der Dissimulatio mit sich bringt. Je feiner, je graziöser die dissimulativen Verweise werden, die sich in

---

[409] de Man 1988, S. 227 ff.
[410] Vgl. Greiner 1994, S. 152.
[411] Dotzler 1998b, S. 368 f.

den Texten der BERLINER ABENDBLÄTTER finden, desto näher sind sich zwei nur scheinbar gegensätzliche Optionen: Daß nämlich entweder der für dieses Verweisnetz Verantwortliche von ganz außerordentlichem Feingefühl für das Beziehungsgeschehen des Schriftlichen, daß er also im Sinne des ästhetischen Diskurses ein Genie sei – oder aber, daß dieses Verweisnetz aus dem Beziehungsgeschehen des Schriftlichen heraus und also als Produkt der medialen Konstellation von selbst entsteht.

Der Punkt, in dem zwischen diesen beiden Optionen nicht mehr unterschieden werden kann, der Punkt ihrer Durchdringung also, wäre nicht nur als graziöses Moment der BERLINER ABENDBLÄTTER geltend zu machen,[412] er gibt in „Über das Marionettentheater" zudem einer mathematischen Terminologie den Einsatz: Da ist von Linien die Rede, deren Krümmung von „der ersten oder höchstens zweiten Ordnung" sei, und davon, daß die Bewegungen des Spielers sich zu denen der Puppen verhielten wie „Zahlen zu ihren Logarithmen oder die Asymptote zur Hyperbel". Das verwendete Vokabular entstammt also wesentlich der kalkülisierten Geometrie, später treten Verweise auf die Infinitesimalrechnung hinzu. Das Kalkül der Rhetorik und der Kalkül der Mathematik gehen hier eine Verbindung ein, die ein zwei Tage zuvor in den ABENDBLÄTTERN erschienenes Fragment bereits eingefordert hatte:

> Man könnte die Menschen in zwei Klassen abtheilen; in solche, die sich auf eine Metapher und 2) in solche, die sich auf eine Formel verstehn. Deren, die sich auf beides verstehn, sind zu wenige, sie machen keine Klasse aus. (BA, Bl. 61)

Die Kalkülisierung der Geometrie und die Infinitesimalrechnung sind wesentliche Schritte der Formulierung des neuzeitlichen Calculus, wie er im 17. Jahrhundert vor allem von Leibniz ausgearbeitet wurde.[413] Ein entscheidendes Merkmal des Calculus besteht dabei darin, daß er ein Schriftsystem sui generis ist: Die Zeichen des Calculus sind nicht als Verschriftlichung einer auch in anderer Form existenten mathematischen Sprache zu verstehen, sondern als Teile eines Schriftsystems, das gerade als solches erlaubt, Operationen von einer Komplexität durchzuführen, die jenseits des Schriftlichen nicht vorstellbar wäre.[414] Vor diesem Hintergrund läßt sich die Verwendung mathematischer Terminologie mit der Entdeckung einer in spezifischer Weise durch das Medium selbst gesteuerten Form der Kommunikation in Verbindung bringen: Im Hinblick auf die Zeichen des Calculus, auf die, wie anfangs erwähnt, auch die Buchstabenfolgen

---

[412] Da „Über das Marionettentheater" gegen Ende des ersten Quartals veröffentlicht wird, wäre das Zusammentreffen von einfühlender und maschineller Führung der Marionetten möglicherweise auch mit dem Wechsel in der Zählung der Ausgaben von ‚Blättern' zu ‚Nummern' in Zusammenhang zu bringen.
[413] Vgl. Krämer 1998b, S. 29.
[414] Krämer 1998b, S. 30.

verweisen, mit denen Kleist viele seiner Beiträge signiert, zeigt sich, daß die Verschriftlichung, weit davon entfernt nur ein Hilfsmittel zum Zwecke der Speicherung und Distribution zu sein, einer ganz eigenen Operationalität stattgibt.

Zum Charakter dieser Operationalität formuliert Sybille Krämer: „Die Effizienz, mit der eine kalkulatorische Technik beherrscht wird, löst sich ab von der Kompetenz, mit der Fragen nach dem ‚ontologischen Status' der Objekte, auf welche diese Prozeduren sich beziehen, beantwortet werden. Exemplarisch zeigt sich dies bei Leibnizens Infinitesimalkalkül: Die Pointe seines Calculus besteht darin, mit infinitesimalen Größen zu rechnen, ohne daß doch die Beantwortung der Frage nach der mathematischen „Natur" des Unendlichen [...] von Belang wäre."[415]

Die Frage, welchen Seinsstatus das hat, worauf die Zeichen verweisen, tritt mithin gegenüber der Möglichkeit und der Eigenlogik einer bestimmten quasi-technischen Handhabung des Calculus in den Hintergrund. Dem nähert sich auch der Zeichengebrauch Kleists an: Genau in dem Moment, in dem das Vermögen des Marionettenspielers in die Selbststeuerung des Medialen über- und eingeht, ist nicht mehr entscheidend, was sich tatsächlich hinter einem bestimmten Zeichengebrauch verbirgt. Die Frage ist nicht mehr, ob in dieser oder jener Formulierung wirklich ein bestimmter Verweis, ein bestimmter Angriff, eine bestimmte Stellungnahme verschlüsselt worden ist. Wichtig ist vielmehr, ob sich Zeichenfolgen als Spielmaterial für eine Theatralität des Literalen eignen; eine Theatralität, die nicht ihrer schauspielerischen Verkörperung harrt, sondern dem ‚Figurentheater' verpflichtet bleibt, indem sie Schrift als (immer fraglichen) ‚Schriftakt' in Szene setzt.

Zu Beginn des Gesprächs „Über das Marionettentheater" verleiht der Ich-Erzähler seinem Erstaunen Ausdruck, Herrn C., den Tänzer, „schon mehrere Mal in einem Marionettentheater zu finden, das auf dem Markte zusammengezimmert worden war, und den Pöbel, durch kleine dramatische Burlesken, mit Gesang und Tanz durchwebt, belustigte" (BA, Bl. 63). Fortan versucht Herr C. den Ich-Erzähler zu überzeugen, daß das Marionettentheater keineswegs nur eine „für den Haufen erfundene Spielart der schönen Kunst" (BA, Bl. 64) sei, sondern für alle Stände des Volkes von Interesse wäre. Auch dies legt nahe, im Marionettentheater die ABENDBLÄTTER thematisiert zu sehen. Aber ist das Marionettenspiel damit auch ein Modell für das Massenmedium, nach dessen Formel Kleist mit den BERLINER ABENDBLÄTTERN sucht? Bernhard Dotzler konstatiert: „Es ist Feedback, Kontrolle im kybernetischen Wortsinn, die das Wechselverhältnis zwischen Marionette und Marionettenspieler regelt, um an die Stelle einseitiger Unterwerfung zu treten."[416] Tatsächlich tut Herr C. sein Bestes, um das

---

[415] Ebd.
[416] Dotzler 1998b, S. 44f.

Marionettenspiel in dieser Weise in Szene zu setzen. Allerdings ist hier auch zur Kenntnis zu nehmen, daß er dabei hart an der Grenze der analogischen Belastbarkeit operiert. Und besteht das Faszinosum des Kleistschen Marionettentheaters nicht zu einem guten Teil gerade in dieser Überforderung des Bildes? Bildet man die Triaden der Texte „Nützliche Erfindungen. Entwurf einer Bombenpost" und „Über das Marionettentheater" aufeinander ab, so steht das Marionettentheater zwar an der Stelle des Telegraphen, doch zeigt sich im Zuge dessen eben auch, daß der Marionettendraht eigentlich bloß ein Faden ist, der keineswegs mit Hilfe des „Elektrophors", sondern vielmehr rein mechanisch bedient wird. Genau wie mit den ABENDBLÄTTERN selbst scheint in der Beschreibung des Marionettentheater etwas vorweggenommen zu werden, das mit den gegebenen Mitteln noch nicht zu machen ist. So ist dem Kleistschen Marionettentheater und den ABENDBLÄTTERN der Versuch gemeinsam, sich als Massenmedium zu etablieren, obwohl die Voraussetzungen dafür nicht gegeben sind.

Das Feedback, die Rückkopplung, die die Zeitung zum Massenmedium qualifiziert, hatten wir als Reziprozität zwischen Zeitungsmeldungen und aktuellem Geschehen bestimmt. Der auf eine solche Reziprozität abzielende Versuch der ABENDBLÄTTER, Ladungen zu induzieren und die entstehenden Ströme zur Beförderung „nach allen erdenklichen Richtungen" zu nutzen, ist gerade im Hinblick auf die Theaterfehde relativ erfolgreich. Dies erklärt auch Kleists Insistenz in der Sache: Die Fehde mit Iffland gibt tatsächlich einer Rückkopplung statt, in der Zeitungsmeldung und Tagesgeschehen einander wechselseitig Ursache und Wirkung werden können: die Entstehung des massenmedialen Feedbacks aus dem Geist des ‚Federkriegs'. Der Theaterskandal ist, wenn auch vielleicht noch keine Bewegung der Massen, so doch die prominenteste Verkettung von Ereignissen, in die die BERLINER ABENDBLÄTTER sich verstrickt sahen.[417] Um so rigoroser fällt schließlich auch die Reaktion der Zensur aus, die das Feedback unterbricht. „Über das Marionettentheater" wurde genau ins Vakuum dieser Unterbrechung hinein geschrieben und veröffentlicht. Und auch in diesem Kontext ist es von Bedeutung, daß es Herrn C. schließlich nicht gelingt, den Erzähler von der Grazie der Marionetten zu überzeugen. Es gelingt ihm nicht, das Marionettentheater als Medium nicht nur für den „Haufen", sondern vielmehr „für alle Stände des Volkes" zu etablieren.

Die Grazie der medialen Vernunft
Betrachtet man „Über das Marionettentheater" also vor dem Hintergrund dieser spezifischen Zensur-Problematik, erscheint das Szenario des Textes – das in einem öffentlichen Garten geführte ästhetisch-anthropologische Gespräch – wie das Herbeizitieren eines Formats, das von der Zensur womöglich besonders bevorzugt wird. Datiert auf 1801 nimmt „Über das

---

[417] Vgl. Dazu auch Requate 1995, S. 367.

Marionettentheater" zugleich zahlreiche Allgemeinplätze des ästhetischen Diskurses um 1800 auf und unterzieht sie einer Belastungsprobe.[418] Im Zuge dessen baut sich im Text noch einmal jene Spannung auf, die auch das Verhältnis zwischen zeitgenössischem Bildungsdiskurs und Kleistscher Tageszeitung insgesamt prägt: Der Versuch des Herrn C., den Ich-Erzähler von der überlegenen Grazie der Marionetten zu überzeugen, scheitert daran, daß der Erzähler an jenem Verständnis von Grazie festhält, das im 18. Jahrhundert im Zuge der ästhetischen Überschreibung des Begriffs entstanden ist. In diesem Zusammenhang veranschaulicht die Anekdote vom Jüngling im Bade auf zweischneidige Weise jene Konzeption, mit der die Grazie – ehemals das Verhaltensideal der Klugheitslehren – zum Ideal ästhetischer Erziehung avanciert.

Die Innovation des 18. Jahrhunderts und vor allem Schillers besteht im Hinblick auf die Grazie in erster Linie darin, zwischen einer richtigen Grazie oder Anmut und einer falschen zu unterscheiden. Erst durch diese Unterscheidung, die im Zuge der Distinktion der schönen Künste von jenen, die Nutzen und Zweck haben, an Relevanz gewinnt, qualifiziert sich Grazie zum Erziehungsideal. Wirkliche Grazie in diesem Sinne darf zuerst einmal nicht lediglich Effekt oder Ausdruck natürlicher Anlagen sein. Einer solchen natürlichen Anmut würde, obwohl sie gefällig sein mag, das Moment der Freiheit im Sinne einer Unterbrechung natürlicher Kausalität fehlen, der der Mensch als solcher sich nicht ausgeliefert zeigen darf:

> Bei der Gestalt des Menschen begnügen wir uns also nicht damit, daß sie uns bloß den allgemeinen Begriff der Menschheit, oder was etwa die Natur zur Erfüllung desselben an diesem Individuum wirkte, vor Augen stelle, denn das würde er mit jeder technischen Bildung gemein haben. Wir erwarten noch von seiner Gestalt, daß sie uns zugleich offenbare, inwieweit er in seiner Freiheit dem Naturzweck entgegenkam, d.i. daß sie Charakter zeige.[419]

Vor allem aber darf Grazie trotz der Notwendigkeit eines solchen freiheitlichen Moments nicht bewußt hergestellt, nicht im Sinne der Anwendung eines bestimmten Zeichencodes zur Schau gestellt werden. Im Zuge der Emanzipation des Bürgertums, das sich den Verhaltenscode des Adels zwar aneignen, ihn jedoch zugleich den bürgerlichen Werten der Aufrichtigkeit und Redlichkeit verpflichten will, wird diese simulierte Grazie, diese Ziererei mit allem Nachdruck verurteilt, und: „Nirgends beleidigt diese mehr, als wo sie der Begierde zur Angel dienet."[420]

Zwischen beiden Einschränkungen – nicht natürliche Gabe, zugleich aber auf keinen Fall gezielt hergestellt und also gekünstelt sein zu dürfen – bleibt das Attribut des Graziösen der Auflösung dieses Double-Binds

---

[418] Vgl. auch Lübke 1996.
[419] Schiller 1992b, S. 355.
[420] Schiller 1992b, S. 393.

vorbehalten. In wirklicher Grazie, so der Anspruch ästhetischer Erziehung, müsse die Versöhnung von menschlicher Freiheit und menschlicher Natur evident sein. Grazie ist also nicht einfach natürliche Bewegung, Bewegung durch Natur, aber ebensowenig Bewegung im Sinne der Verwendung und Beherrschung gestischer Codes. Graziös ist einzig und allein die „*durch Freiheit bewegte Gestalt*".[421]

Freiheit, die sich qua Grazie als Natur offenbaren soll, ist nun logischerweise nicht im Sinne einer natürlichen Gesetzmäßigkeit, deren Wirkung sich stellen ließe, nachweisbar, sie verlöre denn ihr Wesen als Freiheit. Zugleich kann sie aber auch nicht im Sinne einer erworbenen, beherrschbaren Fähigkeit demonstrierbar sein, denn diese wäre notwendig gestisch codiert und mimetisch reproduziert. Die Evidenz der Freiheit als Natur entzieht sich damit eigentlich schon *per definitionem* der Prüfung. Das heißt aber andererseits auch, daß jeder Zweifel an der Grazie sich im Zuge einer nachfolgenden Prüfung selbst bestätigt. Kein Prüfling kann demonstrieren, nur der eigenen Freiheit unterworfen zu sein, und bleibt daher im Ergebnis bis auf weiteres der ästhetischen Erziehung unterworfen.

Dies ist es, was der Jüngling im Bade am eigenen Leibe erfährt. Er erscheint auf der Szene der Anekdote in einem Moment, in dem unentscheidbar ist, ob seine Anmut noch als natürlich oder schon als gekünstelt und geziert gelten soll:

> Ich badete mich, erzählte ich, vor etwa drei Jahren, mit einem jungen Mann, über dessen Bildung damals eine wunderbare Anmuth verbreitet war. Er mogte ohngefähr in seinem sechszehnten Jahre stehn, und nur ganz von fern ließen sich, von der Gunst der Frauen herbeigerufen, die ersten Spuren von Eitelkeit erblicken. (BA, Bl. 65)

Tatsächlich gibt es Evidenz der Freiheit als Natur und also Grazie nicht anders als im Moment solcher Unentscheidbarkeit, und so macht der Erzähler und Erzieher im selben Augenblick dieselbe Beobachtung wie der Jüngling, daß dieser nämlich in seiner Haltung an die antike Statue des Dornausziehers erinnert, an eben jene Statue, die Goethe als Beispiel der Grazie angeführt hatte.[422] Dennoch zweifelt der Erzähler die Beobachtung an und produziert so eine Prüfungssituation:

> [...] doch sei es, um die Sicherheit der Grazie, die ihm beiwohnte, zu prüfen, sei es, um seiner Eitelkeit ein wenig heilsam zu begegnen: ich lachte und erwiederte – er sehe wohl Geister! Er erröthete, und hob den Fuß zum zweitenmal, um es mir zu zeigen; doch der Versuch, wie sich leicht hätte voraussehn lassen, mißglückte. (BA, Bl. 65)

Angeführt wird die Anekdote als Beleg dafür, daß der Ich-Erzähler „gar wohl wüßte, welche Unordnungen, in der natürlichen Grazie des Menschen,

---

[421] Schiller 1992b, S. 345.
[422] Vgl. Greiner 1994, S. 149.

das Bewußtsein anrichtet" (BA, Bl. 65), doch indem sie vordergründig diesen Allgemeinplatz zu illustrieren scheint, demonstriert sie zugleich das Prinzip einer Erziehung, die in der unmöglichen Prüfung der Grazie unablässig ihre eigene Notwendigkeit unterschreibt. Graziös war der Jüngling, solange die Unterscheidung zwischen Kausalität und Konventionalität der Zeichen ausgesetzt blieb, solange also zwischen natürlichem Effekt, der als solcher nur den Anschein der Anmut hat, und dem Dornauszieher als konventionellem Bild der Grazie, das als solches bereits Teil eines nur mehr zu zitierenden, gestischen Codes ist, nicht unterschieden werden konnte. In der Prüfung der Grazie ist diese Differenz jedoch immer schon gesetzt, und folglich müßte der Jüngling seine Grazie nun als Einheit dieser Differenz präsentieren, was zwangsläufig mißlingt.

Wir hatten herausgearbeitet, daß die ABENDBLÄTTER ihrerseits die Differenz zwischen kausaler und konventionaler Zeichenbeziehung unterlaufen, die den Prüfling der Grazie so unweigerlich zu Fall bringt. Das, so hatten wir argumentiert, gelingt ihnen, indem ihre Zusammenstellungen Übergänge zwischen Symbolen und Indizien produzieren.[423] So lohnt es sich auch in dieser Anekdote, die Aufmerksamkeit von der konventionellen Spiegelszene als Symbolik des Selbstbewußtseins abzuziehen und statt dessen auf die narrativen Indizien zu achten. Die Anekdote schließt mit der für Kleist typischen, sich selbst ausstreichenden Beglaubigungsgeste:

> Noch jetzt lebt jemand, der ein Zeuge jenes sonderbaren und unglücklichen Vorfalls war, und ihn, Wort für Wort, wie ich ihn erzählt, bestätigen könnte. (BA, Bl. 65)

Daß von diesem Zeugen bisher nicht die Rede war, obwohl es doch offensichtlich einen Unterschied macht, ob der Jüngling auch noch vor Zeugen bloßgestellt wurde,[424] ist Indiz dafür, daß der Erzähler die Bedeutung der sozialen Konstellation, die Problematik der Prüfungssituation nicht reflektiert. Was mit der Anekdote belegt werden sollte, nämlich die in der Spiegelszene symbolisierte Bewußtwerdung des Jünglings, und das, was mit ihr *sich zeigt*, nämlich das zweifelhafte Beziehungsgeschehen der ästhetischen Erziehung selbst, fällt auseinander. Wir kennen ähnliche Differenzen zwischen Aussage und Performanz aus Texten wie dem „Brief eines Mahlers an seinen Sohn" und dem „Brief eines jungen Dichters an einen jungen Mahler". Hier wie dort wird an Stelle des zu illustrierenden Allgemeinplatzes ästhetischer Theorie die diskursive Praxis der ästhetischen Erziehung als solche in Szene gesetzt und der entsprechende Diskurs zugleich als blind gegenüber seiner eigenen Performanz ausgewiesen.

Ebenso ließe sich die Reaktion des Erzählers und Erziehers auf die Beobachtung des Jünglings im Sinne des „Allerneuesten Erziehungsplan[s]" interpretieren, in dem es heißt:

---

[423] Vgl. Kapitel IV.
[424] Vgl. Greiner 1994. S. 151.

> Jemand sagt mir, ein Mensch, der am Fenster vorübergeht, sei so dick,
> wie eine Tonne. [...] Ich aber, da ich ans Fenster komme [...]: ich rufe
> Gott zum Zeugen an der Kerl sei so dünn, als ein Stecken. (BA, Bl. 26)

Doch wäre der „Allerneueste Erziehungsplan" in diesem Fall unter Auslassung einer entscheidenden Voraussetzung umgesetzt worden. Dieser geht im Anschluß an „Über die allmählige Verfertigung" nämlich davon aus, daß physische und moralische Welt sich bis in die Nebenumstände hinein entsprechen. Im Sinne des ästhetischen Diskurses wäre dagegen allein mit der Grazie diese Entsprechung gewahrt, und dies wäre auch keineswegs überall der Fall, sondern vielmehr nur in kostbarer Seltenheit anzutreffen. Wenn zwischen physischer und moralischer Welt ohnehin die Ähnlichkeiten überwiegen, so wäre die Differenzierungsleistung einer idealiter auf Grazie abstellenden Urteilskraft wertlos.

Immer wieder sucht Kleist – statt nach einer Vermittlung von Dualismen und Gegensätzen – nach Konstellationen, in denen sich die entsprechende Differenzierung als überflüssig oder unbrauchbar erweist. Nicht zuletzt diese gezielt zur Verwechslung Anlaß gebende Vertauschung von Vermittlung und Indifferenz organisiert das Verhältnis seiner experimentellen Kommunikationslehren zum zeitgenössischen ästhetischen Diskurs. Entsprechend wird das ästhetische Ideal der Grazie in Kleists ‚Marionettentheater' nur in dem Maße eingelöst, in dem es sich erübrigt. Denn daß Marionetten sich nicht zieren, heißt ja nichts anderes, als die Unterscheidung zwischen Grazie und Ziererei im Hinblick auf die Maschine ‚Marionettentheater' für sinnlos zu erklären. An die Stelle eines Individuums, das sich als graziös nur erweist, wo es sich in paradoxer Verwindung seiner eigenen Freiheit unterworfen zeigt, setzt Kleists ‚Marionettentheater' ein Beziehungsgeschehen. Dabei wird die Verfügungsgewalt des Spielers über die Marionette konterkariert, indem die Marionette der Logik ihrer technisch-medialen Verfaßtheit entsprechend die Bewegungen des Spielers steuert. Während ästhetische Grazie als Überwindung natürlichen Zwangs einerseits und Abwesenheit menschlicher Manipulation andererseits definiert ist, besteht die Grazie der Marionette darin, daß die Verfügungsgewalt über das Medium ihrerseits von der Eigenlogik des Mediums bestimmt wird. Der Tanz der Marionette ist nichts anderes als diese Rückkopplung.

Wenn die Grazie der tanzenden Marionette mithin eine ‚Grazie des Medialen' im Sinne jenes Umkippens der Relation von Mittel und Zweck in die Relation von Medium und Botschaft ist, das wir anhand des Textes „Entwurf einer Bombenpost" erörtert haben, dann wäre Medialität im Sinne Kleists all das, worin sich moralische und physische Welt, statt zur Einheit der Differenz vermittelt zu sein, immer schon bis in die Nebenumstände hinein entsprechen. Statt ein utopisches Moment zu bezeichnen, dessen Wirklichkeit bis auf epiphane Ausnahmen auf das Ende der Geschichte vertagt wäre, lenkt eine solche Grazie der medialen Vernunft die

Aufmerksamkeit auf etwas Ubiquitäres, das gerade als solches schwer zu fassen ist. Obwohl mit ästhetischen Konzepten verwandt, fehlt dieser Medialität das Distinktive des ästhetischen Ideals. Sie eignet sich nicht zur Auszeichnung, vor allem nicht zur Auszeichnung des Menschlichen, und auch daran scheitert der Versuch, den Erzähler und Erzieher zu überzeugen:

> Ich sagte, daß, so geschickt er auch die Sache seiner Paradoxe führe, er mich doch nimmermehr glauben machen würde, daß in einem mechanischen Gliedermann mehr Anmuth enthalten sein könne, als in dem Bau des menschlichen Körpers. (BA, Bl. 65)

Mit der Triade experimentieren
Vielleicht hätte allein ein Experiment mit dem Gebrauch der Zeit hier noch die Chance, Evidenzen zu schaffen: Viele Interpreten haben sich in der Lektüre von „Über das Marionettentheater" von der gesprächsweise aufgerufenen teleologischen Triade ‚Paradies/entzweite Welt/kommendes goldenes Zeitalter' (ver-)leiten lassen und die drei Abschnitte, in die der Text sich thematisch teilen läßt, als Illustrationen der entsprechenden Phasen zu begreifen versucht:[425] Marionette – vorbewußte ‚Grazie'; Jüngling – Sündenfall und Differenz des Bewußtseins; Bär – göttliches Bewußtsein. Immer wieder wurde dabei auf die zahlreichen Inkohärenzen hingewiesen, die diese Aufteilung mit sich bringt. Zweifelhaft ist vor allem, ob dem fechtenden Bären wirklich göttliches Bewußtsein zugeschrieben werden kann. Doch auch die Grazie der Marionette ist eben nicht durch die Absenz von Bewußtsein begründet, sondern findet sich bei näherer Betrachtung ins Beziehungsgeschehen zwischen Maschinist und Marionette verschoben. Am ehesten mag das Szenario vom Jüngling der mittleren Phase der Triade entsprechen, doch auch diese Anekdote erzählt bei genauerer Lektüre nicht in erster Linie von der spekularen Spaltung des Bewußtseins, sondern vom sozialen Dilemma ästhetischer Erziehung.

Zwar lassen sich diese Inkohärenzen weiterhin auf die triadische Logik beziehen, wenn man argumentiert, daß Gespräch und Text, wie alles datierbare Geschehen, in die mittlere Phase fallen und aus dieser Position schlechthin keine widerspruchsfreien Veranschaulichungen der ersten und der letzten Phase zu konstruieren sind. Untersucht man jedoch statt dessen noch einmal, wie der Text die teleologische Triade im einzelnen ins Spiel bringt, zeigt sich, daß keineswegs vorgegeben ist, welchem der drei thematischen Teile welche der drei Phasen zugeordnet sein soll. Den deutlichsten Hinweis auf die Triade gibt Herr C. zu Beginn des dritten Abschnitts, und Kleist kennzeichnet den zugehörigen Sprechakt dabei treffend als „Versetzen":

> Es scheine, versetzte er, indem er eine Prise Taback nahm, daß ich das dritte Capitel des ersten Buch Moses nicht mit Aufmerksamkeit

---
[425] Den Anfang dazu machte Hellmann 1911.

> gelesen; und wer diese erste Periode aller menschlichen Bildung nicht
> kennt, mit dem könne man nicht füglich über die folgenden, um wie
> viel weniger über die letzte, sprechen. (BA, Bl. 65)

Das, worüber „nicht füglich" zu sprechen ist, ist zu diesem Zeitpunkt die Grazie der Marionetten, die damit nicht, wie es zunächst scheint, als erste, sondern nunmehr als letzte Phase des triadischen Schemas markiert wird, während die nun folgende Jünglings-Anekdote sich offenbar auf das aufgerufene Motiv vom Sündenfall bezieht und damit dem Wortlaut nach als „erste Periode" zu gelten hätte. Um so weniger liegt auf der Hand, inwiefern die Bären-Anekdote im folgenden, auf die letzte Phase abzielenden Kommentar wiederzufinden wäre:

> Wir sehen, daß in dem Maaße, als, in der organischen Welt, die
> Reflexion dunkler und schwächer wird, die Grazie darin immer
> strahlender und herrschender hervortritt. (BA, Bl. 66)

Ist es also denkbar, daß der Text mit seinem im Ungefähren verbleibenden Angebot, das narrative und argumentative Material in das besagte triadische Schema einzublenden, nichts als eine weitere Probe auf das Exempel der allmählichen Verfertigung der Gedanken beim Reden, der Texte beim Schreiben ist?

Das erste Auftauchen des Sündenfallmotivs gegen Ende des zweiten veröffentlichten Abschnitts (und also gegen Ende des Gesprächs über das Marionettentheater im engeren Sinne) haben wir bereits als jene Passage identifiziert, die am deutlichsten auf den Kontext des Theaterskandals anspielt. Der Titel „Über das Marionettentheater" legt nahe, daß womöglich zunächst nur der in Blatt 63 und 64 erschienene Text geplant war. Vielleicht hat sich Kleist also erst durch diese zunächst lediglich auf den Theaterskandal bezogene Stelle dazu anregen lassen, den Text fortzusetzen, um diesem „Anfang nun auch ein Ende zu finden".[426] Dies anzunehmen ist reizvoll, denn es kommt dem Versuch gleich, den journalistischen Gebrauch der Zeit mit dem Zeitschema der teleologischen Triade periodisch parallel zu schalten – mit ungewissem Ausgang.

Was sich im Rahmen dieser Versuchsanordnung in das vorgegebene Schema einträgt, ist nicht weniger heterogen als die gängigen Zusammenstellungen der ABENDBLÄTTER: Nützliche Erfindungen, aktueller Theaterklatsch, erbauliche Bildung und Kriegsanekdoten. Sieht man einmal vom Gesprächsrahmen ab, so hätten eine polemisch auf das Marionettentheater bezugnehmende Theaterkritik, ein Artikel über die Verbesserung von Prothesen, die Erzählung vom Jüngling, die motivisch den poetologischen „Briefen" nahesteht, und die Anekdote vom fechtenden Bären ohne weiteres nebeneinander in den BERLINER ABENDBLÄTTERN erscheinen können. Möglicherweise lagen die Jünglingsgeschichte und die Anekdote

---

[426] Kleist, DKV, Bd. III, S. 535.

vom fechtenden Bären zur Veröffentlichung bereit, und der Plan, sie dem Gesprächsrahmen von „Über das Marionettentheater" einzuordnen, verdankt sich erst der Logik der allmählichen Verfertigung. Zudem ist ein Anschluß wie der, der den vierten Abschnitt eröffnet, schnell formuliert:

> Bei dieser Gelegenheit, sagte Herr C... freundlich, muß ich Ihnen eine andere Geschichte erzählen, von der Sie leicht begreifen werden, wie sie hierher gehört. (BA, Bl. 66)

Mehrfach läßt Kleist die Gesprächspartner das Sündenfallmotiv aus dem zweiten Abschnitt über das Marionettentheater in beiläufiger und gerade nicht kohärenter Weise wieder aufnehmen. Als Experiment gelesen, stellt „Über das Marionettentheater" mithin folgende Frage: Ist dies Anreiz genug, beliebige Beiträge zu den ABENDBLÄTTERN an beliebiger Stelle in die teleologische Triade einzulesen, „dergestalt, daß die Erkenntnis, zu meinem Erstaunen, mit der Periode fertig ist"?

Das Experiment dauert bis in die Gegenwart an. Wenn wir gleichwohl einmal annehmen, daß für den Text „Über das Marionettentheater" gilt, was über das Marionettentheater geschrieben steht, daß nämlich „oft, auf eine bloß zufällige Weise erschüttert, das Ganze schon in eine Art rhytmische Bewegung gerät" – in diesem Fall in den Rhythmus des triadischen Schemas –, so trägt die Grazie der medialen Vernunft schließlich doch noch den Sieg über die ästhetische Verwandtschaft davon. Und zwar mittels gerissener Zerstreuung und zerstreuter Gerissenheit:

> Mithin, sagte ich ein wenig zerstreut, müßten wir wieder von dem Baum der Erkenntniß essen, um in den Stand der Unschuld zurückzufallen?
> Allerdings, antwortete er; das ist das letzte Capitel von der Geschichte der Welt. (BA, Bl. 66)

Ohne sich darüber notwendig im Klaren zu sein, ist der Erzähler in jenen Zustand geraten, welcher weiß: Vom Baum der Erkenntnis zu essen, um ins Paradies wieder hineinzugelangen, heißt ja nichts anderes als anzuerkennen, daß das, was für das Ende der Geschichte erwartet wird, bereits geschieht; heißt nichts anderes als die Grenze zwischen historischer Welt und Paradies zu vernachlässigen, denn schließlich steht der Baum in demselben und so setzt, von ihm zu essen, voraus, was doch allererst erreicht werden soll.

Coda: Wer ist der Bär?

> Bei dieser Gelegenheit [...] muß ich Ihnen eine andere Geschichte erzählen, von der Sie leicht begreifen werden, wie sie hierher gehört.
> (BA, Bl. 66)

So sagt Herr C. also freundlich und erzählt, wie er, der Fechtmeister, einst von einem Bären zur Verzweiflung gebracht wurde, der alle Schläge parieren konnte, weil er mit Finten nicht zu täuschen war. Einen Bären, der, in einem Holzkeller angebunden, immer im richtigen Moment die Tatze hebt, mag man merkwürdig finden. Wem allerdings würde es einfallen, ihn auch graziös zu nennen? Wie dies hierher gehört, ist keineswegs leicht zu begreifen, solange man ‚hierher' auf das Gespräch über das Marionettentheater bezieht.

Bezieht man ‚hierher' dagegen auf den Publikationsort, die ABENDBLÄTTER, ist die Anekdote motivisch zunächst dem Kontext der Kriegsproblematik zuzuordnen. Wolf Kittler konnte für den gesamten Text „Über das Marionettentheater" Bezüge zu jener „disparate[n] Metaphorik" nachweisen, „die von den Spezialisten für Leibesübungen und militärische Taktik an der Wende vom 18. zum 19. Jahrhundert entwickelt worden war": Um den Soldaten gleichermaßen zum Gliedermann und zum Tänzer auszubilden, schlug etwa Heinrich von Bülow 1805 vor, Tanz- und Fechtmeister zur militärischen Ausbildung heranzuziehen.[427] Derselbe Heinrich von Bülow, Secondelieutenant im preußischen Heer und wegen Insubordinanz nach 1806 in Festungshaft genommen, floh aus dem Gefängnis, versuchte sich nach Rußland durchzuschlagen und kehrte nicht zurück. Nicht umsonst befindet sich auch Herr C., Kleists Tanz- und Fechtmeister, „auf einer Reise nach Rußland".

Bedenken wir den Kontext, in dem „Über das Marionettentheater" in den ABENDBLÄTTERN steht, so wäre zu erwägen, ob mit dieser Anekdote nicht auch die Iffland-Fehde und der Theaterskandal als Übungs-Fechten apostrophiert sein könnten. Dann wäre der Bär, der diesem Fechten ein Ende macht und den Fechtmeister zur Verzweiflung bringt, für Heinrich von Bülow und Heinrich von Kleist derselbe: der preußische Staat. Schon einmal stand der Bär in den Berliner ABENDBLÄTTERN für die Deutschen, Adam Müller hatte in einer Rezension des Buches *Lettres sur l'Allemagne* von Madame de Staël den seltsamen Vergleich gezogen, die Deutschen würden hier vorgeführt, „wie der Bär im Park der Madame Stael" (BA, Bl. 5).[428]

„Die dritte Geschichte, die von C. erzählt wird und der K. als wahrscheinlich applaudiert, ist von der Figur eines Über-Lesers beherrscht, der den Autor nahezu auf Nichts reduziert", schreibt de Man und erklärt das Gefecht mit dem Bären zu einer Allegorie der Hermeneutik.[429] Auch die ABENDBLÄTTER haben mit einem Über-Leser zu kämpfen, allerdings ist dies nicht in erster Linie der Hermeneut, sondern viel konkreter die preußische Zensurbehörde. In diesem Zusammenhang würde einleuchten, daß der Bär, dem preußischen Staat von 1810 nicht unähnlich, angekettet ist und – von freier Kraftentfaltung weit entfernt – rein defensiv agiert. Er kämpft gerade

---

[427] „Ich halte Tanz- und Fechtmeister für nützlicher, als Exercier-Corporale. Die letztern verwandeln die unbehülfliche Starrheit eines Bauern in die gezierte Starrheit des Infanteristen; erstere geben dem Körper durch ihre Übungen Gewandtheit, Gracie und Stärke." Zit. n. Wolf Kittler 1987, S. 354
[428] Der Bär ist seit ca. 1300 das Wappentier Berlins.
[429] de Man 1988, S. 223.

nicht um seine Befreiung, sondern führt sein grausiges Gefecht wie nebenher. Und doch raubt er seinem Gegenüber, dem es doch nur um das Fechten zur Übung geht, die Fassung. Erschöpfung ist das Ende, denn alle Virtuosität nützt diesem nichts gegen einen Gegner, der auf Finten nicht reagiert.

Im Schlagabtausch mit dem ersten Leser, dem staatlichen Zensor, kann das Register der Finten, das alte Register der Simulatio letztlich nicht erfolgreich sein. Das Ende der alten Dissimulatio in der öffentlichen Schriftkultur wird – so lautete unsere These – in den BERLINER ABENDBLÄTTERN zur Gelegenheit für eine Überschreitung. Im Zuge dieser Transgression wird jeder Zug zu einer potentiellen Finte, hinter deren Geheimnis zu kommen wäre, indem die Lektüre es allererst codiert. Die ubiquitäre Unentscheidbarkeit, ob etwas eine Finte ist oder nicht, gewinnt im Medialen an Faktizität – hier kann sich etwas als strategischer Zug herausstellen, das eigentlich gar nicht als solcher geplant war, und so gelingt es zuweilen im nachhinein, einen zeitlichen Vorsprung gehabt zu haben. Definalisiert verwandeln sich die Manöver der Täuschung in In-Formation.

Der andere Leser, der erste Leser ist wie ein dunkles Zerrbild dieser Transgression: Hier gerät die Unterscheidung zwischen Finte und Faktum nicht in eine Schwebe, aus der die Agenturen blitzartig niedergehen. Statt dessen droht die Unterscheidung einfach ihre Komplexität und damit ihren Nutzen zu verlieren: Entweder ein Ausfall trifft – oder er trifft nicht. Und wenn er treffen würde, wird er abgewehrt. Auch hinter dieser geheimnisvollen Fähigkeit des Bären steckt ein Gebrauch der Zeit: Der erste Leser kommt dem Lesen zuvor, er hat die Gewalt über die Zeit des Erscheinens. So kann er in die Zukunft sehen und weiß in gewissem Maße vorher, ob ein Schlag ihn treffen wird oder nicht. Nichts zwingt ihn aus der Defensive. So lange er die Zeit des Erscheinens diktiert, braucht er nichts Bestimmtes zu diktieren, keinen Plan zu fassen, den man gegen ihn wenden könnte. Statt dessen kehrt nunmehr er das Vorher und Nachher zu seinen Gunsten um. Der erste Leser liest schon, bevor etwas geschrieben steht (was ihm kein Leser der Welt nachmacht).

> Der Ernst des Bären kam hinzu, mir die Fassung zu rauben, Stöße und Finten wechselten sich, mir triefte der Schweiß: umsonst! Nicht bloß, daß der Bär, wie der erste Fechter der Welt, alle meine Stöße parierte; auf Finten (was ihm kein Fechter der Welt nachmacht) gieng er gar nicht einmal ein: Aug' in Auge, als ob er meine Seele darin lesen könnte, stand er, die Tatze schlagfertig erhoben, und wenn meine Stöße nicht ernsthaft gemeint waren, so rührte er sich nicht. (BA, Bl. 66)

Aug' in Auge steht der erste Leser: Mit allen anderen Lesern gibt es ein Spiel der Verantwortlichkeiten. Ist dies tatsächlich eine Spitze, ein Angriff, oder nur ein Zufall, nur eine mögliche Deutung? Steckt Kleist hinter diesem Text, diesem Geschehen, diesem Zusammenhang, oder ereignet sich hier etwas von selbst? All dies ist gleichgültig für den, der liest, was noch nicht geschrieben steht. Für ihn lautet die Frage nicht: Wer ist verantwortlich? – sondern: Wer wird zur Verantwortung gezogen?

Mit dem Schluß des Textes „Über das Marionettentheater" nähert sich das erste Quartal der BERLINER ABENDBLÄTTER dem Ende. Schon ist das baldige Scheitern abzusehen. Am 13.12., an dem Tag also, an dem der zweite Teil von „Über das Marionettentheater" erscheint, teilen die *Nordischen Miszellen* mit:

> Die Teilnahme, welche die bei uns seit kurzem erscheinenden ABENDBLÄTTER anfangs sich zu erfreuen hatten, scheint sich bedeutend zu verlieren, so das sie mit dem Ende des Jahres nicht mehr erscheinen werden.[430]

Nach und nach hat der Staat Kleist die Gunst entzogen – die Polizeiberichte unterliegen schon seit langem strengster Zensur, die Theaterberichterstattung ist nun auch am Ende, Kleists Bitte darum, staatliche Mitteilungen publizieren zu dürfen und somit zum offiziellen Blatt zu werden, wird abschlägig beschieden.[431] Und doch bietet sich kein Widerstand, gegen den man sich auflehnen könnte; nicht einmal eine Forderung zum Duell hat Konsequenzen.[432] Der Staat läßt sich von jemandem wie Kleist nicht aus der Reserve locken. Amtlicherseits wird aktenkundig, niemand anderer als Heinrich von Kleist sei für den Niedergang der ABENDBLÄTTER verantwortlich.

---

[430] Vgl. Staengle 1997, S. 387.
[431] Vgl. Staengle 1997, S. 397 ff.
[432] Ebd., S. 399.

VIII. Die Verlegenheit der Magistraten und der mediale Gebrauch der Zeit

Achthuntertachtunddreißig. Dies ist die Anzahl der in den BERLINER ABENDBLÄTTERN veröffentlichten Texte. Das Vorhaben, sie alle in eine Karte einzutragen, erübrigt sich angesichts ihrer rhizomatischen Bezüglichkeit. Wo immer man allerdings einen Text herausgreift, finden sich Anknüpfungspunkte an die Netze, die wir ausgespannt haben – häufig gleich mehrere.

Ein hier bisher unbeachtet gebliebener Knotenpunkt ist die Anekote „Der verlegene Magistrat". Sie erscheint im vierten Blatt, in derselben Ausgabe wie die erste Theaterkritik zu Ifflands ‚Handspiel' und der Text „Tagesbegebenheiten", wo von jenem Deserteur die Rede ist, der in der Hoffnung auf Strafmilderung ausgesagt hatte, die Mordbrennerbande habe versucht, ihn anzuheuern. Auch in „Der verlegene Magistrat" geht es um einen Soldaten, der ohne Erlaubnis seinen Posten (es handelt sich um die Stadtwache) verlassen hat. Und im Unterschied zum Deserteur erhält dieser Soldat tatsächlich Strafminderung. Sein Spiel scheint besser zu sein als das des anderen Deserteurs, besser vielleicht auch als dasjenige Ifflands. Worin besteht die Verbesserung?

> **Der verlegene Magistrat**
> Eine Anekdote.
>
> Ein H...r Stadtsoldat hatte vor nicht gar langer Zeit, ohne Erlaubniß seines Offiziers, die Stadtwache verlassen. Nach einem uralten Gesetz steht auf ein Verbrechen dieser Art, das sonst der Streifereien des Adels wegen, von großer Wichtigkeit war, eigentlich der Tod. Gleichwohl, ohne das Gesetz, mit bestimmten Worten aufzuheben, ist davon seit vielen hundert Jahren kein Gebrauch mehr gemacht worden: dergestalt, daß statt auf die Todesstrafe zu erkennen, derjenige, der sich dessen schuldig macht, nach einem feststehenden Gebrauch, zu einer bloßen Geldstrafe, die er an die Stadtcasse zu erlegen hat, verurtheilt wird. Der besagte Kerl aber, der keine Lust haben mochte, das Geld zu entrichten, erklärte, zur großen Bestürzung des Magistrats: daß er, weil es ihm einmal zukomme, dem Gesetz gemäß, sterben wolle. Der Magistrat, der ein Mißverständniß vermuthete, schickte einen Deputirten an den Kerl ab, und ließ ihm bedeuten, um wieviel vortheilhafter es für ihn wäre, einige Gulden Geld zu erlegen, als arquebusirt zu werden. Doch der Kerl blieb dabei, daß er seines Lebens müde sei, und daß er sterben wolle: dergestalt, daß dem Magistrat, der kein Blut vergießen wollte, nichts übrig blieb, als dem Schelm die Geldstrafe zu erlassen, und noch froh war, als er erklärte, daß er, bei so bewandten Umständen am Leben bleiben wolle.
> (BA, Bl. 4)

Betrachtet man die vierte Ausgabe insgesamt, erscheint dieser Text wie ein Gelenk zwischen den folgenden Beiträgen und dem vorangegangenen. Das

Blatt titelt mit dem „Beschluß" des von Adam Müller verfaßten Textes „Freimüthige Gedanken bei Gelegenheit der neuerrichteten Universität in Berlin". Müller lobt in diesem Beitrag zunächst, daß die neue Berliner Universität ihre Mitglieder offiziell nur akademische Titel tragen läßt, und schließt daran die Frage nach dem tieferen Sinn und der Aufgabe der neuen staatlichen Akademia an:

> Der nächste Zweck alles höheren Unterrichts ist die Bildung des Staatsbeamten und da nehme ich dieses Wort in dem umfassenden Sinn, wo jeder Bürger des Staates und der Gelehrte besonders, wie er es ja auch will oder wenigstens scheinen möchte, Staatsbeamter ist [...] (BA, Bl. 3)

Warum, so fragt Müller, sind aus den Lehranstalten Preußens bisher keine hohen Staatsbeamten hervorgegangen?

> Die Antwort ist: weil die alten Universitäten in den letzten Zeiten, etwas zu sehr und zu ausschließend im Universo verkehrt haben, und das Studium der vaterländischen Lokalität versäumt worden ist. (BA, Bl. 4)

Die Gelehrten hätten gleichsam allzuoft die Stadtwache verlassen. Nun müsse es sich die Wissenschaft dagegen zur ersten Pflicht machen, dem Gemeinwesen zu dienen, das die Universität unterhält – dem preußischen Staat. Wie dieser Dienst ideell verfaßt sein soll, läßt sich aus den Schriften des ersten Rektors der Berliner Universität, Johann Gottlieb Fichte, entnehmen. Dieser schreibt in seinen *Excursen zur Staatslehre* unter der Überschrift „Über die Einrichtung des Vernunftreiches":

> Dem Rechtsgesetze unterworfen seyn heisst: unterworfen seyn der eigenen Einsicht. Aber – für das Recht [...] darf jeder zwingen [...].
> Nun ist es jedoch das Recht eines Jeglichen nur seiner Einsicht zu folgen: dies wird darum durch den Zwang in der Form verletzt.
> Nur derjenige ist der wahre (rechtmässige) Staat, der diesen Widerspruch thatkräftig löse. Das vermittelnde Glied ist nemlich schon gefunden: es ist die Erziehung Aller zur Einsicht vom Rechte. Nur wenn der Zwangsstaat diese Bedingung erfüllt, hat er selbst das Recht zu existiren, denn in ihr bereitet er die eigene Aufhebung vor.[433]

In Müllers *Schriften zur Staatsphilosophie* findet sich ein ganz ähnlicher Gedanke:

> Wenn sich das Ganze organisch gruppiert und numehr von einer Seele ergriffen wird, wenn der Einzelne also schon dem Gesetze, darauf es ankommt, innerlich unterworfen ist, so hört der Zwang für diesen

---

[433] Fichte 1919, (Politische Fragmente), S. 56.

Einzelnen von selbst auf. [...] Wo die Freiheit erst proklamiert werden muß, da ist sie überhaupt noch nicht möglich.⁴³⁴

Im Anschluß an Müllers Artikel nennt nun schon die Überschrift von Kleists Anekdote einen Staatsbeamten, dessen Titel sowohl einen akademischen als auch einen administrativen Rang bezeichnen kann. Zudem hat der Magistrat es mit einem Stadtsoldaten zu tun, der die „vaterländische Lokalität" vernachlässigend „etwas zu sehr im Universo verkehrt" hat. Das eigentlich Bemerkenswerte ist jedoch, daß das geschilderte Geschehen ganz genau dem von Fichte und Müller für den Bildungsstaat im allgemeinen vorgeschlagenen Procedere folgt: Der Magistrat, Beamter des „Zwangsstaats", versucht, im Sinne des Rechts eine Geldstrafe zu erzwingen – allein, der Soldat scheint seine Bildungslektion bereits gelernt zu haben: er zeigt volle „Einsicht vom Rechte". Dies hebt, so will es das Gesetz der Geschichte, den Zwang und das Gesetz auf. Der Verlegenheit des Magistraten wäre durch die von Müller geforderte bessere akademische Vorbildung an Fichtes Universität also gerade nicht abzuhelfen, denn das Verhalten des Stadtsoldaten entspricht bis in die Todesbereitschaft hinein dem zeitgenössischen Ideal.⁴³⁵ Verlegen ist der Magistrat, weil Staat und Wissenschaft gegen eine solche List, die inmitten dieser so gänzlich anti-simulativen Ideologie insistiert, offenbar nichts auszurichten wissen. Solchermaßen zwischen der Meldung von der gescheiterten Ausrede des Deserteurs und der Abhandlung über die Aufgaben der neu gegründeten Berliner Universität situiert, steht die Anekdote pars pro toto für die ABENDBLÄTTER: Noch in der Tradition der Kalenderschriften, die Leibniz einmal die „Bibliothek des kleines Mannes" nannte, sind sie der Vermittlung eines ‚minderen Wissens' verpflichtet, das sich im strategischen Gebrauch bewähren muß.

Steig und Sembdner vermuten, daß „Der verlegene Magistrat" auf Vorlage beziehungsweise Anregung Achim von Arnims entstanden ist, der eine andere Fassung der Anekdote 1814 im *Preußischen Correspondenten* veröffentlicht.⁴³⁶ Die Unterschiede zwischen den Fassungen sind erheblich: Nur Kleists Fassung führt die Figur des Magistraten ein und bringt damit Legislative beziehungsweise Exekutive ins Spiel. In Kleists Fassung wird die frühere Notwendigkeit des Gesetzes auf die Streifereien des Adels zurückgeführt, wovon in Arnims Fassung keine Rede ist. Die Außerkraftsetzung alter, den Adelsstand betreffender Gesetze, die in der Anekdote erörtert wird, und die etwas ungeklärte Beziehung, in der sie zu Arnim steht, legen es nahe, den Text auf eine weitere Debatte zu beziehen, die in den ABENDBLÄTTERN geführt wurde: die Debatte um den Nationalkredit.

---

⁴³⁴ Müller 1912, S. 165.
⁴³⁵ Ein Ideal, mit dem sich Kleist zu dieser Zeit auch in seinem Drama *Prinz Friedrich von Homburg* beschäftigt.
⁴³⁶ Vgl. Sembdner 1939, S. 100 ff.

Hier geht es im Grunde um dasselbe Thema, nämlich darum, wie sich Gesetz und Geschichte im Gesetz der Geschichte zueinander verhalten. Da der Nationalkredit ein Kredit auf die Zukunft einer Nation sei, argumentiert die Partei des um seine Privilegien besorgten Adels (zu der sich auch Arnim und Müller zählen), die Kreditwürdigkeit sei grundsätzlich davon abhängig, inwieweit ein Staat frühere Gesetzgebungen und die damit verknüpften Verbindlichkeiten achte. Man könne nur dann hoffen, mit den eigenen Taten geschichtsmächtig zu sein, wenn man selbst die Gesetze der Ahnen befolge, nur unter dieser Bedingung lasse sich also ein ‚Kredit auf die Zukunft der Nation' aufnehmen:

> Du kannst nur Einfluß auf die Zukunft, auf den Zustand der kommenden Tage deines Volkes haben, in wiefern die Vergangenheit mit ihren Gesetzen Einrichtungen und Verfassungen Einfluß hat auf dich. – Respekt vor deinen Satzungen kannst du von deinen Enkeln nur verlangen und erwarten, in wiefern du selbst Respekt hast vor den Satzungen deiner Vorfahren. (BA, Bl. 41)

Ein antwortender Text hält dagegen: Man könne nur dann hoffen, mit den eigenen Taten geschichtsmächtig zu sein, wenn man sich das Geben und auch das Aufheben von Gesetzen allein durch die Natur diktieren lasse. Das zielt auf eine Einheit von Kultur und Natur als orientierenden Fluchtpunkt von Geschichte:

> Du kannst nur Einfluß auf die Zukunft deines Volkes haben, wenn du den Erfolg einer Operation zu berechnen, und die Zufälligkeiten im Geiste der Zeit von den wesentlichen und bleibenden zu unterscheiden weißt. Respekt vor deinen Satzungen kannst du von deinen Enkeln nur erlangen und erwarten, in so fern diese Satzungen auf die ewigen Gesetze der Natur gebaut sind. Alle Satzungen der Vorfahren, die nicht auf dieses Gesetz gebaut sind; sondern durch Eigennutz Einzelner, durch momentanen Drang der Umstände, auf Unkosten der allgemeinen Gerechtigkeit gegeründet wurden, sind nichts weniger als respektabel. (BA, Bl. 45)

Wie der Mensch zu einem Medium würde, durch das die Natur der Kultur die Gesetze gibt, wie Notwendigkeit in aller Zufälligkeit auszumachen wäre, wie aus dem Partikularen, dem Einzelnen ein Ganzes werden könnte, das den Einzelnen doch keinem Zwang unterwirft, kurz: wie Kontrolle mit der Zeit möglich wäre – Antworten auf diese Fragen traut man zu Lebzeiten Goethes nicht in erster Linie der Politik, sondern vor allem der Kunst zu. Im Übergang von der feudalen zur bürgerlichen Gesellschaft scheint die Kunst die Formel zu enthalten, mit der die Beziehung zwischen Gesetz und Geschichte, d.h. Nichtzeitlichem und Zeit, zu enträtseln wäre: Bildung im Sinne ästhetischer Erziehung soll dafür sensibilisieren, wie die Einsicht vom Recht mit der Aufhebung der Gesetze im organischen Zusammenspiel von Teil und Ganzem einhergehen kann. Allein in der künstlerischen Produktivität scheinen Zufall und Notwendigkeit im Sinne einer Regel zu koinzidieren, die gerade deshalb, weil ihrer nicht habhaft zu werden ist, das Gesetz der Zeit selbst zu sein scheint, das sich im Werk zugleich zeigt und verbirgt.

Kleists BERLINER ABENDBLÄTTER, um deren Werk-Status die Forschung sich in jüngster Zeit zu sorgen begonnen hat, verhalten sich zu diesem ästhetischen Konnex von Zeit und Gesetz in ungefähr derselben Weise, wie der Stadtsoldat der Anekdote sich zum entsprechenden Ideal ästhetischer Erziehung verhält: Man kann sie lesen und analysieren wie ein Werk und hat dabei doch den Eindruck, einer entscheidenden Strategie eher aufzusitzen als gerecht zu werden. In ihnen insistiert eine List, die gerade mit den Maßgaben des ästhetischen Diskurses ihrer Epoche ein Spiel treibt – ein Spiel, das an die Stelle der Bereitschaft zum Tode eine Auslieferung an die Deadline und an die Stelle einer Kunstreligion, deren Gott die Zeit ist, einen medialen Gebrauch der Zeit setzt.

Wenn uns dies noch heute zuweilen in Verlegenheit bringt, so nicht zuletzt, weil es durchaus diskursive Kontinuitäten zwischen jener Institution gibt, der die vorliegende Studie zwecks Erhalt eines Titels vorgelegt worden ist, und jener ersten nach den Plänen Humboldts verfaßten Berliner Universität, die fast auf den Tag so alt wie die BERLINER ABENDBLÄTTER ist. Sicher traut man der Kunst heute weit weniger zu; gleichwohl hat sich das um 1800 geschlossene und mit Humboldts Akademia institutionalisierte Bündnis zwischen Kunst und Geisteswissenschaft (mitsamt seinen Folgen für die gesellschaftspolitische Positionierung beider Bereiche) als überaus geschichtsmächtig erwiesen und ist in vieler Hinsicht auch weiterhin in Kraft.

Nichtsdestoweniger haben gerade die zahlreichen kommunikationstechnischen Revolutionen der vergangenen 200 Jahre die Perspektive entscheidend verschoben. Es scheint heute evident, daß vieles, was man um 1800 als Qualität und Chance des Ästhetischen feierte, auch (und vielleicht besser) als Effekt der medialen Differenzierung öffentlicher Kommunikation zu beschreiben wäre. Diese Hypothese, der wir im Rahmen dieser Studie im Umfeld der BERLINER ABENDBLÄTTER nachgegangen sind, verdankt sich einer Theoriebildung, die in den vergangenen Jahrzehnten darum bemüht war, geistes- und ideengeschichtliche Figurationen auf ihre medientechnischen Bedingungen zurückzuführen und sie somit auch als Projektionen ihrer spezifischen medialen Performanz zu verstehen.[437] So war zum Beispiel der modernen Sprachwissenschaft nachzuweisen, daß sie der differenzierten Medialität von Kommunikation zu wenig Rechnung trägt. Dies ist der Fall, wo sie etwa die Schrift phonozentristisch nach dem Modell der Sprache denkt oder umgekehrt, ohne dies zu vermerken, mediale

---

[437] Vgl. für ein Spektrum von Autoren die von Gumbrecht und Pfeiffer herausgegebenen Bände 1988 und 1993. Außerdem Kittler 1985, Dotzler 1995, Krämer 1998b u.a. Zurückzuverfolgen ist diese Forschungsrichtung bis zu den einschlägigen Schriften Derridas, Foucaults und McLuhans.

Eigenschaften der Schrift extrapoliert, um sie als ein System der Sprache zu virtualisieren, das aller sprachlichen Performanz zugrunde liegen soll.[438]

Im Hinblick auf die im 18. Jahrhundert neu begründete Tradition ästhetischen Denkens läßt sich plausibel machen, was eine solche Indifferenz gegenüber dem Medialen überhaupt ermöglicht hat: Wenn man „Schrift" (und mithin Medialität) als „epistemologischen Grenzverlauf" begreift,[439] insofern sie an der Kommunikation und der Signifikation in einer Weise beteiligt ist, die diskursiv niemals ganz zu kontrollieren ist, so wird die Expertise diesen Grenzgang betreffend um 1800 eben der Kunst zugesprochen. Kunst und Kunstbetrachtung verhandeln die Grenzen des Epistemologischen in einem Spiel mit medialen Differenzen. Das Spiel wird allerdings gerade hinsichtlich der medientechnischen Gegebenheiten mit verdeckten Karten gespielt, denn es ist dem Systemzwang einer ästhetischen Ideologie unterworfen, die in der Autonomie der Kunst den Selbstzweck des Menschlichen repräsentiert sah und ihren Diskurs daher auf die der Differenz zwischen Kunst und Technik ausrichtete.

Entsprechend hat sich das am ästhetischen Paradigma orientierte Bündnis zwischen Kunst und Geisteswissenschaft die längste Zeit in der gemeinsamen Abgrenzung gegenüber der Technik und den an technischen Zielsetzungen orientierten Wissenschaften erneuert. Dabei wurde gerade das, was der ästhetische Diskurs der Zeitlichkeit der Kunst zutraut, zum Merkmal der Differenz zwischen Kunst und Technik stilisiert: Technik stand stets für jene starren endlichen Beziehungen von Zweck und Mittel, Plan und Umsetzung, Gesetz und Anwendung, Intention und Instrument, die von der Kunst qua ästhetisch reflexiver Zeiterfahrung transzendiert wurden. Die nicht völlig zu verdrängende Beobachtung, daß auch Technik nicht einfach zum Gebrauch steht, ohne etwas mit hervorzubringen, das der Funktionalität entgeht, daß auch in der Verwendung von Technik die Beziehungen sich wenden, führte vor dem Hintergrund einer weitgehend unerschütterlichen Kunstverehrung lediglich zu ihrer Diabolisierung: Nun schien die Technik ihre instrumentalistischen Herrscher zu beherrschen – ein simpler *Umschlag* der Determination also im Unterschied zur hochambivalenten *Differenz zur* Determination, die ästhetisches Monopol bleiben sollte. Diese Linie setzt sich bis zu Heidegger fort, der im 20. Jahrhundert selbst in einer expliziten Ablehnung der Ästhetik diese ästhetische Ordnung der Dinge noch zu Ende gedacht hat.[440]

Nachdem dieses Verfallsdatums nunmehr überschritten scheint, wäre die These, daß vieles, was man um 1800 der Kunst zutraute, im Grunde Effekt einer Kommunikation sei, die unablässig mit medialen Transpositionen zu tun hat, nun gerade auf das vermeintliche Differenzmerkmal hin zu

---

[438] Vgl. für einen Überblick über zahlreiche Forschungsergebnisse diesbezüglich Stetter 2000.
[439] Gumbrecht 1993.
[440] Vgl. van Eikels 1999, Kittler 2000.

erweitern: Kommunikation, verstanden als Verwendung von Medientechnik, transzendiert ihrerseits instrumentelle Muster von Mittel und Zweck etc., gerade indem sie von der Zeit Gebrauch macht. Dies anhand der BERLINER ABENDBLÄTTER als einer der ersten deutschsprachigen Tageszeitungen zu untersuchen, heißt dabei zugleich, historischen Zuspitzungen kritisch zu begegnen, die einen solchen Gebrauch der Zeit lediglich den neueren und neuesten Kommunikationstechnologien vorbehalten wollen.

Es ist ein mittlerweile gut belegter Gemeinplatz, daß die sogenannten Neuen Medien unseren Umgang mit Zeit verändern. In den entsprechenden Untersuchungen stehen Medien als Überwinder räumlicher und zeitlicher Distanzen und die damit korrelierenden Änderungen der Zeitwahrnehmung und der alltäglichen Zeitökonomie im Vordergrund.[441] Interessant erscheint die Beziehung zwischen Medien und Zeitlichkeit dabei weniger in dem Sinne, den die Propheten der Beschleunigung und der Simultaneität seit den 1980er Jahren nahelegen, sondern eher insofern die Erfahrung medialer Differenz den Status von Zeit grundsätzlich verändern kann: Zeit ist dann nicht länger etwas, das allem Tun prinzipiell vorausgeht. Mike Sandbothe schreibt: „Durch die elektronischen Medien wird eine radikale Verzeitlichung unserer alltäglichen Zeiterfahrung vorangetrieben [...]. Damit wird die Zeit als Medium, in dem sich Wahrnehmung ereignet, ihrerseits zum Gegenstand der Wahrnehmung, d.h. zum Objekt unserer aktiven Gestaltung. Die medial modulierbare Zeit stellt die substantialistischen Zeitkonzepte der neuzeitlichen Denktraditionen zur Disposition, die [...] in trivialisierter Form das alltagsweltliche Zeitdenken noch bis in McLuhans Zeiten hinein bestimmten."[442] Entsprechend analysiert Sandbothe unseren Umgang mit neuen Medien als Konkretisierung postmoderner Theorien von delinearisierten und materialisierten Zeitlichkeiten – eine Konkretisierung, die zudem wichtig ist, um das entsprechende Denken auf mögliche metaphysische Rückstände hin zu prüfen.[443]

Solchen Überlegungen und Analysen ist das Vorhaben, die Beziehung zwischen Kleists Zeitung und der Zeitlichkeit der ästhetischen Theorie um 1800 herauszuarbeiten, durchaus verwandt. Nichtsdestoweniger ist darauf zu insistieren, daß die Möglichkeit, in spezifischer Weise von der Zeit Gebrauch zu machen, nicht an die ‚Neuen Medien', sondern vielmehr an die Erfahrung des jeweils *neuen* Mediums geknüpft ist, sei dies nun die Schrift, der Druck, die Tageszeitung oder das Internet. Mediale Agenturen machen, so wäre hier zu präzisieren, von ‚der' Zeit Gebrauch, indem ihre Formen der Aufzeichnung und der Aktualisierung die elementare Dimension kommunikativer Dynamik *variieren* – und damit zahlreiche ‚Zeiten' erzeugen. So wird mit den ABENDBLÄTTERN als einer der ersten deutschsprachigen Tageszeitungen zum Beispiel deutlich, was es heißt, daß Medien ebenso getaktet wie

---

[441] Nowotny 1989, Hömberg/Schmolke 1992, Hörning u.a. 1997, Großklaus 1995.
[442] Sandbothe 1996.
[443] Er bezieht sich hier unter anderem auf Derrida 1983 und Lyotard 1989.

selbst Taktgeber von Bedeutungsproduktion sind. Eine Unterscheidung zwischen Zeit und Gebrauch der Zeit ist im medialen Paradigma entsprechend obsolet. Es *gibt* nicht *die* Zeit. Es *braucht* Zeit – und jeder Gebrauch entwirft ein Geflecht von strategischen Beziehungen, die einander verstärken, unterlaufen, überkreuzen.

Wenn im Zuge der Erfahrung des neuen Mediums eine mediale Differenz zum Ereignis wird, zeigt sich die intrinsische Nähe von Zeitlichkeit und Medialität. So liegt es nahe, einen Schritt weiter zu gehen: Statt durch den Umgang mit Medien etwas über die Zeit in Erfahrung zu bringen, wäre dann gerade umgekehrt Medialität von der mit ihr verbundenen spezifischen Zeitlichkeit her zu verstehen. Ein Problem der wissenschaftlichen Betrachtung von Medien scheint grundsätzlich darin zu bestehen, daß immer dann, wenn man etwas als Medium zu beschreiben sucht, im Hintergrund ein weiteres Medium erscheint, auf dem entweder das zu beschreibende ‚Medium' selbst oder aber die Logik der Beschreibung verdeckt aufzuruhen scheint. In diesem Sinne gibt es zahlreiche Theorien und Analysen, die untersuchen, inwiefern die Sprache als System auf der Schrift aufruht, die Schrift seit geraumer Zeit auf dem Druck, der Druck seit einiger Zeit auf dem Binärcode, der wiederum auf der Schwachstrom- und Siliziumleitertechnik und so weiter (wobei von ‚Medien' wie ‚Geld' dabei noch nicht einmal die Rede wäre).[444] Als ‚medial' erweist sich angesichts dessen womöglich gerade diese stete Verschiebung, dieser Aufschub und Entzug, in dem, so wäre anzumerken, der wissenschaftliche Zugriff sich in sehr konkreter Weise mit dem konfrontiert sieht, was Derrida die *différance* genannt hat.

Wenn richtig ist, daß das Ausblenden von Medialität mit einer Vernachlässigung auch der zeitlichen Organisation der Episteme einhergeht, so ist im übrigen nicht verwunderlich, daß die (Wieder-)Entdeckung des Medialen mit solchen Effekten einhergeht. Medien erscheinen als solche nur im Moment einer jeweils weiteren medialen Differenz beziehungsweise Transposition und der durch sie gestifteten Evidenz, sprich: sie erscheinen im Modus des Ereignisses. Vielleicht sollte man sich angesichts dessen davon verabschieden, das Medium vor allem in der Differenz zu seinem Inhalt zu denken. Statt dessen wäre es von jener besonderen Beziehung zur Zeit her zu begreifen, die ihm offenbar zueigen ist: Es ist einen Versuch wert, das Mediale als das zu bestimmen, was im Hinblick auf Signifikation und Kommunikation der Gebrauch der Zeit genannt werden kann, also als das, was jede Bedeutungsproduktion, was jedes Spiel zwischen Aussage und Agentur zeitigt, und zwar nicht im Sinne einer Verzeitlichung des Zeitlosen, sondern im Sinne einer jeweils spezifischen Zeitigung, die so oder anders geschehen kann und auf die durchaus Einfluß zu nehmen ist.

---

[444] Aus diesem Grund wird bezweifelt, ob jemals ein Medium im Singular Gegenstand der Medienwissenschaft sein kann; vgl. Debray 1999.

Die spezifische Medialität eines kommunikativen Zusammenhangs hätte dann als beschrieben zu gelten, wenn analysiert worden ist, welcher Gebrauch hier jeweils von der Zeit gemacht wird. Dabei wäre jene Expertise für die komplexe, von Widersprüchen, Paradoxien und selbstbezüglichen Figuren in-formierte Zeit der Kunst, die der ästhetische Diskurs von 1800 bis heute tradiert hat, erneut gefragt. Zugleich wäre das ästhetische Denken gefordert, die Tradition des rhetorischen und strategischen Wissens, die sich im Sinne der antiken Metis und der Klugheitslehren mit dem *Kairos*, der Gunst des Zufalls und der guten Gelegenheit beschäftigt, nicht nur als Zwischenstadium zu übergehen, sondern die gemeinsame Geschichte ernst zu nehmen, die auch um und nach 1800 niemals völlig abreißt.[445]

Daß Mediale von seiner jeweils spezifischen Zeitlichkeit her zu verstehen, könnte schließlich vermeiden helfen, daß der kulturwissenschaftliche Diskurs vom klassischen Ausschluß der Technik nun ins andere Extrem fällt und im Zuge einer Apotheose alles Technischen das Medium als Sitz einer nicht kontrollierbaren, nicht-diskursiven, die Kultur und auch den wissenschaftlichen Diskurs formatierenden Macht entwirft. Im Unterschied dazu gilt es ‚Medientechnik' wiederum als Kunst zu verstehen – als die Kunst in der Kommunikation von der Zeit Gebrauch zu machen. Diese Betrachtungsweise eröffnet ein Feld für Analysen verschiedenster, oft singulärer medialer Gebräuche der Zeit, ein Feld, dessen Weite wir erst erahnen.[446] Nicht mehr als eine solche Analyse will die vorliegende Arbeit sein.

---

[445] Schröder 1999.
[446] Vgl. Kittler 1993, Deleuze 1991.

Literatur:

Agamben, Giorgio (2001): *Mittel ohne Zweck. Noten zur Politik.* Freiburg, Berlin.

Allemann, Beda (1981/82): „Sinn und Unsinn von Kleists Gespräch Über das Marionettentheater". In: *Kleist-Jahrbuch* 1981/82, S. 50-65.

Arbeitsgruppe München (2001): „Wissen und Sehen. Epistemische Strukturen der Medialität". In: Fischer-Lichte, Erika u.a. (Hg.): *Wahrnehmung und Medialität.* Tübingen/Basel, S. 31-50.

Aretz, Heinrich (1983): *Heinrich von Kleist als Journalist. Untersuchungen zum ‚Phöbus', zur ‚Germania' und den ‚Berliner Abendblättern'.* Stuttgart.

Ariès, Philippe (1980): *Geschichte des Todes.* München/Wien.

Arntzen, Helmut (1986): „Kleists kleine Prosa". In: *Freiburger Universitätsblätter* 91, S. 45-56.

Assmann, Aleida (2000): „Körper, Text und Transzendenz". In: Brandstetter, Gabriele/Völckers, Hortensia (Hg.): *ReMembering the Body.* Ostfildern-Ruit, S. 80-100.

Bachmann-Medick, Doris (1989): *Die ästhetische Ordnung des Handelns. Moralphilosophie und Ästhetik in der Popularphilosophie des 18. Jahrhunderts.* Stuttgart.

Barnert, Arno (in Zusammenarbeit mit Reuß, Roland und Staengle, Peter) (1997a): „Polizei – Theater – Zensur. Quellen zu Heinrich von Kleists ‚Berliner Abendblättern'". In: *Brandenburger Kleist-Blätter* 11, S. 29-353.

Barnert, Arno (in Zusammenarbeit mit Reuß, Roland und Staengle, Peter) (1997b): „Zwei literarische Quellen aus dem Umkreis der ‚Berliner Abendblätter'". In: *Brandenburger Kleist-Blätter* 11, S. 355-367.

Bartels, Klaus (1989): „Über das Technisch-Erhabene". In: Pries, Christine (Hg.): *Das Erhabene: zwischen Grenzerfahrung und Größenwahn.* Weinheim, S. 295-318.

Baudrillard, Jean (1985): *Die fatalen Strategien.* München.

Baumert, Dieter (1928): *Die Entstehung des deutschen Journalismus.* München/Leipzig.

Begemann, Christian (1990): „Brentano und Kleist vor Friedrichs *Mönch am Meer*. Aspekte eines Umbruchs in der Geschichte der Wahrnehmung". In: *Deutsche Vierteljahrsschrift für Literaturwissenschaft und Geistesgeschichte* 64, S. 54-95.

Behler, Constantin (1992): „Eine unsichtbare und unbegreifliche Gewalt? Kleist, Schiller, de Man und die Ideologie der Ästhetik". In: *Athenäum. Jahrbuch für Romantik* 1992/2, S. 131-164.

Benjamin, Walter (1991): „Der Autor als Produzent". In: Ders.: *Gesammelte Schriften*, Bd. II/2. Hg. von Rolf Tiedemann und Hermann Schweppenhäuser. Frankfurt a.M., S. 683-702.

Blamberger, Günter (1991): *Das Geheimnis des Schöpferischen oder: Ingenium est ineffabile? Studien zur Literaturgeschichte der Kreativität zwischen Goethezeit und Moderne*. Stuttgart.

Blamberger, Günter (1999): „Agonalität und Theatralität. Kleists Gedankenfigur des Duells im Kontext der europäischen Moralistik". In: *Kleist-Jahrbuch* 1999, S. 25-40.

Bohrer, Karl Heinz (1981): *Plötzlichkeit: zum Augenblick des ästhetischen Scheins*. Frankfurt a.M.

Bohrer, Karl Heinz (1994): „Deutsche Romantik und Französische Revolution. Die ästhetische Abbildbarkeit des historischen Ereignisses". In: Ders.: *Das absolute Präsens. Die Semantik ästhetischer Zeit*. Frankfurt a.M.

Bornscheuer, Lothar (1977): „Zum ideologischen Problem des rhetorischen und ästhetischen Scheins – eine Skizze". In: *Jahrbuch für Internationale Germanistik* 11, S. 8-26.

Bosse, Heinrich (1981): *Autorschaft ist Werkherrschaft. Über die Entstehung des Urheberrechts aus dem Geist der Goethezeit*. Paderborn u.a.

Brandstetter, Gabriele (1996): „ ‚Das Wort des Greuelrätsels'. Überschreitung der Tragödie in Kleists *Penthesilea*". In: Hinderer, Walter (Hg.): *Heinrich von Kleist. Dramen. Neue Interpretationen*. Stuttgart.

Brandstetter, Gabriele (1998): „ ‚Fälschung wie sie ist, unverfälscht'. Über Models, Mimikry und Fake". In: Kablitz, Andreas/Neumann, Gerhard (Hg.): *Mimesis und Simulation*. Freiburg i.B., S. 419-449.

Brandstetter, Gabriele (1999): „Duell im Spiegel. Zum Rahmenspiel in Kleists *Amphitryon*". In: *Kleist-Jahrbuch* 1999, S. 109-127.

Brandstetter, Gabriele (2002): „Figur und Inversion. Kartographie als Dispositiv von Bewegung". In: Dies./Peters, Sibylle (Hg.): *De Figura: Rhetorik – Bewegung – Gestalt*. München, S. 247-264.

Brenner, Dietrich (1990): *Wilhelm von Humboldts Bildungstheorie. Eine problemgeschichtliche Studie zum Begründungszusammenhang neuzeitlicher Bildungsreform*. Weinheim u.a.

Bubner, Rüdiger (1998): „Die aristotelische Lehre vom Zufall. Bermerkungen in der Perspektive einer Annäherung der Philosophie an die Rhetorik". In: *Kontingenz. Poetik und Hermeneutik*, Bd. XVII. Hg. von Gerhart von Graevenitz und Odo Marquardt. München, S. 3-22.

Butler, Judith (1993): *Bodies That Matter*. New York.

Butler Judith (1997): *Excitable Speech. A Politics of the Performative*. New York.

Campe, Rüdiger (1991): „Die Schreibszene. Schreiben". In: Gumbrecht, Hans Ulrich/Pfeiffer, K. Ludwig (Hg.): *Paradoxien, Dissonanzen, Zusammenbrüche: Situationen offener Epistemologie*. Frankfurt a.M., S. 759-772.

Campe, Rüdiger (1998): „Pathos cum Figura – Frage: Sprechakt". In: Haverkamp, Anselm (Hg.): *Die paradoxe Metapher*. Frankfurt a.M., S. 298-311.

Campe, Rüdiger (2002): *Das Spiel der Wahrscheinlichkeit. Literatur und Berechnung zwischen Pascal und Kleist*. Göttingen.

Campbell, Colin (1996): *The myth of social action*. Cambridge.

Carrière, Mathieu (1981): *für eine literatur des krieges, kleist*. Fankfurt a.M.

de Certeau, Michel (1988): *Die Kunst des Handelns*. Berlin.

Lord Chesterfield (1959): *Erziehung zum Gentleman. Aus den Briefen an seinen Sohn*. Hg. von Ulrich Kraiss. Stuttgart.

Culler, Jonathan (1975): *Structuralist Poetics*. Ithaca/Cornell.

Debray, Régis (1999): „Für eine Mediologie". In: Pias, Claus u.a.: *Kursbuch Medienkultur. Die maßgeblichen Theorien von Brecht bis Baudrillard*. Stuttgart, S. 67-76.

Deleuze, Gilles (1991): *Das Zeit-Bild. Kino 2*, Frankfurt a.M.

Deleuze, Gilles/Guattari, Felix (1992): *Kapitalismus und Schizophrenie. Tausend Plateaus.* Berlin.

Derrida, Jacques (1976): *Die Schrift und die Differenz.* Frankfurt a.M.

Derrida, Jacques (1983): *Die Postkarte von Sokrates bis an Freud und jenseits.* 2. *Lieferung.* Berlin.

Derrida, Jacques (1983): *Grammatologie.* Frankfurt a.M.

Derrida, Jacques (1985): *Die Wahrheit in der Malerei.* Wien.

Derrida, Jacques (1988): „Signatur, Ereignis, Kontext". In: Ders.: *Randgänge der Philosophie.* Wien, S. 291-314.

Derrida, Jacques (1993): „Wenn es Gabe gibt – oder: ‚Das falsche Geldstück'". In: Wetzel, Michael/Rabaté, Jean-Michel (Hg.): *Ethik der Gabe. Denken nach Jacques Derrida.* Berlin, S. 93-136.

Derrida, Jacques (1997): „Remarks on Deconstruction and Pragmatism". In: Laclau, Ernesto/Mouffe, Chantal (Hg.): *Deconstruction and Pragmatism.* London, S. 77-88.

Dierig, Fabian (1997): „Zu ‚Der Griffel Gottes'". In: *Brandenburger Kleist-Blätter* 11, S. 10-28.

Dönike, Martin (1999): „ ‚...durch List und den ganzen Inbegriff jener Künste, die die Notwehr dem Schwachen in die Hände gibt.' Zur Gedankenfigur der Notwehr bei Kleist". In: *Kleist-Jahrbuch* 1999, S. 53-66.

Dotzler, Bernhard (1996): *Papiermaschinen: Versuch über Communication & Control in Literatur und Technik.* Berlin.

Dotzler, Bernhard (1998a): „ ‚Federkrieg'. Kleist und die Autorschaft des Produzenten". In: *Kleist-Jahrbuch* 1998, S. 37-61.

Dotzler, Bernhard (1998b): „MarionettenTheaterSzenen. Von Kleist bis Virilio: Polare Machtverhältnisse". In: Maresch, Rudolf/Werber, Niels (Hg.): *Kommunikation – Medien – Macht.* Frankfurt a.M., S. 369-390.

Dotzler, Bernhard (1999): „Leerstellen". In: Bosse, Heinrich/Renner, Ursula (Hg.): *Literaturwissenschaft. Einführung in ein Sprachspiel.* Freiburg i. B., S. 211-230.

Eco, Umberto (1990): *Lector in fabula. Die Mitarbeit der Interpretation in erzählenden Texten.* München.

van Eikels, Kai (2002): *Zeit-Lektüren. Ansätze zu einer Kybernetik der Erzählung.* Würzburg.

Elias, Norbert (1988): *Über die Zeit.* Frankfurt a.M.

Falk, Johann Daniel (1988): *Die Prinzessin mit dem Schweinerüssel. Lustspiele, Gedichte, Publizistik.* Berlin.

Fichte, Johann Gottlieb (1919): *Staatsphilosophische Schriften.* Hg. von Hans Schulz und Reinhard Stecker. Leipzig.

Fichte, Johann Gottlieb (1962 ff.): *Werke. Nachgelassene Schriften. Briefwechsel. Kollegnachschriften.* Historisch-kritische Gesamtausgabe. Hg. von Reinhard Lauth u.a. Stuttgart.

Fischer-Lichte, Erika (1998): „Auf dem Wege zu einer performativen Kultur". In: *Paragrana. Internationale Zeitschrift für Historische Anthropologie* 7, S. 13-29.

Foucault, Michel (1990): „Andere Räume". In: Barck, Karlheinz u.a. (Hg.): *Aisthesis. Wahrnehmung heute oder Perspektiven einer anderen Ästhetik.* Leipzig, S. 34-46.

Foucault, Michel ([10]1991): *Die Ordnung der Dinge. Eine Archäologie der Humanwissenschaften.* Frankfurt a.M.

Foucault, Michel (1999): „Was ist ein Autor?". In: *Der Foucault-Reader. Diskurs und Medien.* Hg. von Jan Engelmann. Köln, S. 31-48.

Frank, Manfred (1972): *Das Problem ‚Zeit' in der deutschen Romantik. Zeitbewußtsein und Zeitlichkeit in der frühromantischen Philosophie und in Tiecks Dichtung.* München.

Frank, Manfred (1989): *Einführung in die frühromantische Ästhetik. Vorlesungen.* Frankfurt a.M.

Frus, Phyllis (1994): *The Politics and Poetics of Journalistic Narrative. The Timely and the Timeless.* Cambridge.

Frye, Northrop (1957): *The Anatomy of Criticism.* Princeton.

Fuld, Werner (2000): *Das Lexikon der Fälschungen.* München.

Geitner, Ursula (1992): *Die Kunst der Verstellung, Studien zum rhetorischen und anthropologischen Wissen im 17. und 18. Jahrhundert.* Tübingen.

Gendolla, Peter/Kamphusmann, Thomas (1999): „Einleitung". In: Dies. (Hg.): *Die Künste des Zufalls.* Frankfurt a.M., S. 7-15.

Gendolla, Peter (1999): „Erdbeben und Feuer. Der Zufall in Novellen von Goethe, Kleist, Frank und Camus". In: Ders./Kamphusmann, Thomas (Hg.): *Die Künste des Zufalls.* Frankfurt a.M., S. 196-217.

Gerhardt, Volker (1986): „Handlung als Verhältnis von Ursache und Wirkung. Zur Entwicklung des Handlungsbegriffs bei Kant". In: Prauss, Gerold (Hg.): *Handlungstheorie und Transzendentalphilosophie.* Frankfurt a.M., S. 98-131.

Ginzburg, Carlo (1985): „Indizien: Morelli, Freud und Sherlock Holmes". In: Eco, Umberto/Sebeok, Thomas A. (Hg.): *Der Zirkel oder Im Zeichen der Drei: Dupin, Holmes, Peirce.* München.

Gönner, Gerhard (1989): *Von „zerspaltenen Herzen" und der „gebrechlichen Einrichtung der Welt". Versuch einer Phänomenologie der Gewalt bei Kleist.* Stuttgart.

von Goethe, Johann Wolfgang (1948 ff.): *Werke,* 14 Bde. Hg. von Erich Trunz. Hamburg.

Gooding, David (1990): *Experiment and the Making of Meaning. Human Agency in Scientific Observation and Experiment.* Dordrecht.

Gracian, Balthasar (1931): *Hand-Orakel und Kunst der Weltklugheit.* Hg. von Otto von Taube. Frankfurt a.M.

Grathoff, Dirk (1972): „Die Zensurkonflikte der ‚Berliner Abendblätter'". In: Peter, Klaus u.a. (Hg.): *Ideologiekritische Studien zur Literatur.* Frankfurt a.M., S. 35-168.

Greiner, Bernhard (1994): *Eine Art Wahnsinn: Dichtung im Horizont Kants: Studien zu Goethe und Kleist.* Berlin.

Greiner, Bernhard (2000): *Kleists Dramen und Erzählungen: Experimente zum ‚Fall' der Kunst*. Tübingen und Basel.

Groß, Thomas (1995): „*...grade wie im Gespräch...*": *Die Selbstreflexivität der Texte Heinrich von Kleists*. Würzburg.

Großklaus, Götz (1995): *Medien-Zeit, Medien-Raum: zum Wandel der raumzeitlichen Wahrnehmung in der Moderne*. Frankfurt a.M.

Gumbrecht, Hans Ulrich/Pfeiffer, Ulrich K. (Hg.) (1988): *Materialität der Kommunikation*. Frankfurt a.M.

Gumbrecht, Hans Ulrich (1993): „Schrift als epistemologischer Grenzverlauf". In: Ders./Pfeiffer, K. Ludwig (Hg.): *Schrift*. München, S. 379-390.

Haase, Frank (1986): *Kleists Nachrichtentechnik: Eine diskursanalytische Untersuchung*. Opladen.

Habermas, Jürgen (1990): *Strukturwandel der Öffentlichkeit*. (Neuauflage). Frankfurt a.M.

Hagen, Wolfgang (1998): „Zur medialen Genealogie der Elektrizität". In: Maresch, Rudolf/Werber, Niels (Hg.): *Kommunikation – Medien – Macht*. Frankfurt a.M., S. 133-173.

Hahn, Alois (1998): „Kontingenz und Kommunikation". In: *Kontingenz. Poetik und Hermeneutik*, Bd. XVII. Hg. von Gerhart von Graevenitz und Odo Marquardt. München, S. 493-521.

Haug, Walter (1998): „Kontingenz als Spiel und das Spiel mit der Kontingenz. Zufall, literarisch, im Mittelalter und in der frühen Neuzeit". In: *Kontingenz. Poetik und Hermeneutik*, Bd. XVII. Hg. von Gerhart von Graevenitz und Odo Marquardt. München, S. 151-172.

Heeg, Günther (2000): *Das Phantasma der natürlichen Gestalt. Körper, Sprache und Bild im Theater des 18. Jahrhunderts*. Basel.

Hegel, Georg Friedrich Wilhelm (^{5}1996): *Die Phänomenologie des Geistes*. Frankfurt a.M.

Hellmann, Hanna (1911): *Heinrich von Kleist. Darstellung des Problems*. Heidelberg.

Herrman, Hans Peter (1967): „Zufall und Ich. Zum Begriff der Situation in den Novellen Heinrich von Kleists". In: Müller-Seidel, Walter (Hg.): *Heinrich von Kleist. Aufsätze und Essays*. Darmstadt, S. 367-411.

Hömberg, Walter (1992): „Punkt, Kreis, Linie. Die Temporalstrukturen der Massenmedien und die Entdeckung der Zeit in der frühen Zeitungskunde". In: Ders./Schmolke, Michael (Hg.): *Zeit. Raum. Kommunikation*, München, S. 89-102.

Hörisch, Jochen (1996): *Kopf oder Zahl. Die Poesie des Geldes*. Frankfurt a.M.

Hörning, Karl H./Ahrens, Daniela/Gerhard, Anette (Hg.) (1997): *Zeitpraktiken. Experimentierfelder der Spätmoderne*. Frankfurt a.M.

Hoffmann, Konrad (1989): „Zeitlos: Falsch". In: Huber, Jörg (Hg.): *Imitationen: Nachahmung und Modell: von der Lust am Falschen*. Basel/Frankfurt a.M.

Jahraus, Oliver (1999): „Intertextualität und Editionsphilologie. Der Materialwert der Vorlagen in den Beiträgen Heinrich von Kleists für die ‚Berliner Abendblätter'". In: *editio*, Bd. 12, S. 108-130.

Jullien, François (1999): *Über die Wirksamkeit*. Berlin.

Kamphusmann, Thomas (1999): „Text als Zufall. Zufall als Methode der Textanalyse". In: Gendolla, Peter/Kamphusmann, Thomas (Hg.): *Die Künste des Zufalls*. Frankfurt a.M., S. 277-297.

Kant, Immanuel (1983): *Werke in zehn Bänden*. Hg. von Wilhelm Weischedel. Darmstadt.

Kanzog, Klaus (1970): *Prolegomena zu einer historisch-kritischen Ausgabe der Werke Heinrich von Kleists. Theorie und Praxis einer modernen Klassiker-Edition*. München.

Kaulbach, Friedrich (1982): *Einführung in die Philosophie des Handelns*. Darmstadt.

Kittler, Friedrich (1985): *Aufschreibesysteme 1800/1900*. München.

Kittler, Friedrich A. (^{2}1987): „Diskursanalyse. Ein Erdbeben in Chili und Preußen". In: Wellbery, David E. (Hg.): *Positionen der Literaturwissenschaft: 8 Modellanalysen am Beispiel von Kleists ‚Das Erdbeben in Chili'*. München, S. 24-38.

Kittler, Friedrich (1993): "Real Time Analysis, Time Axis Manipulation". In: Ders.: *Draculas Vermächtnis. Technische Schriften.* Leipzig, S. 182-207.

Kittler, Friedrich (2000): *Eine Kulturgeschichte der Kulturwissenschaft.* München.

Kittler, Wolf (1987): *Die Geburt des Partisanen aus dem Geist der Poesie. Heinrich von Kleist und die Strategie der Befreiungskriege.* Freiburg i.B.

Kittsteiner, Heinz Dieter (2001): "La polemica su Christian Jakob Kraus nei ‚Berliner Abendblätter'". In: Cercignani, Fausto/Agazzi, Elena/Reuß, Roland/Staengle, Peter (Hg.): *Studia theodisca. Dal giornale al testo poetico I „Berliner Abendblätter" di Heinrich von Kleist.* Mailand, S. 83-142.

Kleinsteuber, Hans J. (1992): "Zeit und Raum in der Kommunikationstechnik: Harold A. Innis' Theorie des ‚technologischen Realismus'". In: Hömberg, Walter/Schmolke, Michael (Hg.): *Zeit. Raum. Kommunikation.* München, S. 319-338.

von Kleist, Heinrich (1952): *Sämtliche Werke und Briefe.* 2 Bde. Hg. von Helmut Sembdner. München.

von Kleist, Heinrich (1988 ff.): *Brandenburger Kleist-Ausgabe.* Kritische Edition sämtlicher Texte nach Wortlaut, Orthographie, Zeichensetzung aller erhaltenen Handschriften und Drucke. Hg. von Roland Reuß und Peter Staengle. Basel/Frankfurt a.M.

von Kleist, Heinrich (1991 ff.): *Sämtliche Werke und Briefe,* 4 Bde. Hg. von Ilse-Marie Barth, Klaus Müller-Salget, Stefan Ortmanns und Hinrich C. Seeba. Frankfurt a.M.

Konersmann, Ralf (1988): *Spiegel und Bild: zur Metaphorik neuzeitlicher Subjektivität.* Würzburg.

Kotzebue, August von (1810): *Erinnerungen aus Paris. Zwei Theile.* Karlsruhe.

Krämer, Sybille (1998a): "Sieben Thesen über Performativität als Medialität". In: *Paragrana. Internationale Zeitschrift für Historische Anthropologie* 7, S. 33-58.

Krämer, Sybille (1998b): "Zentralperspektive, Kalkül, Virtuelle Realität. Sieben Thesen über die Weltbildimplikationen symbolischer Formen". In: Vattimo, Giovanni/Welsch, Wolfgang (Hg.): *Medien – Welten – Wirklichkeiten.* München, S. 27-38.

Kurz, Gerhard (1981/82): „ ‚Gott befohlen'. Kleists Dialog *Über das Marionettentheater* und der Mythos vom Sündenfall des Bewußtseins". In: *Kleist-Jahrbuch* 1981/82, S. 264-277.

Lachmann, Renate (1998): „Zum Zufall in der Literatur, insbesondere der phantastischen". In: *Kontingenz. Poetik und Hermeneutik,* Bd. XVII. Hg. von Gerhart von Graevenitz und Odo Marquardt. München, S. 403-432.

Lacoue-Labarthe, Philippe/Nancy, Jean-Luc (1978): *L'Absolu Litteraire.* Paris.

Landfester, Ulrike (1998): „Das Bettelweib von Locarno". In: Hinderer, Walter (Hg.): *Kleists Erzählungen.* Stuttgart, S. 141-156.

Latour, Bruno (1999): *Pandora's Hope. Essays on the Reality of Science Studies.* Cambridge/London.

Lepenies, Wolf (1976): *Das Ende der Naturgeschichte. Wandel kultureller Selbstverständlichkeiten in der Wissenschaft des 18. und 19. Jahrhunderts.* München/Wien.

Lubkoll, Christine (1994): „Die heilige Musik oder Die Gewalt der Zeichen. Zur musikalischen Poetik in Heinrich von Kleists Cäcilien-Novelle". In: Neumann, Gerhard (Hg.): *Kriegsfall – Rechtsfall – Sündenfall.* Freiburg i.B., S. 337-364.

Lübke, Barbara (1996): „Kontrafakturen des Klassischen bei Heinrich von Kleist. Zum Gespräch *Über das Marionettentheater".* In: Millet, Victor (Hg.): *Norm und Transgession in deutscher Sprache und Literatur.* München.

Luhmann, Niklas (1980): „Temporalisierung von Komplexität: Zur Semantik neuzeitlicher Zeitbegriffe". In: Ders.: *Gesellschaftsstruktur und Semantik: Studien zur Wissenssoziologie der modernen Gesellschaft,* Bd. I. Frankfurt a.M., S. 235-300.

Luhmann, Niklas (1981): „Zeit und Handlung – Eine vergessene Theorie". In: *Soziologische Aufklärung 3. Soziales System, Gesellschaft, Organisation.* Opladen, S. 101-125.

Luhmann, Niklas (1984): *Soziale Systeme – Grundriß einer allgemeinen Theorie.* Frankfurt a.M.

Luhmann, Niklas (1996): *Die Realität der Massenmedien.* Opladen.

Lyotard, Jean-François (1984): „Das Erhabene und die Avantgarde". In: *Merkur* 1984/1, S. 151-409.

Lyotard, Jean-François (1988): „Die Moderne redigieren". In: Welsch, Wolfgang (Hg.): *Wege aus der Moderne*. Weinheim, S. 204-214.

Lyotard, Jean-François (1989): *Das Inhumane. Plaudereien über die Zeit*. Wien

Lyotard, Jean-François (1994a): *Das postmoderne Wissen*. Wien.

Lyotard, Jean-François (1994b): *Die Analytik des Erhabenen. Kant Lektionen*. München.

Marx, Stefanie (1994): *Beispiele des Beispiellosen. Heinrich von Kleists Erzählungen ohne Moral*. Würzburg.

Mathy, Dietrich (1989): „Zur frühromantischen Selbstaufhebung des Erhabenen im Schönen". In: Pries, Christine (Hg.): *Das Erhabene: zwischen Grenzerfahrung und Größenwahn*. Weinheim, S. 143-164.

Makropoulos, Michael (1998): „Kontingenz und Handlungsraum". In: *Kontingenz. Poetik und Hermeneutik*, Bd. XVII. Hg. von Gerhart von Graevenitz und Odo Marquardt. München, S. 23-27.

de Man, Paul (1988): „Ästhetische Formalisierung: Kleists ‚Über das Marionettentheater'". In: Ders.: *Allegorien des Lesens*. Frankfurt a.M., S. 205-233.

Marquardt, Jochen (1986): „Der mündige Zeitungsleser. Anmerkungen zur Kommunikationsstrategie der ‚Berliner Abendblätter'". In: *Beiträge zur Kleist-Forschung*. Frankfurt/Oder, S. 7-36.

McLuhan, Marshall (1968): *Die magischen Kanäle*. Düsseldorf/Wien.

Menninghaus, Winfried (1987): *Unendliche Verdopplung. Die frühromantische Grundlegung der Kunsttheorie im Begriff absoluter Selbstreflexion*. Frankfurt a.M.

Moering, Michael (1972): *Witz und Ironie in der Prosa Heinrich von Kleists*. München.

Moritz, Karl Philipp (1981): „Ideal einer vollkommenen Zeitung". In: Ders.: *Werke*, Bd. 3. Hg. von Horst Günther. Frankfurt a.M., S. 169-178.

Moser, Christian (1993): *Verfehlte Gefühle. Wissen – Begehren – Darstellen bei Kleist und Foucault.* Würzburg.

Müller, Adam (1912): *Schriften zur Staatsphilosophie.* Hg. von Rudolf Kohler. München.

Müller, Adam (1967): „Die Lehre vom Gegensatze". In: Ders: *Kritische/ästhetische und philosophische Schriften*, Bd. 3. Hg. von Walter Schroeder und Werner Siebert. Neuwied.

Müller, Adam (1967): „Die Identität des Begriffs oder der Philosoph im Hafen". In: Ders: *Kritische/ästhetische und philosophische Schriften*, Bd. 3. Hg. von Walter Schroeder und Werner Siebert. Neuwied.

Müller, Adam (1983): *Zwölf Reden über die Beredsamkeit und deren Verfall in Deutschland.* Stuttgart.

Müller, Gernot (1995): *„Man müßte auf dem Gemälde selbst stehen": Kleist und die bildende Kunst.* Tübingen/Basel.

Müller-Seidel, Walter (1961): *Versehen und Erkennen: Eine Studie über Heinrich von Kleist.* Köln.

Müller-Seidel, Walter/Sembdner, Helmut (Hg.) (1967): *Kleists Aufsatz über das Marionettentheater. Studien und Interpretationen.* Berlin.

Mumford, Lewis (1934): *Technics and Civilisation*, New York.

Nancy, Jean-Luc (1993): *The Experience Of Freedom.* Stanford.

Neumann, Gerhard (1976): *Ideenparadiese. Untersuchungen zur Aphoristik von Lichtenberg, Novalis, Friedrich Schlegel und Goethe.* München.

Neumann, Gerhard (1998): „Der Zweikampf. Kleists ‚einrückendes' Erzählen". In: Hinderer, Walter (Hg.): *Kleists Erzählungen.* Stuttgart, S. 95-110.

Novalis (³1981): *Schriften. Die Werke Friedrich von Hardenbergs*, Bd. II: *Das philosophische Werk.* Hg. von Richard Samuel, Hans-Joachim Mähl und Gerhard Schulz. Stuttgart/Berlin/Köln.

Nowotny, Helga (1989): *Eigenzeit. Entstehung und Strukturierung eines Zeitgefühls.* Frankfurt a.M.

Ott, Michael (2003): „Die Szene des Erzählens. Über Kleists Schreibtheater". In: Matala de Mazza, Ethel/Pornschlegel, Clemens (Hg.): *Inszenierte Welt. Theatralität als Argument literarischer Texte*. Freiburg i. B.

Pastor, Eckart/Leroy, Robert (1979): „Die Brüchigkeit als Erzählprinzip in Kleists ‚Das Bettelweib von Locarno'". In: *Études Germaniques* 34, S. 164-175.

Peirce, Charles S. (1970): „Aus den Pragmatismus-Vorlesungen". In: Ders.: *Schriften II. Vom Pragmatismus zum Pragmatizismus*. Hg. von Hans Blumenberg u.a. Frankfurt a.M., S. 299-389.

Peters, Sibylle (1999): „Wie Geschichte geschehen lassen? Theatralität und Anekdotizität in den ‚Berliner Abendblättern'". In: *Kleist-Jahrbuch* 1999, S. 67-86.

Peters, Sibylle (2000): „Von der Klugheitslehre des Medialen. (Eine Paradoxe.) Ein Vorschlag zum Gebrauch der ‚Berliner Abendblätter'". In: *Kleist-Jahrbuch* 2000, S. 67-86.

Peters, Sibylle (2002): „Figur und Agentur. Eine Ab-handlung". In: Brandstetter, Gabriele/Peters, Sibylle (Hg.): *De Figura. Rhetorik – Bewegung – Gestalt*. München, S. 127-151.

Peters, Sibylle (2003): „Performative Writing 1800/2000? Evidenz und Performanz in der medialen Refiguration des Wissens". In: Warstat, Matthias (Hg.): *Ereignis und Performativität*. Tübingen/Basel.

Pfeiffer, Joachim (1989): *Die zerbrochenen Bilder: gestörte Ordnungen im Werk Heinrich von Kleists*. Würzburg.

Pfeiffer, K. Ludwig (1993): „Schrift – Geschichten, Typologien, Theorien". In: Ders./Gumbrecht, Hans Ulrich (Hg.): *Schrift*. München, S. 9-18.

Pratt, Mary Louise (1977): *Towards a Speech Act Theory of Literary Discourse*. Indiana.

Puschmann, Rosemarie (1988): *Heinrich von Kleists Cäcilien-Erzählung. Kunst und literarhistorische Recherchen*. Bielefeld.

Reichenbach, Hans (1938): *Experience and Prediction. An Analysis of the Foundations and the Structure of Knowledge*. Chicago/London.

Requate, Jörg (1995): *Journalismus als Beruf: Entstehung und Entwicklung des Journalistenberufs im 19 Jahrhundert; Deutschland im internationalen Vergleich.* Göttingen.

Reuß, Roland (1995): „Franz Kafka: ‚Erstes Leid'. Notizen zu einem Problem der Textkritik". In: *TextKritische Beiträge* 1, S. 11-20.

Reuß, Roland (1997a): „Gerafft. Notiz zur Geschichte einer Konjektur in Kleists Erzählung ‚Das Bettelweib von Locarno' (1811)". In: *Brandenburger Kleist-Blätter* 10, S. 3-8.

Reuß, Roland (1997b): „Geflügelte Worte. Zwei Notizen zur Redaktion und Konstellation von Artikeln der ‚Berliner Abendblätter'". In: *Brandenburger Kleist-Blätter* 11, S. 3-9.

Reuß, Roland (1997c): „Zu dieser Ausgabe". In: Kleist, Heinrich von: *Brandenburger Kleist-Ausgabe.* Kritische Edition sämtlicher Texte. Bd. II 8: Berliner Abendblätter. Hg. von Roland Reuß und Peter Staengle. Basel/Frankfurt a.M., S. 384-392.

Reuß, Roland (1999): „Schicksal der Handschrift, Schicksal der Druckschrift. Notizen zur ‚Textgenese'". In: *TextKritische Beiträge* 5, S. 1-25.

Reuß, Roland und Staengle, Peter (Hg.) (1997): CD-ROM zu *Brandenburger Kleist-Blätter* 11 und *Brandenburger Kleist-Ausgabe* Bd. II 7/8: Berliner Abendblätter. Basel/Frankfurt a.M.

Rheinberger, Hans-Jörg (1992): *Experiment – Differenz – Schrift.* Marburg.

Riha, Karl (1999): „Literatur und Zufall". In: Gendolla, Peter/ Kamphusmann, Thomas (Hg.): *Die Künste des Zufalls.* Frankfurt a.M., S. 263-276.

Rohrwasser, Michael (1993): „Eine Bombenpost. Über die allmähliche Verfertigung der Gedanken beim Schreiben". In: Arnold, Heinz Ludwig (Hg.): *Heinrich von Kleist. Text und Kritik.* München, S. 151-163.

Rollka, Bodo (1985): *Die Belletristik in der Berliner Presse des 19. Jahrhunderts. Untersuchungen zur Sozialisationsfunktion unterhaltender Beiträge in der Nachrichtenpresse.* Berlin.

Sandbothe, Mike (1993): „Zeit und Medien. Postmoderne Medientheorien im Spannungsfeld von Heideggers ,Sein und Zeit'". In: *Medien und Zeit. Forum für historische Kommunikationsforschung* (Vierteljahresschrift des Arbeitskreises für Historische Kommunikationsforschung). Bd. 8, H. 2, S.14-20.

Sandbothe, Mike (1996): „Mediale Zeiten. Zur Veränderung unserer Zeiterfahrung durch die neuen Technologien". In: Hammel, Eckard (Hg.): *Synthetische Welten. Kunst, Künstlichkeit und Kommunikationsmedien*. Essen.

Sandbothe, Mike (1998): *Die Verzeitlichung der Zeit. Grundtendenzen der modernen Zeitdebatte in Philosophie und Wissenschaft*. Darmstadt.

Schiller, Friedrich (1992a): *Werke. Nationalausgabe*. Bd. 26: *Briefwechsel. Schillers Briefe 1790-1794*. Hg. von Edith Nahler und Horst Nahler. Weimar 1992.

Schiller, Friedrich (1992b): *Werke und Briefe*, Bd. 8: *Theoretische Schriften*. Hg. von Otto Dann u.a. Frankfurt a.M.

Schlegel, Friedrich (1967): „Athenäum-Fragmente". In: Ders.: *Charakteristiken und Kritiken I*. Kritische Ausgabe, Bd. 2. Hg. von Ernst Behler. München u.a.

Schmidt, Siegfried J. (1989): *Die Selbstorganisation des Literatursystems im 18. Jahrhundert*. Frankfurt a.M.

Schneider, Helmut J. (1998): „Dekonstruktion des hermeneutischen Körpers. Kleists Aufsatz *Über das Marionettentheater* und der Diskurs der klassischen Ästhetik. In: *Kleist-Jahrbuch* 1998, S. 153-176.

Schönert, Jörg (1991): „Zur Einführung in den Gegenstandsbereich und zum interdisziplinären Vorgehen". In: Ders. (Hg.): *Erzählte Kriminalität. Zur Typologie und Funktion von narrativen Darstellungen in Strafrechtspflege, Publizistik und Literatur zwischen 1770 und 1920*. Tübingen.

Schönert, Jörg (2001): „Criminalità e devianza nei ,Berliner Abendblätter'". In: Cercignani, Fausto/Agazzi, Elena/Reuß, Roland/Staengle, Peter (Hg.): *Studia theodisca. Dal giornale al testo poetico I „Berliner Abendblätter" di Heinrich von Kleist*. Mailand *Studia theodisca. Dal giornale al testo poetico I „Berliner Abendblätter" di Heinrich von Kleist*. Mailand, S. 13-30.

Schröder, Gerhart (1999): „Kunst und List. Zur Archäologie der Übermoderne". In: Baecker, Dirk (Hg.): *Militia contra Malicia*. Berlin, S. 15-31.

Schuller, Marianne (2001): „Un aneddoto di Kleist pubblicato nel suo giornale".In: Cercignani, Fausto/Agazzi, Elena/Reuß, Roland/Staengle, Peter (Hg.): *Studia theodisca. Dal giornale al testo poetico I „Berliner Abendblätter" di Heinrich von Kleist.* Mailand *Studia theodisca. Dal giornale al testo poetico I „Berliner Abendblätter" di Heinrich von Kleist.* Mailand, S. 215-228.

Schulte, Bettina (1988): *Unmittelbarkeit und Vermittlung im Werk Heinrich von Kleists.* Göttingen/Zürich.

Schulz, Gerhard (1989): *Die deutsche Literatur zwischen französischer Revolution und Restauration. Geschichte der deutschen Literatur von den Anfängen bis zur Gegenwart.* Bd. 7. München.

Schulze, Holger (1999): „Das Modell der nichtintentionalen Werkgenese. Über Werkgeneratoren zwischen Cage und Frontpage". In: Gendolla, Peter/Kamphusmann, Thomas (Hg.): *Die Künste des Zufalls.* Frankfurt a.M., S. 94-121.

von Schwarzkopf, Joachim (1795): *Ueber Zeitungen. Ein Beytrag zur Staatswissenschaft.* Frankfurt a.M.

Schwind, Klaus (1999): „ ‚Regeln für Schauspieler' – ‚Saat von Göthe gesäet': aufgegangen in der Uraufführung des ‚Zerbroch(e)nen Krugs' 1808 in Weimar?". In: Fischer-Lichte, Erika/Schönert, Jörg (Hg.): *Theater im Kulturwandel des 18. Jahrhunderts. Inszenierung und Wahrnehmung von Körper – Musik – Sprache.* Göttingen, S. 151-184.

Sembdner, Helmut (1939): *Die Berliner Abendblätter Heinrich von Kleists, ihre Quellen und ihre Redaktion.* Berlin.

Sembdner, Helmut (1957) (Hg.): *Heinrich von Kleists Lebensspuren. Dokumente und Berichte der Zeitgenossen.* Bremen.

Sembdner, Helmut (^{2}1984): „Zu einigen Beiträgen der ‚Berliner Abendblätter' (1950, 1953)". In: Ders.: *In Sachen Kleist. Beiträge zur Forschung.* München.

Skrotzki, Dietmar (1971): *Die Gebärde des Errötens im Werk Heinrich von Kleists.* Marburg.

Staengle, Peter (1997): „ ‚Berliner Abendblätter' – Chronik". In: *Brandenburger Kleist-Blätter* 11, S. 369-411.

Staiger, Emil (1987): „ ‚Das Bettelweib von Locarno'. Zum Problem des dramatischen Stils". In: Müller-Seidel, Walter (Hg.): *Heinrich von Kleist. Aufsätze und Essays*. Darmstadt, S. 113-129.

Stanitzek, Georg (1987): „Der Projektemacher. Projektionen auf eine „unmögliche" moderne Kategorie". In: *Ästhetik und Kommunikation* 17, H. 65/66, S. 135-146.

Stetter, Christian (1999): *Schrift und Sprache*. Frankfurt a.M.

Steig, Reinhold (1901): *Heinrich von Kleists Berliner Kämpfe*. Berlin/Stuttgart.

Stichweh, Rudolf (1991): *Der frühmoderne Staat und die europäische Universität*. Frankfurt a.M.

Stierle, Karlheinz (1996): *Ästhetische Rationalität. Kunstwerk und Werkbegriff*. München.

Theisen, Bianca (1996): *Bogenschluß: Kleists Formalisierung des Lesens*. Freiburg i.B.

Todorov, Tzvetan (1973): „Poetik". In: Wahl, François (Hg.): *Einführung in den Strukturalismus*. Frankfurt a.M., S.105-258.

Vinken, Barbara/Haverkamp, Anselm (1994): „Die zurechtgelegte Frau: Gottesbegehren und transzendentale Familie in Kleists *Marquise von O...*". In: Neumann, Gerhard (Hg.): *Heinrich von Kleist: Kriegsfall – Rechtsfall – Sündenfall*. Freiburg i. B., S. 127-148.

Weigel, Alexander (1982): „König, Polizist, Kasperle ... und Kleist. Auch ein Kapitel deutscher Theatergeschichte, nach bisher unbekannten Akten." In: *Impulse. Aufsätze, Quellen, Berichte zur deutschen Klassik und Romantik*. Folge 4. Berlin/Weimar, S.253-277.

Weigel, Alexander (1988): „Der Schauspieler als Maschinist. Heinrich von Kleists ‚Ueber das Marionettentheater' und das ‚Königliche Nationaltheater'". In: Grathoff, Dirk (Hg.): *Heinrich von Kleist. Studien zu Werk und Wirkung*. Opladen, S. 263-281.

Weimar, Klaus (1989): *Geschichte der deutschen Literaturwissenschaft bis zum Ende des 19. Jahrhunderts*. München.

Wellbery, David (1998): „Mediale Bedingungen der Kontingenzsemantik". In: *Kontingenz. Poetik und Hermeneutik*, Bd. XVII. Hg. von Gerhart von Graevenitz und Odo Marquardt. München, S. 447-451.

Wergin, Ulrich (1996): „Vom Symbol zur Allegorie? Der Weg von der Frühklassik zur Frühromantik, verfolgt im Ausgang von Goethes ‚Iphigenie' über ‚Das Märchen' bis hin zu Novalis' ‚Glauben und Liebe'". In: Millet, Victor (Hg.): *Norm und Transgession in deutscher Sprache und Literatur*. München, S. 75-125.

White, Hayden (1993): „Schreiben im Medium". In: Gumbrecht, Hans Ulrich/Pfeiffer K. Ludwig (Hg.): *Schrift*. München, S. 311-318.

Wiener, Norbert (1947): „Time, Communication and The Nervous System". In: *Annals of the New York Academy of Sciences* 50, S. 197-219.

Wirth, Michael (1992): *Heinrich von Kleist, die Abkehr vom Ursprung: Studien zu einer Poetik der verweigerten Kausalität*. Bern.

Wittkowski, Wolfgang (1982): „Ein neuer Fund zu Kleists ironischer Fehde mit Hardenberg und Iffland in den ‚Berliner Abendblättern'". In: *Kleist-Jahrbuch* 1981/1982, S. 117-129.

Young, Eduard (1780): *Sämtliche Werke. Neue, verbesserte, mit dem Leben des Verfassers vermehrte Auflage*. Mannheim.

Zeeb, Ekkehard (1994): „Kleist, Kant und/mit Paul de Man – vor dem ‚Rahmen' der Kunst. Verschiedene ‚Empfindungen vor Friedrichs Seelandschaft'". In: Neumann, Gerhard (Hg.): *Kriegsfall – Rechtsfall – Sündenfall*. Freiburg i. B., S. 299-336.

Zeuch, Ulrike (1997): „Die ‚praktische Notwendigkeit des moralischen Imperativs' – der Vernunft unbegreiflich? Zu Heinrich von Kleists Konsequenzen aus der inhaltlichen Leere eines formalen Prinzips". In: *Das 18. Jahrhundert* 21, H. 1, S. 85-103.

Zizek, Slavoj (1991): *Der Erhabenste aller Hysteriker. Psychoanalyse und die Philosophie des deutschen Idealismus I*. Wien.

Zizek, Slavoj (1994): *Verweilen beim Negativen. Psychoanalyse und die Philosophie des deutschen Idealismus II*. Wien.

Zwenger, Thomas (1988): *Handlung als konstitutives Moment von Geschichten*. Gießen.